문화연구와 · 문화정책 · 전문 · 무크지
문화와 사회

KB235743

문화연구와·문화정책·전문·무크지

# 문화사회 제2호

Cultural Typhoon 2006



---


편집위원    권경우, 김상우, 김성윤, 김성일, 노명우, 류제홍,
             양기민, 오창은, 이종임
편집인    이동연
발행인    김훈순

문화 사회
2006 제2호

이 책은 2006년 한국문화예술위원회의 공모사업 중 예술창작지원 기반조성
부문(다원예술분야)에서 지원을 받아 제작되었습니다.

# 『문화사회』 2호를 발행하며

무크지 『문화사회』는 문화사회연구소가 발행하는 비판적 문화연구와 대안적 문화정책 담론을 생산하려는 전문저널이다. 작년 창간호에서도 밝힌 바 있듯, 『문화사회』는 문화사회연구소의 활동 비전을 담론화하고 문화연구와 문화정책의 쟁점들을 공론화하기 위한 계기가 되고자 한다. 아직까지 문화사회연구소의 이름이 낯선 사람이 많을 것이다. 문화사회연구소는 문화 NGO단체인 문화연대 부설 연구기관으로서 문화연구와 정책 분야의 제3섹터 기능을 담당하고자 노력하고 있다. 2006년에도 '문화사회'라는 기치 아래 여러 정책강좌, 포럼, 세미나 및 연구 등을 진행한 바 있다.

이러한 활동 속에서 연구소는 무크지 『문화사회』를 발행하는 것에 남다른 의미를 부여하고자 한다. 앞서 밝힌 바 있듯, 문화사회연구소가 지향하는 비판적 문화연구와 대안적 문화정책 담론의 생산을 널리 알리고자 하는 의미가 있기 때문이다. 최근 문화이론과 문화비평 담론들이 위축되어 있거나 정체되어 있다는 판단에서 『문화사회』는 새로운 대안 모색의 장이고자 한다.

겨우 2호를 내면서 호들갑을 떠는 것 같지만, 최근 출판시장의 열악한 상황을 고려해보면 상업적 가치가 무색한 무크지 하나가 다시 나올 수 있는 것은 사실 기적 같은 일이다. 한때 유행처럼 인기를 끌었던 적이 있지만, 문화연구가 최근에 직접적으로 공론화되는 경우가 드물어지고 있는 것 같다. 이는 여러 가지 이유로 분석할 수 있을 것이다. 아마도 대표적으로 '문화'라는 가치가 상업화의 대상으로만 협소하게 인식되어, 상업적 매체에 의해 흡수되어버렸기 때문일 것이다. 이러한 상황에서 문화사회연구소는 스스로 무엇을 할 수 있는가에 대해 고민 중이고, 『문화사회』 2호는 2006년의 결과물 중 하나이다.

우리에게 2006년 한 해를 기억하는 방식은 여러 가지가 있을 수 있다. 올 한해도 기억해야 하는 우울한 사건들을 많이 겪었다. 북한이 기어이 핵실험을 강행하여 한반도의 국제정세는 점점 파국으로 치닫고 있다. 이 와중에 민중들은 천정부지로 치솟는 부동산 가격을 멍하니 지켜보며 시름에 잠길 수밖에 없었다. 부유한 자와 가난한 사람들은 비록 같은 나라에 살아가지만 그들 사이에는 마치 다른 나라에 사는 것 같은 보이지 않는 경계의 벽이 더욱 단단해지고 있다. 불행하게도 민중들의 아픔의 끝은 보이지 않는다. 아직까지 구체적인 희망의 증거는 없다. 오히려 노무현 정부는 '한미 FTA 협정'이라는 카드를 아무도 동의하지 않음에도 불구하고 강행하고 있다. 그나마 문화연대를 비롯한 시민단체를 중심으로 반대의견이 결집되고 있는 것이 유일한 희망일 수 있다. 한미 FTA가 가져올 가공할 만한 폐해는 이미 몇몇 방송과 신문에서 접할 수 있었다. 그 중 특히 『문화/과학』은 2006년 올해 들어서만도 45호(봄호), 46호(여름호), 47호(가을호)에서 꾸준히 문제를 제기한 바 있다. 위의 책들을 자세히 살펴보면 앞으로 한미 FTA 협정이 이루어지면 예상되는 폐해에 대해 간파할 수 있을 것이다.

『문화사회』 2호는 강요된 세계화가 진행되는 현 국면에서, 한미 FTA의 위험성을 견지하면서도 동어반복을 피하기 위해 우회적인 전략을 선택하였다. 그것은 비단 한미 FTA뿐 아니라 우리의 삶을 위협하는 '세계화', '문화', '자본'의 결합태에 대한 분석이다. 이 세 축은 다양한 방식으로 절합되어 우리의 삶을 강제적으로 구성하고 있다. 『문화사회』 2호에서는 우선적으로 이러한 구성체들을 낯설게 바라보려 하였다. 문강형준, 국경희, 나영, 이종찬, 양기민의 각각의 비평에서 세계화/문화/자본이 결합한 표정들을 살펴볼 수 있을 것이다. 이들 비평 글들에서는 세계화/문화/자본이 우리의 일상생활을 조금씩 부식시키고 있는 증거들을 발견할 수 있을 것이다. 또한 세계화/문화/자본의 결합이 우연적 결합이 결코 아니라는 것을 김성윤의 글을 통해 찾아볼 수 있을 것이다. 현재 문화산업은 세계화/문화/자본이 가장 노골적으로 결합하였다 할 수 있다. 이 중, 스포츠, 영화, 방송 분야에서 세계화/문화/자본의 결합작용은 활발하게 화학반응을 일으키고 있다. 이러한 문화산업에 대한 분석을 남상우, 서수민, 최남도가 각각 시도하였다. 비록 문화사회연구소의 연구원은 아니지만, 연구소 안에서 꾸준히 관련 세미나에 참가하여 얻은 결과물이라고 할 수 있다.

『문화사회』는 지난 창간호에서 좌담을 통해 한국 문화연구의 과거와 현재에 대해 이야기하였다. 이러한 연장선에서 이번 호는 현재 진행되고 있는 미래지향적인 문화연구 중 하나인 아시아 문화연구에 대해 집중 점검하는 기획을 마련하였다. 몇 년 사이 아시아 문화연구에 관심을 가지는 많은 집단과 사람들이 생겨나고 있다. 아시아 문화연구의 정당성은 한국이라는 지역을 지리적으로 성찰한다면 충분히 공유할 수 있을 것이다. 이번 기획에서는 이종임의 글을 통해 한국 내 아시아 문화연구를 살펴볼 수 있을 것이고, 히라타 유키에의 글을 통해서는 아시아 문화연구가 진행되는 현장을 간접적으로 체험할 수 있을 것이다. 그리고 무엇보다 백원담의 글을 통해 현재 인터-아시아 문화연구뿐 아니라 한국 문화연구를 재성찰할 수 있는 기회를 얻을 수 있다. 특별히 아시아 문화연구에 관심을 갖고 있는 사람이 아니더라도 이들 글들은 한국 문화연구의 방향에 관한 시각 정립에 도움을 줄 것이다.

누군가에게 2006년은 독일월드컵이 열린 해로 기억될 것이다. 많은 사람들의 2002 월드컵에 대한 기억과 추억은 2006년에도 행태적으로는 반복되었다. 그러나 2002년과 달리 2006년 월드컵은 그 시작부터 상업자본주의에 포박되어 우려와 걱정을 할 수밖에 없었다. 그 와중에 문화연대는 집단주의적인 월드컵의 폐해에 관한 소수의 목소리를 낸 바 있다. 우리에게 우리나라가 16강에 오르지 못한 것보다 더 큰 문제로 다가온 것은 또다시 다양한 소수에게 침묵을 강요하는 억압이 있었다는 점이다. 완군, 이꽃맘, 이용석의 글은 그런 의미에서 월드컵이라는 주류적 행사에 관한 정당한 뒷담화이다. 세계화, 폭력적 남성성, 국가주의가 그들이 글로써 거부하려 한 것들이다. 앞으로 다가올 2010년의 월드컵은 성찰성이 결여된 시간으로 반복되지 않기를 바라는 마음이다.

<공동연구>는 연구소 입장에서 특별히 관심을 갖는 기획이다. 서양 학문을 단순 이식하는 문화연구를 거부하기 위해, 연구소는 꾸준히 '한국적 문화연구'에 대해 관심을 기울이고 있다. 이미 창간호에서 '대중문화사 연구방법론'을 제안한 바 있다. 이번에는 그 연장선상에서 '문화연구'를 시작하며 가장 우선하는 토픽설정에 관해 이론적 고찰을 하였다. 이동연과 김성일의 글을 통해서 한국적 문화연구를 고민하거나, 또는 구체적인 문화연구를 실행하고자 하는 연구자들은 큰 영감을 받을 수 있을 것이니 주의 깊게 살펴보길 바란다.

이번 <문화정책>란에서는 민선 4기 오세훈 서울시장의 문화정책을 평가하는 자리를 마련했다. 아직 민선 시장에 선출된 지 얼마 되지 않아 새로운 시장의 구체적인 정책에 대해 평가를 하기는 어려운 게 사실이다. 그래서 최준영의 글에선 전임 시장과 끊임없이 비교될 운명을 지닌 새시장의 입장을 고려하여, 짙게 드리운 지난 과오의 그림자를 벗어내기 위한 제언도 담겨 있다. 현재 우리나라에는 부산영화제를 비롯한 국제 규모의 영화제가 매년 개최되고 있다. 상대적인 영상축제의 양적 풍요에 비해 여전히 지역영상문화는 답보상태에 머물러 있다. 류형진의 글에서는 구체적으로 지역영상문화를 활성화하기 위한 방안에 대해 논의하고 있다.

상대적으로 이번 『문화사회』는 현재 문화연구 분야에서 활동을 하는 명망있는 문화연구자보다는 새로운 문화연구를 기획하는 신진문화연구자나 문화연구를 지향하는 '문화연구 후속세대'의 글을 중심으로 꾸려졌다. 실제로 이들이 참여할 수 있는 매체는 풍요로운 다매체 시대임에도 불구하고 별로 찾아볼 수 없기 때문이다. 문화연구 분야에도 새로운 피의 수혈은 절실하다. 그렇기에 앞으로도『문화사회』는 이러한 신진 문화연구자들의 새로운 창구가 되길 마다하지 않을 것이다. 이번 호에 기고한 허민호를 비롯한 많은 문화연구 후속세대들이『문화사회』를 통해 새로운 담론을 생산할 수 있는 기회가 많아지길 바란다.

이처럼『문화사회』는 의도적으로 젊어지려고 노력하였다. 그러다 보니 다소 설익거나 무모한 도전들이 있을 수도 있다. 이는 섣불리 미래를 예단할 수 없는 문화연구를 새롭게 모색하는 작업이 아직까지 구체적이지 못하기 때문이다. 그렇기에 문화사회연구소는 비판적 문화연구를 고민하는 누구와라도 끊임없이 소통하려 한다. 그들과 함께,『문화사회』와 문화사회연구소는 끊임없이 진화를 계속할 것이다.


무엇보다『문화사회』2호가 나올 수 있도록 도와준 필자들에게 감사드린다. 특히 백원담 선생과 이동연 문화사회연구소장의 글이 있었으므로 무크지의 균형을 맞출 수 있었다. 감사한 마음을 전해드린다.

어쨌든『문화사회』는 2호를 내며, 그 생명을 연장하였다. 문화연구를 위한 국내외의 조건들이 척박하고 각박해지는 속에서, 미래가 불투명한 무크지에게 일단 살아남는 것이 가장 중요한 과제라 할 수 있다. 문화사회연구소와『문화사회』는 끈질긴 생명력으로, 앞으로는 더욱 모질게 진화할 것이다. 그리고 이 무크지를 접하는 문화 연구자와 문화연구 후속세대, 그리고 독자들도, 이 풍진 세상에 무사히 '살아남기'를 바란다.

2006년 12월<br>편집위원들을 대신하여, 양기민

# 세계화/문화/자본의 표정들

## 특집 / 비평

# 특집 / 비평·진단

1990년대 중반 김영삼 전 대통령이 '쎄게화'(세계화)를 발음한 이래로, 오늘날 우리는 일상적인 차원에서 글로벌한 경험들을 전유하고 있다. 사회계급에 따라 여건이 차별적이기는 하지만, 같은 작업장 내에서 이주노동자와 어울리고, 안방에서는 해외의 문화콘텐츠를 향유하며, 철마다 해외로 나가서 여행을 다니는 시대가 도래한 것이다.

그러나 우리는 이 새로운 시대의 문화적 풍경에 대해 좀더 진중하게 성찰할 필요가 있다. 국가를 넘나드는 경험들은 어떠한 조건들 속에서 만들어진 것일까. 그리고 우리를 둘러싸고 있는 글로벌한 문화적 풍경들에는 어떠한 정치적 함의가 있는 것일까. 세계화/문화/자본을 연결하는 삼각축이란 과연 어떤 것일까.

우리의 눈길을 부여잡는 첫 번째 조건은 신자유주의적 세계질서이다. 모든 것을 자본주의적 질서로 포섭시키는 이 막강한 힘 앞에서 우리는 세계화되고 있는 문화, 특히 문화산업이 자본의 동학과 논리로부터 자유롭다 여길 수는 없을 것이다. 두 번째는 미국화(americanization)의 흐름이다. 미국이 주도하는 세계에서 우리들이 살아내는 문화적 풍경은 문화제국주의적인 압력으로 인해 특정한 형식으로 귀결되는 측면이 있다. 세 번째는 일방주의(unilateralism)적 경향이다. 미국의 정치논리와 신자유주의의 경제논리는 일방주의라는 메커니즘을 통해 문화 체계 전반에 두루 배태되어 있다.

이러한 조건들은 결코 거대한 담론으로 재현되는 것은 아니다. 이미 우리의 일상의 대부분이 세계화와 문화와 자본을 축으로 작동하고 있다. 문강형준·국경희·나영·이종찬·양기민의 각각의 비평들은 세 축이 어떻게 결합하여 작동하고 있는지를 펼쳐 보여줄 것이다. 또한 김성윤의 글에서 이러한 조건들이 역사적으로 어떻게 구성되는지를 살펴볼 것이다. 그리고 세계화와 문화와 자본 결합의 결정체라고 할 수 있는 문화산업 분야(스포츠, 영화, 방송)별로 어떤 정세들이 대두되고 있는지를 남상우·서수민·최남도의 글에서 확인할 수 있다.

소비와 정체성 그리고 재현의 문제설정으로서의 문화는 그 자체로 자율적이기는 하지만, 동시에 규제와 생산이라는 함수들과도 같은 회로 속에서 움직인다는 사실을 직시할 필요가 있다. 오늘날 세계화라는 국면은 필연적으로 대안적 세계화라는 논의를 야기한다. 그렇다면 세계화 속의 문화가 신자유주의와 미국화 그리고 일방주의 메커니즘에 의해 작동하는 정세는 더할 나위 없이 중요한 관찰지점이 될 것이다.

# 세계화, 자본, 문화의 성 삼위일체

문강형준(서울대 영문과 박사과정, 무크지 『모색』 편집위원)

## 신자유주의 담론으로서의 세계화

한국 사람들이 '세계화'(globalization)라는 말을 이곳저곳에서 처음 들은 것은 1994년 11월경이다. 당시 대통령이었던 김영삼이 동남아 순방 길에 호주를 방문하던 중 '시드니 구상'이라는 것을 발표하면서 향후 국정 기조를 '세계화'로 삼겠다고 선언하였고, 이에 따라 갑자기 한국에 '세계화'라는 말이 유행하기 시작했다. 정부를 비롯해서 신문들은 연일 '세계화' 기획을 내보내기 시작했고, 교수들은 학회를 열어 세계화가 맞는지 국제화가 맞는지 논의를 했으며, 급기야 텔레비전에서는 한 농부가 나와 "제 경쟁상대는 덴마크 농부입니다"라고 다부지게 말하는 공익광고까지 나왔다. 그로부터 12년이 지난 지금, 세계화는 '반세계화'라는 단어와 함께 우리 사회와 세계가 처한 형국을 설명하는 자연스러운 표현이 되었다.

세계화가 유달리 선언하기를 좋아한 한 대통령으로부터 형성된 '위로부터의' 담론이기는 하지만 그것이 헛된 소리는 아니라는 것은 오늘날 우리의 일상을 잠시만 되돌아봐도 알 수 있다. 아침에 일어나 '캘리포니아 휘트니스'에서 헬스를 하고, '스타벅스'나 '커피빈'에 들러 커피 한잔과 빵 한 조각을 먹고, '던힐' 담배 한 대를 피운 후, 초국적기업에서 일을 하고, 퇴근 후에는 영어나 일어회화반 수업을 하고, 잠시 백화점에 들러 '나이키'나 '리바이스' 옷을 산 후, 집에서 <CSI: 마이애미>나 <섹스 & 더 시티>를 보다가 잠이 드는 것은 아주 특별할 일 없는 일상이 아닌가. 단지 외국 브랜드의 상품을 소비하는 것뿐 아니라, 우리 주위에는 중고등학교 때부터 외국 유학을 준비하는 학생들이나 토익, 토플을 보는 대학생들, 여름 휴가를 사이판에서 보내거나 뉴욕에 출장을 다녀오는 직장인들로 넘쳐난다. 우리가 먹는 삼겹살은 대부분 남미산이고, 우리가 입은 옷들은 주로 중국이나 동남아 제조품이고, 우리가 쓰는 전자제품 역시 제조국은 한국이 아닌 경우가 대부분이다. 미국의 9.11 테러를 보면서 섬뜩함을 느끼고, 이스라엘의 레바논 침공을 보면서 분노를 느끼고, 동남아의 지진에 죽은 사람들을 도우려고 만원 짜리 한 장을 보내는 게 우리의 일상이다.

세계화가 "사상과 이데올로기, 사람과 상품, 이미지와 메시지, 기술과 기교 등 모든 것들이 이동하는 유동적 세계"[1]로의 전환을 의미하거나 혹은 세계 각 지역들 사이의 상호 연관성이 증가하는 경향을 일컫는다면, 이미 그런 세계화의 경향은 길게는 15세기 유럽의 비유럽 세계 탐험 이후로, 짧게는 맑스와 엥겔스가 『공산당 선언』에서 묘사하듯 부르주아가 전세계로 뻗어가는 자본주의적 근대화 이후로 지속되어 오고 있는 현상이다. 하지만 오늘날 통용되는 세계화라는 말은 이런 통역사적인 일반적 경향성만을 지칭하지는 않는다. 김영삼 대통령의 '세계화'가 한국의 구체적인 방향설정, 특히 전세계적 자유경쟁에서의 생존과 승리로 의미화되었다는 점에서 알 수 있듯이, 세계화라는 개념은, 적어도 한국에서는, 전세계적 경쟁의 일반화라는 담론 구조 속에서 작동하고 있다. 세계화라는 말이 "제 경쟁상대는 덴마크 농부입니다"라고 말하는 공익광고 문구를 통해서 국민들에게 친숙

---

1) Arjun Apadurai, "Grassroots Globalization and the Research Imagination," in Arjun Appadurai, ed., *Globalization*, Duke UP, 2001, p. 5.

해졌음을 기억한다면, 세계화 개념이 '연결', '유동', '다양성'과 같은 기술(記述)적 의미보다 '초국적 경쟁', '생존과 승리'와 같은 자본주의적 의미를 담은 채로 작동했음을 알 수 있다. 한국에서 세계화가 이런 식으로 의미화되는 역사적 배경에는 1970년대 말 이후 미국과 영국에 의한 세계경제의 신자유주의적 재편이 자리잡고 있다. 이 과정에서 정부예산 삭감, 자본시장 자유화, 외환시장 개방, 관세 인하, 국가 기간산업 민영화, 외국 자본에 의한 국내 기업 합병 및 매수 허용, 정부 규제 축소, 재산권 보호 등과 같은 신자유주의적 경제운용 방향이 IMF, 세계은행 등을 통해 전세계에, 특히 제3세계 국가들에 강제되었고, 한국에서는 OECD에 가입했던 김영삼 정권, IMF 관리 과정에서 김대중 정권, 그리고 한-미 FTA 추진에 힘을 쏟는 노무현 정권이 적극적으로 받아들이고 있는 것이다.[2] 개념은 언제나 입장을 가진 체계적 담론 속에서 작용한다는 푸코의 통찰이 보여주듯,[3] 세계화 개념 역시 신자유주의라는 담론 구조 속에서 분석함으로써만 그 의미를 제대로 파악할 수 있다.

## 문화적 세계화의 허상과 진실: 다양성 담론 비판

그렇다면, 세계화의 문화적 측면 혹은 문화적 세계화라는 차원은 어떨까? 위에서 우리 일상 속의 세계화를 묘사했던 것에서 보이듯, 문화가 점점 세계적 연결망 속에서 작용하고 있다는 점은 확실하고, 대부분의 우파 지식인들은 물론 비판적 지식인들 역시 문화적 세계화를 새로운 긍정적 현상으로 인식하고 있다. 예컨대, 피터 버거와 새뮤얼 헌팅턴 등은 대표적으로 우파적 기능주의 시각에서 세계화 현상을 예찬하고 있다. 중국, 대만, 일본, 인도, 독일, 헝가리, 칠레, 터키, 남아공 등의 연구자들이 해당 나라들의 문화적

---


2) 강내희, 「신자유주의 세계화를 넘어 대안적 세계화로」, 『문화/과학』 47호, 2006년 가을, 44쪽.
3) 미셸 푸코, 『지식의 고고학』, 이정우 역, 민음사, 1992

세계화 현상을 민속지학 방식으로 분석한 베스트셀러인『진화하는 세계화』라는 책에서, 이들은 세계화가 미국화도, 문화적 제국주의화도 아니며, 오히려 역동적인 상호과정으로, 서구가 비서구에 영향을 주면서 동시에 비서구도 서구에 영향을 주고 받는 과정으로 나타난다고 주장하고 있다.[4] 세계화 양상을 점검하는 피터 버거의 네 가지 틀, 즉 '다보스 문화'(경제 엘리트), '교수 클럽 문화'(지식인), '맥월드'(대중문화), '복음주의'(기독교)를 바탕으로 이들이 연구한 결과는, 이 네 요소들이 각 나라마다 양적인 차이는 있지만 세계화를 진전시키는 데 공히 적극적인 요인으로 기능하고 있고, 그 진전의 결과는 주로 '다양성', '이질화', '다극성', '문화적 공존', '화합', '융합' 등의 긍정적 명사들로 설명된다.

비판적 문화 인류학자로서 세계화를 적극적으로 담론화시켜 유명해진 아르준 아파두라이 역시 세계화를 '장밋빛 미래'로만 보는 것은 마찬가지다. 버거나 헌팅턴이 세계화가 미국화가 아니라면서도 "어쨌든 당분간은 이 세계가 아마 다른 어떤 나라보다도 미국(또는 서구)을 닮아갈 것"[5]이라고 분명히 보는 데 비해, 아파두라이가 새로운 전지구적 문화를 중심-주변 모델이 아닌 "복합적이고 중층적이며 탈구적인 질서로 간주"하고,[6] 미국을 세계화의 중심이 아닌 단지 하나의 고리 정도로 파악한다는 점은 새롭긴 하지만 현실을 제대로 분석하고 있는 것 같지는 않다. 또, 그는 우파들과는 달리 세계화로 인해 고통받는 사람들에 대해 분명히 인식하고는 있지만, 이들의 현실을 개선하는 일을 추상적인 지식생산 영역 속으로 끌고 들어가는 우를 범하고 있다. 사회적 복지의 문제를 양산하는 세계화의 탈구적 흐름들을 극복하기 위해 '해방적 정치학'으로서 기획한다는 것이 "사회적 실천

---

4) 피터 L 버거 · 새뮤얼 헌팅턴 편,『진화하는 세계화: 현대 세계의 문화적 다양성』, 김한영 역, 아이필드, 2005.
5) 제임스 데이비슨 헌터 · 조슈아 예이츠,「세계화의 선봉에서: 미국적 세계화주의자들의 세계」, 피터 L 버거 · 새뮤얼 헌팅턴 편, 앞의 책, 529쪽.
6) 아르준 아파두라이,『고삐 풀린 현대성』, 차원현, 채호석, 배개화 역, 현실문화연구, 2004, 60쪽.

으로서의 상상력"7)인데, 이것은 기껏해야 지역연구의 연구방법을 혁신하자던가 비정부 단체(NGO) 등과 같은 "아래로부터의 세계화" 세력들이 전지구적으로 결합해야 한다는 등의 지당한 결론뿐이다.8)

정치적 입장이 다른 대표적 지식인들이 세계화를 '다양성'으로만 본다거나 '복합성', 상상력'으로만 봄으로써 결정적으로 놓치는 것은 현실에서의 세계화가 자본의 운동과 연관되어 있다는 점이다. 이들의 세계화 분석에서 공히 나타나는 '다양성' 혹은 '이질성의 결합'이라는 긍정적 개념이 현실을 제대로 파악하지 못하는 개념이라는 점은 몇 가지 사례 분석만을 통해서도 드러난다.

가령, 한국에서 까르푸나 월마트, 그리고 (토종기업이지만 점차 아시아 지역으로 확장하고 있는) 이마트와 같은 초국적기업들이 지역 유통망을 장악하면서 도대체 어떤 다양성과 화합이 일어났는가? 다양성이라고 한다면 찬란하게 진열된 상품의 종류와 양이 확실히 늘어났다는 점일 것이다. 상품의 다양성은 분명 소비자의 선택지를 늘리기도 했지만, 다시 생각해보면 월마트나 이마트에서 상품을 고름으로써 우리는 그곳에 진열되지 못한 다른 물건들을 놓치고 있기도 하다. 자신이 밭에서 직접 재배한 신선한 야채와 채소를 가지고 시장에 나와 파는 할머니에게서 살 수 있었던 것을 이마트에서는 살 수 없다. 이마트에 나와 있는 야채와 채소는 지구 반대쪽 어딘가에서 무척 값싸게 들어온 것일 확률이 높기 때문이다. 할머니와 흥정하면서 값을 깎는다든가, 혹은 덤으로 얹어주는 식의 상거래 문화는 대형마트에서는 찾아볼 수 없고 야채의 양에 따라 정확히 측정된 가격으로 가져갈 수만 있을 뿐이다. 대형마트라는 초국적 유통자본이 유통과정을 장악함으로 인해 인간과의 직접 대면이라는 상거래 문화와 거기서 파생되는 다양한 소통들이 합리적, 계산적, 기계와의 대면이라는 문화로 변해간 것이다. 만약 대

---

7) 같은 책, 58쪽.
8) Arjun Appadurai, op. cit., pp. 7-18.

형 할인 마트가 우리 유통을 모두 장악한다면, 그때부터 소비자는 마트가
책정한 가격, 마트가 선택한 물건만을 살 '자유'가 있을 뿐이다. 요컨대,
세계화의 결과로 드러나는 표면적인 다양함은 그 아래의 또 다른 차원의
다양함을 죽인 다양함이고, 언제든 독점상황에서 획일화로 변할 수 있는
다양함이다.

'다양하고 복합적이고 중층적인' 세계화 과정에서 상거래 문화뿐 아니라,
세계의 풍경들 역시 획일화되어 가는 것은 또 어떻게 설명할 수 있을까?

> 이 여행자들(초국적 경제 엘리트들)이 지구를 돌아다니면서 접하는 세계는
> 그들이 사는 곳과 대단히 비슷하다. 온천과 운동시설, 이메일과 팩스 같은 기업
> 경영자의 업무를 위한 서비스, 위성TV, 훌륭한 식당, 서구식 침실 등 모든
> 편의시설과 서비스가 그들의 고향과 거의 똑같다.[9]

각 나라마다 다른 특색이 분명히 있지만 경제 엘리트들의 행동반경 내에
서의 세상은 사실 동일한 모습으로 변해있다. 서울과 뉴욕, 홍콩과 런던의
비즈니스, 쇼핑 구역들은 정말로 비슷비슷하지 않은가. 해외에 한 번도 나가
보지 않은 필자에게 세계 곳곳을 여행했던 한 친구는 "뉴욕 JFK 공항에
내려서 시내로 들어가니 마치 서울에 온 것처럼 금방 적응되더라"고 한
말 역시 이런 맥락에 위치시킬 수 있을 듯하다. 그렇다면 다양함이란 도대체
뭘 말하는 걸까? 세계화가 진전되지 않은 곳들이 아직 남아있기 때문에
생기는 다양함? 그렇다면 그것은 세계화가 진행됨에 따라 사라지는 다양함
이 아닌가? 세계화 과정에서 멕시코시티의 변화에 대한 캉클리니의 분석에
따르면, 멕시코시티는 제국주의 시대에는 스페인과 연결된 지역 수도
(regional capital) 역할을 하다가 세계화 과정을 거치면서 대형 쇼핑몰, 초국
적 호텔, 멀티플렉스 등이 밀집하고 빈부격차가 완연히 드러난 세계도시

---

9) 피터 L 버거 · 새뮤얼 헌팅턴 편, 앞의 책, 498쪽.

(global city)로 바뀌었다. 이 과정에서 지역 기반 산업들이 대부분 도산하면서 초국적자본에 의해 도시 풍경이 재편되었다는 것이다. 이전의 멕시코시티의 모습에서 국가가 보였다면 이제는 초국적자본의 모습만이 보인다. 그렇다면, 멕시코시티에 대해 이렇게도 말할 수 있을 것이다. "파리, 마드리드, 또는 런던이 다른 시대에 기호화했던 것이 오늘날에는 뉴욕의 엘리트들과 마이애미나 로스앤젤레스의 중산층 소비자들에 의해 재현되고 있다."[10] 세계화로 인한 각국의 도시풍경은 이제 미국 도시 풍경으로의 획일화 경향을 띠고 있다.

'다양함의 허상'은 언어에서도 발견된다. 세계 각 지역의 언어들이 일년에 몇 백 개씩 사라지고 있는 반면 영어는 세계 공용어(lingua franca)가 되어 간다.

> 그들은 대부분 영어 외에 다른 언어를 사용할 필요가 거의 없기 때문에 이 현상은 언어적으로도 더욱 강화된다. 소수의 엘리트들을 제외하고 우리가 인터뷰한 대다수의 엘리트들은 영어 외에 다른 언어를 사용하지 않았다. …어느 곳을 가든 영어만 사용해도 그럭저럭 지낼 수 있기 때문이다.[11]

이런 현상은 한국 대학의 인문계 학과들만 봐도 금방 알 수 있다. 영문과는 정원이 넘쳐 나고 계속 증가되는 데 반해서 독문과, 불문과, 일문과, 노문과, 서문과 등은 학교에 따라 합병되고 폐지되고 있는 현상은 세계화 시대의 '다양성'이라는 말로 설명할 수 있는가? 오늘날 '외국어 학원'을 다닌다고 할 때 그것이 '영어 학원'을 의미하는 것과 동일하게 쓰이는 현상은 무엇을 말하는가? 세계화가 다양화일 뿐 아니라 획일화이기도 하다는 것이고,[12]

---

10) Néstor García Canclini, "Urban Change in Mexico City," in Arjun Appadurai, ed., op. cit., p. 258.
11) 피터 L. 버거·새뮤얼 헌팅턴 편, 앞의 책, 501쪽.
12) 다양성(diversity)이라는 말의 어원은 라틴어의 '디베르수스'(diversus)인데, 이 말의 원래 의미는 '대립되는', '불일치하는', '모순되는' 등이었지 오늘날처럼 '다양한'이라거나 '여럿의'라는 의미는 더욱 아니었다고 한다.(프랑수아 드 베르나르, 「'문화다양성' 개념의 재정립을 위하여」,

세계화가 곧 서구화, 특히 미국화라는 것을 보여주는 것 아닐까?

왜 이런 일이 벌어질까? 이들은 세계화를 신자유주의 담론 차원에서 파악하지 못함으로써 세계화의 문화적 측면을 지나치게 긍정적인 측면으로만 부풀려 놓는 것이다. 신자유주의 세계화는 경제적으로는 전세계의 신자유주의적 경제재편, 정치적으로는 그러한 변화를 수용하지 않는 '불량국가'의 제거를 위한 미국의 국지적 전쟁 수행과 이로 인한 미국 헤게모니의 공고화, 문화적으로는 이러한 신자유주의적 경제, 정치 재편의 결과로 인한 미국식 획일화와 경쟁지상주의화라는 특징을 가지고 있다. 앞에서 예로 든 대형마트는 미국식 상거래 문화의 확산을, 도시의 획일화된 풍경은 미국식 도시문화의 확산을, 언어와 어문계열의 획일화는 미국식 언어문화의 확산을 보여준다. 요컨대, 세계화는 신자유주의화 담론의 핵심개념이고, 세계화의 문화적 실체는 미국화이자 미국적 신자유주의화인 것이다.

## 스타벅스: 신자유주의 세계화의 문화-자본 아이콘

스타벅스 커피체인은 세계화의 이 핵심 측면들을 일거에 보여주는 아이콘이다.[13] 스타벅스는 커피로서가 아니라 우리 시대 도시 생활자들의 문화적 기호로 소비된다. 그것은 <섹스 & 더 시티>나 <악마는 프라다를 입는다>의 주인공들이 중독처럼 들고 다니며 마시는 뉴요커의 기호다. 내가 아침에 마시는 한 잔의 스타벅스 커피는 통상 300원 가량의 원가에 제작되지만 4,000원 가까운 값에 팔린다. 남미와 아프리카의 원두 생산 노동자들에

---

김창민 외 편역, 『세계화 시대의 문화 논리』, 한울아카데미, 2005, 17쪽) 즉, 다양성은 기본적으로 조화와 다원주의가 아닌 모순과 투쟁이라는 뜻을 품고 있다. 조화와 다원주의라는 허상 속에서 모순을 드러내는 투쟁을 하지 않을 경우, 다양성은 쉽게 획일화가 되어버린다.

13) 스타벅스 관련 각종 자료들은 스타벅스 코리아 홈페이지(http://www.istarbucks.co.kr/), 위키피디아 '스타벅스' 항목(http://en.wikipedia.org/wiki/Starbucks), "커피값이 기막혀"(<시사매거진 2580>, 2006년 7월 16일 방송), "스타벅스의 무한질주"(<한겨레>, 2006년 10월 28일자 기사) 등을 참고하였다.

게 헐값에 사온 고급원두에 '스타벅스'라는 기호값이 덧붙여지고 매장 아르바이트생의 노동을 시급 3,500원 정도로 짜게 지급함으로써 그 값이 약 15배 정도가 부풀려지는 것이다. 그렇게 한국 내 127개(2005년 현재) 매장에서 벌어들인 매출액 912억원 중 45억이 로열티로 미국에 나간다. 이 스타벅스 커피에 담긴 로열티가 미국 시애틀의 스타벅스 본사로 들어가면 그 중 일부가 스타벅스의 유대 시온주의자 소유주에 의해 이스라엘의 무기 구입비로 헌금되기도 한다. 즉 내가 마시는 스타벅스가 아랍의 민간인을 죽이는 데 쓰일 수도 있다는 것이다. 정리하면 이렇다. 경제적으로, 스타벅스는 제3세계 노동자와 매장 내 비정규직 노동자의 정당한 대가를 착취함으로써 거대한 수익을 벌어들이는 초국적자본을 상징한다. 문화적으로, 스타벅스는 멜빌의 『모비 딕』의 일등항해사 '스타벅'으로부터 고급스럽고 도시적인 <섹스 & 더 시티>의 뉴요커까지 미국의 일상문화를 상징한다. 또한 그것은 도시의 커피 풍경이 초국적 브랜드 일색으로, 카페 풍경이 스타벅스식으로 바뀌는 문화적 획일화를 상징한다. 정치적으로, 스타벅스는 미국-이스라엘 연합의 중동지배를 상징한다. 세계화는 이렇게 우리에게 온다. 스타벅스 커피처럼 달콤하면서, 쓰게. 스타벅스의 로고에 등장하는 여인은 '세이렌'이다. 『오딧세이아』에서 세이렌은 달콤한 노래로 항해하는 선원들을 난파시킨다. 마치 스타벅스가 상징하는 초국적/신자유주의적 문화-자본이 전세계를 난파시키고 있듯이. 꾀많은 오딧세우스는 선원들에게는 귀를 막게 하여 세이렌의 노래를 듣지 못하게 하고, 자신은 아름다운 노래는 듣되 돛대에 몸을 결박시킴으로써 세이렌을 향해 갈 수 없게 만들었다. 세계화의 물결 속에서 문화와 자본이 결합하여 신자유주의라는 비수를 감추고는 다양성이라는 아름다운 노래를 부를 때, 우리는 어떻게 해야 할까? 신자유주의적 세계화의 실체를 깨닫지 못하고 그저 아름다운 노래에만 빠진다면, 우리는 영락없이 세이렌의 노래에 빠져 난파당하는 선원의 꼴이 될 것이다. 비수를 감춘 아름다움은 치명적인 법이다.

# "베트남 처녀와 결혼하세요"

국경희(중앙대 사회학과 석사과정)

얼마 전 한국사회에 살고 있는 이주 노동자, 국제결혼으로 이주해온 여성들, 유학생 등 50명의 베트남 여성들이 대학로에 모여 베트남 여성을 상품화하는 국제결혼에 반대하는 시위를 벌였다. 이들의 시위는 한국사회에서 국제결혼으로 인한 여성의 상품화가 심각하다는 것을 보여준다.

"베트남 처녀와 결혼: 후불제 가능" "절대 도망치지 않습니다. 장애인, 재혼 환영" 등 베트남 여성을 상품화하는 현수막들이 전국 어디에서나 눈에 띈다. 농촌 총각들이 많이 살고 있는 지방뿐 아니라 중소도시며 대도시에까지 다양한 문구의 현수막들이 버젓이 걸려 있다. 이런 현수막들이 베트남 여성을 상품화한다는 문제제기가 계속되자 정부는 이에 대해 얼마 전부터 단속을 시작하였다. 하지만 이런 단속들이 잘 시행되지 않는다는 문제는 차치하고라도 이것이 단지 현수막만의 문제일까?

'현수막' 단속 문제는 단지 빙산의 일각일 뿐이다. 여성을 마치 상품처럼 취급하는 국제결혼 알선 광고는 길거리 전단지, 명함 등의 작은 형태에서부터 신문, 잡지, 인터넷으로까지 번져나가고 있다. 얼마 전, 보수언론의 대표격인 <조선일보>에 실린 베트남 여성을 상품화하여 비하한 기사는 베트남 여성들의 항의를 받아 외교 문제가 되었으며, 진보적 신문으로 알려진 <한겨레신문>에서도 국제결혼 광고를 실어 공개사과를 한 적이 있다.

몇 해 전부터 한국에는 국제결혼 바람이 불고 있다. 우리와 말투만 조금 다를 뿐인 조선족 여성들은, 이기적인(?) 이유로 농촌총각과 결혼하지 않는다는 한국 여성들과 달리 척박한 결혼 시장에서 농촌총각들을 구해주는 구세주 같은 존재가 되었다. 이제 구세주들은 연변에서뿐만 아니라 베트남, 필리핀, 캄보디아, 우즈베키스탄 등 세계 각지에서 오고 있다.

세계화는 각국의 많은 여성들을 한국으로 불러들였다. 몇년 전까지만 해도 한국으로 오는 이주 노동자들은 대부분 남성이었지만 근래에는 많은 여성들이 경제적인 이유로 한국에 온다. 이제 드라마나 영화에서 연변 말투의 조선족 여성은 신기한 대상이 아니라 일상적인 코드가 되어가고 있는 것이다. 하지만 특별한 기술이 없는 여성들은 집안에서 여성들이 주로 하는 일일 가사 도우미, 환자 돌보기, 식당 도우미 등을 하게 된다. 하지만 배타적인 한국 비자로는 불법 체류자가 되기 일쑤이다.

이주노동자가 되는 것 말고 이주를 위한 가장 흔한 방식은 무엇일까? 그것은 바로 결혼이다. 몇년 일도 못하게 하는 나라에서 결혼을 통한다면 평생 살 수 있는 기회를 준다고 한다. 그렇다면 이것은 참으로 달콤한 기회가 아닌가.

그러나 결혼이 평생 한국에서 살 수 있는 기회를 줄 수 있을지는 상당히 의문스럽다. 결혼을 통해서 한국에서 살려면 먼저 염두에 두어야 할 것이 있다. 일단 한국에 안전하게 와야 한다. 중간에 중개업소에 사기를 당하거나 다른 데로 팔려갈지 모르기에 조심해야 한다.

다른 한 가지는 한국에서의 삶이 전적으로 남편에게 달려 있다는 것을 알아야 한다. 여성들은 남편의 말에 순종해야 한다. 왜냐하면 혼인신고를 해주지 않는다면 내일 당장이라도 본국으로 돌아가야 하기 때문이다. 그러기에 여성들은 어떤 부당한 대우를 받더라도 참아야만 한국에서 살 수 있다. 이 조건들을 다 성립시켜야만 한국에서 살 수 있다면 국제결혼을 통한 이주는 결코 쉬운 방식이 될 수 없다.

가난한 나라에서 부자 나라로 결혼을 통해 이주하는 것은 외국에서는, 특히 유럽에서는 오래 전부터 있어 왔다. 그것이 바로 우편주문 신부(mail-order brides)이다. 우편주문 신부는 카탈로그를 보고 맘에 드는 여성의 번호를 적고 중개업소에게 돈을 송금하면 신부가 집으로 배달되어 오는 형태의 결혼이다. 요즘은 인터넷이 발달되어서 그 정도가 더 심해졌다. 심지어 사진뿐 아니라 그 여성의 동영상까지 보고 고를 수 있게 됐다. 이야기를 할 필요도 없고 당신이 누군지 설명할 필요도 없다. 당신은 단지 돈만 내면 당신이 어떤 목적인지도 상관없이 내일 당장이라도 어제 본 신부가 배달되어 온다. 현재 필리핀을 비롯한 여타 국가에서는 이런 우편주문 신부를 여성을 상품화하고 인권을 침해한다는 이유로 인신매매로 간주한다. 물론 법으로 금지하고 있다.

현재 한국에서 이루어지고 있는 많은 국제결혼은 한국 남성이 중개업소를 통해서 여성을 소개받고 결혼 비용과 소개비를 중개업소에게 지불하고 성사된다고 한다. 그렇다면 이런 식의 매매형 국제결혼이 우편주문 신부와 다른 점은 무엇일까?

## 베트남에서 온 지선이 이야기

한국에서 국제결혼은 결혼 시장에서 소외당한 남성들의 새로운 돌파구가 되고 있다. 그 결과 결혼 중개업소가 우후죽순으로 생겨나고 있다. 통계청 집계에 따르면 한국에서 커플 10쌍 중 한 쌍은 국제결혼이며, 이 중 한국 남성과 조선족·동남아시아 여성의 결혼이 70%를 넘고 그 결혼의 95%는 개인브로커나 결혼중개업소를 통한 결혼이다. 특히 베트남 여성과 한국 남성의 결혼은 매년 두 배 정도로 증가하고 있다. 노동으로 인한 이주가 비교적 쉬운 조선족 여성의 결혼은 줄고 있는 반면 베트남 여성과의 결혼이 늘고 있는 것이다. 베트남 여성과 한국 남성의 결혼은 이제 하나의 유행이 되고 있다.

재작년 지선이는 베트남에서 한국으로 '시집을 왔다.' 현재 지선이는 22살이 되었고 아들 하나를 두고 남편과 살고 있다. 20살 무렵 지선이는 친구들이 하나둘씩 한국 남자와 결혼하는 것을 보았다. 친구들은 지선이에게 한국은 부자나라여서 한국에 가면 공주처럼 자동차를 타고 살 수 있다고 했다. 지선이의 동네에서 한국으로 시집을 간 친구는 열 손가락을 다 채우고도 넘는다. 지선이 친구들은 결혼할 때 남편으로부터 50만원에서 많게는 100만원을 받아 왔으며 한국으로 간 이후에는 한 달에 10만원부터 많게는 30만원씩의 돈을 친정에 보내왔다. 그때부터 어머니와 가족들은 지선이에게 한국행을 권유했다. 그때 지선이는 고민을 많이 했다고 한다. 베트남에서 가족들과 살고 싶다는 생각과 한국에서 경제적으로 여유롭게 살고 싶다는 생각이 충돌하는 것이다.

결국 지선이는 후자를 선택하였고 한국 남자와 결혼을 했다. 지선이는 몇 차례 단체 맞선을 통해 지금의 남편을 만났다. 지선이의 남편은 결혼패키지로 3일 동안 베트남에 머물면서 단체 맞선을 통해 50명이 넘는 여성들을 만났다고 한다. 마지막 날 남편은 지선이를 보고 곧바로 결혼을 하기로 마음을 먹고 중개업소에 돈을 지불했다.

지선이는 남편을 두 번 만났다. 한번은 단체 맞선 자리에서 그리고 또 한 번은 출국하는 날 중개업소 사무실에서 계약서를 작성하기 위해 만났다. 남편은 지선이가 여느 베트남 여성과 달리 피부가 희고 코가 높아서 마음에 들었다고 했고, 지선이는 남편과는 20살 차이가 나는 것이 마음에 걸렸지만 장애인이나 이혼남이 아니고 농촌으로 시집가지 않아도 되어서 승낙했다. 지선이가 마음에 둔 남편의 장점들은 한국으로 온 후 베트남에서 온 다른 친구들의 부러움이 되었다.

하지만 친구들의 부러움과는 달리 지선이는 그리 행복하지 않다. 지선이가 접한 현실은 베트남에서 꿈꿔온 한국과는 너무 달랐다. 우선 외국인에 대해 배타적인 한국에 놀라기도 하였지만 한국의 가정에 남아 있는 뿌리깊은 가부장성에 더욱 놀랐다. 그녀는 한국에 와서 제일 힘든 바가 무엇이냐는 질문에 엄지손가락을 치켜세우면서 "한국은 시어머니가 최고"라고 말했다. 시어머니는 지선이에게 집안일과 아이 돌보기를 비롯해 온갖 자질구레한 일들까지 시키는 것은 물론 잔소리가 심하다고 한다. 지선이는 힘든 집안일은 참을 수 있지만 자신의 친정에 대해서 모욕을 주는 말은 참기가 힘들다고 한다. 지선이의 시어머니는 지선이에게 그녀가 마음에 들지 않을 때마다 "못 사는 나라에서 돈으로 팔려온 더러운 년"이라고 한다. 아마 시어머니는 자신의 아들이 돈을 주고 산 것에 대해서는 잊으셨나 보다.

다른 한 가지 지선이가 힘든 이유는 바로 남편이다. 남편은 지선이를 정말 사랑한다고 하면서 이름도 자신이 제일 좋아하는 한국 이름으로 지어 줬다. 남편은 친정으로 한 달에 30만원씩 보내주면서 보내주는 날만 되면 지선이에게 통장을 보여준다. 통장을 보여주면서 너를 사랑하기에 집에 돈을 보내준다고 한다.

남편이 이토록 지선이를 사랑하는데 그녀는 왜 행복하지 않다고 말할까? 남편은 지선이가 베트남 이야기를 하는 것을 싫어한다. 베트남 말과 친정이야기를 하는 것은 물론 친정에 전화도 못하게 하였다. 하지만 지선이를 가장 힘들게 하는 것은 그녀를 감금하는 것이다. 그녀는 한국에 와서 밖에 나가본 적이 거의 없다. 한 달에 한 번 정도 남편과 함께 시장이나 아이 병원에 가는 것을 제외하고는 밖에 나가본 적이 없다. 왜냐하면 남편이 밖에 나가는 것을 싫어하기 때문이다. 남편은 지선이에게 여자는 집에 있는 것이라고 했다. 남편은 한국에서 부인을 부르는 말인 '집사람'을 '집에 있는 사람'이라는 뜻으로 해석해서 실천에 옮기고 있다.

몇 달 전 지선이는 남편에게 대들었다. 지선이는 밖에 나가고 싶고 친구들도 만나고 싶고 엄마도 보고 싶다고 했다. 그리고 지선이는 남편에게 맞았다. 남편은 지선이에게 "너는 내꺼야, 너는 내가 돈 주고 샀어"라고 하며 집안 물건을 부수고 폭력을 휘둘렀다. 그 이후 지선이는 이혼을 요구했고 남편은 결혼 비용을 다 물어내면 이혼을 해주겠다고 했다.

삶의 동반자를 찾아 베트남까지 원정을 간 남편은 그녀를 정말 사랑하는지도 모른다. 그런데 그녀를 감금하고 그녀에게 폭력을 행사하는 것은 왜일까? 남편은 지선이를 구매했다. 한국에서 자동차 한 대를 살 정도의 돈을 중개업소에 주고 지선이를 샀다. 그래서 남편이 생각하기에 지선이는 자신의 소유물인 것이다. 폭력을 행사하는 것도 그녀를 밖에 나가지 못하게 한 것도 사랑하는 지선이를 자신이 구매했다고 생각하기 때문이다. 남편은 씁쓸하게 웃으며 자신은 잘못한 게 없다고 했다. 그저 사랑한 죄밖에 없다고 말이다. 하지만 이것이 사랑이라고 할 수 있을까? 소유는 사랑이 아니다. 더구나 자신의 애를 낳아주고 집안일을 해주고 자신과 섹스를 하는 사람으로서의 소유는 더욱 더 아니다. 여성을 인격이 있는 한 인간으로서 존중하지 않는다면, 그리고 지선이가 다른 문화에서 온 사람임을 인정하지 않을 때 남편은 결코 사랑을 이룰 수 없다.

## 사랑만을(?) 위한 결혼을 꿈꾸며

사랑하지만 집안의 반대나 서로의 상황 때문에 힘들어 하는 사람들은 흔히 이런 조언을 많이 듣는다. "사랑에는 국경도 없다." 정말 사랑에는 국경이 없을지도 모른다. 하지만 결혼에는 국경이 있다. 이 국경을 합법적으로 넘기 위해 많은 여성들은 결혼을 통해 한국으로 이주한다. 이주여성들에게 국제결혼은 기회가 되기도 하고 탈출구가 되기도 한다. 지선이처럼 남편의 학대에 시달리고 있는 여성도 있지만 행복하게 사는 여성도 있다.

앞서 이야기한 "베트남 처녀와 결혼하세요"의 현수막처럼 중개업소를 통한 국제결혼은 여성을 물건인 양 상품화하고 있다. 사실 자본주의사회에서는 뭐든지 돈으로 살 수 있다. 게다가 전지구화의 흐름까지 더해져 여성은 국경을 넘어 자본주의 안에서 남성들의 요구에 의해 더욱 더 '몸'으로 환원되어 팔리고 있다.

가부장제 사회에서 팔리는 '몸'을 가진 여성은 자신의 '몸'을 자원으로 활용할 수 있지만, 이 자원은 동시에 억압이 될 수 있다. 즉 어리고 아이를 낳을 수 있는 여성의 몸은 자원이 되지만 이 자원이 실제로 팔리게 되었을 때에는 착취와 억압이 뒤따를 수 있다. 마치 성매매 여성이 자신의 성을 자원으로 돈을 벌지만, 포주의 횡포나 몸 파는 여성이라고 손가락질을 당한다는 여러 가지 가부장제 사회의 억압이 따를 수 있는 것처럼 말이다. 국제결혼을 통한 매매도 마찬가지이다. 여성들이 이렇게 국제결혼을 통해 이주할 수 있는 것은 이에 대한 남성들의 요구와 이것을 동조하고 지원하는 국가와 상업화된 국제결혼 시장이 존재하기 때문이다. 여성을 매매할 수 있는 구조에서 국제결혼을 통한 매매는 여성을 수단으로 하는 동시에 섹스와 재생산을 위한 기능을 하는 존재로 팔고 있다.

우리는 이런 매매 구조에 문제를 제기해야 한다. 이것은 굉장히 지루하고 상투적인 대안일지 모르지만 절대 피해갈 수 없는 사실이다. 국경을 넘어 여성을 더욱 더 상품화시키는 가부장제와 신자유주의적 자본주의사회에서 여성의 최소한의 권리는 확보되어야 한다. 우리가 지선이의 이야기에서도 보았듯이 지선이와 같이 더 나은 기회를 위해서 한국에 온 이주 여성들에게 정말 그들이 원하는 것을 얻게 해줘야 한다. 이것은 단지 그녀들이 상품화된 것이 불쌍하고 애처로워서 그런 것이 아니라, 그녀들이 주체적인 인격을 지닌 인간으로서 자신의 권리와 욕망을 추구하면서 살아야 하기 때문이다.

# 대한민국의 '영어마을화'가 의미하는 것들

나영(문화연대 문화교육센터 활동가 rebel9@hanmail.net)

## 대한민국은 '영어마을'이 될 것인가

지난 지자체 선거에서 '영어마을'은 그야말로 'Must have item'이었다. 이미 영어마을을 두 개 이상씩 운영하고 있는 경기와 서울을 비롯한 몇 지역에서는 운영 효율과 실효성에 대한 논란이 제기되고 있고, 원어민 영어 강사의 성추행 등 원어민 강사의 자격 문제도 도마 위에 올랐으나 영어마을은 이미 '안 하면 표 떨어지는' 유행 아이템이 되어버린 것이다. 시나 도에서 운영하는 영어마을뿐 아니라 서초구의 영어체험 공원 '앨리스 파크'와 같이 구나 대학 차원에서 운영하는 영어마을도 확산되고 있는 추세다.

심지어 이제는 '영어마을아파트'에 '백화점 영어마을'까지 생겨나고 있다. 현대백화점 부천점은 지난 8월 백화점 영어체험 마을을 운영했으며 천호, 미아, 무역센터점에도 연이어 프로그램을 개설했다. '영어마을 아파트'는 기업이 집중되어 있는 신축 아파트 단지를 중심으로 신설되고 있으며 원어민들이 무료로 거주하면서 영어 탁아방을 비롯하여 지역 주민들에게 다양한 영어 체험의 기회를 제공하도록 하겠다고 홍보하고 있다. 프로그램의 차별화에도 경쟁이 붙어 한 사설 영어마을에서는 '용산 미군캠프 투어'까지 운영하고 있을 정도이다.

국회에는 2010년까지 1개교 당 원어민 영어 보조교사를 1명씩 배치해야 한다는 '원어민영어보조교사균형배치에관한특별법안'과 영어교육의 진흥을 위해 교육인적자원부에 '중앙영어교육진흥위원회'를, 특별시와 광역시 및 도에 '지역영어교육진흥위원회'를 두어야 한다는 '영어교육진흥법안'이 계류 중이다. 또한 제주와 인천은 외국교육기관과 외국 기업 및 외국인들에게 제공되는 각종 특혜와 영어공용화 시도로 아예 시 자체가 '대한민국 영어특별시'가 될 지경이다. 이쯤 되면 두 말할 나위 없이 대한민국 자체가 '영어마을'이 되고 있다고 보아야 하지 않겠는가.

## 누가 대한민국의 영어마을화를 조장하는가

이와 같은 영어교육 광풍은 물론 어느 날 갑자기 불어닥친 현상은 아니다. 전 국민이 대한민국의 나아갈 바로 너무나도 당연히 인지하고 있는 '국제화', '개방화'를 내세워 각종 자유무역협정에 적극적으로 뛰어들며 알아서 모든 것을 내주고 있는 대한민국 정부는 마치 돈 많은 외국인들이 대한민국을 먹여 살릴 유일한 희망이라도 되는 양 호들갑을 떨고 있다. 그리고 최근 몇년 간 교육개방 협상과는 별개로 추진되어온 교육 관련 각종 법적, 제도적 정비만 스케치해 보아도 이와 같은 표현이 결코 과장이 아님을 쉽게 파악할 수 있다.

우선, 2003년 제정된 '경제자유구역의지정및운영에관한법률'에 따르면 현재 인천, 부산, 진해, 광양만 경제자유구역에서는 외국인투자기업에 대한 국세 및 지방세 감면, 개발부담금 등 각종 부담금 감면, 각종 규제 내용이 포함된 법률 적용 배제, 기반 시설의 우선 지원, 교육기관 및 의료기관 설립 허용 등 외국인 투자자를 위한 모든 혜택이 주어지고 있다.

한편 제주는 7월 1일 '특별자치도'로 출범하면서 '(외국)기업천국'을 만들겠다고 공공연히 천명하고 나섰다. 제주 역시 외국인 관광객의 무비자 입국 확대를 비롯하여 외국 전문인력 취업기간 연장, 외국 영리법인 병원 설립 허용(내국인 진료 가능, 외국에 환자를 소개하여 보내는 원격진료까지 허용), 초중고에서 대학까지 외국교육기관과 자율학교, 국제고의 설립 자유화 등이 시행된다. 관공서에서는 당연히 영어로 모든 서비스가 가능하도록 하고 있다. 제주에 거주할 외국인에게 주어지는 혜택은 이뿐이 아니다. 제주는 이들에게 국공유지를 50년까지 장기임대하며, 임대료도 최저 1%까지 감면해주고, 지방세도 15년 동안 100% 면제해준다. 국가유공자나 고령자 의무고용 등 고용규제도 완화하게 된다. 한국에서 직접 노동력을 제공하며 생산활동을 하고 있는 이주노동자들에게는 강제추방과 착취만이 있을 뿐이지만 이들 '돈 많은 외국인들'에게는 귀찮은 장벽 없이 자본과 인력을 마음껏 먹어 치울 자유가 주어지는 것이다.

인천 송도에는 2008년 9월에 연간 학비가 2천만 원에 달할 것으로 예정되는 국제학교가 문을 열게 될 것이다. 제주국제특별도시 및 인천 경제자유구역 내 외국교육기관설립운영에 관한 특별법'에 따라 이 학교 역시 사립학교법을 비롯한 모든 교육관련법과 규제로부터 자유로울 수 있다. 물론 이 학교에는 내국인의 입학도 가능하다. 이처럼 외국교육기관에 내국인 입학을 허용하였으니 현재 운영되고 있는 외국인학교에도 내국인 입학을 허용해 주어야 할 것은 당연한 절차이지만, 이는 반대 여론에 밀려 추진되지 못했다.

이렇게 외국 교육기관이 모든 규제로부터 자유로운 상태에서 마음대로 영리활동을 할 수 있게 해주는 마당에 당연히 한국의 사학들에게도 사탕을 하나씩 쥐어주어야 하지 않겠는가. 그래서 정부는 내국인도 외국인학교를 설립할 수 있도록 허용해 주었으며, 교육부는 자립형 사립고, 국제중학교, 국제고등학교 등 운영 형태를 다양화하여 돈을 벌 수 있는 길을 열어주는 방법으로 이들을 만족시키고 있다.

이러한 조치들이 '한국 공교육의 근간을 무너뜨릴 것'이며 '교육 양극화를 심화시킬 것'이라는 비판이 제기될 때마다 정부는 외국교육기관의 설립은 '국내에 거주하게 될 외국인 투자자와 기업인들을 위한 것'이며 학교 형태의 다양화는 '국제화, 개방화 시대에 따른 교육수요자의 욕구를 충족시키기 위함'이라고 변명하고 있다.

한편으로 정부는 '과도한 해외 유학 수요를 줄일 수 있다'고도 한다. 그러나 입시와 취업 그리고 끊임없는 경쟁을 위해 학교에서 학원으로, 학원에서 어학연수로, 어학연수에서 다시 학원으로의 악순환이 반복되도록 쉼없이 영어 콤플렉스를 조장하고 있는 것이 대한민국의 현실인 이상 '해외 유학 수요를 줄인다'는 명분 역시 허구에 불과하다. 결국 그 어떤 변명의 여지도 없이 이 모든 정책들의 추진 목적은 다름 아닌 '교육을 돈벌이 수단으로 제공하기 위함'일 뿐인 것이다. 물론 영어교육에 대한 과도한 집중 현상은 한국만의 문제는 아니며 이미 예전에도 영어는 전 국민의 대표적인 콤플렉스였지만 작금의 대한민국의 현상은 분명 이러한 정부 정책에서 기인한 바가 크다.

'국제화, 개방화 시대를 대비한다'는 것은 곧 외국인 투자자들과 기업들의 영리 활동을 최대한 보장하고 그 걸림돌이 될 만한 것들은 사전에 모두 알아서 정리해 준다는 것이며 그들이 사는 데 불편함이 없도록 모든 대한민국 국민들이 영어를 할 수 있게 해주는 것이고 그들이 돈을 많이 벌 수 있도록 대한민국 국민들을 제공해 줄 준비를 갖추는 것이라는 게 그들이 추진하는 정책의 근간이 되는 생각이기 때문이다. 대한민국 국민의 영어 콤플렉스와 영·미권에 대한 환상 그리고 그에 따른 영어 교육열이 이러한 '국제화'의 허울 좋은 명분에 이리저리 버무려져 휘둘리고 있는 것이 바로 지금 벌어지고 있는 영어교육 광풍의 실체인 것이다.

## 유학 수요를 줄이기 위한 대책이 공교육 개혁이 아닌 이유

이쯤에서 반드시 짚어야 할 중요한 사실이 있다. 자녀를 유학 보내거나 유학이 안 되면 영어마을이나 외국교육기관에라도 보내고 싶어하는 부모들의 열망 속에는 단지 영어교육을 잘 시키고 싶은 욕망만 존재하는 것이 아니라는 점이다.

자녀를 유학 보낸 부모들은 하나같이 말한다. 한국에서는 아이들이 새벽부터 밤늦게까지 학교와 학원에서 공부하느라 밤을 지새워야 하고 답답한 교실에서 칠판만 바라보고 있어야 하지만 외국에 나가면 아이들이 맘껏 놀고 체험하고 생각하면서 공부할 수 있다는 것이다. 자신의 자녀들을 한국에서 살아남게 하기 위해서는 어쩔 수 없이 학교와 학원으로 쉴 새 없이 내보내야 하지만 부모들 역시 자신의 자녀들이 이렇게 무자비한 학습 노동에 시달려야 하는 현실을 힘들어하고 있으며 학벌과 입시경쟁으로부터 자유롭게 아이들이 스스로 생각하고 체험과 놀이를 통해 학습할 수 있기를 원하고 있다.

그런데 기가 막힌 사실은 이러한 부모들의 욕망을 모를 리 없는 정부가 교육개혁을 하는 대신 이 욕망을 '외국의 선진 교육 시스템을 도입'한다는 명분 아래 외국교육기관과 국제학교, 영어마을 등으로 끌어내 이용하고 있다는 것이다. 그래서 이들은 외국교육기관과 영어마을에서는 암기식 교육이 아닌 체험형 프로그램으로 학습하고 다양한 시설과 도구를 활용할 수 있음을 홍보할지언정 공교육을 이와 같이 개혁하는 데에는 한없이 게으르다.

또 한 가지 중요한 사실은 앞으로도 정부는 공교육 전반을 자율적이고 창의적인 교육 체계로 바꾸려는 노력을 적극적으로 기울이지는 않을 것이라는 점이다. 다양하고 창의적인 교육 프로그램은 외국교육기관과 자립형 사립고 등 운영을 자율화한 값비싼 사립학교에서 개발할 것이고 그곳을 졸업한 학생들은 자연스럽게 이 사회의 상위 계층으로 향하는 엘리베이터를 타게 될 것이다. (물론 이들은 유학도 갈 것이다.) 그리고 그런 곳에 갈 형편이 안 되는 나머지 학생들은 정부가 방치한 공교육 시스템과 열악한

교육환경 속에서 끊임없이 과중한 학습 노동에 시달리며 그들과 경쟁해야 할 것이다.

지난 7월, 오프라 윈프리 쇼는 이 슬픈 상황이 이미 오래 전부터 현실로 존재하는 미국의 모습을 심각하게 다루었다. 정부로부터 재정 지원을 받지 못하는 공립학교들은 아직도 석탄으로 난방을 하고 60명에 달하는 아이들이 한 학급에서 공부할 의욕을 상실한 채 앉을 자리도 없어 산만하게 아무 곳에나 앉아 있다. 물론 한 반의 정원이 60명에 가깝지만 상황이 이러하니 정작 수업을 듣는 학생은 2/3 정도밖에 되지 않는다. 그래도 의자가 모자라 수업에 따라 이 반에서 저 반으로 의자와 함께 이동해야 한다.

대학 입학시험에 합격한 한 공립학교 학생이 잔인한 현실을 토로한다. 상급학교에 진학하고자 해도 이미 시험의 수준은 사립학교 학생들의 교육 수준에 맞추어져 있고 정보도 대체로 이들 내에서만 유통되기 때문에 열악한 환경 속에서 아무리 열심히 공부를 해도 공립학교 출신 학생이 사립학교 출신 학생들과 같이 좋은 상급학교에 진학하기는 하늘에 별을 따는 것만큼 어려울 수밖에 없다는 것이다.

한국은 이러한 미국 교육 시스템을 따라가고 있다. 정부가 유학 수요를 줄이고 공교육을 정상화할 수 있는 가장 근본적이고 효과적인 대책인 공교육 개혁을 단행하는 대신 외국 투자자들과 영리법인, 한국 사학 그리고 돈 많은 이들만을 위한 정책들을 추진하는 동안 '영어만 잘 하면' 국제화 사회 대한민국의 일원이 될 수 있을 것이라 꿈꾸는 대다수의 국민들은 오늘도 자녀교육을 위해 무리를 해서라도 아이들을 영어마을의 5박 6일 캠프 프로그램으로 보내고 있는 것이다.


## 영어교육, 너무나 계급적이고 제국적인

언어는 계급을 품고 있다. 부르디외의 이론대로 표현하자면 '체화된 상태로서의 문화자본'에 해당되는 언어와 말투는 계급적 환경과 긴밀한 관계를 맺으며 형성되기 때문이다. 표준어의 정의가 '교양 있는 사람들이 두루 쓰는 현대 서울말'이라는 것은 바로 이러한 언어의 성격을 극명하게 보여주는 것이다. '표준어'의 이데올로기는 그들의 언어를 '교양 있는 것'과 '그렇지 못한 것'으로 구분해 위계를 부여하며 이에 더해 학자들은 대부분의 일반인 들이 이해할 수 없는 각종 전문용어를 사용하면서 구별짓기를 실천한다. 이에 따라 이들의 '교양 있는 언어'는 곧 모든 사회 구성원이 지향해야 할 바가 되어 끊임없이 콤플렉스를 조장해내는 것이다.

영어교육 열풍 역시 이러한 구별짓기의 맥락 속에 있다. 중세 시대 귀족들이 라틴어를 필수적으로 배워야 했고 조선의 양반들이 한글 창제 이후에도 한자와 한문을 익혀야 했던 것처럼 현대의 교양인은 영어를 모국어처럼 사용할 줄 알아야 한다. 특히 '국제화'와 '정보화' 이데올로기가 가속화되면서 영어는 일상의 영역으로까지 깊이 침투하여 이제는 모든 사람들이 '세상에 적응하기 위해 영어를 알아야 하는' 상황이 되었다. 이렇게 모두가 영어를 알아야 하지만 또한 모두가 같은 수준의 영어를 구사할 수 없다는 사실은 교묘하게 은폐되면서 영어는 국제화, 정보화시대 교양인의 '기준'이 되고 콤플렉스는 더욱 강화된다.

그런데 영어가 어떤 언어인가. 영어가 국제적 언어가 된 배경에는 다름 아닌 영국과 미국의 제국주의와 식민통치가 있다. 그리고 한국에서 표준화된 영어교육과 이를 통해 배우게 되는 영어권 문화는 바로 이렇게 아메리카 대륙에서 인디언을 학살하고 아시아와 아프리카 대륙을 식민통치한 미국과 영국의 역사를 통해 형성된 문화이며 그 역사의 중심에 있었던 백인 상류층과 중산층의 문화인 것이다.

이것이 한국의 부르주아 계급과 대한민국 정부가 '국제화'를 내세우며 국민들의 교육열과 영어 콤플렉스를 이용하여 조장하고 있는 다분히 계급적이고 제국적인 영어교육 열풍의 실상이다.

## '국제화'가 아닌 '미국화'를 통한 '양극화'

한국의 세계화는 'Globalization'이 아니라 '한국식 세계화'인 'Segyewha' 라며 당당하게도 주장했던 김영삼 대통령의 웃지 못할 일화처럼, 한국의 '세계화', '국제화'는 정체성도 실체도 없는 허구이다. 'FTA를 발판으로 세계 속으로 한 걸음 나아가자'는 정부의 홍보 이면에는 사실상 다분히 의도적인 '미국화'를 통한 '양극화'가 있을 뿐이다.

콘도디아 언어마을에서 한국어 마을을 운영하고 있는 로스 폴 킹 교수는 "한국 정부가 전국 각지에 있는 영어마을에 쏟아 붓고 있는 돈의 10분의 1이라도 한국어 마을에 투자해 주었으면 좋겠다"고 말한다.(<한겨레>, 2005. 7. 14.)

하지만 그의 이런 간절한 바램에도 불구하고 한국 정부는 앞으로도 한국어 마을을 지원하기보다는 외국교육기관을 더 많이 유치하고 영어마을을 더 많이 만들기 위해 노력할 것이다. 한국 정부의 목적은 '국제화'에 있지 않으므로.

# 글로벌 시네마와 '문화번역'의 주체

이종찬(중앙대 영문학 석사)

## 들어가며

일방적이고 느닷없었던 정부의 한미 FTA 추진 및 스크린쿼터 축소 방침 이후 문화적 다양성의 문제가 뜨거운 감자로 대두된 지도 꽤 되었다. 아울러 엄혹한 자본논리 하에서도 개별적인 문화가 독자적 자율성을 유지할 수 있을 것인가 아니면 동질화의 자장 속으로 함몰되고 말 것인가 하는 문제를 둘러싸고서 그 문제를 '누가 발언하고 있는가'라는 쟁점 또한 제기되었다. 발언의 주체('누가')를 면밀히 따져보는 작업은 무엇보다 중요한데, 논의 과정에서 일국의 문화제국주의적인 행위가 다른 한 쪽에게 일방적으로 작동할 위험이 상존하기 때문이다. 이제 논의의 중심은, 문화와 문화가 손쉽게 연계되어 서로 만나고 충돌하는 탈근대 글로벌 시대를 맞아 문화적 생산물은 '어떻게' 발언해야 할 것인가 혹은 발언되어야 하는가라는 문제로 좁혀질 필요가 있다.

문화적 생산물 중 오늘날 대중에게 가장 큰 담론구성력과 파급효과를 주는 것은 단연 영화일 것이다. 인정하든, 인정하지 않든 문학, 연극, 음악,

미술 등 기존의 전통예술은 대중에 대한 영향력을 점점 잃어가고 있다. 영화의 도래와 함께 전체 인구를 대상으로 하여 대중에게 용이하게 다가갈 수 있는 매체가 생겨난 것이다.

영화는 문화의 '상업적' 속성과 '민주적' 속성의 통일을 절합한 새로운 매체다. 영화는 수입을 극대화하고 대중의 취향을 충족시키는 현대 문화산업의 첨병 역할을 수행하는데, 이것이 영화의 산업적 속성의 측면이다. 그렇지만 한편으로 영화는 기존 전통예술의 엘리트적 고급문화와, 그것이 굳건히 폐쇄적 카르텔을 형성하고 있던 비평권력을 뛰어넘었다. 이것을 영화의 민주적 속성이라 하겠는데, 영화라는 기술복제시대 예술품이 이를테면 손상된 아우라로 인해 그것의 생산자와 수용자/해석자 모두에게 자율적인 '비평가적 태도'라는 선물을 선사했다는 말과 같다. 정리하자면 영화의 등장으로 예술은 산업적임과 동시에 예술작품 수용에 있어서 다양성의 시각까지도 견지할 수 있게 되었다.

영화의 상업적 힘과 민주적 힘은 이를테면 영화가 지닌 양날의 검이다. 특정 메시지를 전달하는 도구로서의 영화는 그 자체로는 무가치적이며, 긍정도 부정의 평가도 내릴 수가 없다. 중요한 것은 이제 영화가 '현대'의 문화예술이 되었다는 사실이다. 현대의 예술은 일방향적이지 않고 자족적이지 않으며 또한 고정적이지 않다. 차라리 그것은 쌍방향적이고 혼종적이며 유동적이다. 독자적이 아니라 관계적이라는 것이다. 문화'간' 번역 문제가 첨예하게 평가의 향방을 가늠짓는 것은 이 지점에서다. 이 시점에서 필연적으로, 전술한 영화의 두 가지 이질적 속성과 관련하여 '번역의 주체가 누구인가'라는 문제를 제기해볼 필요가 있다. 번역의 과정에서 발생할지 모르는 혹은 필연적으로 발생할 이데올로기적 틈의 정체를 되물어보아야 한다. 이 글은 글로벌 시네마에 있어서 바로 이 '문화번역'의 주체 문제를 다루어 보고자 한다.

# 페티쉬로서의 역사 혹은 탈역사로서의 드라마: <게이샤의 추억>, <무극>

번역의 '틈'이라는 이데올로기는 주로 자본의 논리가 만들어내는 것이다. 보다 구체적으로는 국가의 경계를 뛰어넘은 초국적 금융자본의 논리다. 문화'간' 번역과정에 있어 주된 결정요인으로 작용하는 금융자본의 논리는 '역사' 문제를 다룸에 있어 그 주된 심각성을 드러내기에 이르는데, 그것이 바로 실존하는 역사의 포스트모던적 기호작용으로의 환원 내지는 탈역사화라는 문제점이다.

스티븐 스필버그가 제작하고 롭 마셜 감독이 만든 영화 <게이샤의 추억>에서 일본은 미국의 시각으로 재현되어 관객의 눈앞에 전시된다. <게이샤의 추억>은 미국인 작가 아서 골든이 1997년 발표, 50주 연속 뉴욕 타임즈 베스트셀러에 오르는 대기록을 수립한 영문 원작소설의 영화적 판본이다.

<게이샤의 추억>은 무엇보다도 먼저 거대 규모의 다국적 프로젝트다. 태평양 전쟁 시기를 전후로 한 당시의 일본 교토를 재현해내기 위해 연출가는 미국 LA 근교에 '작은 일본'이라고 불리는 거대한 세트를 짓는 일도 마다하지 않았다. 미국인 감독이 연출하고 영어와 일본어가 섞인 대사가 난무하는 이 영화의 국적은 다의적이고 모호하기 그지없다. 게다가 감독은 일본인 역에 중국계 여배우들을 대거 캐스팅했다. 배역에 가장 적합한 배우를 찾기 위해서라는 감독의 의도와는 달리 이 영화는 중국에서 상영금지 조치를 받고 만다. 태평양 전쟁 당시 발생한 일본군의 종군위안부 문제를 연상시켜 중국 내에서 반일감정을 악화시킬 수 있다는 우려에서다. 현대 일본인들에게서조차 게이샤의 삶이 생소하게 느껴진다는 연유로 인해 감독은 일본인 역할을 중국인이 연기하든 일본인이 연기하든 크게 상관없을 것이라는 순진한 생각을 했다고 한다.

<게이샤의 추억>에서 감독이 역사를 재현할 때 염두에 둔 것은 사(史)적 엄밀성이 아니라 현대적 변용이다. 당대의 키모노는 지극히 일본적이어서

영화 속에서 그대로 쓰기에 무리가 가겠다는 판단을 한 감독은 기모노를 변형시키는 데 주저함이 없었다. 실제로 넓은 오비(허리띠)로 매여 있어서 여성의 몸매를 감추는 전통적 키모노는 영화 속에서 배우들의 몸매를 잘 드러낼 수 있도록 변형되었다. 의상뿐만 아니라 헤어스타일, 메이크업 등에 있어서도 마찬가지다. 전통에 절대 구애받지 말고 "파리 패션쇼 무대를 걷고 있는 게이샤"를 만드는 것이 감독의 의도였다. 때문에 영화 제작 초반에 참여했던 적지 않은 수의 일본인 고문들이 중도에 일을 그만둔다. 실제 일본인들은 8인치짜리 조리(일본식 샌들)를 신지 않기 때문이다. 로저 에버트가 이와 관련하여 "당신이 일본에 대해 더 많이 알수록, 이 영화를 덜 즐기게 될 것"이라고 말한 것은 이같은 전후맥락에서 이해될 수 있다.

감독은 스스로도 <게이샤의 추억>이 "게이샤 세계에 대한 인상주의 작가의 그림"이라고 밝히며, 번역과정에 있어서 시선의 일방성을 드러낸다. 남자 앞에서 순종적으로 무릎을 꿇은 여인들이 지고지순한 순정을 바치는 오리엔탈리즘적 환상의 혐의에서 영화는 자유로울 수가 없는 것이다. 감독은 자신이 영화의 원작에 매혹된 이유에 대해 말한다. "게이샤의 세계는 환상적이고 아름다우며 신비롭고 관능적이다. 그 세계는 지금까지 외부로부터 차단되어 있었다." 뿐만 아니라 <워싱턴 포스트>는 <게이샤의 추억>을 두고 일본의 스시를 미국식으로 다시 만든 것이라면서 맛만 좋다면 아무 문제없지 않느냐는 견해를 피력하기도 했다.

<게이샤의 추억>에서 로컬로서의 일본이, 글로벌 시선의 담지자로서의 미국 자본과 시선에 무방비로 노출되어 있다면, 작년에 공개된 첸카이거의 <무극>에서 글로벌/로컬 맥락의 양상은 보다 복잡화되고 촘촘히 얽혀든다. 그는 한마디로 동북아시아 블록버스터 프로젝트 영화를 만들었다. 첸카이거는 이런 말을 한 적이 있다. "중국이 서양 식민지가 되는 것을 용납할 수 없다. 그래서 한국 영화인들이 그렇듯이 우리도 우리의 상업영화를 스스로 개발하려고 한다. 내가 개인적으로 상업영화를 만드는 것 때문에 비난을

받거나 지옥에 가더라도 이렇게 총대를 메야 한다.” 그의 관심은 자국, 즉 중국영화의 산업적 기반을 만들고자 하는 데 있다. 중국영화가 아직까지 하나의 굳건한 산업 형태를 갖추지 못했기 때문에 중국영화가 발전할 수 없었다는 것이다. 첸카이거는 2001년 인터뷰 때 단호하게, 현재 중국영화가 필요로 하는 것은 상업영화임을 주장한 바 있다. “모두 예술영화를 해야 한다는 것은 독재사상”이다. 이같은 논리는 우리네 근대화 발전의 역사적 전개 과정에서도 흔히 보아 왔다. 파이를 나누기 위해서는 먼저 그 파이를 불려놓는 것이 선결과제여야 한다는 것이다. 첸카이거의 이같은 논의 전개 는 아리프 딜릭(Arif Dirlik)의 주장과 일맥상통한다. 딜릭에 따르면 ‘실험’을 위한 영역이 로컬인데, 그 실험은 ‘적당하게’ 글로벌해야만 실패하지 않는 운명에 다다를 수 있다. 그래서 “로컬의 저항은 트랜스로컬화 되어야만 한 다.” 글로벌/로컬의 대안항 내지는 제3항으로서 새로운 영역의 창조가 꾀하 여지는데 그것이 ‘권역’(region)이다. 다만 문제는 그 과정에서 수반된 첸카 이거식 역사 재현의 ‘탈역사적’ 지향성에서 발생했다.

<무극>에서 첸카이거는 끊임없이 역사 바깥, 즉 현실의 저만치 바깥으 로 뛰쳐나가려 애를 쓴다. 그는 온전히 역사 바깥에 등장인물들을 던져놓은 채 오직 판타지 세계 안에서만 자신의 이야기를 직조해 나간다. 20여년 전 이른바 중국 제5세대 감독군의 존재를 서구에 알리는 신호탄이 되었던 <황 토지>의 첸카이거의 모습은 확인할 수가 없다. 그 사이에 실패한 천안문 사태가 있어서인지도 모를 일이다. 영화평론가 정성일은 천안문 사태 이후 “사회주의적인 예술로부터 예술적인 자본주의에로의 이행”이 수반되었고, 결과적으로 그것이 첸카이거의 ‘변절’, ‘변심’ 혹은 ‘죽음’이라는 결과를 초 래했다고 주장한다. 정성일은 이를 첸카이거 혹은 더 나아가서는 제5세대의 ‘보여져야만 한다는 노출증’ 증세라고 엄중히 타박한다. 어떻게 해서든 자신 의 존재를 각인시켜야 한다고, 혹은 존속시켜 나가야 한다고 외쳐대는 첸카 이거의 이같은 노출증적 강박 증세를 향해 지아장커를 비롯한 ‘지하전영’

세대가 강력히 비난한 것도 마찬가지 이유에서다. 각종 현란한 CG의 홍수로 넘쳐나는 영화 속 풍경들과 하이테크한 설계로 번쩍거리는 영화 속 '디지털' 중국의 이미지들을 앞에 두고 영화를 보는 관객은 그 어떤 역사성과 사회성도 소환할 수 없게 된다. 결과적으로 살아 숨쉬는 실체로서의 '중국'이라는 기호는 탈색되어 상품화되고 대중 안에 전시될 뿐이다.

　나/우리와 다른 이질적인 문화에 대한 '수용과 거부', 양쪽 모두를 고려함이 올바른 문화번역의 지향점이 되어야 할 것이다. 동시에 양측 모두가 서로의 긴장과 수렴을 통해 '중간'에서 공존과 통합을 모색하여야 한다. 그렇지만 그에 앞서 먼저 개인(individual)의 독립성이 받아들여져야 할 필요가 있다. 번역 과정에서 생성되는 '현지화'(localization) 혹은 '혼종화'(hybridization)의 상황이 '대안적' 세계화에 대한 모범 답안이 될 것이기 때문이다. 보다 구체적인 '생활세계'라는 관점의 다의적 맥락에서 문화에 접근하는 태도가 무엇보다 시급하다 하겠다. 대안적 문화번역 사례의 한 양상을 이제 곧 논의할 영화, 허우 샤오시엔의 <카페 뤼미에르>에서 확인할 수가 있을 것이다.

## '차이의 귀환' 혹은 '사회적 실천으로서의 상상력': <카페 뤼미에르>

　인도 출신의 문화인류학자 아르준 아파두라이는 들뢰즈의 '탈영토화' 개념을 빌어와 "문화의 전지구화는 문화의 동질화와 같은 개념이 아니"라고 말한다. 문화는 어느 한 쪽의 일방적 방향으로만 강요되는 것이 아니라 '복합적'이고 '중층적'이며 '탈구적'(disjunctive)이라는 것이 그의 주장의 핵심이다. 오늘날 문화의 중추적 속성은 '동일성과 차이가 벌이는 상호 노력의 정치학' 내지는 '동일성과 차이의 무한히 다양화된 상호 경쟁의 산물'이라는 것이다. 아파두라이에 이르면 문화(들)가 지닌 무한한 상상력과 판타지는 이제 '사회적 실천'이 된다.

　어느 날 대만의 영화감독 허우 샤오시엔은 일본 영화 스튜디오 쇼치쿠로부터 온 연락을 받는다. 일본영화의 3대 거장 중 하나인 오즈 야스지로 사후 50주년을 기념하기 위해 일종의 오마주격 영화를 하나 만들어 달라는 쇼치쿠의 부탁을 받은 허우는 그것을 수락한다. 그의 영화 스타일이 오즈의 그것과 겹치는 부분이 많아서다. 실제로 허우는 자신의 몇몇 영화에서 오즈의 각인을 (기꺼이) 인정했다. 그렇게 만들어진 영화가 2003년 공개되고 작년에 국내 개봉한 <카페 뤼미에르>인데, 그 속에서도 오즈의 잔상은 곳곳에 은은하게 그렇지만 강렬하게 남아 있음을 확인할 수가 있다. 1953년 작 <동경 이야기>의 도입부와 마지막을 필연적으로 떠올리게 하는 기차 숏과, 자기 집을 방문한 아버지를 대접하기 위해 어머니와 함께 이웃집에서 사케와 사케 잔을 빌리는 장면 등이 그것이다. 한 가지 흥미로운 것은 허우가 오즈의 영화들을 과거와 똑같은 방식과 모습으로 재건한 것이 아니라는 데 있다. 그는 오즈의 영화적 재료를 최종적인 작품으로서가 아니라 다시 작업을 재개하여 '새롭게' 창조할 그 무엇으로 받아들였다. 그가 직접 인용한 공자의 말처럼 "대가란 옛것을 반복하면서도 거기에서 새것을 찾아낼 수 있는 자"이기 때문이다.

허우 샤오시엔은 <카페 뤼미에르>의 장소적 배경인 동경을 일본인을 대변해서가 아니라 대만인, 그러니까 이방인의 시선으로 응시한다. 이방인인 그는 일본을 정확히 알 수도 없고 또 굳이 완벽하게 알려고 노력하지도 않는다. 극중 다큐멘터리 작가인 요코는 대만 출신의 일본 음악가인 장웬예의 기록을 수집하기 위해 지하철을 타고 동경 구석구석을 찾아다니는데, 이같은 영화적 설정을 통해 허우의 시선이 현대의 일본 동경을 바라보는 요코의 시선과 정확히 조응하고 있음을 확인할 수가 있을 것이다. 때문에 <카페 뤼미에르>는 꼼꼼하고 성실한 이방인 관찰자 허우의 시선으로 바라본, 과거가 아닌 '현재'의 동경 이야기인 셈이다.

오즈 야스지로가 남긴 수많은 필모그래피 속 과거의 등장인물들, 특히 출가하지 않은 딸들은 혼자 남은 어머니 혹은 아버지와의 혈연적 관계 속에서 결혼이라는 문제를 놓고 자주 고민하는 모습을 내비친다. 결혼을 하게 되면 배우자 없이 혼자 남게 될 아버지 혹은 어머니가 못내 눈에 밟혀서다. 영화의 말미에 가서는 결국 결혼을 하고 출가한 딸의 빈자리를 느끼게 되는 편부모의 감정적 쓸쓸함을 묘사하고는 오즈의 영화들은 마무리되곤 한다. 그렇지만 그것은 과거의 일이다. 현재의 일본에서 그런 모습을 찾아보기는 쉽지 않을 것이다. 다만 <카페 뤼미에르>에서 허우는 앞으로 미혼모가 되어 혼자 험난하게 자식을 키우고 살아갈 딸을 앞에 둔 부모의 안쓰러움을 심상하게 드러내 보여준다. 그런 식으로 역사는 반복된다.

그렇지만 역사는 <카페 뤼미에르>에서, 반복되지만 쉼 없이 매시간을 갱신함과 동시에 반복되는 것을 의미한다. 갱신은 곧 변주를 의미하는 것인데, 이는 역사도 마찬가지다. 과거 일본의 역사와 현재 일본의 역사 사이에는 빈틈이 존재하기 마련이기 때문이다. 그렇지만 이 빈틈은 삶의 '총체성'이라는 맥락에서 하나의 동일한 진리로 귀결이 된다. 맑스주의 문예비평가 루카치는 이를 두고 모든 역사 소재에 반드시 나타날 수밖에 없는 '필수불가결한 시대착오'라고 말한 바 있다. 아울러 영화를 포함하여 모든 역사적 재현물은 '지금 그리고 여기(hic et nunc)'에서의 진실 또한 확보하고 있어야 하는데, 이것이 루카치가 말하는 인간 삶의 '총체성'이다. 때문에 역사를 재현함에 있어 중요한 것은 각각의 세부 세목이 (역)사적 고증의 정확성에 충실한지의 여부라기보다는 각 텍스트가 고유하게 함의하고 있을 '시적 진실'이 되는 것이다.

<카페 뤼미에르>에서 허우 샤오시엔은 오즈 야스지로를 그저 단순하게 복제/모방함을 뛰어넘어 현재 그리고 동시대 일본에 있어 과거의 오즈를 새롭게 재창조해내기에 이르렀다. 허우가 오즈와 상호 교합하는 지점을 꼼꼼히 살펴보는 작업은 그래서 즐겁다 못해 행복하기까지 하다. 오즈와 허우의 재회가 원본과 사본이라는 수직적 위계가 아니라 수평적 관계에서 이루어진 연유에 기인해서다. 들뢰즈가 말한 '내재성의 구도' 혹은 '초월론적

경험론'의 맥락에서와도 같이 허우의 오즈 재현에서는 어떤 본질이나 원형 같은 것이 존재하지 않는다. 주인과 하인의 도식적 이분법의 관계는 어불성설이다. 오즈와 허우는 그저 각각이 자신의 시대/시간을 충실하고 솔직하게 살아나갔을 뿐인 것이다. 그렇게 시간은 흘러갈, 아니 끊임없이, 그렇지만 조금씩 차이를 내보이며 흘러'가고 있을' 뿐인 것이다.

## 나가며

포스트모던한 현대는 거리와 수치적 차원에서의 '근접성'(proximity)을 시공간적으로 뛰어넘은 이른바 '복합연계성'(complex connectivity)의 시대다. 근대적 삶을 특징짓는 상호연계 및 상호의존의 망들이 복잡해지고, 그 밀도 역시 매순간 기하급수적으로 조밀해지고 있는 시대에 우리는 지금 살고 있다. 그 범위가 전지구를 둘러싸고서 점점 더 시간이 흐를수록 세계가 단일한 사회/문화적 환경으로 귀결되는 '단일도시'(unicity)는 이미 우리 눈앞에 와있는지도 모를 일이다. 때문에 상호간 이질적 문화가 충돌하는 일이 앞으로 더 더욱 빈번해질 이 시대에 '번역'이 겪을 운명은 어찌 될 것인지 물어보지 않을 수 없다. 문화간 번역 과정에서 주체와 대상의 관계는 어떤 양상으로 전개될 것인가. 번역의 주체는 번역하고자 할 대상을 어떤 시선으로 바라보아야 할 것인가.

역시나 가장 큰 결정인자는 전술하였듯이 엄혹한 자본의 논리다. 만족을 모르는 자본의 증식, 재증식의 끝없는 순환구조는 마치 블랙홀과도 같이 인간의 모든 합리적 이성과 판단력 모두를 가열차게 집어삼켜 버릴 뿐이다. 이는 한국형 글로벌 시네마의 전형이랄 수 있는 <내 여자친구를 소개합니다>에서도 드러난다.

곽재용 감독의 2004년 작 <내 여자친구를 소개합니다>는 특이하게도 '완성보증보험'(completion bond)이라는 제도를 통해서 만들어진 영화다. 이는 영화의 완성을 둘러싸고 해당 보험회사가 보증을 해주고 이후 투자자의 손해를 보전해주는 제도다. 영화 제작자가 시나리오와 제작 기획서를 보험 회사에 제출하면 심사를 한 후에 보증 여부를 결정하고, 보험회사로부터 받은 보증을 통해서 금융권에서 제작비를 대출 받는 방식을 취하는 것이다. 문제는 '완성보증보험'이라는 제도가 국제 금융자본에 의해 영화 제작 시스 템 전반이 장악되는 사태를 낳을 불씨를 소지하고 있을 여지가 높다는 데 있다. 때문에 신자유주의적 자본의 질서 재편과 관련하여 우려의 목소리가 높아질 수밖에 없는데, 문화예술 분야에 '합법적으로' 국제금융의 은근한 그렇지만 무차별적인 입김이 작용할 가능성의 여지가 남겨져서다.

<내 여자친구를 소개합니다>에는 노골적이리만치 맹목적인 금융자본 의 논리가 버젓이 버티고 서있다. 개봉 당시 영화를 둘러싼 주된 비판의 논지는 이 영화가 '전지현의, 전지현에 의한, 전지현을 위한' '상품'으로서의 영화라는 데로 모아졌다. 전지현의 이미지에 힘입어 과도한 간접광고(PPL) 까지 줄지어 이어졌는데, 결과적으로 이 영화는 오직 일종의 '전지현 페티 쉬'로 기능했을 뿐이다. '전지현'이라는 스타 시스템에 일백 퍼센트 투신한 <내 여자친구를 소개합니다>에서는 상상할 수 있는 모든 황당하고 비현실 적인 상황이 거리낌없이 재현됐다. 코미디, 멜로, 유령 이야기, 경찰물 등 온갖 장르의 요소들이 넘실대고, 관객들은 이같은 각각의 이질적 장르들이 하나로 뒤섞인 상황 속에서 상품으로서의 '전지현' 이미지만을 소구하기를 강요당했던 것이다.

'자본'이 대상의 객관적인 가치를 결정짓는 하나의 결정적인 척도로 자리 매김한 현실에서 자본의 논리를 온전히 저버리는 상황은 물론 가당치도 않다. 아니, 차라리 예술가적 자의식과 산업자본의 보이지 않는 큰 손이 충돌하는 결절점으로서 영화예술의 존재론적 근간이 가져다주는 긍정적 균열이야말로 어쩌면 '영화'의 창조성을 배태하는 지점일지도 모른다. 다만 문제는 그 와중에서 일방적으로 무시되고 배척당하는 소수문화의 다양성이

라는 측면이다. 자본의 '동일화' 전략에 포섭되어 순식간에 제 설 자리를 강탈당하는 '개별성', '다양성'의 문화라는 영역 말이다.

50년대 이전의 미국, 굳건한 스튜디오 체제로 대변되던 고전 할리우드 시대에 탄생한 수많은 '장르' 영화들 속에서 나름의 작가적 자의식으로서의 소명을 가지고 영화를 만들어 나갔던 일군의 영화감독들의 모습을 떠올리게 된다. 그들은 '닫혀진' 혹은 '제한된' 스튜디오 체제 하에서도 일종의 작가주의의 변증법적 전략을 통해 자신만의 영화적 서명, 즉 창조적 균열을 당당히 일궈나갔던 바 있다. 그리고 그 같은 스튜디오 체제 속 의식있는 감독들에게 프랑스 누벨바그 세대들은 '작가'라는 호칭을 헌정함에 아낌이 없었다.

벤야민은 "번역은 원전의 의미를 따라가는 대신 그 원전이 의미화되는 양식을 사랑스럽고 구체적으로 끌어안아야 한다"고 말했다. 번역의 과정 속에서 누락되어 사라진 것들에 관심과 애정의 시선을 거두지 말 것을 종용한 것이리라. 대만인 허우 샤오시엔의 눈에 비친 현대 일본/오즈 야스지로의 이미지가 과거의 그것과 달랐듯, '필연적' 오역/오해를 통해서 문화의 창조적 열린 의미에 근접해갈 수 있을 것이다. 레이먼드 윌리엄즈가 누차 강조하였던 바 문화는 '삶의 특정 양식'이므로 매순간 쉼 없이 유동적이기 때문이다. 때문에 '문화번역'으로서의 영화 또한 꾸준히 쉼 없이 스스로를 '표현'해 나갈 것이며, 또 이미지로서의 '영화'는 정주하지 않고 매순간 통과(passage)의 그릇으로서 존재할 것이란 기대를 희망적으로 가져본다. '원전'으로서의 자본의 힘은 필경 강할 것이나 '필연적 오역'에서 발생하는 '차이'마저 포획하지는 못할 것이라 믿(고 싶)기 때문이다.

# 한류의 미디어 제국, 피해자에서 가해자가 되기까지

양기민(문화사회연구소 연구원)

## 1.

어떤 한 선생님이 해준 이야기가 기억에 남는다. 시골 초등학교를 나왔던 선생님은 생경한 서울 고궁으로 소풍 왔을 때 처음 외국인을 보았다고 한다. TV 외화에서 외국 사람들도 유창하게 한국말을 사용하기에, 의심없이 그 외국인도 당연히 한국어를 구사할 것이라 생각했단다. 외국인을 처음 본 신기한 어린 마음에 외국인 앞에서 한참동안 한국어로 재잘거렸단다. 그런데 그 외국인에게서 돌아온 것은 알 수 없는 언어여서 충격이었다고 한다. 당시 그 외국 사람이 한국말을 하지 못하는 것에 놀랐다고 한다. 선생님이 유난히 순진했는지 몰라도, 어떻게 한국말을 모를 수 있을까, 의아했다고 한다. 더빙되어 한국어로 방영된 외화는 어린아이에게는 외국인도 한국 말을 쓰고 있는 것처럼 자연스럽게 보였기 때문이었으리라. 그러나 그 속에는 타자의 것을 편리하게 '마치 우리의 것'으로 만들고 싶다는 욕망이 내재되어 있다. 불가능하다는 것을 알지만.

그 선생님과 세대가 다른 나는 서울 올림픽 때 세상에 미국, 소련, 일본, 중국 외에도 이름 외우기 힘든 나라와 다양한 인종이 있다는 '이질성'을

TV로 확인했다. 또한 나는 느슨한 자세로 누워 리모컨을 돌리며 세계화를 경험했다. 그 중에서도 어려서부터 본 미국드라마(또는 외화)는 자라나는 내 문화적 아비투스 한편에 세계화된 '동질성'의 욕망을 불러일으켰다.[1] 대통령님께서 나서서 '세계화'(segyehwa)를 목놓아 부르짖었기에, 어린 나는 TV속 외국 문물을 답습하는 게 옳은 것인지 알았다. 나중에 주로 미국 영상물을 통해 익숙하게 보아왔던 그들의 일상생활을 이 먼 한국에서 경험할 때, 마침내 '그들과 동일한 경험을 할 수 있구나'라며 감동하기도 하였다.

어린 시절부터 미국은 나의 욕망의 대상이었다. 멋진 백인 남성 주인공들이 대부분 흑인인 악당을 처치하는 장면에서 '권선징악'을 배웠다. 자유롭게 연애하는 미국의 청춘 남녀들을 보면, 유교문화의 답답함을 탓하였다. 지겨운 영어시간에는 '왜 나는 백인으로 태어나지 못했을까'라고 투정하며, 우리의 교육 시스템을 원망하였다. 소년의 몽정은 가슴이 지나치게 큰 금발의 백인 여성들에게 사로잡혀버렸다. 어릴 적 외화에 대해 문제의식을 갖기에는, 한국 드라마나 영화보다 외화가 훨씬 재미있었기에 불가능했다. 재미있었기에 또 나는 열중해서 외화들을 보았다.

외국 드라마를 TV를 통해 접한 나의 (세대의) 상상력은 그 외국인들 즉, 타자들과 자연스럽게 '정서의 공동체'(community of sentiment)를 형성해왔다. 이 모든 것을 아파두라이(A. Appadurai)가 말한 세계화의 복잡한 맥락 안에서 미디어스케이프(mediascape)의 확장 때문이라고 설명할 수 있다. 그러나 미디어스케이프의 확장은 일방적인 흐름은 아니다. 그 흐름은 고유한 국지적 맥락에 따라 특수성을 지니게 된다. 지금 현재 한국의 미디어스케이프의 흐름은 피해자와 가해자의 역할이 병존하는 복잡한 지형으로 구성된다. 다만 그 안에서 대안은 아직까지 보이지 않는다.

---

1) 어려서부터 봤던 기억나는 외화시리즈를 일일이 나열하기엔 지면이 모자랄 정도다. 그 중에서 내가 개인적으로 좋아했던 시리즈는 <A 특공대>, <맥가이버>, <V>, <에어울프>, <케빈은 12살>, <슈퍼소년 앤드류> 등등이다.

2.

우리나라 최초의 상업 TV 방송인 HLKZ-TV는 미국 전자회사인 RCA가 포화 상태인 미국 내 텔레비전 시장 이외의 시장 개척 차원에서 만든 방송이었다. 태생이 이렇다보니 HLKZ-TV는 1956년 6월 16일부터 격일로 2시간씩 정규방송을 시작할 때부터, 미국 상업 텔레비전 방송을 본뜰 수밖에 없었다. 프로그램의 대부분을 미문화원이나 RCA에 의존하였다.[2] 이처럼 우리나라 TV 방송은 미국 자본에 의해 설립된 방송국을 통해 미국 문화가 유입될 수밖에 없는 전형적인 이식(transplant)의 역사를 가지게 되었다. 주한 미군들의 요구와 '한미 양국 간 이해를 도모하는 데에 기여할 것'이라는 기대를 가지고 개국한 AFKN-TV에는 대부분 NBC, CBS, ABC 등 3대 네트워크의 프로그램 중 가장 인기있는 오락(쇼, 영화, 드라마 등) 프로그램으로 가득하였다. 주한미군을 대상으로 한 방송이라 언어 문제도 있고 또 비싼 수상기 문제가 있었음에도 불구하고 당시 꽤 많은 사람들이 AFKN을 시청하였다.[3]

이후 개국한 KBS-TV나 TBC-TV(동양 방송), MBC-TV 방송도 TV프로그램 제작 기술이 부족하여 대부분 외화들을 더빙하여 틀어주었고, 또한 그런 프로그램들이 당시 국내에서 제작된 프로그램보다 인기가 높았다.[4] 그리고 당시 인기있던 외화 프로그램 장르도 탐정물과 서부극 같은 '가장 미국적인 가치가 반영될 수 있는' 장르였다. 이러한 상황은 문화제국주의에 관한 우려

---

2) 박용규, 「한국 방송의 형성과 미국의 영향」, 『프로그램/텍스트』 13호, 2006.

3) 최진원, 「TV외화방향이 한국문화에 끼친 영향」, 중앙대학교 석사학위 논문, 1987.

4) 1970년의 시청통계조사는 청소년들에게 외화가 큰 인기를 끌고 있음을 보여준다. 또한 김종희·김영찬(2006)의 연구에서 여성들의 증언들 역시 당시 외화에 대한 인기를 증명해준다. 그러나 이들 청소년이나 여성 이외에도 당시 외화의 주시청층은 남성들이었다 한다. 따라서 TV 외화는 광범위한 시청층을 포괄하였다고 말할 수 있겠다. 김선애 외, 「TV 외화의 시청조사: 한국의 청소년을 중심으로」, 『시청각교육』 4호(1970)의 통계와 김종희·김영찬, 「여성들의 초기 텔레비전 수용 경험에 관한 민속학적연구」, 『프로그램/텍스트』 14호, 2006 참조

를 불러일으킬 수밖에 없었다.[5] 외화 프로그램은 주로 '파편적인 가족관계와 폭력, 섹스, 미국주도의 가치관을 확립하며, 윤리적 가치관의 혼동'[6]을 야기한다고 평가되었다.

이런 외화의 인기가 조금씩 완화될 수 있었던 계기는, <아씨>(1970), <여로>(1972)와 같은 일일연속극이 인기를 끌면서부터였다. 당시의 국산 드라마를 내용분석한 한 연구에서는 "전통 지향적이고 권위주의 지향적인 가치체계만을 강조하고, 복고주의, 애수적 가치, 그리고 소비와 쾌락적 가치만을 일방적으로 강조"[7]한다고 평가하였다.[8] 국내 제작 드라마 역시 인기를 끌면서, 전통지향적일 뿐 현대적 정서에 맞지 않는다는 평가가 내려진다.

아무튼 외화(미국드라마)와 방화(한국드라마)에 대한 평가는 스테레오타입(stereotype)화되어 구분되었다. 이는 글로벌과 로컬의 이분법적 인식을 발화한다. 외화를 통해서 서구의 대표적인 미국이라는 나라에 대한 동경과 그에 대한 공포를 내면화하게 된다. 그때 당시 글로벌은 이상향처럼 재현되지만, 우리 상황에서는 낯선 것으로 인식하게 된다. 국내드라마에 대한 평가 역시 당시 한국이라는 로컬의 정체성을 전통적 가치관에 대한 유지 보수로 상정하고 그에 대항하는 새로운 문화에 대한 가능성을 낯선 것으로 바라본

---

5) 톰린슨(Tomlinson)은 문화제국주의 담론을 4가지 방식으로 분류한다. '미디어 제국주의로서의 문화제국주의', '국가 담론으로서의 문화제국주의', '세계자본주의에 대한 비판으로서의 제국주의', '근대성에 대한 비판으로서의 문화제국주의'로 설명한다. (존 톰린슨, 「문화제국주의의 담론들」, 『문화제국주의』, 강대인 역, 나남, 1994, 50-71쪽)

6) 마효권, 「한국에서 방영되는 TV외화 프로그램의 내용에 관한 연구」, 중앙대학교 석사학위 논문, 1985.

7) 김훈순, 「한국 텔레비전 드라마연구의 역사적 동향」, 『프로그램/텍스트』 14호, 2006, 18쪽.

8) 그러나 정영희는 당시의 드라마가 "반공 드라마와 새마을 드라마의 이데올로기적 역할, 역사적 인물을 통한 1인 영웅극, 사필귀정·권선징악 주제의 수사극, 희생적인 개인상의 이상화(<아씨>, <여로> 등) 등은 정치 이데올로기를 공고히 하고 바람직한 사회인상, 개인상을 생산함으로써 목적의식을 수행했다. 반면에 복잡한 애정관계를 다룬 불건전한 멜로물과 특히 밑바닥 삶을 살아가는 여성들의 이야기를 통해(<갈대>류) 현대 사회의 병폐와 모순을 다루기도 하였다"고 평가한다. 정영희, 「집단적 체험, 정서의 기록: 텔레비전 드라마 40년」, 『프로그램/텍스트』 14호, 2006, 59-60쪽.

다. 사회가 변화되며 이런 고정된 글로벌과 로컬의 이분법적인 정서는 현재까지 장기지속되는 한편 혼종되기도 하였다.

### 3.

　미국드라마와 한국드라마는 우리의 TV 속에서 시청률이 충돌하면서 지속적으로 화면을 메워 왔다. 때로는 미국드라마가 더 인기가 높았던 적도 있으나(1960-1980년대 중반까지), 90년대 이후 한국 TV형 드라마가 본격적인 생산체제를 갖추면서, 주요 시간대를 한국드라마가 차지하게 된다. 80년대부터 90년대까지 외화는 대부분 값싸게 수입되어 프라임타임 이외 시간에 방영되는 정도였다. 비록 폭발적인 인기를 끌지는 못했지만, '질질 울고 짜는' 한국 멜로드라마와 다른 소재와 연출로서 TV 편성의 구색을 맞춰주었다. 이후 지상파 TV는 대부분 한국드라마 제작에 주력하게 되고, 외화는 점점 케이블 TV 등으로 밀려나 방영되기 시작했다. 그리고 TV 외화를 보는 사람들은 <X파일>과 같은 드라마 시청층처럼 대부분 마이너한 취향의 매니아층을 형성하였다.

　최근의 외화 소비 역시 예전과 마찬가지로 '취향'의 문제로 드러난다. <프렌즈>와 <섹스 & 더 시티>와 같은 젊은 층에게 인기를 끈 드라마는 혼성적인 차이의 정체성을 드러낸다고 평가된다. 오히려 드라마 소비에서 (여성의 입장에선) 전지구적인 '일상의 미시적 저항의 가능성'[9]까지 찾아낸다. 마치 일부 외화를 소비하는 것이 문화적 취향을 고급스럽게 치장하는 '문화-자본'을 강화하는 측면으로 지나치게 과장된다. 이렇게 미국드라마에 대한 긍정적인 평가는 기존 '미디어제국주의'에 대한 우려를 희석시켜버린다. 이는 국내드라마와 다른 이분법적인 구분 속에서 미국드라마가 한

---

9) 홍정은·윤태진, 「전 지구적 TV 드라마의 수용담론: <Sex and the city>의 한국 여성 수용자를 중심으로」, 『프로그램/텍스트』 제14호, 2006, 188쪽.

국의 드라마를 경제적으로 위협하지 않는다는 판단에 기반한다. 또한 미국 드라마 자체가 글로벌 수출을 전략으로 하여, 상품판매를 위한 이데올로기적 자기검열을 한 탓도 있을 수 있다. 이미 전지구화된 문화 속에서 외국드라마를 보는 것은 전지구화된 문화 속에 정체성 모순 없이 받아들일 수 있는 자연스러움일 뿐이다. 또한, 그렇게 생각해야지 현재의 우리의 글로벌한 '한류'가 오염되지 않기 때문이다.

흔히 '한류 열풍'이라고 부르는 아시아 지역을 중심으로 한 드라마 인기는 생경한 경험으로 다가왔다. 문화의 수입국에서 수출국으로의 위상변화는 한국드라마가 세계(일부 아시아 국가라고 해도)적인 경쟁력을 갖출 수 있다는 자만심을 심어놓았다. <대장금>과 같은 특수한 사례도 있지만, 한국 드라마에는 여전히 '출생의 비밀, 불치병, 교통사고, 재벌2세' 등의 상투적인 내러티브가 얼기설기 얽혀있을 뿐이다. 이러한 내러티브의 빈약함에도 불구하고, 일부 스타 몇 명은 한류 성공의 모든 것을 대변해준다. 어쨌든 한류는 '한국적인 것이 세계적이다'라는 마법과 같은 주문이 현실화된 것처럼 인식하게 만든다. 그러나 한국적인 것이란 무엇인가? 현재의 상품판매와 경제적 효과만을 강조하는 한류 드라마는 무엇이 한국적인 것인가에 대한 대답을 명확하게 하지 못하고 있다. 칭찬할 만한 것은 꾸준한 외화소비의 경험이 축적되어 한류드라마 텍스트에서 '아메리카나이제이션'을 훌륭하게 모방·구현했다는 점이다.

그러면서 이렇게 글로벌한 한류 드라마들이 예전 외화에 대한 우리의 비판처럼 다른 아시아 국가에 '미디어제국주의'를 확립할 수 있다는 평가는 도저히 용납될 수 없다. 우리(대한민국)는 언제나 순진무구해야 하기 때문이다. 우리의 세계화는 이데올로기 비판이 없는 글로컬라이제이션(glocalization)이란 용어로 대체된다. 우리는 단지 (정체성이 다소 불분명하고 모호하지만) 자랑스런 대한민국의 문화콘텐츠들을 아시아 국가들에게 제공하는 선량한 장사치일 뿐이다.

4.

　제국주의적 이데올로기 위협이 거세된 글로벌한 미국드라마의 지역적인 (국내) 인기와, 한국적인 것이 무엇인가에 대해 대답하지 않는 한국드라마의 글로벌한(아시아적) 인기는 혼종되어 글로컬라이제이션의 전략을 정당화시켜 준다. 자국 내에서 우리는 여전히 글로벌한 세계문화의 피해자일 수 있으며, 해외시장 개척은 세계체제 아래 산업적으로 살아남기 위한 로컬국가의 자구책일 뿐이다. 이러한 모순은 현재의 국내드라마 소비에서 자연스레 재현된다. 많은 젊은이들은 고구려시대를 배경으로 한 드라마 <주몽>을 보면서, 한편에서는 <CSI 시리즈>를 케이블 TV나 '어둠의 경로'인 인터넷으로 다운받아 컴퓨터로 본다. 우리나라의 미디어 난개발과 초고속인터넷이라는 문화-자본은 이 모든 걸 가능하게 해주었다. 이러한 문화소비는 결코 어색하거나 또는 새로운 소비 현상이 아니다. 이미 외화와 국내드라마의 이중소비는 변증법에 맞추어 진행되어 왔다. 이는 TV가 이 땅에 처음 들어왔을 때부터 반복되어 체득한 습관의 진화일 뿐이다.

　그러나 최근의 현상이 이전 시대의 '드라마 이중소비'와 다른 점은 '전세계적인 미디어 소비'가 보다 적극적이라는 것이다. 예전에 수동적으로 외화를 볼 수밖에 없던 상황에서 벗어나, 이제는 수용자들이 직접 동영상을 녹화해서 자막을 입히고 공유하면서 본다. 게다가 언제 어느 때라도 미국드라마를 볼 기술적 준비가 되어있다. 노트북, 멀티미디어 휴대폰, PMP, PSP 등은 실제로 도시 어느 곳에 있더라도 전세계적인 드라마를 향유할 수 있게 해준다. 이러한 기술적 가능성 안에서 드라마와 같은 일방향 방송(broadcasting) 시스템의 패러다임이 변화하고 있다. 젊은 세대에게 국내드라마는 내용에서 캐스팅, 방송분량까지 당당히 요구할 수 있는 문화적 권리이고, 미국드라마와 같은 해외드라마는 자신의 자유로운 욕구에 의한 '선택'이다.

　이들에게 국내드라마와 외국드라마 중 선택의 기준은 오로지 주관적인

'재미'(interest)의 문제이다. 주관적인 재미란 사실상 집단적인 경험으로 내재화되어 판단되는 것이다. 국내드라마의 상투성은 때론 조롱의 대상이기도 하지만, 수용자들은 그것을 간파하면서 향유한다. 마치 게임의 룰을 알고 있듯이 다음 내용을 예상할 수 있는 것에서 재미를 찾는다. 오히려 상식에서 벗어난 낯선 드라마가 높은 시청률을 보장받지 못한다. 반면 미국드라마의 독특한 소재와 극적인 전개와 할리우드를 능가하는 액션은 이미 외화를 경험한 문화적 체험 속에 자연스럽게 받아들여진다. 스테레오타입화된 드라마 소비가 장기지속되는 내내, 방송 초기와 동일하게 미국드라마가 한국드라마보다 질적인 우위에 있다고 평가할 수 있다. 이러한 평가가 설득력이 있는 것은 미국드라마는 국내드라마보다 당연히 많은 '자본'을 투여했기 때문이다. 이러한 미국드라마는 여전히 우리 드라마가 닮아가야 할 모범이다. 대부분 인기있는 국내드라마는 보다 많은 자본을 투여하고 있다. 한류드라마에 부재한 문화적 정체성 문제[10]는 더 많은 '자본'을 투여함으로써 해결할 수 있다고 생각한다. 어차피 수용자들은 자본이 생성한 기의가 부재한 (그래서 이데올로기가 흐려진) 드라마 같은 기표들을 '재미'있게 즐기고 있을 뿐이기에. 이데올로기가 숨겨진 세계화의 확장과 문화의 이데올로기적인 가치 지형이 붕괴된 후, 오로지 문화산업에서 자본의 정당성만이 강화된 자연스러운 결과이다. 미국드라마와 국내드라마로 상징되는 글로벌과 로컬의 모순된 욕망은 현재 한류라는 글로컬라이제이션의 전략을 자민족중심으로 혼종하여 일방적으로 발현되어 있다. 우리는 현재 우리 문화의 정체성에 대한 고민 없이 이러한 욕망을 '한류'라는 자가당착적인 구호 아래 타문화에 강요(또는 강매)하려고 노력 중이다.

드라마와 같은 콘텐츠 산업은 전적으로 창의성에만 기반한 산업이 아니

---

10) 흔히 반한류, 혐한류로 대변되는 한류의 반작용들은 우리 자신의 역사적 경험(미디어제국주의론 등)을 무시한 채, 지나치게 단순화시켜서 생각되는 경향이 있다. 또한 수출 상대국의 지역적 특수성을 염두에 두지 않고, 단지 모든 것을 우리식대로 해석하려는 '자민족중심적인 사고'의 문제점을 드러낸다.

다. 보다 많은 재화를 투여해야 더 많은 이익을 산출할 수 있는—그래서 창의력마저 자본화하는—고도화된 '자본집약적' 산업이다. 글로벌과 로컬을 기계적으로 결합한 현재 한국의 글로컬라이제이션(상호 문화적 이해가 부재한) 세계전략(한류)은 단지 자본 획득의 욕망으로만 볼 수 있다. 이는 글로벌과 로컬의 모순된 경험들을 단지 문화적 취향이라고 당연시한 역사적 결과물이다. 세계화-문화-자본이 복잡하게 절합하여 발화되는 '기의 없는 기표'—한류 콘텐츠(드라마)—는 문화적 무의식의 발현인 것이다. 필요한 것은 우리 안에 내재한 글로벌과 로컬의 역사적 흐름을 분석하여 현재 우리 자신을 의식적으로 다시 성찰하는 것이다.

# 세계화/문화/자본의 삼각형

## 특집 / 진단

# 글로벌 문화와 세계체계의 도전

김성윤(중앙대 사회학과 박사과정)

변화는 끝이 없다. 변화하는 것은 아무것도 없다.[*]

— 이매뉴얼 월러스틴

세계화(globalization)와 문화의 관계는 복잡한 질문들을 유발한다. 세계화는 언제 시작되었나. 이는 경제적 팽창에 의한 것인가, 기술 발전에 의한 것인가. 그리고 지역성(locality)과 권역성(regionality)에 대해서는 어떤 메커니즘을 가지며, 국가는 어떤 역할을 하게 되는가. 또 문화는 세계화 과정에서 어떤 역할을 하는가. 문화의 세계화는 존재하는가. 그렇다면 언제 어떻게 시작된 것인가. 거기에 별도의 이름을 붙일 수 있는 것인가.

이토록 많은 토의거리가 있기에 세계체계와 글로벌 문화의 문제를 다룰 때는, 사전에 몇 가지 전제를 밝힐 필요가 있다. 세계화라는 담론이 확산되기 이전에 세계체계라는 단위는 이미 존재하고 있었다. 장기 16세기를 거쳐 오면서 세계는 각 권역들을 아우르며 내적 완결성을 지닌 하나의 사회체계를 형성했다. 이때부터 세계는 위계적으로 구축된 분업구조와 더불어 그에

---

[*] 이매뉴얼 월러스틴, 『근대세계체제1—자본주의적 농업과 16세기 유럽 세계경제의 기원』, 나종일 외 역, 까치, 1999, 17쪽.

따른 중심부와 주변부 지역의 분할구도를 표출하게 되었다. 그리하여 장기 17세기에는 네덜란드헤게모니, 장기 19세기에는 영국헤게모니가 있었으며, 장기 20세기에는 미국헤게모니가 세계를 주도하고 있다. 따라서 우리는 오늘날의 세계화 문제에 대해 헤게모니국가가 정치·경제·문화를 주도하는 특정한 정세로서 이해해야 한다.

또한 세계화는 위계제에 입각한 정치경제적 과정으로 파악되어야 한다. 기술의 진보가 야기한 교통(intercourse)의 전면화는 세계화의 필요조건이다. 특히 산업 근대화와 더불어 비롯된 전산과 통신의 급속한 발전은 세계의 로컬들을 거의 실시간으로 연결하고 있다. 이러한 기술적 조건은 글로벌-권역(regional) 그리고 권역-지역(local)의 구도에 글로벌-지역의 체계를 통합하였다. 이로써 단일한 세계가 창출된 것처럼 보인다. 그러나 우리는 국가 간 체계에 위계질서가 작동하는 점 또한 놓쳐서는 안 된다. 오늘날 세계는 국가 간 헤게모니 체계에 의해 여전히 갈등과 반목을 야기하고 있다. 그런 면에서 통신기술의 발전은 그 자체로 충분조건이 아니라 세계체계가 전면화되고 가시화되도록 하는 필요조건으로 이해될 수 있다.

이런 흐름 속에서 세계화는 그 강도와 밀도를 극대화하고 있다. 국가의 위치 역시 이전의 세계체계에 비해 상대적으로 약화되는 것처럼 비춰진다. 신자유주의는 국가의 규제를 무력화하고, 로컬의 주민들을 글로벌 시민으로 불러내고 있다. 그러나 세계체계에서 국가의 지위는 쉽사리 격하되지 않는다. 여전히 국가는 글로벌 자본의 체계적 축적을 위해 봉사한다. 한발 물러선 듯한 국가이지만 그것은 자본에게 길을 터주기 위한 뒷걸음질에 불과하며, 오히려 신자유주의라는 '악마의 맷돌'은 착취와 억압과 배제를 지속하고 있다.

## 1. 글로벌 문화의 재정의와 세계체계의 문제설정

이와 같은 전제들 속에서 '세계화 시대에 문화가 어떤 위치에 있는가'라는 물음이 비로소 제기된다. 세계가 위계적으로 구성되어 있고 그러한 관계 속에서 자본의 체계적인 축적이 실현되는 것이라면, 이때 문화는 어느 위치에서 어떤 역할을 하는가. 주지하다시피, 문화는 현실의 투사(projection)이되, 그 현실에 실정적인 효과를 행사하기도 한다. 이때 문화는 이데올로기적인 표상체계이며 그로부터 탈구의 가능성을 낳는 소통의 체계이기도 하다. 이와 같이 문화가 세계체계 속에서 작동하는 삶의 어떤 원리라면, 우리는 일종의 세계화된 문화, 즉 문화의 세계화라는 주제에 대해 고민해보지 않을 수 없다. 즉 세계체계 속에서 문화, 특히 글로벌 문화가 어떤 역할을 해오고 있는가라는 질문이다.

오늘날 글로벌 문화의 문제는 다양한 각도에서 조명되고 있다. 민족국가를 넘나드는 가치체계가 형성됨으로써 나타나는 국가 간 경계의 붕괴가 지적되고 있으며, 세계화의 심도·범위·강도·속도에 따라 심화되는 초국적 문화산업의 자본축적이 비판받고 있고, 신자유주의적 세계화와는 다른 대안적 세계화의 길도 제시되고 있다. 이렇게 글로벌 문화에 대한 이해방식이 갈리는 것은 각각의 문제설정이 다르기 때문이다. 예컨대 민족과 세계화라는 문제설정에서는 글로벌 문화 담론이 과잉세계화론, 회의론, 변환론 등으로 구분되어 나타난다.[1] 여기에서 주된 관심은 세계화 흐름이 민족국가의 엄중한 경계를 붕괴시키고 무한히 확장되는 것인가(과잉세계화론), 그렇지 아니한가(회의론), 혹은 제3의 전선을 획정하는 것인가(변환론) 등에 집중되어 있다. 두 번째 문제설정은 정치·경제·문화를 포괄하는 세계화가 하나의 지점으로 수렴되는 것인가에 관한 것이다. 특히 이 문제는 미국화(americanization)에 대한 문제의식이 포함된 것으로서, 여기에는 문화제국주의 비판과 문화산업 비판의 관점이 얽히기도 한다. 세계화에 맞춰 제안되고 있는 글로벌 스탠더드가 글로벌 문화를 획일화할 위험요

---

1) 데이비드 헬드 외, 『전지구적 변환』, 조효제 역, 창작과비평사, 2002의 서론 부분 참조

소가 되기에 충분하기 때문이다. 물론 이러한 견해는 포스트식민주의적 관점, 즉 글로벌 문화에 대한 세 번째 관점으로 비판받거나 보충될 수 있다. 실제로 문화적 세계화의 혼성성이라는 요인이 장기적으로 지속해온 유럽중심주의를 내파시키고 있으며, 다문화주의로서 부상하는 하층부의 '생존회로'(survival circuit)가 세계화의 '반-지리'(counter-geographies)로 작동할 가능성 역시 엄존한다.2)

이렇게 논의가 다양할수록 여기에는 일종의 공통된 함수, 즉 자본과 권력에 관한 논의가 필수적으로 뒤따라야만 한다. 오늘날 글로벌 문화를 작동시키는 주요한 동력이 자본이동과 기술 진보에 있는 이상, 초국화하는 신자유주의적 질서에 관한 언급을 회피할 수는 없기 때문이다. 물론 자본과 권력을 포함하는 문제는 다양한 층위에서 고려될 수 있다. 구체적으로는 자본과 세계화의 관계를 어떤 시간대에서 이해하느냐에 따라 전혀 다른 논의들이 도출될 수 있다. 가장 손쉬운 것은 현재에 집중하는 방식이다. 그러나 이러한 방식들은 우리에게 변화하는 '풍경'에 대해 인지(perceive)의 가능성을 부여해주는 대신, 문화와 경제를 넘나드는 자본의 '동학'에 대해 파악(grasp)의 가능성을 제공하지는 못한다.3) 또 하나의 방식은 현재적 시간대를 무한대로 확장하는 방식, 즉 일반이론화하는 경향이다. 그러나 이 역시도 세계화와 문화의 관계를 풀어내는 데 적절한 방식이 될 수 없는데, 자본의 동학이 노정해왔던 역사적 국면들에 대한 해석 없이 자본의 세계화가 모든 것을 먹어치울 것이라는 전망은 사실상 탈정치적인 냉소주의나 니힐리즘 경향을 유도할 수 있기 때문이다.

---

2) Saskia Sassen, "The Many Scales of the Global: Implications for Theory and for Politics," in Richard P. Appelbaum and William I. Robinson, eds., *Critical Globalization Studies*, Routledge, 2005, pp. 159-161.

3) 가령 아파두라이는 세계-문화경제(global cultural economy)가 유발하는 탈구의 과정에 집중할 뿐, 경제를 중심으로 하는 자본의 동학에 대해서는 이론적 결핍을 보인다. 세계화에 대한 그의 과잉 문화적 해석 경향에 대해서는 Arjun Appadurai, *Modernity at Large: Cultural Dimensions of Globalization*, Univ. of Minnesota Press, 1996의 2장을 참조.

그리하여 우리는 역사적 자본주의라는 문제설정으로 전환하지 않으면 안 된다. 역사적 자본주의의 문제설정은 오늘날 자본주의에 있어 장기지속의 시간대와 콩종크튀르(conjoncture, 정세)의 시간대를 동시적으로 포착하고자 하는 것이다.4) 이렇게 본다면 우리가 경험하는 자본주의란 '정세를 통해 자기변신해가는 장기지속'으로 이해될 수 있다. 한편으로, 이러한 접근은 총체성으로의 복귀를 검토하는 것이기도 하다. 폐기되다시피 했던(특히 문화판에서) 총체성에 대한 사유는 이제 거의 필연적인 것으로 여겨진다. 군산(학)복합체가 됐든 초국적 자본가계급이 됐든 간에, 세계의 지배세력이 다분히 총체주의적 성격을 띤 상황에서 총체성에 대한 거부는 세계화에 대한 비판과 정당화 사이에서 모호한 문제설정으로 귀결할 뿐이다.5)

그런 의미에서 글로벌 문화란 오늘날 존재하는 문화들 중에서 세계체계에서 지배적으로 작동하는 특정한 삶의 원리로서 재정의될 수 있다. 페더스톤은 세계화에 따라 상호작용으로 생성되어 가는 문화로서 초국가적인 제3의 문화로서 글로벌 문화를 정의한 바 있었다.6) 그러나 세계체계를 전제한 이상, 글로벌 문화는 단수적이면서도 복수적이다. 이것은 현시점에서 지배적이면서도 추상적인 것으로 표출되는 글로벌 문화가 결코 영속적일 수 없다는 점을 보증한다. 하나의 실증적 삶의 원리는 그 자체로 다른 것과의 각축을 통해서 형성되며 그 결과 지배적인 문화로서 출현한다. 이와 같은 맥락에서, 이 글은 글로벌 문화가 형성되어온 역사적 과정을 통해 그 동학을 짚어보고, 거기에서 탄생한 글로벌 스탠더드의 문제에 대해 좀더 동태적인 구조적 시각에서 풀어내고자 한다.

---

4) 여기에 대해서는 백승욱, 「역사적 자본주의와 자본주의의 역사 — 세계체계분석을 중심으로」, 『경제와 사회』 52호, 2001과 백승욱, 『자본주의 역사 강의』, 그린비, 2006, 60-83쪽을 참조

5) 이와 관련한 논점은 아리프 딜릭, 『전지구적 자본주의에 눈뜨기』, 설준규·정남영 역, 창작과비평사, 1998에서 상세히 제기되고 있다.

6) Mike Featherstone, "Global Culture: An Introduction," *Theory, Culture & Society*, 7, 1990, pp. 1-14.

## 2. 헤게모니 관점과 글로벌 문화로의 접근

역사적 자본주의의 맥락에서 봤을 때, 글로벌 문화의 등장은 분명 새로운 정세 중의 하나이다. '세계경제'에 관해서는 그 기원과 동학에 대한 논의가 다분히 논쟁적이다.[7] 반면 글로벌 문화는 자본의 이동뿐만 아니라 노동의 이동, 게다가 정서의 직접적인 연결을 전제하는 것이기 때문에, 대개의 경우 논의의 방향만 조금 다를 뿐 그 기원에 대해서는 미국헤게모니 시기에 대략적으로 동의(1945-1960년)하고 있다.

우선, 기술적 진보로 인해 글로벌 교통(intercourse)이 전방위적으로 창출된 데에 주안점을 두는 시각이 지배적이다. 실제로 이 당시에는 케이블 기술과 통신위성 기술이 발달하면서 원격통신이 가능해졌으며 문화적 교통의 환경이 조성되었다.[8] 그러나 이러한 논의는 다분히 기술결정론적인데, 글로벌 문화의 통계적인 분포와 경향을 보여주는 데 그치는 경향이 있기 때문이다. 글로벌 문화를 논하는 데 있어서 중요한 것은 그러한 기술적 환경으로 인해 문화적 삶의 결들이 어떻게 바뀌게 되는지를 추적하는 정치적 입론일 것이다. 즉, 역사적이면서도 사회문화적인 갈등과 저항의 파급효과를 의미화하지 못한다면 당면한 글로벌 '문화'를 포착하는 데에는 제약이 따를 수밖에 없다.

글로벌 문화의 동학을 설명하는 두 번째 방향은 세계 단위의 문화정치에

---

7) 군더 프랑크는 화폐의 유통이 통합되기 시작한 5000년 단위로 세계경제를 탐색했고(『리오리엔트』, 이희재 역, 이산, 2003), 아부-루고드는 유럽헤게모니 이전에 존재했던 경제적 네트워크에 초점을 두어 13세기를 기원으로 삼고 있으며(『유럽 패권 이전—13세기 세계체제』, 박흥식 역, 까치, 2006), 월러스틴은 자본주의적 농업의 출현과 함께 단일분업구조와 국가 간 체계가 수립되기 시작한 16세기에 강조점을 두었다(월러스틴, 앞의 책). 반면 국제관계론의 결합을 강조하는 기든스는 세계 자본주의 경제가 모더니티의 발흥과 더불어 민족국가체제, 국제노동분업, 세계군사질서와 본격적으로 연결되는 19세기를 중점적으로 언급하고 있다(『포스트 모더니티』, 이윤희 외 역, 민영사, 1991).
8) 이에 대한 논의는 데이비드 헬드 외, 앞의 책의 7장을 참조

주목한다. 톰린슨(John Tomlinson)은 문화적 세계화의 시원을 1960년으로 상정하는데, 그 해에는 TV프로그램이 수출입되는 등 비로소 미디어문화상품의 국제거래가 본격화되었기 때문이다. 그리고 미디어문화상품의 국제거래가 국가 간의 문화적 지배-종속이라는 예상치 못한 파급효과를 낳자, '문화제국주의'라는 용어가 사용되고 신국제정보질서운동이 제안되는 등, 이론적·실천적 차원에서 저항의 움직임이 거세지기 시작했다.[9] 톰린슨에 따르면, 세계경제의 자본주의가 그 외부를 남김없이 포섭하고 마침내 문화적 체계마저도 장악함에 따라, 글로벌 문화에 대한 인식과 함께 그에 따른 반응들도 속출하기 시작했다는 것이다.

그러나 글로벌 문화에 대한 이러한 접근들은 글로벌 차원에 대한 로컬 차원의 대응에 대해 과잉의미화하는 경향이 있다.[10] 오히려 우리는 세계체계 분석의 견지에서 글로벌 문화가 가지고 있는 이데올로기적 조직화와 재생산의 문제, 그리고 문화들 간의 각축에 대해 언급해야만 한다. 역사적 자본주의의 시각이 요청되는 지점이 바로 여기에 있다. 이러한 접근은 오늘날 글로벌 문화의 지류를 형성하는 모더니티와 문화의 문제에 있어, 세계경제는 물론 그로써 조직되는 각 계급들의 세계관과 행위양식들에 주목하게 해준다. 그렇다면 우리는 세계체계론으로의 전환을 통해 글로벌 문화의 기원 자체에 대해 재론해볼 필요가 있다. 왜냐하면 문화적 위계구조가 지리적 경계들을 뚫고 나간 것은 오늘날의 미국헤게모니에만 해당되는 문제는 아니기 때문이다. 다수의 논자들이 글로벌 스탠더드의 미국화를 경계하지만, 단적으로 오늘날 세계인들은 미국 이전에 세계를 주름잡던 영국의 존재감으로부터도 자유롭지 못하다. 예컨대 우리의 일상생활을 잠식하는 식민지

---

9) John Tomlinson, "Internationalism, Globalization and Cultural Imperialism," in Kenneth Thompson, ed., *Media and Cultural Regulation*, Sage, 1997을 참조.
10) 여기에 대해서는 아파두라이와 톰린슨을 비판한 이동연, 「문화의 세계화와 문화자본의 논리」, 『문화/과학』 47호, 2006년 가을, 73-78쪽을 참조.

근대성의 문제가 일본에서 비롯된 것이 사실이거니와, 그 일본조차 당시 세계를 주도하던 영국의 모더니티를 답습했던 것을 무시할 수는 없기 때문이다.[11] 그렇다면 우리는 문화적 헤게모니가 세계체계 단위의 네트워크에서 작동하게 된 시점을 글로벌 문화의 기원으로 삼을 수 있지 않을까.

피터 테일러(Peter J. Taylor)는 세계체계 분석에 입각하여 이러한 문제의식을 풀어나가는데, 그는 헤게모니국가의 문화적 구도를 지리-사적(geo-historical)으로 해석함으로써 네덜란드 헤게모니의 중상주의 모더니티, 영국 헤게모니의 산업적 모더니티,[12] 미국헤게모니의 소비자 모더니티 등에 접근한다.[13] 실제로 네덜란드 헤게모니 시절 암스테르담은 유럽에서 자유를 갈망하던 이들의 문화적 중심이었다. 데카르트, 스피노자, 로크 등의 피난처였고, 동시에 높은 급료와 괜찮은 노동조건을 제공하는 두뇌 유입의 중심지였다.[14]

18세기에 등장하여 나폴레옹 전쟁 이후로 세계경제에서 패권을 장악했던 영국헤게모니는 네덜란드의 문화적 지배의 자리를 고스란히 물려받은 한편, 이를 더욱 공고화하였다. 실제로 20세기 중반에 이르기까지 비트겐슈타인, 말리노프스키, 포퍼, 곰브리치 같은 지식인들에게 영국은 자신의 학문을 꽃피울 수 있는 유용한 정치적 망명지였다.[15] 반면, 영국의 통치 정책은 자신들의 라이벌이었던 프랑스, 혹은 훨씬 이전의 네덜란드헤게모니와는

---

11) 다카시 후지타니, 『화려한 군주―근대일본의 권력과 국가의례』, 한석정 역, 이산, 2003에서는 천황을 중심으로 하는 각종 상징이 영국 왕정의 스타일을 어떻게 전유하고 있는지를 설명하고 있다.

12) 영국헤게모니의 핵심을 산업자본주의로 한정짓는 데 대해서는 논란의 소지가 있을 수 있다. 그러나 원료와 노동력에 대한 통제가 이뤄졌다는 점에서, 다른 시기의 헤게모니에 비해서는 산업적 성격에 우세종(dominant)을 형성한다고 할 수 있겠다.

13) Peter J. Taylor, *Modernities: A Geohistorical Interpretation*, Polity Press, 1999. 특히 3장 참조.

14) 이매뉴얼 월러스틴, 『근대세계체제 II―중상주의와 유럽 세계경제의 공고화 1600-1750년』, 유재건 외 역, 까치, 1999, 103-111쪽.

15) Dennis Dworkin, *Cultural Marxism in Post War Britain: History, the New Left and the Origins of Cultural Studies*, Duke University Press, 1997, pp. 135-136.

몇 가지 차별성을 지닌다. 세계체계론자들이 공통적으로 지적하듯이, 영국은 수탈 중심의 프랑스에 비해 영토적 팽창 정책에 힘을 기울였다. 영토 팽창은 필연적으로 식민지에 정착할 필요성을 낳았고, 이는 식민모국 통치체계의 이식이라는 과정을 동반했다. 그와 동시에 문화적인 과정이 작동한 것은 거의 필연적이기까지 했다. 아울러 영국헤게모니를 지탱한 산업자본주의와 군사팽창주의는 노동력과 군사력의 확보가 절실했기 때문에, 식민지인들에 대한 문화적 관리와 통제방식은 고도로 발전해야만 했다. 이로써 국가 간의 문화적 위계구조가 확립되고, 모더니티의 문제가 전세계적으로 확산되기에 이르렀다.

1945년 이후, 미국헤게모니에 이르러 시작하는 장기 20세기는 영국의 산업주의적 모더니티와는 다소 다른 방식으로 문화적 위계를 형성했다. 영국헤게모니가 노동의 규율과 통제를 중심으로 하는 문화적 지배였다면, 미국헤게모니는 주로 소비를 통해 세계체계에서 문화적 지배를 확립한 것이다. 통신기술의 고도화와 대중사회의 전면화는 이제 대다수 주변부 국가들이 경험하는 사회문화적 조건이며, 이런 조건 하에서 소비자 모더니티는 문화를 통한 지배의 공고화와 더불어 초과이윤을 얻어낼 수 있는 핵심적인 요소인 것이다.

물론 이렇게 시기별로 문화적인 속성이 사회경제적 특성과 상응한다고 볼 수는 없을 것이다. 왜냐하면 이들 각 모더니티들은 실제로 중첩되기도 하며, 오히려 동시대적으로 맞물려 있는 문제들이기 때문이다. 어쨌든 우리는 여기서 적어도 하나의 질문을 추가할 수 있다. 여러 모더니티들 중 지금 우리가 언어화하고 있는 글로벌 문화라는 것은 언제 출현했고 또 어떤 동학을 가지는가 하는 것이다. 실제로 톰린슨이 1960년대(미국헤게모니)에 시작했다고 지적하는 문화제국주의론은, 같은 틀을 적용했을 때, 영국헤게모니는 물론 네덜란드헤게모니 시기에도 적용될 수 있으며 심지어는 15-16세기 베네치아나 전혀 다른 시간대의 중국에 대해서도 언급될 수 있기 때문에 문제는 더욱 복잡해진다.

글로벌 문화는 언제 출현한 것인가. 만약 글로벌 문화를 세계경제와 동일한 시점에서 시작된 것이라고 여긴다면, 우리는 17세기 네델란드와 15세기 제노바를 그 시원으로 삼을 수도 있을 것이다. 그러나 실상 당시의 제노바와 네덜란드는 자신의 문화를 세계의 주변부로 확장시키는 데에 그리 적극적이지 않았다. 중상주의체제에서 자본주의는 있어도 영토주의는 없었기 때문이다. 오히려 문화의 세계화 양상은 영국헤게모니 시기에 나타났다. 교역중심적이던 네덜란드와 달리 영국은 식민지 직접 생산관리에 따라, 문화의 메커니즘을 수립할 필요가 있었기 때문이다. 17세기 네덜란드헤게모니는 여러 유리한 조건에도 불구하고 위계관계를 형성하지 않았으며, 세계적 네트워크를 통해 다른 지역에 뻗어나가지도 않았다. 무역 대상지에서 교역에만 충실하면 막대한 이윤과 더불어 헤게모니적 우위를 유지할 수 있었기 때문에, 네덜란드헤게모니는 가시적인 위계를 형성하지도 않았고 '자유' 외에는 이렇다 할만한 스탠더드를 표방하지도 않았던 것이다.

결국 우리는 글로벌 문화가 19세기 영국으로부터 비롯되었다고 최종판단할 수 있다. 여기서는 헤게모니국가의 문화가 위계적 관계를 통해 다른 지역에 어떻게 연결되는지에 관한 문제가 핵심을 이룬다.

## 3. 규율과 자율: 글로벌 문화의 동학

영국헤게모니 시기는 우리에게 글로벌 문화에 대해 적지 않은 자원들을 제공해준다. 네덜란드와 달리 영국의 경우는 산업주의의 속성상 노동력의 포섭이라는 문제에 직면했기 때문에, 자국 내에서는 물론이거니와 국제적으로도 문화적 관리체계에 대해 고민하지 않을 수 없었다. 이즈음에 자본의 시간에 맞춰 규율화된 노동자들이 등장한 것은 결코 우연이 아니었다. 지금 우리가 '지극히 정당하고 당연하다'고 여기는 자본주의사회의 특징들, 즉 노동과 여가생활의 분리, 노동에 대한 감독과 규율, 정확한 시간 준수 등의 것들이 모두 이 시기 산업자본주의의 성립과정에서 생겨난 것들이었다.[16]

장기 19세기 영국헤게모니에서 중요한 특징 중 또 다른 하나는 문화산업의 등장이었다. 이것은 이데올로기적인 측면에서 교회의 역할을 대중문화(mass culture)가 대체하기 시작하는 하나의 징후이기도 했으며, 20세기 미국 헤게모니를 위한 소비자 모더니티의 기반이기도 했다. 문화가 산업화되는 맥락에서 가장 중요한 계기는 무엇보다도 18세기 중후반에 걸쳐 진행된 패트런 제도의 종식을 들 수 있다.[17] 기존의 문화생산체계에서 지배적인 예술생산양식은 패트런이라 불렀던 후견인 제도였다. 이후 선대제와 유사한 형태의 예약구독제가 패트런의 종말을 불러왔는데, 이것은 주문자가 예술작품에 해당하는 후원금을 미리 제공하고 작가는 특정 기일까지 작품을 헌사하는 방식이었다. 이 과정은 예술작품의 생산이 어떻게 해서 대량화되는지를 가늠케 해준다. 장인을 중심으로 하는 길드적 생산양식이 선대제를 통해 산업생산으로 바뀌어가는 과정에서 문화예술 역시 예외가 될 수 없었다는 사실을 방증하기 때문이다. 실제로 예약구독제의 주문자는 출판업자, 전시·공연기획자 등으로 변모했고, 그때부터 작가는 대량복제 체계와 엄혹한 시장상황에서 익명의 대중들을 대상으로 작품을 생산하게 되었다.[18]

물론 우리의 심층적인 관심은 이런 과정으로 상품화되고 물신화된 문화상품이 특정한 사회-공간 내에서 어떻게 소통되었는가에 있다. 패트런제의 종말과 예술시장의 형성은 사회구조가 궁정사회에서 부르주아 시민사회와 대중사회로 변동했음을 알려주는 징표이기도 하다. 당시 영국에서는 1800

---

16) E. P. 톰슨, 『영국노동계급의 형성』 상권, 나종일 외 역, 창작과비평사, 2000, 11장 「개조하는 힘을 가진 십자가」에서는 당시의 기독교가 나폴레옹 전쟁 기간 동안 조직의 관료화와 이념적 보수화를 거치면서 노동자로 하여금 노동 규율의 '내적 강제성'을 확립하게 한 과정이 기술되어 있다.

17) 아놀드 하우저, 『문학과 예술의 사회사—근세편(하)』, 백낙청 외 역, 창작과비평사, 1981, 64-65쪽.

18) 김문환 외, 『19세기 문화의 상품화와 물신화』, 서울대학교 출판부, 1998, 7-27쪽.

년쯤을 전후로 하여 문맹이 극복 단계에 달하고 가독(可讀) 대중들이 출현함
으로써 대중문화가 도래했다. 1840년대에는 공휴일이 제정됨으로써 노동계
급에게 근대적인 의미의 여가시간이 주어지며(상대적으로 이것은 노동시간
의 엄수를 의미한다), 1873년 공황에 이르기 직전에는 중간계급의 성장이
가시화되었다. 우리는 글로벌 문화의 출현 조건으로서 바로 이 부분을 건드
리지 않을 수 없다. 노동시간과 여가시간의 엄격한 분리를 통해, 생산과정에
서는 노동자들에게 규율을, 그리고 소비과정에서는 구매자들에게 자율을
제공하는 동학이 가동되고 있기 때문이다.

이러한 맥락은 아리기(Giovanni Arrighi)가 설명한 실물적 팽창과 금융적
팽창의 국면에 부합하고 있다. 아리기는 세계사에서 헤게모니국가가 실물
팽창의 국면(M-C)과 금융팽창의 국면(C-M')을 보이다가 마침내 '체계의 카
오스'를 겪고, '조직 혁명'을 거친 다른 국가에게 헤게모니를 넘겨주는 과정
들이 반복되고 있음을 보여준 바 있다.[19] 규율의 문화와 자율의 문화는 바로
이 두 국면과 유사한 궤적을 보여주고 있다. 실제로 <그림 1>에서 아리기
가 분류한 바와 연결시켜보면, 장기 19세기의 실물적 팽창 국면(MC)은 이른
바 시초축적과 노동의 규율화가 이뤄지던 암흑의 시절이었으며, 1873년 공
황 이후의 금융적 팽창 국면(CM')은 문화상품의 대량생산과 대량판매가 나
타난 화려한 시절이었다. 또한 미국헤게모니가 주도하는 장기 20세기의 실
물팽창 국면은 법인기업을 통해 기업 간의 수직적 통합을 달성하고 초국적
자본으로 전화하는 시기이며, 1960-70년대 이후의 금융팽창 국면은 '문화
제국주의'를 경계하게 만들 정도로 글로벌 문화가 융성하는 시기이다.

우리는 문화가 이 두 국면에서 아주 상이한 방식으로 등장한다는 사실을
확인할 수 있다. 하나는 생산을 문화화(culturing production)하는 과정에서
개입한다. 즉 실물적 팽창 국면 때 문화는 생산과정에 깊숙이 관여한다.

---

19) 아리기의 자본주의 분석에 대해서는 백승욱, 앞의 책, 5장과 6장을 참조

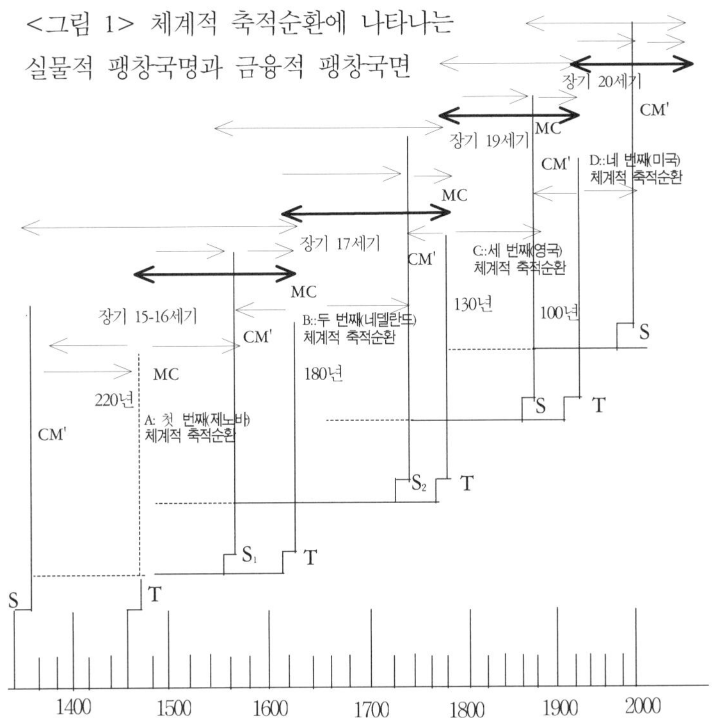



실제로 장기 20세기의 '법인문화'는 다양한 경영 관행들을 성취하기 위해기획된 것이었다. 적절한 태도 등에 관한 훈련과정의 공식화, 고용인에 대한 감사 부서의 설립, 경영능력에 대한 새로운 정의, 보상과 격려 체계의 확립, 업무 반항자나 태만자에 대한 상담절차 수립 등 조직의 구조·과정·멤버십 등에 관해 성문화(codifying)했던 것이다.[20] 이렇게 노동자들의 수행성을 극대화하는 과정에서 문화는 구심적인 역할을 한다. 물론 이러한 작업장 문화는 어느 국면에서나 등장할 수 있다. 가까운 예로 우리는 1997년 금융위기를 전후로 하여 벤처기업 이데올로기나 TFT(task force team) 담론 등을

---

20) Graeme Salaman, "Culturing Production," in Paul du Gay, ed., *Production of Culture/Cultures of Production*, Sage, 1997, pp. 236-237.

두루 경험한 바 있다. 그럴 때마다 우리는 늘 기존 조직 형태의 문제점을 진단하고 처방내리는 일종의 법인문화 담론과 직면하게 된다. 내용만 다를 뿐 비슷한 패턴들이 반복되는데, 노동의 의미를 재정의하고(예컨대 놀이로써 창조하는 노동), 그러한 노동에 도덕성을 부여하며(이것은 물론 노동자 개인의 생산성 문제와 직결됨), 하나의 상상된 공동체로서 가부장적인 기업을 강조한다('삼성 가족').

둘째, 금융적 팽창 국면에서는 문화산업이 각광을 받게 되는데, 이는 '흥청망청한 시기'를 뜻하는 아리기의 '벨에포크'(belle époque) 개념과 잘 맞아떨어진다. 제조업 등에 기반한 실물적 팽창이 한계에 다다르는 순간 자본은 금융을 중심으로 이동한다. 금융 활성화와 더불어 일시적으로 경기가 좋아지는 한편, 이윤율이 줄어든 노동집약적 산업은 외면당하고 자본집약적 산업으로 초점이 이동되면서 문화예술 분야가 각광을 받게 되는 것이다. 실제로 미국은 케인즈주의 노선 이래로 유지해왔던 금융억제 정책을 물리고, 1980년대 들어서 금융소득의 안정화를 목적으로 이자율 인상과 통화주의적 긴축정책을 펼친 바 있다. 이는 심각한 벨에포크 현상을 유발했다. 왜냐하면 실물적 팽창 국면에서 성장하여 이미 부동산이나 금융 등의 자산을 확보하고 있던 중상의 계급들로서는 노동을 하지 않고서도 자산을 가동해 금융수익을 올릴 수 있는 길이 열렸기 때문이다. 최근 한국의 부동산 과열 현상이나 각종 금융상품의 등장 역시 그와 같은 맥락에서 이해가 가능하다. 이로써 계급구조와는 상대적으로 모순적인 계급의식이 나타나기도 하면서, 극악한 노동의 위기에 불구하고 궁극적으로는 지배적인 사회관계들이 공고화되기에 이른다.

그동안 세계경제의 국면들에서 문화가 차지하는 규율과 자율이라는 위치는 다분히 분절적인 형태로 언급되어 왔었다. 특히 문화론에 있어서 노동자문화와 소비자문화는 쉽게 절합되지 않는 이질적인 영역처럼 다뤄져 왔던 것이 사실이다. 그러나 글로벌 문화는 우리에게 총체적인 관점을 요구한다.

실제로 오늘날 우리가 처해 있는 문화적 조건은 생산과 소비를 넘나들면서 재현과 정체성의 정치를 통해 규제의 양식을 확립해나가는 역동적인 회로(circuit) 속에서 작동한다. 게다가 이제는 이러한 삶의 원리가 특정 지역이나 국가의 경계를 넘어 세계라는 체계를 통해 구성된다는 사실이 자명해지고 있다. 그럴수록 글로벌 문화의 정치적 함의와 계기들에 대해 심층적으로 탐색할 필요가 있다.

## 4. 헤게모니와 '따라잡기'의 정치

글로벌 문화의 정치적 함의에 대한 대부분의 언설들은 로컬 행위자들의 문화적 실천을 신화화하거나, 글로벌 스탠더드와 미국화 문제에 지나치게 매몰되는 경향이 있다. 그러나 세계체계론의 견지에서 이 두 가지 접근법은 모두 유효적절하지 못하다.

실제로 세계화는 무수히 많은 로컬의 실천들을 의미화하는 데 성공하고 있다. 그런데도 대다수 신화주의자들은 세계화가 궁극적으로는 로컬의 언어들을 온전히 흡수하지 못할 것이라면서, 로컬 차원의 방어전략을 옹호한다. 그러나 우리는 지금이 미국헤게모니 시기에 국한된 특정한 역사적 계기임을 인식할 필요가 있다. 현대의 지배세력은 이전의 영국헤게모니와 달리, 그 스스로 로컬을 다 포섭하지 못한다는 점을 전제로 움직인다. 영국은 제국을 자처하며 물리적으로 영토를 팽창했지만, 미국은 경찰 역할을 자임하면서 영국이 감당해야 했던 소모적인 비용을 내부화해버린다. 오늘날 우리가 경험하고 있는 자율성은 그래서 역설적이다. 왜냐하면 미국헤게모니의 유지비용을 결과적으로 로컬의 자율적 실천들이 떠안고 있는 셈이기 때문이다. 요컨대, 자본의 동학 이전에 노동의 능동성을 강조하는 언설들은 오히려 역사적 자본주의가 노정해왔던 코스모폴리턴적 경향에 부합하곤 한다.

글로벌 스탠더드와 미국화 문제에 집중하는 접근법 역시 문제는 마찬가지이다. 물론 현실적으로 미국 주도의 글로벌 문화가 문화 내적, 외적으로 심각한 문제이기는 하다. 1980년대 금융규제 완화조치 이래로, 타임워너 등 10개 기업이 미디어 시장의 물량을 독점하고 있고,[21] 문화산업이 글로벌 차원으로 움직이면서 글로벌 스탠더드와 미국화라는 새로운 정세를 유발한 것은 사실이다. 그러나 이 글에서 문제 삼고자 하는 부분은 좀더 근본적인 질문에서 비롯된다. 바로, 글로벌 스탠더드와 미국화의 영향력이 과연 그렇게 압도적인가, 그리고 그 영향력이 과연 얼마나 오래 가겠는가 하는 것이다. 이 부분을 좀더 자세히 보도록 하자.

다시 영국헤게모니 시기를 반추해보면, 글로벌 문화가 탄생한 데에는 두 가지 경로가 있었음을 발견할 수 있다. 첫째는, 내부적인 요소로서, 전술한 것처럼 영국헤게모니가 영토적 팽창 전략을 채택했기 때문이었다. 세계체계 차원의 기축적 분업구조 하에서 영국은 식민지의 생산과정과 소비과정에 개입해야만 했다. 그래서 네덜란드헤게모니와 다르게 영국헤게모니는 제국주의 형식으로 등장한다. 식민지의 제도와 문화 전반에 걸쳐, 심지어는 정체성에 있어서도 영국적인 것(Britishness)이 사회적인 우세종으로서 자리 잡는다. 실제로 과거 영연방 국가들에서는 포스트식민주의적 문제설정에서 영국적인 것의 문제가 지속적으로 제기되고 있다.

둘째는, 외부적인 요소로서, 영국헤게모니에 대한 다른 중심부 국가들과 반주변부 국가들의 '따라잡기'(catch-up) 전략 때문에 글로벌 문화가 공고해 졌다는 사실이다. 따라잡기라는 개념은 뒤메닐과 레비(G. Duménil and D. Lévy)가 국가 간의 전략적인 경제 행위를 설명하기 위해 사용한 것이기는 하지만,[22] 이 맥락은 글로벌 문화를 설명하는 데 있어서도 유용할 수 있다. 비근한 예로 식민지 시절 우리와 가장 밀접했던 일본이 영국의 입헌군주제

---

21) 데이비드 헬드 외, 앞의 책, 552쪽.

22) 제라르 뒤메닐·도미니크 레비, 『자본의 반격—신자유주의 혁명의 기원』, 이강국·장시복 역, 필맥, 2006, 67쪽.

모델을 모방한 경우를 들 수 있다. 이것은 비단 정치체계에만 해당하는 것이 아니라, 그에 상응하는 문화적 의례와 관습 등 거의 모든 분야에 걸쳐 적용되었다. 물론 포스트식민주의 문화이론에도 '흉내내기'(mimicry)라는 비슷한 개념이 있기는 하지만, 그 개념은 차이를 만들어내는 실천을 강조하기만 할 뿐, 그것이 어떻게 구조화되는지에 대해서는 설명하지 못한다. 반면 따라잡기라는 개념은 국가 간 헤게모니 투쟁이라는 측면에서 절묘하게 절합된다. 세계체계에서 글로벌 문화를 둘러싼 행위주체들의 전략적 선택이란 의미가 강조될 수 있기 때문이다.

특히 여기서 따라잡기의 과정은 헤게모니국가들의 부침 현상을 역동적으로 표현한다. 어떻게 해서 네덜란드의 문화적 헤게모니는 영국의 문화적 헤게모니에게 자리를 내주었는가. 영국은 왜 미국에게 헤게모니를 넘겨주었는가. 따라잡기의 문제설정은 정치경제적 문제를 중심으로 사회문화적 편제가 형성되는 과정에 대해 하나의 통찰을 제공해준다. 예컨대 오늘날 우리는 미국을 따라잡으려 할 뿐이지 그 어느 누구도 맹종(한다고 말)하지 않는다. 궁극적인 목적은 '추월하기'(overtake)에 있기 때문이다. 따라서 우리는 따라잡기의 관점을 통해, 헤게모니국가의 문화가 어떻게 글로벌 문화로 자리 잡게 되며, 또한 그 헤게모니가 왜 근본적으로 도전을 받게 되는지를 이해할 수 있다.

결국 우리는 헤게모니국가의 강압적 이식과 도전 국가들의 자발적 따라잡기로 인해 글로벌 문화 현상이 나타난다는 점을 이해할 수 있다. 또한 이러한 현상은 조직혁명(비용의 내부화)에 성공하는 국가의 추월에 의해 심각한 도전에 직면하게 된다. 실제로 미국은 역사적으로 적어도 세 가지 계기 때문에 문화적 헤게모니에 불안요소를 가진다. 하나는 유럽(영국, 프랑스)이고, 다른 하나는 미국 그 자신이며, 나머지 하나는 동아시아(중국, 일본)이다. 이들은 각각 과거와 미래의 시점을 현재로 응축시키면서 미국이 우세종으로 위치한 글로벌 문화에 교란을 일으킨다.[23]

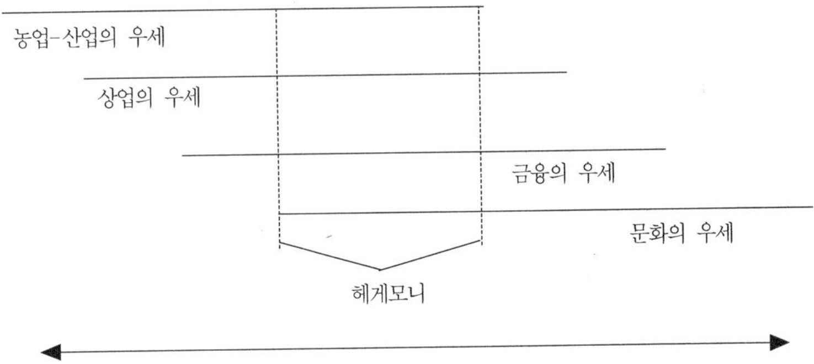


<그림 2>　　한 국가의 헤게모니 지속 기간[24]

　　세계체계에서 문화적 헤게모니의 문제는 경제의 문제보다 조금 더 복잡한 절차를 요구한다. 문화는 인간의 감수성과 기억에 영향력을 가지는 것으로서 경제와 정치에서의 헤게모니보다 더 늦게 시작되고 더 오래 지속되는 경향을 가진다.(<그림 2> 참조) 이것은 영국헤게모니 시기의 글로벌 문화가 현시점에서도 여전히 영향력을 발휘하고 있는 현실에서 입증될 수 있다. 실제로 우리는 때때로 영국적인 것 혹은 영국을 포함한 유럽세계에 대한 이미지에 매료되곤 한다.[25] 물론 미국의 강력한 문화산업을 통해 영국식 글로벌 문화와 단절한 듯 보이지만(예컨대 고급예술에서 대중예술로의 변화), 장기 19세기 글로벌 문화의 영향 아래 유럽중심주의를 체현한 우리의 인식체계에서 여전히 영국식 영어는 정통성을, 프랑스 와인은 품격을 제고한다. 그런 방식으로 유럽의 이미지는 본고장의 장소-이미지로서 재현된다.

---

23) '문화적 우세종'의 개념은 오늘날 우리가 처한 문화적 현실에 여러 요소들이 중첩되어 있으면서도, 거기에 주요한 문화가 '과잉결정'되어 있는 지점을 포착하게 해준다. 프레드릭 제임슨, 「포스트모더니즘—후기자본주의 문화논리」, 『포스트모더니즘론』, 정정호·강내희 편역, 문화과학사, 1996, 143쪽.

24) 이매뉴얼 월러스틴, 『역사적 체제로서의 자본주의—세계체제의 정치경제학』, 배손근 역, 나남, 1986, 158쪽의 그림에 '문화의 우세' 영역을 덧붙여서 수정했음.

25) 노승미, 「세계화 시대 한국사회에서 기업광고에 나타나는 자본의 민족주의 담론 연구」, 『한국사회학회 전기사회학대회 자료집』, 2006.

현재의 문화적 체계가 불안정할수록 노스탤지어가 확산되는 것처럼, 각축적인 유럽의 문화적 체계는 미국의 문화적 헤게모니가 빈틈을 보일 때마다 그것을 위협하며 글로벌 문화에 균열을 일으킨다. 그러한 맥락에서 미국 주도의 글로벌 문화는 위기의 헤게모니로 특징지어진다.

또한 중요한 것은(어느 시기에나 국가적 헤게모니들이 다 그렇듯이) 미국 헤게모니가 자체적으로 위기의 요소들을 내재하고 있다는 점이다. 실제로 미국은 자기 스스로 문화적 헤게모니에 흠결을 떠안고 있다. 영국이 셰익스피어의 얼굴을 한 영토주의였다면, 인디언 학살과 인종적 억압에서 나타나듯 미국은 총칼을 든 파멸적 영토주의였다. 이러한 내부식민지화 과정은 해외팽창의 과정에서도 여실히 적용되고 있다. 주지하다시피, 미국은 영국 헤게모니 시기에 비해 상대적으로 비용이 적게 드는 주권적 제약의 체계와 개입주의의 원칙을 관철시켜 왔다. 그러나 냉전 해체로 인해 종래의 글로벌한 미군의 전진 배치가 문제시되면서, 오히려 정치·군사·문화 다방면에 걸쳐 더 많은 헤게모니 유지비용이 소모되고 있다. 최근에도 이라크 전쟁을 계기로 국제여론이 악화되고 반미주의가 득세하는가 하면 서구 국가들마저도 노골적으로 반기를 들면서 미국의 헤게모니는 심각한 위협을 마주하고 있다. 또한 미국이 주도하는 신자유주의적 금융세계화로 인해 서구의 복지국가와 반주변부의 발전국가 모델이 해체 조짐을 보이면서, 노동력을 안정적으로 포섭할 수 있는 기반 역시 점차적으로 취약해지고 있는 것이 사실이다. 한마디로, 미국이 주도하는 세계화의 현재적 국면은 심각한 자기모순의 동학을 노정하고 있는 것이다.

다른 한편, 동아시아의 추격 역시 매섭다. 세계경제는 조직혁명을 거쳐 산업의 우세를 탄생시킨 국가에 의해 헤게모니가 이양되는 과정을 주기적으로 반복해왔다. 이러한 경향은 산업의 세계적 집중 현상을 보이고 있는 동아시아 국가들에 의해서 재삼 강조되고 있다. 미국이 군사전략과 금융전략에 따라 일본과 신흥공업국들의 경제를 지원함으로써 초국적기업의 물적 기반을 다졌던 결과, 이들 후발국가들의 따라잡기가 전개되었고 이는 미국의 경제적 우위를 상실하게 만들었다. 게다가 중국 역시 시장개방 이후로 세계경제에 적극적으로 동참하면서 산업자본을 집중화하고 있다. 이 글에서 포착하고자 하는 맥락은 이러한 경제적 따라잡기의 연속성 상에서 문화적 차원에서도 동아시아 국가들의 약진이 두드러진다는 점에 있다. 예컨대 세계의 문화산업에서 새로운 힘의 원천으로 부상하고 있는 아시아는 미국을 따라잡는 과정에서 탄생한 것이었다. 카메라 앵글과 내러티브 구성 등의 표현 기법과 독립예술과 레지던시(residency) 프로그램 등의 생산 체계 등에서 아시아는 미국의 그것을 따라잡는 과정 중에 있다.[26]

　　이상과 같은 맥락들은 글로벌 문화에서 우려되고 있는 글로벌 스탠더드나 미국화 문제에 대해 재고의 기회를 제공해준다. 달리 말해 세계경제가 그러하듯이 글로벌 문화 역시 그 지배체계가 동질적이거나 영속적일 수 없다. 일찍이 레이먼드 윌리엄스(Raymond Williams)가 문화구성체를 잔여문화, 지배문화, 부상문화의 역학관계에 의한 것이라고 간주했던 것처럼,[27] 오늘날 글로벌 문화는 응전하는 영국과 유럽, 지배하는 미국, 그에 도전하는 중국·일본과 동아시아 등, 다양한 세력관계에 의해 구성된 특정한 결합체로서 정의내릴 수 있다.

## 5. '미국화'와 '위기의 미국'이라는 정세

　　그러나 우리는 미국헤게모니에 대한 심각한 위협이 구체적인 실체로서

---

26) 다른 한편, 뚜렷한 예술형식의 변혁이 부재한 채로 아시아적 가치가 세계의 문화산업 시장에서 각광 받고 있다는 사실은 오리엔탈리즘적 시선의 문제를 환기시키고 있다. 게다가 아시아 예술시장에서 레지던시 프로그램 등을 통하여 젊은 작가들을 조기에 발굴·투자하는 시스템은 예술가들의 창작활동을 보장해주는 대신 그 이상의 부가가치를 문화산업자본이 독식하는 결과를 초래하고 있다. 예컨대 한국의 영화산업이 자국과 세계 영화시장에서 경쟁력을 확보하기 위해 채택한 저임금 체계 역시, 주변부국가들이 수행하는 '따라잡기' 과정에서 나타날 수 있는 부작용을 보여주는 측면이라고 할 수 있겠다.

27) Raymond Williams, *Problems in Materialism and Culture*, Verso, 1980, pp. 40-42.

존재하지 않는다는 점 또한 눈여겨보아야 한다. 글로벌 문화에서 미국헤게모니가 문화적 우세종으로 과잉결정되는 것만큼은 자명한 사실이며, 그에 도전하는 다른 문화들 역시 미국헤게모니를 넘어서는 경제적·문화적 의미에서의 조직혁명을 성취하지는 못하고 있기 때문이다. 게다가 미국헤게모니가 노동과정을 과잉규율화하고 미학적 실천을 상품화하는 속성을 가지고 있다면, 다른 지역이나 권역들이 수행하고 있는 '따라잡기'에 대해서도 문화정치적인 문제제기가 뒤따라야 함은 마땅하다.

그렇다면 이제는 마지막 질문을 던질 차례이다. 현시점에서 글로벌 문화를 표상하는 미국화의 글로벌 스탠더드 문제는 어떤 전망을 가지고 있는가. 물론 우리는 경향적으로 미국헤게모니의 글로벌 문화가 쇠락할 것이라고 말할 수도 있다. 그러나 이 글은 미국헤게모니의 쇠퇴를 예언하는 묵시록이 아니다. 중요한 것은 지배하면서도 도전받고, 도전받으면서도 지배하는 미국식 글로벌 문화를 어떤 정세로 판단할 것인가 하는 문제에 달려 있다. 이 글에서 일괄하고 있는 것처럼, 실제로 지금 우리는 매우 모순된 정세 속에서 살고 있음을 인정하지 않을 수 없다. 오늘날의 글로벌 문화는 각각의 권역과 지역들을 획일화하면서도 다양화하는 모순된 결과를 초래하고 있다. 정치적으로 미국을 거부하면서도 문화적으로 미국을 동경하는 세태를 어떻게 이해할 것인가. 그리고 문화적으로 미국을 초극하려는 노력들에 대해서는 또 어떻게 이해해야 하는 것일까. 어쩌면 지금 이 글과 같이, 글로벌 문화의 미국화에 대해 유럽과 동아시아권에서 일어나고 있는 성찰이야말로 미국의 문화적 헤게모니가 처한 상황을 잘 대변하고 있는지도 모른다.

앞서 우리는 글로벌 문화의 기원과 동학에 대해, 그것이 노동의 규율과 소비의 자율이라는 형식을 통해 출현하며 내외부에서 비롯된 이식과 따라잡기라는 맥락으로 세계화되었음을 개괄한 바 있다. 중요한 사안은 바로 이 지점에 있다. 어쩌면 우리는 글로벌 문화가 영국적이든, 미국적이든, 혹은 중국적이든 크게 신경 쓸 필요가 없을 것이다. 우리 스스로가 누군가를 지배하고자 하는 것이 아니라면 누가 글로벌 문화를 지배할 것인지는 그다지 큰 문제가 아니기 때문이다. 다만 문제가 되는 것이 있다면, 상층회로 (upper circuit)의 그러한 움직임으로 인해 세계의 하층회로(lower circuit)에서의 삶이 척박해지지는 않는가 하는 데 있을 것이다. 특히 노동의 과잉규율화와 미학적 실천의 소비문화화로 인한 문제들은 오늘날 글로벌 문화에서 우리가 처한 현실적 조건을 대변해주는 것이기도 하다.

만약 미국헤게모니에 대해 다른 문화권에서 따라잡기와 추월하기에 성공한다 하더라도, 그래서 글로벌 문화가 새로운 세력관계로 재편된다 하더라도, 사회적 생산관계의 문제에 실제적인 전환이 나타나지 않는 이상 바뀌는 것은 사실상 아무 것도 없다. 더군다나, 현재적 흐름에서는 미국헤게모니를 추월할 어떤 가능성도 가시화되지는 않고 있다. 따라서 우리는 지금의 정세를 크게 두 가지 방향으로 일별할 수 있겠다. 하나는 미국화이며 다른 하나는 미국헤게모니의 위기이다. 한 가지 역설적인 사실은 글로벌 문화의 이러한 모순적 정세에도 불구하고 우리가 겨냥해야 할 표적은 언제나 동일하다는 사실이다. 생산관계를 재생산할 것인가, 아니면 전환할 것인가. 오늘도 세계의 상층회로는 지배적인 사회관계를 재생산하며 작동하고 있다.

# 스포츠의 세계화를 어떻게 볼 것인가?

남상우(충남대 스포츠사회학 박사)

## 1. 들어가는 글

바야흐로 세계화(globalization)라는 개념의 전성시대라 하겠다. 1960년대 프랑스와 미국의 저술에서 희미하게 모습을 드러낸 이 개념은 오늘날 전세계 모든 주요 언어에서 쓰이게 되었는데, 우리의 경우, 과거 김영삼 정부 시절부터 유행처럼 사용되기 시작했던 이 개념이 오늘날 학계 여러 분야뿐 아니라 사회문화적 영역에서도 매우 다양한 형태로 응용되어 사용되고 있는 실정이다. 이미 우리의 일상을 지배해버린 듯한 느낌마저 주는 이 세계화는 여러 경제, 기술 세력들에 의해 전세계가 급속히 하나의 공유된 사회공간으로 만들어지고 있다는 폭넓은 인식, 그리고 세계의 어느 한 지역의 발전이 지구 반대편의 개인이나 공동체의 삶에 심대한 결과를 가져올 수 있다는 인식을 반영하고 있다고 하겠다.

이러한 세계화의 시대로 인해 나타난 특징으로는 바로 국민국가(nation-state)의 급속한 쇠퇴이다. 이는 경제적, 문화적 세계화가 자본, 상품 및 정보의 흐름과 함께 무역의 견지에서 아젠다를 설정하는 초국가적 조직을 양산해냈기 때문인데, 가령 세계은행, 국제통화기금(IMF), 유럽연합(EU), 아시아

태평양경제협력체(APEC) 등은 자본과 상품뿐 아니라 문화와 심지어 '사람들'의 전지구적 이동조건을 형성하고 법제화하여 다양한 유형의—다소 불평등한—협정을 세워나가고 있다.[1] 경제와 문화의 세계화는 국민국가 내에 존재하는 국민들의 시민의식이나 민족정체성, 혹은 삶의 방식 등에 적지 않은 영향을 주면서 그들의 일상에 '새로운 조건'을 제시해준다.

이러한 흐름에 따라 지난 몇 십년 간 많은 이론가들이 전지구적 시민사회, 지구적 통치에 따른 새로운 세계주의 질서, 그리고 세계시민의식 등의 관점을 가지고 세계화에 대한 논의를 지속해왔다. 이러한 논의의 공통된 결론은 국경의 역할이 유동적인 현 상황에서 지역과 세계 사이의 중재자로서 특권화된 장소였던 국민국가의 역할이 위기를 맞고 있다는 것이었다. 국민국가의 위기는 국가정체성의 강화 및 약화와도 관련이 있다. 한 개인이 국가에 속해 있다는 소속감이나 국민들을 결속시키는 유대감 그리고 애국심이나 민족주의와 같이 애국과 충성의 태도 및 행동을 독려하는 국가정체성은 국민들을 관리하고 통제해야 하는 국가의 입장에서 볼 때 매우 중요한 도구가 아닐 수 없다. 그러한 도구가 세계화로 인해 약해진다는 것은 국가에게는 '위기'이다.

이러한 세계화에 대한 논의는 다양한 문화교류 중 한 분야인 스포츠에서도 이루어지고 있는데, 특히 스포츠는 규칙의 동질화와 보편성으로 인해 전세계적으로 사상과 체제 및 인종을 초월하여 전파되었다. 자본의 흐름이 자유로워지고, 미디어의 발달로 인하여 상품으로서의 스포츠는 문화적 침투의 형태를 띠면서 급속도로 확산되고 있는데, 주목할 부분은 선수들이 국경을 넘어 자유로이 이동을 하며 소위, 스포츠 세계의 국가, 인종, 민족경계를 초월하는 "국경의 경계가 없는 선수"(borderless athletes)[2]가 전세계적

---

1) L. L. Wong & R. Trumper, "Global celebrity athletes and nationalism: Fútbol, hockey, and the representation of nation," *Journal of Sport & Social Issues*, 26(2), 2002, pp. 168-194.
2) N. Chiba, O. Ebihara & S. Morino, "Globalization, naturalization and identity: The case of borderless elite athletes in Japan," *International Review fore the Sociology of Sport*, 36(2), 2001, p. 203.

으로 나타나고 있다는 점이다. 과거 다소 폐쇄적인 환경으로 인해 국내의 선수가 외국에 진출하는 것이 어려웠고, 외국의 선수가 국내에 들어오는 것 역시 상당히 제한적이었지만, 최근 들어 이러한 제한은 거의 없는 실정이다. 박찬호를 선두로 한 많은 국내야구선수들의 MLB 및 일본리그 진출, 박세리를 비롯한 많은 골퍼들의 LPGA 및 PGA 진출, 박지성, 이영표, 설기현 등을 비롯한 축구선수들의 해외진출 등 '해외로의 이동' 현상과 더불어 국내 프로농구, 축구, 배구리그로의 외국인 '국내 유입' 현상은 세계화의 결과물 이라 할 수 있다.

스포츠의 세계화에 대한 논의 역시 다른 영역과 마찬가지로 찬반론이 엇갈리는 상황이기는 하지만, 주로 부정적인 측면의 논의가 지배적이다. 세계화 과정 속에서 "중심국의 자본과 이것이 추구하는 이익에 부합되지 않는 토속스포츠는 결국 동질화 과정에서 제외되어 스포츠 세계의 주변부 로 밀려나게"[3]된다거나 스포츠 스타의 국가 간 이동과 그에 따른 스포츠 프로그램의 이동으로 인해 국내 스포츠 산업에 심각한 영향을 줄 수 있다는 점은 스포츠 세계화 논쟁의 부정적 측면을 잘 말해준다.

미국화(Americanization)로 인식되는 문화제국주의적 관점이나 경제논리 의 신자유주의적 관점처럼 스포츠의 세계화에 대한 다양한 설명들이 존재 하고, 이에 따른 문화적 유동성, 자본의 흐름, 선수이동현상 및 민족주의 등의 논의가 진행 중이다. 이 글은 이러한 논의의 연장선상에서 과연 스포츠 의 세계화를 어떻게 바라볼 것이고, 그것이 우리나라 스포츠 문화와 관련하 여 어떠한 방향으로 이해될 수 있는지를 살펴보고자 한다.

## 2. 스포츠와 세계화에 대한 논쟁

1990년대에 본격적으로 시작된 세계화에 대한 논의는 정치, 경제, 사회,

---

3) 정희준·이광용, 「세계화 과정 속의 한국 프로스포츠: 그 현실과 미래에 대한 사회학적 접근」,
『한국체육학회지』, 39(1), 2000, 251쪽.

문화적 차원에서의 탈국가적 현상을 분석하는 것에서 출발하였으나, 차츰 세계화로 인한 부정적 요인과 이를 극복하고자 하는 대안 모색에 관심의 초점이 옮겨지고 있다. 스포츠 역시 이러한 방향으로 흐르는 경향을 보이지만, 아직까지는 다른 분야에 비하여 관련 연구가 만족스럽게 이루어지지는 못한 실정이다.

스포츠는 자본과 노동인구의 전지구적 흐름과 지역적/지구적 역학적 관계에 포함된 한 영역이자, 이에 영향을 받는 문화영역이라 할 수 있다. 세계화의 흐름이 경제적, 정치적 그리고 이념적 수준에서 이루어진다는 사실에 비추어 볼 때, 스포츠의 세계화 역시 다른 문화영역과 유사하게 이러한 세가지 수준의 상호작용에 따라 발생하게 된다. 물론 이념적 수준이란 문화적 측면을 적극적으로 반영하고 있다는 점에서 경제적, 정치적 그리고 문화적 차원의 세계화와 함께 스포츠를 생각해볼 수 있다.

### 1) 문화제국주의적 관점에 따른 스포츠의 세계화

문화를 상품으로 본다면 이는 '유통이 가능하고, 판매될 수 있으며, 심지어 살 수도 있는' 것이 된다. 오늘날 상품으로서 인식되는 대중문화의 출현은 이처럼 문화제국주의 혹은 식민주의의 조건을 가능하게 만들었다. 문화제국주의로서 세계화를 바라보는 관점은 이처럼 상품화된 문화가 세계화의 흐름을 통해 유통됨을 설명하고 있다. 주목할 점은 바로 유통의 방향이다. 유통이 일방향이냐 쌍방향이냐의 문제는 제국주의에 따른 식민주의를 결정하는 데 중요한 문제이기 때문이다. 이와 더불어 문화제국주의에 대한 개념정의도 중요하다. 이는 개념정의에 대한 문제를 지적한 주장을 통해서도 알 수 있다.

제국주의, 특히 문화제국주의로 알려진 문제에 접근할 때에는 항상 어떤 불안이 뒤따른다. 이 포괄적인 개념은 잘못된 의미로 사용되는 경우가 지나칠 정도로 많다.4)

문화제국주의에 대한 개념정의에 대해서는 아직까지도 많은 학자들 사이에서 의견이 분분하지만, 어느 정도 일치된 기본적 개념은 분명 존재한다. 문화제국주의란 경제적으로 지배적인 체제와 위치를 갖춘 나라가 다른 나라에 대해 상품이나 유행, 스타일 등을 전파하는 과정을 말하기도 하고, 또는 이 과정에서 지배적인 국가로부터 종속적 국가, 가령 아시아나 아프리카 등의 시장으로 전달되는 요소들이 지배국가의 문화적 가치와 신념, 관례들에 의해 유지되고 또 이를 보장하는 특정 형태의 수요와 소비를 창조하는 과정 정도로 정의될 수 있다.

이 문화제국주의에 대한 논의는 주로 미국화에 대한 논의와 더불어 이루어져 왔는데, 특히 영화와 TV프로그램의 미국화가 그 논의의 주를 이룬다. 즉 미국처럼 정치, 경제적으로 지배적인 위치에 있는 국가가 일방적으로 타 국가에 자신들의 상품을 수출하고, 수입을 강요함으로써 자신들의 문화를 전파하며 동시에 이데올로기를 '배급'하는 것을 비난하였던 것이다. 한 예로, 1989년에 가장 번영기를 맞이했던 호주 영화는 미국에 자신들의 영화 10편만을 수출하였던 것에 반해 미국으로부터는 250편의 영화를 수입해야만 했다.[5] 즉 불공정한 조건에 따른 거래에 의해 문화제국주의적 영향력이 발휘되는 것이라 하겠다.

대중문화의 하나로서 오늘날 스포츠 역시 '문화상품'으로서 그 가치를 인정받으며 전세계적으로 유통되고, 판매된다. 그런데, 문제는 문화상품으로서의 스포츠가 제1세계 국가나 초국적기업의 자본에 의하여 거의 일방적으로 유통되거나 판매되고 있다는 점이다. 맥도날드, 코카콜라, 디즈니, 나이키와 같은 초국적기업은 자신들의 엄청난 자본과 유통망을 통해 스포츠 뿐 아니라 다양한 문화상품을 '팔아먹고' 있는데, 이 과정을 통해 전세계

---

4) S. Siegelaub & A. Mattelart, *Communication and Class Struggle: Capitalism, Imperialism,* International General, 1979, p. 57.

5) J. McKay & T. Miller, "From old boys to men and women of the corporation: The Americanization and commodification of Australian sport," *Sociology of Sport Journal,* 8, 1991.

의 다양한 문화는 맥도날드화(McDonaldization), 코카콜라화(CocaColonization),[6] 디즈니화(Disneyfication)되어 가며 종국에는 '미국화'되어 간다. 화이트는 이러한 세계화와 미국화의 관점을 좀더 발전시켜 다음과 같이 주장하기도 하였다.

> 미국화는 문화의 근본적인 준거점과 더불어 그것이 문화 그 자체가 아닌 미국이라는 나라 안에 위치되어질 수 있는 정도를 가장 유용하게 언급해준다. 즉 단지 문화적 변화가 아닌 미국의 문화가 전달되어 들어온 것이고, 또한 단순히 미국적 내용물로서의 이해가 아닌 그것이 타 문화 영역 사람들의 사고와 행동 방식에 미치는 궁극적 영향력이 문제가 되는 것이다. 때문에 미국화에 대한 면밀한 검토는 단지 미국화가 대중문화에 미치는 영향뿐 아니라 문화 전반에 미치는 전체적인 영향력까지도 포함시켜야 한다.[7]

이러한 관점에 비추어보자면 스포츠 역시 미국화라는 문화제국주의의 영향 아래 있기에 면밀한 검토가 요구된다. 처음 스포츠 영역에서 이루어졌던 세계화 논쟁 중 하나는 바로 '세계화 대 미국화'로 집약될 수 있었다. 미국화와 세계화를 동일선상에서 이해할 수 있는가에 대해서는 많은 이견(異見)이 있지만, 그렇다는 의견이 지배적이다. 영화나 TV와 같은 다른 분야의 세계화를 논할 때, 그 세계화의 중심이 미국이라는 점—가령 영화의 할리우드나 TV의 미국 내 다국적기업—은 이러한 견해를 뒷받침해주는데, 스포츠도 같은 입장에서 이해될 수 있다.

하지만, 도넬리는 처음 이러한 세계화 논쟁 가운데 한 주제였던 미국화의

---

6) 재미있는 단어라고 생각되는데, 동사로는 "Coca Colonize"로서 '코카를 통해 식민화하다'라는 단어의 형태를 지닌다. 이미 영어사전에 이 단어가 등록되어 "다른 외부 국가를 미국의 무역, 대중문화, 사고방식 및 태도의 영향 아래 가져오다"(to bring a foreign country under the influence of U.S. trade, popular culture, and attitudes)라는 의미를 지니고 있다.

7) R. White, "A backwater awash: The Australian experience of Americanization," *Theory, Culture & Society*, 1(3), 1983, p. 110.

이해가 "세계화에 대한 명료한 개념정의도 없고, 더군다나 미국화의 제국주의적 유형이냐 혹은 헤게모니적 유형이냐에 대한 합의된 분리도 없이 이루어졌다"면서 "스포츠의 미국화 논쟁은 할리우드로 점철되는 영화의 미국화 논쟁만큼 명료하지 않았는데, 그 이유는 전세계적으로 통용되고 다양한 문화 내에 잠식한 스포츠가 '전부' 미국의 것이 아니었기 때문이다"[8]라고 비판하였다. 즉 '세계화는 곧 미국화'라는 등식을 스포츠 분야에서는 재고하여 적용하여야 되지 않겠냐고 말한 것이다.

사실상, 미국도 문화 수입국이며, 미국의 전통 문화도 이 새로운 전지구적 문화로 인해 다른 지역의 문화만큼이나 빠르게 변하고 있다. 써로우의 주장처럼 "새로운 세계적 문화의 상당수가 미국에서 만들어지고 있는 것은 사실이지만, 그 구성 요소 중 미국의 전통문화에 해당되는 것은 절반도 훨씬 안 된다. 그들 역시 문화 수입국이며, 단지 이 수입된 문화를 수정하여 새로운 전지구적 문화로 만들어 재수출하는 역할을 하고 있을 뿐"[9]이라는 점은 스포츠의 미국화와 세계화를 구분하는 데 있어 중요하게 고려해야 할 사항이다.

이 점에 있어 스포츠의 세계화는 '스포츠의 기업화'(corporatization)현상과 맞물려 이해될 필요가 있다. 이는 스포츠의 미국화 논쟁을 확장한 것인데, '스포츠의 기원이 어디에서 유래하는가'라는 접근에서 '스포츠를 키우는 자본과 기업이 어디에 위치하는가'라는 물음으로 바뀐 것이다. 최근 들어 대부분의 초국적기업들이 스포츠 구단을 인수하고 운영하면서 이젠 초국적기업의 세계화가 스포츠의 세계화와 맞물려 돌아가는 상황이 벌어진다.

그렇다면 이러한 초국적기업은 어디에 주로 위치하고 있는가? 세계 1,000대 초국적기업 가운데 432개가 미국 기업이고, 뉴욕 및 나스닥 증권거래소

---

8) P. Donnelly, "The local and the global: Globalization in the sociology of sport," *Journal of Sport and Social Issues*, 20(3), 1996, p. 245.
9) 써로우, 『세계화 이후의 부의 지배』, 현대경제연구원 역, 청림출판, 2005, 258쪽.

가 전세계 모든 주식 가치의 44%를 차지하는 통계치를 보면 이를 잘 알수 있겠다.[10] 비록 스포츠 자체의 '규칙'과 '속성'은 변하지 않더라도 그보급이나 전파의 양상은 미국기업의 헤게모니를 바탕으로 이루어질 개연성이 있음을 말해주는 자료라 하겠다.

결국, 국제적인 양상에 견주어볼 때, 스포츠는 음악이나 영화 또는 TV프로그램 자체보다 더욱 '미국화'되었다고 볼 수 있고, 지금까지의 스포츠규칙이 점진적으로 승부를 결정해야 하고, 좀더 상업적으로 바뀌며, 나아가기업의 이윤에 발맞추어 바뀌어왔음을 염두에 둔다면, 이는 더 더욱 그러하다. 중요한 것은 특정 스포츠가 미국에서 유래되었는가도 아니고, 후원업체가 미국기업인가라는 점도 아니라 욕망하는 관중들에게 쇼 비즈(연예사업)적이고, 볼거리 중심적이며, 높은 성적과 기록을 수립한 선수를 '스타'로만드는 시스템이 '국제적 관심사'가 되었다는 것이고, 더 나아가 모든 국가들이 따라하려는 벤치마킹의 모델이 되었다는 사실이다.

이러한 미국화된 스포츠는 다양한 방송매체를 통해 우리에게 전달되면서우리는 그들 스포츠가 전달하고 이야기하는 '그들만의 이데올로기와 문화'를 습득하고, 체화한다. 결국, 그들의 문화와 기준이 우리의 것이 되고, 그럼으로써 그 문화 내에 종속되어 문화제국주의화 된다. 스포츠를 통해서 미국은 자신들의 문화적 헤게모니를 쥘 수 있게 되는 것이다.

## 2) 스포츠의 세계화에 대한 신자유주의적 관점

오늘날 현대사회는 신자유주의의 물결로 인하여 국가 간 자본의 이동이원활해지고, 무역장벽이 완화되어, 다국적기업(혹은 초국적기업)들이 언제라도 마음만 먹으면 자신이 투자하기 좋은 곳으로 돈을 갖고 이동할 수있는 조건을 갖추게 되었다. 어디 기업의 자본만 국경을 자유로이 넘나들겠

---

10) 프레스토위츠, 『부와 권력의 대이동: 30억 아시아 신경제인의 부흥과 세계경제의 미래』,
　　이민희 역, 지식의 숲, 2006, 48쪽.

는가? 영화나 TV프로그램들도 자유로이 넘나들고 있고, 더 나아가 스포츠에서 선수들의 이동도 상당히 자유로워졌다.

이러한 신자유주의는 현재 사용되는 빈도에 비해 명확한 정의가 내려지지 못한, 다소 애매모호한 개념이다. 다양한 형태의 사회경제적 배경에 따라 다양한 유형의 버전의 신자유주의가 내포되어 있기 때문이다. 하지만 몇 가지 공통된 특징을 제시할 수는 있는데, 첫 번째는 거시경제적 조건과 관련하여 신자유주의는 낮은 인플레이션의 유지라는 통화주의적 독트린에 부응하는 재정정책을 선호하고, 두 번째는 거시경제적 전망에서 탈규제, 유연화 그리고 사유화 정책을 추구한다는 점이다.

한국은 세계화 압력과 국내 재벌들이 내세우는 민간주도경제 요구에 따라 케인즈주의 복지국가를 생략한 채 개발독재에서 바로 신자유주의로 전환했다. 그 결과 신자유주의적 모순이 선진자본주의국보다 더욱 극단적으로 나타나게 됐다. 한 예로, 지니계수는 1990년대 0.28수준에서 1998년 0.316, 99년 0.320으로 악화되었고, 소득분배 불평등은 소비침체를 초래해 2000년 3, 4분기 이후 경기침체 장기화의 주된 요인으로 작용하였으며, 또한 비정규직 저임금과 사교육비 과다지출, 사회보장체제 미흡 등으로 지난해 출산율이 1.06으로 저하하는 등 경제 재생산체제 자체가 위협당하는 지경에까지 이르렀다.[11) 신자유주의의 물결이 몰고온 폐해라고 할 수 있겠다. 스포츠 분야에서도 신자유주의의 도래와 더불어 여러 부정적 현상이 나타나고 있다.

이러한 부정적 현상에 대해서 윤여탁은 신자유주의가 "사회의 우월성을 바탕으로 한 경제적 원리에 의해 모든 것을 해석하기 때문에 왜곡된 소비문화를 조장하고, 심지어는 스포츠의 상업화를 지나치게 심화시키고 있다"면서 부르디외의 주장을 빌려 "스포츠 내에 적자생존, 무한경쟁이라는 자유주

---

11) 장상환, "신자유주의 반대의 논리", <매일경제신문>, 2006. 8. 3.

의 경제 질서를 도입함으로써 지구촌 모든 곳에 소비문화를 보급하고, 지구 전체를 하나의 소비 공간으로 만들고 있다"[12]고 설명하였다.

신자유의주의는 70년대 이후 경제위기를 극복하는 과정에서 보수 우익 세력들이 채택한 일련의 정치적-이데올로기적 조류를 뭉뚱그려서 부르는 말로서, 자유주의와는 다소 다르게 '자본주의가 점차 독점자본주의적 성격'을 띠기 시작하는 상황에서도 자유주의적 경쟁질서를 유지하는 것이 매우 중요하다고 생각한 자유주의의 한 분파가 만들어낸 것이다. 때문에 신자유주의에서는 '자본주의가 독점화되는 상황 하에서도 자유롭게 경쟁할 수 있는 시장질서를 확보하기 위해서 국가가 어떤 일을 해야 하는가'를 중점적으로 고민한다.

신자유주의에는 전체주의적 사고방식이 내재되어 있다. 이는 신자유주의 내에서 이루어지는 지배가 획일적이고, 내부충원에 의존하는 소수집단을 형성하며, 미약한 구성원들을 철저하게 고립 및 분열시키기 때문이라는 이유에서도 엿볼 수 있다. 결국, 이러한 신자유주의적 경제이념이 스포츠와 결부되면서 스포츠는 TV에서 인기스포츠와 쇼 중심의 프로로 편성되어 중계되고, 올림픽이나 월드컵 같은 메가 이벤트는 자본의 논리가 판치는 시장 바닥으로 변해버렸다. 그렇다면 구체적으로 신자유주의와 세계화의 물결로 인하여 스포츠 영역에는 어떠한 문제가 발생할 수 있는지 살펴보자.

우선 경제적 차원의 문제를 들 수 있다. 스포츠가 현대사회에서 경제적 자원으로 부각되면서 선수들의 상품화가 촉발되었다는 점과 이로 인한 인간의 존엄성 상실을 들 수 있다. 또한 거대 초국적 독점자본이 자신들의 영역을 확장하는 데 유용한 도구로 사용됨으로써, 스포츠는 스스로 새로운 질서를 찾아가기보다 거대한 자본이 힘겨루기로 생존을 결정하고, 점차 소수의 강자가 스포츠 비즈니스의 주요부분을 독점하는 양상을 보인다는 것

---

12) 윤여탁, 「신자유주의에 따른 스포츠의 상업성에 관한 비판적 고찰」, 『한국체육학회지』, 43(4), 2004, 56쪽.

이다. 미디어도 문제가 된다. 신자유주의의 영향으로 몇몇 초국적기업들이 자신들만의 '미디어 제국'을 건설하고, 자신들의 이데올로기와 헤게모니를 전파하기 위한 문화적 수단으로 스포츠를 이용함으로써 스포츠가 제국주의 전파의 주요 수단으로 사용되기도 한다.

사회문화적 차원의 문제도 짚고 넘어갈 필요가 있다. 이는 일등지상주의나 성장제일주의라는 이념이 우리의 일상 깊숙이 침투해 왔다는 것이 가장 큰 문제라 할 수 있다. 결국 신자유주의적 세계화가 지향하는 기준을 지방수준에 강요하면서 현존하고 있는 토착적 스포츠를 위협할 수 있는데, 실제로 우리나라에서는 씨름이나 태권도와 같은 전통 스포츠가 쇠퇴기에 들어갔고, 이들 종목의 선수들이 이종격투기 같은 상업적 이윤을 추구하는 영역으로 흡수되어버리는 현상이 발생하게 되는 것이다.

뿐만 아니라 신자유주의적 문화는 여러 매체를 통해 다양한 유형의 신체자본을 경제자본화시킨다. 다양한 매체지면에는 모두 예쁜 여자, 날씬한 여자 등 미모 이데올로기들로 가득 차 있고, 이를 통해 매체는 우리들에게 '운동하라, 날씬해질 것이다'라는 메시지를 주입하며, 날씬한 여자 연예인이나 여자선수들, 심지어 몸짱 아줌마같이 일반인들의 '스타화'를 강조하면서 몸과 운동(스포츠)에 대한 왜곡된 가치관을 주입한다. 몸에 살이 조금이라도 붙으면 안 될 것 같은 분위기, 삐쩍 말랐음에도 '나는 살이 쪘다'고 생각하게 만드는 분위기 등은 모두 신자유주의적 논리가 체현된 매체에 의해 조장된다. 개인이 가지는 갖가지 차이와 개성들이 사회적 범주 내에서 독립하여 개인 고유의 것으로 부각되지 못하고, 개인주의나 신자유주의에 대한 사회의 강박과 부추김, 그리고 이를 현실로 만들어주는 산업 속에서 함몰되고, 객체화된다.

## 3. 세계화와 한국 스포츠: 미디어, 자본 그리고 노동의 이동

지금까지 스포츠의 세계화에 대한 몇몇 관점을 살펴보았는데, 이제는 이러한 이론적 논의를 바탕으로 현재 한국사회에서 일고 있는 스포츠의 세계화 현상을 미디어와 자본 그리고 운동선수 '노동력'의 이동과 더불어 살펴볼 필요가 있다. 이들 세 개의 축은 각기 다르게 작용하는 것이 아니라 스포츠를 중심으로 모두 결합되어 동시다발적으로 작용하는 속성을 지닌다.

## 1) 스포츠의 세계화와 미디어, 그리고 자본

오늘날의 세계화를 가능케 했던 여러 가지 요인 중 가장 대표적인 것이 바로 미디어이다. 미디어를 통해 세계화가 가능해졌다고 말할 수 있는데, 미디어의 세계화가 지닌 의미는 세계 미디어산업의 급격한 확대 성장과 재편성 추세라 할 수 있다. 또한 미디어산업은 경제적-전략적 중요성으로 많은 미디어기업과 정부가 관심을 증대시키고 있다. 이미 70년대와 80년대를 거쳐 세계방송산업은 급격한 성장을 이루었는데, 현재는 케이블 TV나 위성방송과 같은 뉴미디어의 성장과 함께 정보산업화의 시대로 접어들고 있는 것이다.

스포츠에서의 세계화 역시 이러한 미디어의 공헌 없이는 이루어지지 못했을 것이다. 스포츠와 미디어의 공생관계를 인정한다면, 미디어의 세계화는 곧, 스포츠의 세계화로도 이해될 수 있는데, 이 때문에 스포츠의 세계화에 따른 문화이동과 문화 동질화 현상 등은 모두 미디어를 통해 이루어지기에 이들 관계를 살펴보는 것은 매우 중요한 문제가 아닐 수 없다.

## (1) 스포츠의 세계화에 따른 중계독점과 자본의 문제

미디어는 소외되고 주변화된 스포츠의 발전을 위해 중요한 역할을 하기도 하지만 그와는 반대로 자본의 논리에 따라 그러한 소외의 정도를 더욱 심화시키기도 한다. 더욱이 세계화의 추세 속에서 스포츠 중계는 철저히 상업적 이윤에 따라 이루어지는 문제점을 보여준다. 그러한 사례는 함은주와 원영신의 연구에서 잘 다루어지고 있다.

그들은 "해외 스포츠 프로그램 방송이 국내 스포츠팬의 관심까지 유출시
킨다"며 "해외 프로그램의 증가로 인하여 국내 스포츠 프로그램은 감소되며
이로 인해 중계방송으로 인해 획득되는 수입(협회의 중계권료, 운동장 내
보드광고, 전광판 광고 등)도 감소된다"[13]고 결론지었다. 이러한 해외 스포
츠 프로그램의 중계는 주로 케이블이나 위성방송용 스포츠 전문 채널을
통해 이루어지는데, 국내 지상파 방송사들의 경쟁 심화로 더욱 문제가 되고
있는 이들 스포츠 전문채널은 방송사 간 경쟁의 우위를 점하기 위해 해외에
진출한 선수들의 방송을 하기 위해 혈안이 되어 있다. 스포츠 전문채널들이
'콘텐츠' 확보 경쟁으로 스포츠 중계권료가 치솟으리란 점이나 이들 사이에
서 SO(종합유선방송사업자)가 경쟁을 부추겨 경제적인 이익을 노릴 가능성
을 우려하는 목소리도 나오고 있을 뿐 아니라 이들 사이의 경쟁적 혈투
역시 우려했던 바인데, 이는 오늘날 현실화되어 나타나고 있다.

어떠한 문제점이 드러났을까? 우선 콘텐츠의 선택 문제로서, 대부분의
스포츠 전문채널에서 그들의 콘텐츠를 해외 스포츠 프로그램으로 선택함으
로써, 국내경기의 중계빈도가 위축되었다는 것이다. 위성방송을 포함한 국
내 케이블 TV의 해외 스포츠 프로그램의 방송은 국내경기의 위축현상을
낳은 듯하다. 물론 이러한 문제를 다른 측면에서 '별 것 아니다'식으로 접근
하기도 하지만 말이다.

요즘 위성방송이 국내 스포츠를 위축시킬 것이라는 우려가 일부 나오고 있다.
세계적 수준의 경기를 자주 대해 눈높이가 높아진 팬들이 국내경기를 시시하
게 볼 것이라는 것이다. 그런 측면도 있을 것이다. 그러나 이것은 극복해야
할 과도기적 현상일 뿐이다. 메이저리그 경기를 자꾸 봐야 메이저리거가 생겨

---

13) 함은주·원영신, 「스포츠스타의 해외진출과 TV 스포츠 프로그램 이동에 관한 고찰」, 『한국
스포츠사회학회지』, 16(1), 2005, 67쪽.

나지 않겠는가. 박찬호와 김병현의 활약을 보다보면 또 다른 박찬호 김병현이
나오게 되어 있다.[14]

이러한 긍정적 측면의 해석도 가능하겠지만, 중요한 점은 국내 스포츠의
중계 빈도가 현저하게 떨어졌다는 것이다. 그래도 축구나 야구, 혹은 농구와
같이 소위 '프로화'된 종목은 그나마 나은 편이지만, 다른 비인기 스포츠
종목은 중계되지도 않는다. 가령, 축구나 농구 이상으로 격렬하며 흥미로운
스포츠인 핸드볼의 경우, 독일(굼머스바흐)과 스위스(FC루체른)의 윤경신과
한경태 선수와 일본(다이터스)에 진출한 백원철과 이재우 선수들이 있음에
도 이들에 대한 중계방송은 이루어지지 않는다.[15] 물론 해외에 선수들이
진출했다고 모두 중계해야 하는 것은 아니지만, 국내 방송사들이 너무 인기
종목 위주의 편성에 치우친 것이 아닌가 싶은 생각이 든다. 국내 프로스포츠
와 메이저리그, LPGA, 잉글랜드 프리미어리그 경기는 시간을 가리지 않고
전문채널을 통해 안방으로 전달되고 있지만 아마추어 스포츠의 의미있는
쾌거는 녹화방송도 기대할 수 없었다.

경인방송에 이어 MBC가 '코리아 풀'을 깨고 엄청난 가격폭등을 일으키면서
미국메이저리그 야구에 대한 독점중계권을 획득한 경험이 있다. 이에 KBS는
한국프로야구 및 프로농구를 독점하여 가격이 폭등하였다. 즉 주요 지상파가
스포츠 상업주의를 부추긴 주범이라는 것이다. 뿐만 아니라 지상파들은 매체
파워를 앞세워 미국프로여자골프중계권(LPGA)을 고가로 구입하였고, 중계권
을 획득한 스포츠에 대해서도 일부만 중계하거나, 씨름 등의 비인기종목에
대해서는 철저하게 외면한 것이 사실이다.[16]

---

14) 이주혁, "[CEO칼럼] 한국스포츠 세계화 서둘러야", <동아일보>, 2002. 1. 1, 7면.
15) 비인기 종목의 방송 빈도는 2006년 한 해 동안 KBS SKY는 대통령기 중학야구 결승전을
    포함하여 30회, MBC ESPN은 2006 프로야구 2군 리그 대회를 포함하여 6회, SBS SPORTS는
    수원컵 국제청소년 클럽축구대회를 포함하여 총 5회의 방송을 하였다고 한다.(양문석, 「스포
    츠 방송권을 둘러싼 지상파 3사의 보도전쟁 비판」, 『누구를 위하여 스포츠는 중계되는가?
    ─문화연대 토론회 자료집』, 2006, 37-38쪽 참조)

결국 이러한 미디어의 소외는 국내 비인기종목에 참가하는 우수선수들의 해외진출을 종용하는 결과를 야기한다. 이는 국제무대에서 기량을 발휘하여 세계적 스타로서 해외에 진출한다는 관점에서 바라볼 수 있지만, 오히려 '울며 겨자먹기' 식의 '도피성' 해외진출이 더욱 두드러진다 하겠다. 국가대표 핸드볼 선수인 이재우 선수의 스위스 진출, '탁구 신동' 유승민의 오스트리아 SVS클럽의 임대선수 진출, 최홍만, 김민수, 윤동식, 이면주 선수의 K-1 진출 등은 모두 비인기 종목 출신들이다. 이러한 현상은 물론 한국 선수들이 국제 경쟁력을 갖춘 출중한 기량을 인정받고 있기 때문이기도 하지만 한편으로 선수들이 맘껏 뛰지 못하는 국내 환경 때문이기도 하다. 결국, 메이저 스포츠 종목보다 열악한 처우와 스포츠 편식증에 걸린 팬들의 외면이란 우울한 환경이 이들의 탈출을 부추기는 것이 아닌가 싶다. 이러한 부정적 현상을 개선하기 위한 미디어의 역할은 과연 어려운 부탁일까.

또한 시청자들의 '시청권'에 대한 침해도 문제가 된다. 가장 대표적으로 미국메이저리그(MLB) 방송 독점권을 쥐고 있는 MBC의 문제를 들 수 있는데, 다음의 기사는 이러한 문제를 가장 잘 말해주고 있다.

야구팬들은 지난 17일 메이저리그 뉴욕 메츠의 서재응(사진)이 5승을 올리는 감격스런 장면을 지상파를 통해서 보지 못했다. 메이저리그 경기 국내중계권을 쥐고 있는 문화방송이 이 경기를 지상파를 통해 내보내지 않고 자회사인 스포츠채널 엠비시-이에스피엔(MBC-ESPN)에서만 생중계했기 때문이다. 문화방송은 지난 8일 오랜 재활훈련을 마치고 41일 만에 메이저리그 마운드에 오른 박찬호의 재기전도 빼먹었고, 지난 11일 보스턴 레드삭스로 둥지를 옮긴 김병현의 홈데뷔전도 지상파 중계를 하지 않는 등 야구팬들이 관심을 갖는 주요 경기를 내보내지 않는 일이 잦았다.[17]

---

16) 정용준, 「지상파사업자의 스포츠중계권 분쟁과 대안 모색」, 『누구를 위하여 스포츠는 중계되는가?-문화연대 토론회 자료집』, 2006, 5쪽.
17) 김도형, "MBC, ML 독점중계권 썩힌다: 서재응 5승·박찬호 복귀·김병현 홈데뷔전 ESPN 방송", <한겨레>, 2003. 6. 20, 26면.

지상파 방송을 통해서 모든 국민들은 스포츠를 시청할 수 있는데, 문제는 지상파 방송들이 최근 들어 스포츠 중계를 자회사인 케이블 방송을 통해 하고 있다는 것이다. 케이블 방송은 가입을 하여 일정한 시청료를 지불해야만이 접근할 수 있는 '접근의 제약성'을 지니고 있기에 이는 크게 보아 '계급 갈등'으로 비화되어 발전될 수 있다는 데 문제의 심각성이 있다. 최근 2010-2016년 올림픽, 월드컵 국내 독점 중계권을 따낸 SBS가 문제가 되는 이유는 그들이 위의 사례처럼 지상파가 아닌 공중파를 통해 방송할 개연성이 농후하기 때문이다.

이 모든 현상을 스포츠의 세계화로 환원시키기에는 다소 무리가 따르기는 하지만, 분명한 점은 스포츠의 세계화 경향을 중심으로 이처럼 미디어와 자본의 결합이 일어나기 시작했다는 것이다. 보다 높은 이윤을 추구하고자 하는 미디어의 욕망이 스포츠를 탐하게 되어 콘텐츠로서의 스포츠는 그들의 관심사로 등극하지만, 그 관심사가 지역의 자원으로 모아진 것이 아닌 소위 '세계적인 것'의 지나친 추구로 바뀌는 바람에 결국 지역, 즉 토착화된 스포츠가 소외되는 결과를 가져오게 되었다. 결국 "중심국의 자본과 이것이 추구하는 이익에 부합되지 않는 토속스포츠는 결국 동질화 과정에서 제외되어 스포츠 세계의 주변부로 밀려나게"[18]된다.

### (2) 스포츠의 세계화와 문화담론의 (재)생산

스포츠 중계의 독점과 이와 관련된 경제자본의 문제가 있는가 하면, 문화적 측면의 문제도 존재한다. "한국 축구국가대표가 된 맨체스터 유나이티드"라고 가장 간단하게 표현할 수 있는 이러한 현상은 또 다른 문화식민주의 현상으로 비추어질 수 있다. 오늘날의 스포츠 경기들은 대부분이 미디어에 의해 중계되는데, 이로 인하여 지역수준에서 실시되는 스포츠 경기가 '세계

---

18) 정희준 · 이광용, 앞의 글, 251쪽.

방방곡곡’에 널리 전파될 수 있게 되었다. 다른 나라에서 일어나는 올림픽이나 월드컵, 각종 세계선수권 대회 등을 우리는 안방에서 TV를 통해, 회사에서 신문기사나 인터넷을 통해 접할 수 있게 된 것인데, 이처럼 확산/저변화된 다양한 미디어 때문에 ‘지역’(local)과 ‘세계’(global)의 구분이 애매모호해지는 특수한 현상이 발생하게 된다. 즉 세계화 과정과 더불어 미디어의 영향력이 확산됨으로써 다양한 ‘지역들’에서 벌어지는 다양한 ‘사건들’이 전지구적으로 전파되고, 안방에서도 마치 ‘국내의 사건’을 접하듯 그러한 사건들을 마주할 수 있게 되었다는 의미다. 일상의 대화에서 자연스럽게 세계 시민들의 일상생활이 마치 자기 일인 듯 담론화되는 것이다.

스포츠와 관련된 사건들도 별반 차이가 없다. 지금 당장 네이버나 다음과 같은 포털 사이트의 스포츠 면을 들어가 보면 언제나 헤드라인은 맨체스터 유나이티드의 박지성과 토트넘의 이영표, MLB 진출 선수들, LPGA의 여걸들, 그리고 가장 최근에는 레딩으로 이적한 설기현 선수의 기사로 이루어지고, 이들의 조회수와 댓글은 상상 그 이상이다. 이들을 통해 세계의 스포츠는 지역의 일상생활에 스며들고, 문화담론이 형성된다.

이처럼 스포츠를 통한 문화담론의 형성은 크게 TV와 인터넷을 통해 이루어진다. 글로벌 미디어스포츠의 수용과 문화정체성에 대한 연구를 통해 이러한 문화담론의 형성과정을 밝혔던 한 연구에서는 “글로벌 미디어스포츠와 같은 스포츠 문화상품에 경제논리가 투영되고 있다”고 밝히고 있고, “유럽축구를 보편적 가치로 인식하고, 이를 축구의 수준을 판단하는 기준으로 사용하며, 이들 가치들은 스타플레이어, 경쟁, 유럽축구 인프라에 대한 동경 등으로 나타난다”[19]고 비판한 바 있다.

축구에서만 이러한 현상이 나타나는 것은 아닐 것이다. 실증적 연구로 이루어진 것이 축구라 그렇지, 케이블 TV를 통해 연일 방송되는 일본프로야

---

19) 함은주·원영신, 앞의 글, 462쪽.

구 요미우리 자이언츠의 이승엽 선수 경기나 MLB의 추신수, 박찬호, 김병현, 서재응 선수들의 경기, PGA와 LPGA의 골프경기, 미국프로농구(NBA)에서의 경기 중계는 이를 시청하는 시청자들의 '관람수준'과 '의식'을 바꾸어 놓는다. 일본 야구만 하더라도 연일 경기장에는 관중들이 만원사례를 이루고, NBA나 MLB 경기를 통해 비추어지는 고급스러운 경기장 시설 등, '선진화'된 스포츠 환경의 관람은 국내의 시청자들로 하여금 지속적으로 국내 스포츠 환경과 비교하게 만든다. 이러한 미디어 환경은 지역 내 스포츠클럽과 글로벌 기업의 클럽과의 비교를 지속시키면서 자국 내의 지역정체성보다는 오히려 원거리에 존재하는 타국의 클럽에 더 더욱 자기 자신을 귀속시키고자 하는 욕구를 증진시킨다. 즉 문화적 정체성을 전지구적 환경으로 귀속시키려는 현상이 나타나는 것이다.

해외 스포츠 프로그램의 중계는 이처럼 세계화된 문화정체성을 양산하지만, 반대로 민족주의적 정체성을 강요하기도 한다. 일반적으로 세계화와 민족주의는 서로 모순되는 현상으로 인식되는데, 이대희는 이에 대하여 "그렇지만 스포츠의 영역에서는 세계화와 민족주의가 공존하고 있을 뿐만 아니라 공존을 넘어 상호의존하는 흥미로운 현상을 관찰할 수 있다"며 "스포츠를 통한 민족주의적 열정의 분출은 많은 부분 스포츠의 세계화로 인해 가능했거나 또는 증폭되었고, 스포츠의 세계화는 많은 부분 민족주의에 빚지고 있다"[20]고 주장한다. 이러한 민족주의 담론은 세계화된 문화정체성과는 그 성격을 달리하는데, 주로 스포츠 중계방송 시 이루어지는 해설자나 캐스터의 해설을 통해 생성/확산된다. '보이는 것'은 세계적으로 공통된 스포츠 장면이지만 '말해지는 것'은 '우리' 중심으로 이루어지고, 이 과정에서 다양한 유형의 가치관과 정체성이 공존 및 충돌하며 예상치 못한 사건을 만들어내기도 한다. 가장 대표적인 경우를 이번 2006독일월드컵,

---

20) 이대희, 「세계화와 민족주의의 공존: 스포츠의 세계화를 통한 민족주의」, 『21세기 정치학회보(구 부산정치학회보)』, 12(2), 2002, 102쪽.

한국과 스위스와의 경기에서 드러난 일련의 사건을 통하여 경험할 수 있지 않았던가.

인터넷도 볼 필요가 있다. 월드베이스볼클래식 기간 동안 일본 야구대표팀의 주장 이치로(Ichiro) 선수를 통해 드러난 반일주의(反日主義) 현상은 비단 해설자나 캐스터의 중계과정뿐 아니라 인터넷을 통해 급속하게 퍼져나갔다. 이러한 차원에서 볼 때 인터넷은 스포츠의 세계화를 조장하고, 이와 더불어 문화담론의 전파에 절대적인 영향을 미치는 매개체로서 그 관심의 대상이 되고 있다. 인터넷은 오늘날 전지구화 경향 속에서 발전하는 이른바 '국경 없는 세대'와 더불어 사회 전반적인 영역뿐 아니라 스포츠 영역에서도 맹위를 떨치고 있는데, 특히 새로운 문화를 적극적으로 창출해내면서 동시에 전근대적 이미지와 탈(脫)근대적 특징들이 적절히 혼합된 혼종 스포츠가 탄생하는 계기를 마련해주었다.

이를 통해 오늘날 우리는 인터넷의 발달로 인하여 전지구적으로 행해지는 스포츠 경기를 생중계로 관람하고, 자신의 의견을 카페를 통해 개진함으로써 세계적 정체성을 적극적으로 형성해 나간다. 인터넷을 통한 문화적 정체성과 담론의 생산은 의외로 광범위한 차원에서 이루어지는 경향을 보이는데, 이는 단순히 우리나라 포털 사이트에 개설된 카페와 그 회원수를 확인하는 작업을 통해서도 예상할 수 있다.

인터넷 포털사이트 중 하나인 다음(Daum)에 개설된 축구와 농구 그리고 야구 카페만 보더라도, 축구의 경우, 가장 많은 회원을 확보하고 있는 카페들이 대부분 프리미어리그에 대한 것이다. 순서대로 열거해보자면, 'World Wide Soccer'(132,482명), '태극전사 박지성 공식카페'(99,314명), '맨체스터 유나이티드'(48,470명), '레알 마드리드'(43,108명)였고, 농구는 '농구천재 안희욱'(202,729명), 'I Love NBA'(106,311명), 'Dream NBA' (65,933명)이었으며, 야구의 경우에는 'High Heat Total(MLB)'(71,827명), '메이저리그 이야기'(26,899명)로 집계되었다.(2006년 9월 21일 집계)

이들 회원들은 자신들이 즐기고 정서적 유대감을 가지는 외국 프로리그에 대한 긍정적 사고를 인터넷을 통해, 그리고 자신들의 일상생활을 통해 주변에 확대 및 재생산하는데, 자신들이 입는 의복이나 일상생활에서의 대화 및 사용하는 용품 등은 모두 세계화된 스포츠 리그 중심으로 소비하면서 동시에 이들 주제를 자신의 주변 환경에 퍼트리며 '전지구적 스포츠 담론'을 재생산해내는 일종의 '프로슈머'(prosumer) 역할을 수행하게 된다. 외국의 선진화된 스포츠 경기 동영상을 다운받아 이를 주변 친구들과 모임에 소개하고, 이를 중심으로 동호회를 형성하며, 이야기를 주고받는 등 적극적인 문화담론을 형성해가는 것이다. 더 나아가 이러한 경향은 동네에서 즐기는 단순한 게임이나 운동경기에도 스며들면서 세계적 수준에서 나타나는 스포츠 문화가 내 고장의 공터 한 구석에서 그대로 재현되는 국지화된 현상으로 나타난다.

## 2) 운동선수의 노동 이동 현상

국가 간 사람의 이동은 오늘날 세계화를 특징짓는 여러 요소의 이동 중 하나이다. 그렇지만, 상품, 서비스, 사상, 기술 및 문화적 형태의 전지구적 흐름과는 달리 사람들의 이동은 비대칭적이다. 예를 들자면, 사업이나 공적 이익을 위해 비행을 하는 세계인으로서의 비즈니스 전문가들의 이동과 개인적인 생존과 '배를 채우기' 위해 비행을 할 수밖에 없는 난민이나 경제적 이주민들의 이동은 질적으로 차이가 있다. 다시 말해, 사람들의 이동이 가지는 조건들은 상당히 다양하지만, 이는 젠더나 인종적 계열을 따라 유형화되어 있다.

오늘날 운동선수들의 노동이주는 세계적으로 새롭게 나타나는 문화경제학의 주요 특징 중 하나를 보여주고 있다. 많은 선수들이 대륙 간, 혹은 국가 간의 영토를 '탈'(脫)하여 이동하고 있고, 동시에 그들이 사용하는 스포츠 상품이나 의복 혹은 장비 등의 '물질적 요소'와 미디어 이미지나 이데올로기 및 문화자본과 같은 '비(非)물질적 요소' 등도 함께 이동한다. 이러한 이동현상은 기본적으로 '상호의존적'인데, 이들 상호의존적 흐름들은 정치경제적 특징으로 점철되는 '자본'의 영향력이 강하기에 복잡하고 변화무쌍한 '권력-기하학'의 특징을 보여준다. 즉 서로 다른 집단들은 이러한 흐름을 통제하고 조정하며 감시하기도 하지만, 동시에 이를 통해 이익을 추구하기도 한다는 측면에서 운동선수들의 노동이주는 '권력관계'를 그 전제로 삼고 있다고 볼 수 있다.

스포츠의 세계화와 관련한 노동이동은 국가 내, 같은 대륙 내에 위치한 국가 사이, 그리고 다른 대륙에 있는 국가 사이 등 크게 세 가지 수준에서 이루어지는데, 이러한 이동의 구체적 특징이 종목 간에 확연하게 구별되어 나타나지는 않는다. 다만 국가 내에서 이루어지는 이동뿐 아니라, 오늘날에는 서로 다른 대륙에 있는 국가 간 이동이 더욱 두드러지게 나타난다는 특징을 보인다. 축구나 야구, 농구, 배구뿐 아니라 아이스하키나 럭비, 혹은 골프나 테니스 역시 이러한 이동의 중심장이 되었다. 머과이어는 운동선수의 이동현상을 구분해내기 위해 '운동선수의 이동에 대한 유형별 분류' 작업을 통해 개척자적 이동(pioneers), 이주민적 이동(settlers), 귀향민적 이동(returnees), 상업민적 이동(mercenaries), 그리고 유목민적 이동(nomadic cosmopolitans)이 있다[21]고 밝힌 바 있다. 물론, 오늘날에는 거의 대부분이 상업민적 이동(흔히 '용병'으로 표현되는)이 주를 이루고 있지만, 그밖의 다른 유형의 이동도 지속적으로 발생하고 있다.

그렇다면 운동선수의 노동이주 현상을 어떻게 바라보아야 할까? 오늘날의 운동선수 이주 현상은 과거 제3세계 국가에서 제1세계 국가로의 일방적전입을 중심으로 나타났지만, 이제는 그와는 반대의 현상도 나타나면서 '쌍방향적' 특성을 보이고 있다. 우리의 경우만 보더라도 과거 미국이나 일본에

---

21) J. Maguire, "Blade runners: Canadian migrants, ice hockey, and the global sports process," *Journal of Sport and Social Issues*, 20(3), 1996.

있는 스포츠 리그로의 진출만이 노동이주 현상의 전부였지만, 오늘날에는
소위 '용병'이라 불리는 외국선수들이 서로 다른 국가—3세계 국가뿐 아니
라 1세계 국가—에서도 들어오고 있다. 축구, 농구, 야구뿐 아니라 가장
최근에는 배구에까지 외국에서 충당된 운동선수들의 노동력이 침투해 들어
오고 있는 것이다.

많은 운동선수들의 노동력이 해외로 진출하거나 외국에서 국내로 유입되
면서 발생하는 문제도 있다. 흔히 '지역과 세계의 충돌'(local global encoun-
ter)[22]로 묘사되는 이러한 현상에서 주된 문제로 나타나는 것 중 하나는
국내 스포츠 팀의 경기력에 영향을 미치고, 국내에서 자라나는 운동 새싹들
의 운동수행력을 위축시킬 수 있으며, 특정 스포츠에 대한 기피현상을 불러
일으킨다는 것이다.

'용병'으로 불리는 외국인 선수들의 국내리그 유입은 80년대 중반에 처음
시작되었다고 하는데, 사실 국내 언론에서 외국 선수를 '용병'(mercenaries의
의미로서의 용병을 말한다)이라 명명하며 다룬 것은 1996년도부터였다. 프
로야구가 처음으로 용병제를 실시하면서 시작된 용병논쟁에서 반대 입장에
있던 황동훈 전(前) 대학야구 감독협의회 간사는 야구를 하려는 새싹들이
줄어들고 있다는 점을 전제로 "뿌리가 흔들리고 있는 상황에서 용병수입은
아마추어 야구를 더욱 침체시킬 것"이라며 "용병이 잘하면 잘할수록 국내선
수의 고용 및 출전기회는 당연히 감소될 것이고 야구의 저변확대는 불가능
해진다"[23]고 주장한 바 있다. 이러한 문제제기는 오늘날 들어와 현실이 되
었고, 더불어 국내에 있는 대부분의 스포츠 팀이 용병에 자신들의 전력을
상당부분 의존하게 되어 "외국인선수들의 기량과 활약에 따라 팀 성적이
좌우"되고 이에 따라 "우수 용병을 서둘러 확보하려는 각 구단의 발걸음"[24]

---


22) M. Falcous & J. Maguire, "Globetrotters and local heroes? Labor migration, basketball, and local
    identities," *Sociology of Sport Journal*, 22, 2005, p. 138.
23) 정연석, "프로야구 용병수입 타당한가", <한국일보>, 1996. 12. 26, 13면.

만 빨라져 국내 스포츠 팀들의 '용병의존증'만 높여 놓았다.

물론 긍정적인 측면도 있다. 프로 농구에서 지난 2005년도 단테 존스가 '신드롬'을 일으킨 SBS의 상승세가 시즌 막판 팬들의 관심을 끄는 기폭제로 작용했던 사례에서 볼 수 있듯이, 외국 용병선수들의 수입으로 인해 국내 스포츠의 질이 높아지는 것을 볼 수는 있다. 하지만, 이러한 긍정적 측면이 앞서 언급된 부정적 측면을 얼마나 상쇄할 수 있을지는 미지수이다.

이보다 더 심각하게 고려될 수 있는 문제도 있는데, 바로 특정 종목의 특정 포지션 기피현상이다. 농구가 가장 대표적이라 할 수 있는데, 이미 2000년도부터 문제제기 되었던 것으로서 초등학교 농구 선수 중에 센터 포지션 지원자가 줄어드는 등의 골밑 약화 현상인데, "외국인 선수 선발제도를 바꾸지 않는 한 토종 센터 기근 현상은 계속될 것"[25]이라는 예측도 나온 바 있다.

지난 2005년 12월, 고교 및 대학농구 선수들을 대상으로 중앙일보가 실시한 "현재 골밑 선수로 뛰고 있는 여러분은 장래를 위해 어떻게 대비하고 있는가"라는 설문조사 결과, 43명의 선수들 중 7명(16%) 만이 '외국인 선수와 경쟁해 이길 자신 있다'고 답한 반면, 나머지 36명(84%)은 '외곽으로 포지션 이동' 및 '농구 외 다른 길 모색' 등에 응답하여 외국인 선수의 유입이 국내 농구의 경기력 및 어린 선수들의 진로에 막대한 영향을 미치고 있음을 보여주기도 하였다.[26]

방송과 관련된 문제도 있다. 국내방송사가 해외 스포츠 스타에 너무 초점을 맞추는 바람에 국내 스포츠에 무관심하게 되는 현상도 발생하게 되었다. 이와 관련하여 이준호는 국내야구를 홀대하는 중계방송을 비판하면서 "방송 3사는 케이블 TV중계권을 자회사들에게 재판매했는데 중계방

---

24) 전석운, "프로배구도 외국인 선수 뛴다", <국민일보>, 2005. 5. 18, 20면.

25) 이준재, "'씨 마르는' 토종 센터", <한겨레>, 2002. 2. 5, 39면.

26) 강인식, "국내파 골밑 선수 '씨가 마른다'", <중앙일보>, 2005. 12. 7, 22면.

송 횟수는 예년에 비해 줄어들었다"며 "특히 SBS스포츠 채널은 올해 들어 일본 프로야구 요미우리 자이언츠의 경기 중계에 초점을 맞추느라 국내 프로야구는 거의 중계하지 않고 있다"[27]고 말해 이러한 문제를 지적하기도 하였다.

이뿐만 아니라 한 선수가 국가 간 혹은 대륙 간 소속을 옮김에 따라 국내 TV스포츠 프로그램의 이동과 함께 막대한 자본도 뒤따르는 문제도 있다. 이 때문에 결국 스포츠 선수의 국가 간 이동이 국내 자본의 심각한 유출을 초래하는 역효과를 발생한다. 즉 선수들의 해외유출에 따라 국내 관중수와 관심의 감소뿐 아니라 자본의 '심각한' 유출 문제가 나타나게 된 것이다.

2006년 외국영화 국내 배급권료, 방송영상물 중계권료 및 국외 연예인과 운동선수의 개런티 수입 등 문화, 오락 서비스 명목으로 우리나라가 국외에 지급하는 돈이 6천억원을 넘어설 전망이라고 하는데, 한국은행의 자료에 따르면 올 들어 8월까지 개인, 문화, 오락 서비스의 국외 지급액은 모두 4억3,770만달러로, 지난해 같은 기간의 2억9,640만달러보다 47.6%나 늘어났다고 한다.[28] 이렇게 우리나라가 국외로 유출시키는 돈이 급증하고 있는 가운데, 스포츠 역시 큰 몫을 차지하고 있다. 한 예로, IB스포츠(대표 이희진)는 2005년에서 2008년까지 총 4년간 미국 메이저 리그 야구의 국내 중계권을 총 4,800만 달러(약 470억원)에 구입하고 배급권을 독점적으로 확보했다. 또한 2005년 8월에는 2006년부터 2012년까지 7년간 아시아축구연맹(AFC)이 주관하는 국내 모든 경기의 독점중계권도 획득하면서 대략 3,000만달러(약 300억원) 이상을 제시하였다고 한다.[29]

박지성, 이영표, 설기현이 진출한 프리미어리그에 대한 방송중계권료도

---

27) 이준호, "[현장에서] 국내야구 홀대하는 중계방송", <문화일보>, 2006. 8. 31, 19면.
28) 최우성, "국외로 나가는 문화오락비 6천억", <한겨레>, 2006. 10. 2, 14면.
29) 하윤금, "[Biz] 케이블채널 'Xports' 위상 어떻게 달라졌나", <매일경제신문(인터넷판)>, 2005. 11. 10.

만만치 않을 것 같다. 이제까지 박지성의 맨체스터 유나이티드의 경기를 아시아지역 프리미어리그 중계권 공급사이자 MBC-ESPN의 대주주인 'ESPN STAR SPORTS'의 도움으로 별도의 중계권료 없이 케이블 TV를 통해 볼 수 있었지만, 프리미어리그 클럽들이 2007년 시즌부터 2010년까지 세 시즌에 대한 방송중계권료를 무려 21억파운드(약 3조7,500억원)로 높이면서 한국에서의 방송뿐 아니라 취재진의 발등에도 불이 떨어졌다.

이러한 방송중계와 관련된 현상으로 인하여 방송에 상당 부분 의존해오던 국내 스포츠리그는 순식간에 '찬밥' 신세가 되어버렸다. 세계화의 물결에 따라 지속적으로 방송사들이 '세계화'에 탓을 돌리며 좌절만 할 것이 아니라 우리도 프로야구나 프로축구 K리그 등의 수출을 모색해볼 필요가 있다. 영화나 드라마와 같은 연예부분에서의 한류만이 아닌 스포츠에서도 한류를 개척할 수 있는 방안 모색이 필요한 시점이 아닌가 한다. 최근 중국의 광둥TV에서 K리그의 후기리그를 주 2회 방송하겠다는 제의를 하여 한국축구연맹이 이를 받아들였다고 한다. 축구연맹의 한 관계자 역시 "이번 중계를 시작으로 유럽 및 미주에도 중계권을 수출하는 경로를 물색"[30]하고 있다는데, 보다 적극적인 대안마련과 마케팅 같은 전략적 차원의 고민이 필요할 것이다.

## 4. 나가는 글: 스포츠의 세계화의 명암

오늘날은 세계화가 만연되어 지역이 세계가 되고, 세계가 지역이 되는 시대라 할 수 있다. 이러한 시대에는 지역과 세계의 구분이 모호해짐과 동시에 세계의 사건과 관심사가 지역의 것이 되는 경향이 강하게 나타난다. 이러한 경향은 결과적으로 우리의 문화 흐름에도 적지 않은 영향을 미침으로써

---

30) 정재윤, "'한국축구의 젖줄' K리그의 두 모습", <동아일보>, 2006. 8. 18, 26면.

우리의 인식이나 삶과 사고방식을 변화시킨다.

많은 문화영역의 변화가 세계화로 인해 불가피해졌던 것처럼, 스포츠 역시 그러한 흐름에 의한 변화를 피할 수 없다. 이러한 변화에는 명암이 존재한다. 모든 세상만사가 그러한 명암을 지니고 있듯이, 스포츠의 세계화도 앞서 논의되었던 것처럼 그 영향력과 변화의 측면에서 분명 명암을 지니고 있다. 특정 스포츠의 발전가능성을 보장해주는 듯이 보이는 시장의 형성, 그 시장을 중심으로 이루어지는 선수들의 노동거래, 개개인의 가치와 존재성이 하나의 조류에 휩쓸려가는 문화, 승리지상주의와 자본의 독점화에 따른 소외현상, 새로운 문화담론의 탄생과 주류문화의 전복 현상은 '어떠한 관점을' 적용하느냐에 긍정적으로, 혹은 부정적으로 해석될 수 있다.

하지만, 안타깝게도 주변국의 위치에서 스포츠의 세계화는 명보다는 암의 영향을 많이 받을 수밖에 없는 듯싶다. 그러한 영향이 불가피하다면, 어떻게 하여 이를 최소화시키고 밝은 면을 보다 부각시켜 우리에게 유리한 방향으로 스포츠의 세계화를 이용할 수 있을지 모색해보는 작업이 필요하다. 스포츠의 공공재적 특성을 부각시키는 정치적 개입을 통하여 현재 사적 소유물처럼 되어버린 스포츠 문화를 바꾸는 작업을 말이다. 신자유주의적 물결과 문화제국주의적 특성이 강력한 오늘날의 스포츠 세계화에서 '문화적으로' 주변국인 한국스포츠의 생존전략은 과연 무엇이 될 수 있을지를 적극적으로 고민해 보아야 한다.

일방적인 세계적 스포츠 문화가 지역수준에 잠식해 들어오면서 토착스포츠를 위협하고, 이윤중심의 논리로 미디어를 독점하며, 이로 인하여 스포츠 문화의 생살여탈에 위기감이 들이닥친 오늘날, 이를 다잡을 수 있는 여러 가지 감시체제를 마련하는 일이 중요하다. 신자유주의적 자본의 잠식으로 인하여 스포츠의 상업성이 더욱 짙어지는 상황에서 민속씨름이 주변부로 밀려나 죽어가고 있는데, 월드컵의 자본에 놀아나는 미디어의 '개념 없음'으로 인하여 자율적인 스포츠 문화가 죽어가고 있는데, 소비를 부추

기는 획일화된 문화로 인해 소비지향적 스포츠만 살아남아 활개를 치는데,
스포츠 보라고만 해서 하는 스포츠가 활성화되지 못하고 있는데, '기본'으
로서의 풀뿌리 스포츠가 '편법'으로서 국가위상 제고를 위한 과시용 스포
츠가 놀아나는데, 이를 나 몰라라 하고 손을 놓게 된다면 스포츠는 본래의
순기능을 수행하지 못하고, 자본의 꼭두각시 노릇에서 벗어날 수 없지
않겠는가.

# 문화 세계화 시대 한국 영화산업의 진로

서수민(서울영상위원회 기획홍보팀)

## 1. 2006년 한국영화계를 대표하는 화두들

첫 번째 화두. 한국 영화산업의 현재를 논의하기 위해서는 지난 7월 말 개봉한 <괴물> 이야기를 빼놓을 수 없을 것이다. <괴물>의 흥행 가능성은 상영 전부터 미디어의 초미의 관심사여서 개봉하자마자 연일 기록적인 기사들이 쏟아졌고, 기사에 보답하듯 <괴물>은 최고의 흥행가도를 달렸다. <괴물>의 흥행에 대한 미디어의 시선은 후반부로 갈수록 우호적이지 않았는데, 그 첫 번째가 617개 스크린을 싹쓸이한 극장 독과점에 대한 논란이었다. <괴물>은 최단기간 1,000만 관객을 돌파했는데, 거의 같은 시기에 비슷한 개봉관을 확보했던 <한반도>가 400만을 간신히 넘긴 것을 감안하면 <괴물>의 흥행이 독과점 때문만은 아니라는 것을 짐작할 수 있다. 그러나 <괴물>은 괴물 같은 흥행 덕분에 영화 외적인 논란에 더 많이 휩싸이게 되었다. <괴물>은 영화다양성을 해친 주범으로, 멀티플렉스 4-5개관을 독점하여 다른 영화들의 상영권을 박탈 한 것으로, 그리고 관객들의 다양한 볼 권리를 침해했다는 비판 말이다.

내가 판단하기에 <괴물>은 희생양이다. <괴물>의 독과점이 문제라면 정작 문제 삼을 것은 <괴물> 자체가 아니라 현재 지배적인 배급방식인 '와이드 릴리스'(광역배급)이다. 1990년대 후반부터 시작된 '와이드 릴리스'[1] 배급방식은 영화산업에 금융자본이 결합하고, 극장공간이 복합 소비 공간으로 흡수되는 과정에서 이른바 '멀티플렉스의 세력 확장'을 가능케 했다. 1998년 4월 강변 CGV 11개관을 시작으로 이후 멀티플렉스 극장은 급속도로 그 세력을 확장했다. 2005년 말 기준으로 극장수 301개, 스크린수 1,648개 중 멀티플렉스가 차지하는 비중은 멀티플렉스 극장 158개(52.49%), 스크린수 1,269 (77%)이다. 2005년 말 기준으로 5대 멀티플렉스 체인(CGV, 프리머스, 롯데시네마, 메가박스, 씨너스)은 총 111개 극장에 858개 스크린을 점유하고 있다. 이는 전체 스크린 1,648개 중 52.1%에 해당하며, 전체 멀티플렉스 스크린 1,269개 중에서는 67.6%에 해당한다. 이들 대형 멀티플렉스 체인의 극장시장 지배력이 그만큼 강화되고 있음을 알 수 있다.

두 번째 화두. 2005년 10월 20일 프랑스 파리에서 개최된 33차 유네스코 총회 본회의에서 '문화적 표현의 다양성 보호와 증진을 위한 협약'(이하 '문화다양성 협약')이 압도적인 표차로 통과되었다. 거의 대부분의 참가국들은 한국의 '스크린쿼터제'는 자국의 문화를 지켜내는 소중한 제도라고 지지를 표명하기도 했다. 그러나 얼마 지나지 않은 2006년 1월 노무현 대통령은 새해 연설에서 한-미 자유무역협정(FTA) 협상을 시작하겠다고 선언하면서 한-미 자유무역협정의 마지막 관문으로 인식되고 있는 '스크린쿼터'(국산영화 의무상영제) 문제가 또다시 논란거리로 떠올랐다. 그리고는 1월 26일 한덕수 부총리 겸 재정경제부 장관은 스크린쿼터를 146일에서 73일로 축소해 7월부터 시행한다고 발표했다. 이어 바로 7월 1일 '한국영화의무상

---

1) 와이드 릴리즈(Wide Release). 광역개봉, 할리우드 블록버스터들의 광역개봉에서 시작되었다. 1999년 <쉬리>를 필두로, 2000년 <친구>, 2001년 <무사>, <엽기적인 그녀>, <신라의 달밤> 등 한국 영화산업에도 개봉 첫 주 스크린을 누가 많이 잡느냐라는 경쟁이 시작되어 일반화됨. 엄청난 프린트 벌수로 인해 제작비용보다 마케팅 비용의 급상승을 가져옴.

영일수', 즉 스크린쿼터가 146일에서 73일로 축소되었다. 수많은 찬성과 반대의 발언이 난무하는 가운데 영화인들은 스크린쿼터 축소에 반대하는 기자회견, 1인 시위, 문화축제, 146일 간 거리농성을 벌이며 FTA 저지투쟁에 동참하기도 하였다. 흥미로운 것은 유네스코의 문화다양성 협약이 국민-국가의 문화다양성을 지지하는 것이 일반적이고 이 협약으로 인해 스크린쿼터제가 국제사회에서 지지를 받았음에도 정작 한국 정부는 미국과의 FTA 체결 명분을 내세워 스크린쿼터를 축소 발표했다는 점인데, 주류 문화산업 시장으로서 영화시장 종사자들은 스크린쿼터를 지지하는 반면 문화적 공공성을 정책의 기조로 내세워야 할 정부는 스크린쿼터를 축소하는 아이러니한 상황이 발생한 것이다.

세 번째 화두. 한국영화 최초 할리우드 리메이크작인 <레이크 하우스>가 8월 말 개봉했다. <레이크 하우스>는 지난 6월 미국에서 개봉, 개봉 첫 주말 1,366만 5,000달러의 흥행 수익을 기록하며 박스오피스 4위로 산뜻하게 출발, 꾸준한 인기를 누렸다. 1997년 작인 <편지>도 태국에서 <더 레터>라는 제목으로 리메이크 되어 2004년 태국 개봉 당시 몇 주간 박스오피스 1위를 차지, 인기를 누렸다고 한다. 그리고 오는 9월에는 허진호 감독의 <8월의 크리스마스>가 동명의 제목으로 일본에서 개봉된다고 한다. 이뿐만 아니라 그간 할리우드를 비롯한 해외에 한국영화의 리메이크 판권이 판매된 작품은 적지 않다. <조폭 마누라>, <엽기적인 그녀>, <올드보이>, <장화, 홍련>은 현재 할리우드에 리메이크 판권이 계약된 상태이다. 할리우드 영화산업은 국내 영화화할 수 있는 모든 소재를 전세계로부터 흡수한다. 자본의 힘을 갖고 있는 할리우드 영화산업은 한국과 같은 국지적인 영화시장의 좋은 소재들의 판권을 사들인 후 할리우드식으로 재가공해 전세계 영화시장에 되파는 전략을 구사한다. 이제 할리우드가 세계에서 가장 큰 '리메이크시장'이 되었다.

할리우드에 불고 있는 한국영화 리메이크의 붐은 단순하게 보면 한국영화의 세계 경쟁력 강화로 보여질 수도 있지만, 오히려 자본의 위력으로 국지적 영화시장의 기본이 되는 영화서사까지도 독점하려는 할리우드의 의도가 보여진다. 미국의 영화산업 전략은 자국의 영화를 전세계에 팔기 위해 필요한 모든 수단들을 동원하고 있다. 주지하듯이 미국은 자국영화의 세계시장 점유율이 80%를 웃도는 영화강국으로, 최근 5년간 자국영화의 국내 평균 점유율은 95%에 달했다. 그나마 미국에서 자국영화를 제외한 나머지 6.1%를 차지하는 기타 국적영화의 상당 부분은 유럽영화이다.[2]  90%를 상회하는 자국영화 점유율을 보유한 나라는 전세계적으로 인도와 미국뿐이다. 할리우드의 리메이크 붐에는 문화의 다양성의 확산이라는 문화적 논리보다는 상품성 있는 서사를 완전히 할리우드식으로 재가공해서 갈수록 심각해지는 자국의 영화서사의 기근 현상을 메꾸려는 자본의 논리가 더 강하게 관철되고 있다. 이런 세 가지 화두에 직면해 한국 영화산업은 어떤 인식적 지도그리기를 해야 하는가?

## 2. 글로벌 문화자본과 영화

몇 가지 화두를 통해 우리는 현재 한국 영화산업을 관통하는 담론을 끌어낼 수 있었는데, 이러한 것들은 대체로 한국 영화산업이 글로벌한 시장에 편입되고 있음을 보여주는 것이다. 내가 생각하기에 한국 영화산업의 담론을 지배하고 있는 것들은 "문화의 상품화", "문화의 세계화", "문화자본의 거대화"가 아닌가 싶다. 이러한 담론들은 영화가 이미 자본시장에 포섭, 편입되었음을, 그리고 많은 부분 자본의 지칠 줄 모르는 자기증식성을 체내화했음을 알게 해준다. 21세기의 화두 '문화', 그 중에서도 가장 대규모의 자본과 인력이 투하되는 영화가 문화 상품화의 첨병 역할을 하고 있음은

---

2) 김현정 외, 『2004년 세계영화시장 규모 및 한국영화 해외진출 현황 연구』, 영화진흥위원회, 2004 참고

두말할 여지가 없다.

영화산업의 상품적 가치를 일찌감치 깨달은 영화시장에 대한 미국의 사고방식을 보여주는 일화를 소개한다. 이는 2005년 <한겨레신문>에 소개된 내용이다. 3)

> 1990년대 중반 가트(GATT) 협상 때 프랑스 대표단이 잭 발렌티 당시 미국영화 협회회장을 만났다. "당신들은 훌륭한 치즈를 만듭니다. 계속 치즈를 만드시고, 영화는 우리가 만들게 해주세요."(잭 발렌티) "당신들은 이미 (전세계) 영화의 95%를 만들고 있습니다. 얼마나 더 원하시는 겁니까?"(프랑스 대표단) "물론 100%요."(잭 발렌티)

잭 발렌티의 이러한 일방적인 발언은 세계 영화산업의 독점효과가 다른 일반 제조품에 비해 얼마나 강한지를 알 수 있다. 아마도 제조업 분야에서 한 국가의 상품이 세계시장의 70% 이상을 독점한 경우를 찾아보기는 힘들 것이다. 그러나 미국의 영화산업은 세계시장 100% 석권을 목표로 한다는 발언은 다른 제조산업 분야와는 다르게 영화는 그 상징적 지배효과가 가능하다는 것을 공공연하게 표방한다. 이러한 발언이 어떻게 가능할까? 그것은 아마도 영화산업이 갖는 글로벌한 문화상징 효과 때문일 것이다.

영화산업은 창작에 의해 만들어진 작품을 기반으로 영화콘텐츠를 기획하고 제작, 유통하는 산업 분야이므로 기존의 제조업과는 다른 산업적 속성과 함께 문화적 속성을 지닌다. 영화산업은 그 자체가 문화산업의 일부분이라 할 수 있는데, 문화산업이란 문화를 생산·소비하는 활동으로서 개개인이나 집단이 스스로의 만족감을 얻기 위해 하는 문화활동을 제외하고 시장거래가 이루어질 수 있는 예술활동에 국한된다고 볼 수 있다. 따라서 영화산업이나 문화산업 등 '산업'이라는 명제가 붙을 때에는 상품의 생산과 소비,

---

3) 임범, <한겨레신문>, 2005. 4. 19.

서비스의 창출과 이용이라는 전제가 내포된다.[4] 다시 말해 문화에 자본과 기술이 접목되어 하나의 상품으로 생산되고 수용자는 이를 소비하는 소비자로 변하게 되는 것이 문화산업이다. 과거에는 문화를 인간의 정신적 가치를 창조하는 인간활동이라 보고, 산업은 주로 물질적인 가치를 생산·판매하는 활동으로 생각해 서로 상반되는 분야로 인식했고, 따라서 문화활동에 참여하는 창작자들은 문화의 산업화를 문화의 상업화·저질화와 동일시하여 바람직한 현상으로 보지 않는 경향이 있었다. 그러나 대중문화의 발전과 확산을 통해 소외된 대중의 문화향수권이 증대되고 이러한 문화 향수층의 확대는 결과적으로 문화의 창조 활동에 도움을 주는 상보적 관계임이 인식됨으로써 문화산업에 대한 관심이 증대하고 있다.

자본주의사회에서 산업이란 재화나 용역을 생산하는 사회적 분업 체계 속에서 이루어지고 있는 모든 경제활동을 말하는 것으로, 산업이 존재하기 위해서는 생산자가 일정한 자본과 생산요소를 투여해 재화와 용역을 생산, 소비자에게 제공하고 소비자는 이에 대한 일정한 대가를 지불하고 이것은 다시 새로운 상품 생산의 자본으로 전화되는 과정 즉 생산-소비-재생산의 과정을 거치게 되는데 영화산업 역시 동일한 과정 즉, 새로운 작품을 통해서 지속적으로 창작·판매·수익분배·투자라는 순환 과정을 반복하면서 발전하며 각 단계를 구성하는 모든 부분은 경제적으로 분화된 역할을 가진다.

그러나 문화산업의 하나인 영화산업이 제조업과 분명한 차이가 있는 것은 제조업의 생산요소 중 하나인 원료는 주로 물질자원으로 구성되어 있는데 반해, 영화산업에서 중요한 원료는 영상콘텐츠 즉, 무형의 자료이므로 문화적 자산을 상품으로 가공해낼 창의력과 상상력, 기획력의 보유 여부가 관건이 된다. 이러한 차이는 시장의 성격에서도 드러나는데, 제조업 시장의 소비자는 그 제품의 편리성, 실용성 등에 따라 상품을 구매하지만 영화산업

---

4) 황현탁, 『한국영상산업론』, 나남출판, 1995, 21쪽.

시장에서는 소비자의 문화적 욕구에 따라 소비가 이루어진다. 즉 영화산업은 문화산업으로서 '그 나라의 문화와 정서를 영상화하는 산업'이고 소비자는 문화적 욕구를 바탕으로 이를 소비한다.

게다가 디지털 기술의 발달로 정보가 문자나 음성보다는 영상의 형태로 생산·유통·소비되고 있으므로, 정보화사회에서는 영상이 가장 유력한 자원으로 부각되고 상품화될 것이다. 따라서 영상은 사회의 제반 조직과 제도의 패턴, 바로 권력이 될 수도 있을 것이다.[5] 여기서 문화의 세계화와 관련, 기술의 발달이 중요하게 작용한다. 문화의 세계화란 문화적인 생산물이 생산·재현·학습에서 장소의 구속을 덜 받고, 짧은 시간(할리우드 영화 전세계 동시 개봉)에 또는 동시에 전세계에 재현될 수 있다는 것을 뜻한다. 전달 기술의 혁신으로 세계 도처에서 좀더 많은 사람들이 문화적 생산물을 접할 수 있게 되었다.[6] 이에 따라 문화공급의 세계화는 모든 문화적 생산을 위한 통일된 시장을 만들었다. 따라서 어떤 문화 생산품도 시장의 강제에서 벗어날 수 없다. 이것은 단지 두 가지 전략으로만 극복할 수 있다. 즉 경쟁자들과 함께 성장하든가, 아니면 특별한 이해관계를 가진 작은 시장 부문으로 특화하는 것인데, 후자는 성공적일 경우에 다시 전세계적인 상품이 될 수 있다.

상품인 동시에 문화인 이러한 영화산업의 이중성에서 비롯되는 시각 차이로 인하여 특히 정책적인 대응을 논의하는 과정에서 해결하기 어려운 복잡성에 봉착하게 된다. 넓은 맥락에서는 스크린쿼터 축소 폐지를 요구하는 미국의 논리란 탈규제, 투자자유화와 같은 신자유주의를 기반으로 하는 세계화론의 일환으로 이해할 수 있다. 세계화 앞에서는 문화도 예외일 수는 없다는 것이다. 그러나 과연 이 논리에 얼마나 많은 사람들이 손을 들어주고 있는가? 손을 드는 사람들은 또 어떤 이들인가? 거기에 대응하는 논리는

---

5) 같은 책, 33쪽.
6) 리하르트 뮌히, 「긍정과 전복 사이에서—세계화 시스템 속에서의 대중문화」, 『세계화 시대의 문화논리』, 김창민 외 역, 나남, 2005.

<표 1>　2004년 주요국 영화산업 현황

| No | 미국 | 일본 | 영국 | 프랑스 | 독일 | 스페인 | 이탈리아 | 호주 | 한국 | 인도 |
|---|---|---|---|---|---|---|---|---|---|---|
| 제작 편수 | 611 | 310 | 133 | 203 | 121 | 133 | 134 | 15 | 82 | 946 |
| 평균 제작비<br>(백만 달러) | 98.00 | 5.00 | 13.30 | 6.40 | 8.20 | 2.40 | 2.10 | 6.50 | 3.63 | 0.10 |
| 개봉 편수 | 475 | 649 | 451 | 560 | 430 | 530 | 369 | 318 | 268 | 1,141 |
| 1인당<br>관람 횟수 | 5.20 | 1.33 | 2.90 | 3.33 | 1.90 | 3.50 | 1.90 | 4.60 | 2.78 | 2.88 |
| 평균<br>극장요금(달러) | 6.25 | 11.46 | 8.23 | 7.24 | 7.09 | 5.98 | 7.37 | 7.30 | 5.48 | 0.33 |
| 극장 매출<br>(백만 달러) | 9,539.20 | 1,949.84 | 1,410.51 | 1,411.02 | 1,110.85 | 859.67 | 832.30 | 667.89 | 740.85 | 1,026.00 |
| 자국영화<br>점유율(%) | 93.9 | 37.5 | 23.4 | 39.0 | 23.8 | 13.4 | 20.3 | 1.3 | 59.4 | 92.5 |
| 미국영화<br>점유율(%) | 93.9 | 56.3 | 73.1 | 47.4 | 69.7 | 69.8 | 61.9 | 85.9 | 41.2 | 7.5 |
| 스크린 수 | 36,594 | 2,825 | 3,342 | 5,302 | 4,870 | 4,388 | 3,171 | 1,909 | 1,451 | 12,000 |
| 미국 직배사<br>점유율(%) | - | n.a. | 69.8 | 36.9 | 72.0 | 78.4 | 51.3 | 67.0 | 26.2 | 7.5 |
| 스크린당<br>인구수 | 8,081 | 45,103 | 18,085 | 11,440 | 16,926 | 9,194 | 18,323 | 10,524 | 33,483 | 90,022 |
| 홈 비디오 시장<br>규모(백만 달러) | 25,432.00 | 7,625.39 | 5,731.09 | 2,690.72 | 2,172.80 | 953.35 | 980.59 | 1,197.51 | 569.81 | 174.00 |
| 영화시장 규모<br>(백만 달러) | 34,305.00 | 9,575.23 | 7,141.60 | 4,101.74 | 3,283.65 | 1,813.01 | 1,812.89 | 1,865.40 | 1,310.66 | 1,200.00 |
| 영화시장 규모<br>중 극장비중(%) | 27.3% | 20.4% | 19.8% | 34.4% | 33.8% | 47.4% | 45.9% | 35.8% | 56.5% | 85.5% |

얼마나 힘을 받고 있는가? 논리의 문제는 다시 정책의 문제로 이어지는데 미국을 중심으로 한 세계화론에 대항할 대안은? 세계화를 거스를 수 없다면 대안적 세계화론이 있어야 하는데 이에 대한 논의는 어떻게 진행되고 있는가?

　이 시점에서 미국영화가 전세계 영화시장에서 어떤 위치를 차지하고 있는지 확인해 볼 필요가 있다. 물론 확인하지 않더라도 미국영화가 전세계를 지배하고 있다는 사실은 어림짐작으로 다들 알고 있으리라 생각하지만 표

<표 2> 주요국 미국영화 극장 매출 추이

| No | 국가 | 1999 | 2000 | 2001 | 2002 | 2003 | 2004 | 6년 평균 |
|---|---|---|---|---|---|---|---|---|
| 1 | 미국 | 6,956.43 | 7,331.29 | 7,932.99 | 9,167.37 | 9,023.56 | 8,957.31 | 8482.50 |
| 2 | 일본 | 984.10 | 973.77 | 904.62 | 1,031.70 | 1,058.06 | 1,096.78 | 1012.98 |
| 3 | 영국 | 732.94 | 665.35 | 686.35 | 809.46 | 809.97 | 1,031.09 | 816.67 |
| 4 | 독일 | 624.47 | 579.15 | 610.86 | 698.08 | 699.52 | 774.26 | 672.37 |
| 5 | 프랑스 | 472.99 | 514.60 | 426.31 | 485.25 | 596.50 | 668.82 | 538.29 |
| 6 | 스페인 | 8339.14 | 409.84 | 343.60 | 391.20 | 483.92 | 600.05 | 445.72 |
| 7 | 호주 | 396.65 | 332.80 | 348.93 | 382.29 | 504.02 | 573.72 | 428.35 |
| 8 | 이탈리아 | 301.36 | 340.36 | 315.60 | 358.31 | 459.59 | 515.27 | 397.42 |
| 9 | 한국 | 135.47 | 168.32 | 188.25 | 246.79 | 261.36 | 305.01 | 233.94 |
| 10 | 인도 | 25.29 | 47.84 | 47.66 | 44.46 | 43.47 | 76.95 | 52.07 |
| 10개국 미국영화 매출 계 | | 10,968.85 | 11,363.31 | 11,805.33 | 13,614.93 | 14,018.97 | 14,599.26 | 13080.36 |
| 10개국 극장 매출 계 | | 14,054.89 | 14,474.43 | 15,754.79 | 17,250.72 | 18,106.05 | 19,548.12 | 16531.50 |
| 점유율 | | **78.04** | **78.51** | **74.93** | **78.92** | **77.43** | **74.68** | **79.12** |

출처: 김현정 외, 『2004년 세계 영화시장 규모 및 한국영화 해외 진출 현황 연구』, 영화진흥위원회, 2004.

들을 보면 그 규모가 얼마인지, 그리고 잭 발렌티 회장이 왜 그런 발언을 했는지 고개가 끄덕여질 것이다. 첫 번째 표는 전세계 주요국 영화산업 현황 표이다. 모든 항목에서 미국이 큰 비중을 차지하고 있다. 이는 다른 제조업 과 비교해봤을 때도 발군이라 말할 수 있다. 다른 표들에서도 마찬가지임을 알 수 있다.

표들을 통해 알 수 있듯이 미국영화의 전세계 점유율은 실로 엄청나다. 미국영화의 세계화, 더 나아가 미국문화 중심의 세계화라고 말하면 심각한 비약일까? 여기서 세계화 담론을 둘러싸고 펼쳐지는 몇 가지 논의들을 살펴 보자.

민족국가를 중심으로 형성되어온 문화가 국가의 영토적 경계를 약화시키 고 전세계를 하나의 영역으로 묶어내는 세계화의 과정은 이제까지와는 다

<표 3> 주요국 영화시장 규모 비교

(단위: 백만 달러, %)

| No | 국가 | 1999 | 2000 | 2001 | 2002 | 2003 | 2004 | 6년 평균 | 10개국 중 비중 | 전세계 중 비중 |
|---|---|---|---|---|---|---|---|---|---|---|
| 1 | 미국 | 24,501.00 | 26,273.70 | 28,961.50 | 31,702.60 | 32,984.50 | 34,305.00 | 29,951.08 | 56.5% | 44.4% |
| 2 | 일본 | 5,818.87 | 6,561.35 | 6,951.26 | 7,670.76 | 8,715.92 | 9,575.23 | 7,548.90 | 14.2% | 11.2% |
| 3 | 영국 | 3,183.94 | 3,423.13 | 3,857.56 | 4,958.15 | 5,924.78 | 7,141.60 | 4,748.19 | 9.0% | 7.0% |
| 4 | 프랑스 | 2,109.73 | 2,033.22 | 2,165.64 | 2,645.03 | 3,270.93 | 4,101.74 | 2,721.05 | 5.1% | 4.0% |
| 5 | 독일 | 1,776.74 | 1,624.67 | 1,912.33 | 2,232.18 | 2,722.35 | 3,283.65 | 2,258.65 | 4.3% | 3.4% |
| 6 | 스페인 | 875.92 | 885.41 | 962.06 | 1,257.52 | 1,668.00 | 1,813.01 | 1,243.65 | 2.3% | 1.8% |
| 7 | 이탈리아 | 1,018.46 | 952.92 | 961.05 | 1,164.70 | 1,498.56 | 1,812.89 | 1,234.76 | 2.3% | 1.8% |
| 8 | 호주 | 889.13 | 827.05 | 842.66 | 1,031.40 | 1,401.66 | 1,865.40 | 1,142.88 | 2.2% | 1.7% |
| 9 | 한국 | 994.73 | 998.77 | 1,001.61 | 1,123.50 | 1,221.68 | 1,310.66 | 1,108.49 | 2.1% | 1.6% |
| 10 | 인도 | 619.00 | 1,147.00 | 1,157.00 | 1,100.00 | 1,098.00 | 1,200.00 | 1,053.50 | 2.0% | 1.6% |
| 10개국 계 | | 41,787.53 | 44,727.21 | 48,772.67 | 54,885.84 | 60,506.37 | 66,409.18 | 53,011.16 | 100.0% | |
| 10개국 중 한국 비중 | | 2.4% | 2.2% | 2.1% | 2.0% | 2.0% | 2.0% | 2.1% | | |
| 전세계 영화 시장 규모 | | 49,386 | 57,649 | 64,359 | 71,965 | 77,581 | 83,398 | 67,390 | | 78.7% |
| 전세계 중 10개국 비중 | | 84.6% | 77.6% | 75.8% | 76.3% | 78.0% | 79.6% | 78.7% | | |
| 전세계 중 한국 바중 | | 1.8% | 1.4% | 1.3% | 1.4% | 1.8% | 2.2% | 1.7% | | |

른 제3의 문화를 형성할 수 있는 가능성을 배태하고 있다는 주장이 있다. 문화연구자들은 이러한 문화의 탈중심화, 다원화의 가능성에 주목하여 세계화가 가져올 긍정적 가능성에 주목하는 경향을 보이고 있다.[7] 페더스톤의 세계문화론이 그것인데, 페더스톤은 세계문화를 개별국가 간 문화적 정체성의 침해나 전세계적인 문화동질화를 야기하지 않는 '제3의 문화' 혹은

---

7) Mike Featherstone, "Localism, Globalism, and Cultural Identity," in Rob Wilson, ed., *Global/Local: Cultural Production and the Transnational Imaginary*, Duke University Press, 1996.

'초사회문화적(trans-societal) 과정'으로 정의하고 있다. 대표적인 세계화론자인 로버트슨의 경우 세계화 과정이 전통적으로 연구되어온 사회문화과정이나 사회영역으로부터 상대적으로 독립적인 위치에서 작동해 왔으며, 이미 세계문화들을 창출해내고 있다고 주장한다. 로버트슨은 개별국가들 간의 교류확대를 의미하는 국제화(internationalization)와는 구별되는 세계화(globalization) 개념에 의거해 문화의 세계화를 설명하고자 한다. 세계화를 세계가 하나의 단위로 통합되어 가는 과정으로 인식하고자 하는 그는 민족국가들 간의 교류증진 여부와는 무관한 보편적 세계문화의 형성을 낙관한다.

이와는 다른 초국적 산업자본의 성격에 비판적으로 접근하는 정치경제학적 입장에서 보면, 글로벌 자본주의 경제논리에서 각국은 초국적 미디어기업의 산업논리를 모방하게 된다고 할 수 있다. 그 과정에서 문화적 저항의 가능성이 퇴색하고 미국식의 상업전략에 함몰되어 문화적 동질화를 유발할 수 있게 된다는 점을 지적할 수 있다. 초국적 산업자본은 그들의 글로벌한 목표와 조직을 잊지 않고서 다양한 지역에서 자신을 로컬화(자국화)한다. 때로는 로컬문화를 인정하는 듯이 보이지만 마케팅 전략에서 로컬에 대한 인식은 로컬의 자율성에 대해 진지하게 인식하는 것을 의미하진 않는다. 그것은 글로벌의 필요성에 로컬리티를 편입시키기 위한 로컬의 특징을 인식하기 위한 목적이다.[8]

이처럼 현재 진행 중인 세계화의 과정에 대한 이론적 시각은 문화의 다원화와 탈중심화의 가능성에 주목하는 입장과 미국식의 상업적 미디어 모델과 실행 전략의 강화로 문화적 저항의 가능성이 약화될 것이라는 비판적 시각으로 대립하는 양상을 보이고 있다. 이는 그동안 한국을 비롯한 이른바 주변 국가들에서의 세계 미디어·문화의 흐름에 대한 기본 인식과 문화정책 수립에 있어 핵심적인 이론적 기반을 제공해왔던 문화제국주의론이 더

---

8) Arif Dirlik, "The Global in the Local," in Rob Wilson, ed., op. cit.

이상 현실적합성을 갖지 않는다는 일각의 비판과도 그 맥을 같이 한다. 즉 이제는 더 이상 강제적이지 않고 지배 의도가 약화된 맥락에서 문화적 실행이 이루어지고 있다는 점에 주목하고 그와 같은 세계화 과정이 어떠한 긍정, 부정의 문화경제적 파급효과와 새로운 가능성을 가지게 될 것인가에 대하여 관심이 집중되고 있다.

## 3. 세계화과정 속에서 한국 영화산업의 대응전략

1990년대 이후 정치, 경제 전반의 세계화 담론이 부상하면서 문화의 영역에서도 세계화에 대한 논의가 활발히 진행되었다. 영화의 영역에서 '정체성'에 관한 논의가 시작된 것은 역설적이게도 이와 같은 세계화 담론에 대한 반대급부로서 지역화 담론이 싹트면서부터였다. 할리우드 직배사의 시장진입, 대기업의 진출과 후퇴, 규제에서 지원으로 돌아선 정부의 정책노선 변경 등 90년대 이후 한국의 영화산업은 여타의 문화산업 부문보다도 급격한 변화를 맞이했다. 문화상품의 경제적 잉여가치가 갖는 '문화적 효과'는 일반적인 재화의 생산과정만으로는 설명되지 않는데, 거기에는 문화적 효과가 갖는 심미적이고 상징적인 성격이 있기 때문이다.[9] 한국영화의 세계화는 이제 단순히 경제적 효과만을 고려한 산업전략으로서가 아닌 문화적 차원에서도 필요한 것이 되었고, 이 과정에서 한국영화의 문화정체성에 대한 성찰은 더욱 긴요한 것이 되었다.

세계화의 조류 속에서 한국 영화산업은 어떤 대응 전략을 가져야 하는가

---

9) 래쉬(Lash)와 어리(Urry)는 이러한 현상에 주목하고 사회 전영역에서 심미적 요인의 중요성이 부각되고 있는 점을 지적하면서 조직 자본주의 이후의 실질적 경제성장이 포드주의 이후의 유연생산, 유연축적 단계를 넘어 '성찰적 축적' 과정에 의해 이루어지고 있음을 보여주고 있다. 성찰적 축적이라는 것은 물질에 기초한 상품생산이 아닌 문화에 기초한 상품생산을 뜻하는 개념으로, 이는 심미적 요소를 포함한 문화적 요인이 경제부문에 침투하고 있는 현상을 강조한 개념이다. 래쉬 & 어리, 『기호와 공간의 경제』, 박형준 외 역, 현대미학사, 1998.

에 대해 지역적 특수성에 기반하는 다양한 영화문화의 창출에 강조를 두는 입장과, 할리우드식 산업 전략을 강조하며 자유경쟁 논리를 내세우는 입장으로 나뉘는 양상을 보였다. 그러나 현실 사회에서 진행되는 전략은 후자의 논리에 더 집중되는 듯하다. 경제적 파급효과가 가장 큰 메이저 상업영화를 중심으로 할리우드적인 포맷과 한국적 내용물을 조화시킨 영화 콘텐츠를 개발하고, 과감한 정부지원을 바탕으로 문화지리적으로 유사한 아시아 지역의 맹주로 부상한다는 것이다. 특히 제작, 파이낸싱, 배급의 할리우드의 산업 전략을 적극적으로 모방, 수용해가는 양상을 보이고 있다. 한편에서 세계화 과정의 경제산업적 가능성에 주목하여 적극적인 정책지원을 마련하고 본격적인 세계시장 진출을 모색하고 있는가 하면 다른 한편에서는 한국 영화 분야의 문화적 정체성과 산업적 취약성을 우려하는 위기론이 끊임없이 제기되고 있는 것이 현실이다.

할리우드의 독점적인 세계영화시장 지배구조 속에서 할리우드식 산업전략—예를 들면 와이드 릴리스 전략, 멀티플렉스 가속화, 영화의 블록버스터화 등—의 적극적 수용과 모방으로 특징지어지는 한국 영화산업의 대응논리는 결국 한국 영화산업이 더욱 더 자본의 논리에 종속되어질 가능성을 시사한다. 이 과정에서 영화가 담지하는 문화적, 예술적 이니셔티브가 상업성에 우선순위를 두는 시장 논리에 의해 약화되어, 로컬문화를 기반으로 하는 새로운 문화적 저항의 가능성이 크게 쇠퇴할 수 있다는 우려가 현실화되고 있다.

결국 세계화 시대, 한국 영화산업이 직면한 문제는 지역영화(산업)로서의 한국영화, 한국 영화산업이 직면한 이중적인 도전, 다시 말해 할리우드의 막강한 시장지배력 속에서 그 경제적 존립을 위해 대중성의 측면에서 할리우드를 '모방'하되, 문화정체성, 다양성의 측면에서는 할리우드에 '저항'하고 또한 '경쟁'해야 하는 상황을 어떠한 방식으로 풀어나갈 것인가로 압축된다. 이에 대한 고민을 현재 영화진흥위원회 사무국장인 김혜준은 1999년 이렇게 밝히기도 했다.

우리는 문화의 고유성은 강한 반면에 국내시장 규모는 그다지 크지 않은 한계까지 안고 있다. 프랑스처럼 유럽공동체 차원의 문화 블럭을 형성할 수도 없고, 인도나 중국처럼 국내시장이 크지도 않으며, 일본처럼 경제력이 뒷받침되지도 못한다. 결국 국제협정이 인정하는 한계 내에서 취할 수 있는 가장 강력한 보호책을 써야 한다는 결론인데 현실은 전혀 그렇지 못하다.

세계화 과정은 초국적인 자본 논리에 의해 각 지역의 문화적 특수성을 침식하는 동질화의 과정인 동시에, 그 내부에서 국지적인 것(the local)의 저항과 대응이라는 이중적 가능성을 지닌 모순된 현상이라는 점에 주목할 필요가 있다. 빠르게 변화하는 세계정치경제 영역에서 세계화 조류에 역행하지 않으면서도 우리의 현실에서 가능한 탈중심화된 문화적 모색으로서의 '세계국지화'(glocalization) 전략에 대한 구체적이고 현실적인 논의와 실천이 무엇보다 중요하다 하겠다. 세계화의 과정은 일국적인 차원이 아니라 초국적인 차원으로 진행되고 있다. 그렇다면 이에 대한 대안 혹은 저항 또한 초국적으로 이루어져야 하는 게 아닐까?

## 4. 국지적 한국영화의 대안적인 진로

글을 마무리하는 시점에서 현재 한국 영화산업의 세계화(?) 전략을 엿볼 수 있는 몇 가지 사실을 소개한다. 이를 통해 현재 한국 영화산업이 세계화 논의에서 어떤 방향으로 나아가고 있는지 그리고 이들 사실을 통해 현재 이루어지고 있는 세계화 과정에 대한 대안은 무엇이 되어야 하는가에 대한 일단의 고민을 접수해줄 것을 기대해본다.

미국시장에 개봉된 한국영화는 지난 2002년 <섬>, <쉬리>, <집으로>, <고양이를 부탁해>로 4편이었다가 2003년에는 <취화선> 1편, 그러나 2004년에는 다시 <태극기를 휘날리며>, <실미도>, <봄, 여름, 가을>, <장화, 홍련>, <스캔들> 등 5편으로 늘어났다. 총 극장 매출도 (<실미도>

를 포함해) 약 447만 1,283달러로 그 어느 해보다 큰 규모이다. <실미도>는 매우 특이한 미국 개봉 사례로, 영어자막 없이 교포 관객들만을 대상으로 개봉됐기 때문에 엄격한 의미에서 미국시장 진출이라고 보기 어려운 측면도 있다. 그러나 예전처럼 한국인이 소유주인 극장에서 개봉되거나 미국인 소유의 극장이라도 단관에서 개봉된 것이 아니라, 여러 곳의 미국 주류 극장에서 개봉되었고, 미국에서 개봉되는 한국영화의 관객 중 다수가 교포인 점을 생각할 때 향후 미국시장에서 개봉 전략 수립을 위해 시사하는 바가 있다.

충무로 제작자들이 할리우드가 아닌 미국 독립영화계와 네트워크를 구축하고 배우들이 영어를 구사하는 영화를 제작하려고 노력하는 데는 이유가 있다. 시장 확장이 중요하지만 전반적으로 따져볼 때 현재 한국 제작사들이 통제할 수 있는 상업영화의 예산 규모는 할리우드 블록버스터가 아니라 미국 독립영화 규모에 가깝기 때문이다. 'LJ필름'의 해외프로젝트 실무를 맡고 있는 프라임엔터테인먼트의 해외기획실 김소희 이사는 "최근 미국 내부에서는 <브로크백 마운틴> 같은 영화들의 영향으로 미니 메이저시장이 의미심장하게 확대됐다는 분석이 나오고 있다. 우리에게 가능성이 보이는 것도 이 시장이며 여기에 진입하려면 무조건 영어로 제작해야 한다는 것이 대전제"라고 말한다.[10]

올해 상반기 한국영화 수출 실적을 결산한 영화진흥위원회의 보고서에 따르면 한국영화 수출의 75-80%를 차지하고 있던 일본 수출이 50%로 뚝 떨어졌다. 물론 한국영화가 자국시장 점유율을 2000년대 이후 계속 50%대를 유지하고 있긴 하지만, 전세계 영화시장에서 한국 영화시장이 차지하는 비율은 미미하기 그지없다. 게다가 해외시장에 개봉되는 영화 또한 1%대이다. 한류신드롬 효과를 톡톡히 보았던 일본시장에 수출이 뚝 떨어지면서

---

10) <필름2.0>, 2006년 8월 22일자 참고

다른 해외시장 개척에 대한 필요성을 절감하게 된 것이다. 할리우드 영화시장의 제작시스템에 일정한 거리를 유지하면서 한국영화가 세계 영화시장에서 일정한 국지적 역할을 하기 위해서는 어떠한 전략을 펼쳐야 하는가? 다음과 같은 아젠다를 제안하면서 글을 마치고자 한다.

첫째, 할리우드 중심의 블록버스터 제작시스템이 지배하는 방식과는 다른 대안적인 글로벌 영화시장을 형성하려는 노력들이 무엇보다도 중요하다. 이는 앞서 언급한 미국 내 독립영화시장이나 반할리우드적 미니 메이저 시장에 진출할 수 있는 영화서사들을 개발하는 노력과도 일맥 상통한다. 가령 한국에서 작품성을 인정받고 일정한 대중성을 가미한 작품들이 미국 메이저 영화제작사나 배급사에만 의존하지 말고 미국뿐 아니라 유럽과 비유럽권 제작사나 중소형 배급사들에 문을 두드리면서 다양한 배급루트를 마련하는 것이 필요하다. 말하자면 국제적인 차원에서 반할리우드적인 제작과 배급 시스템을 형성할 수 있는 국지적 차원에서의 한국 영화산업의 '글로벌한' 역할이 요구되는 것이다.

둘째, 한국영화의 서사를 국제화할 수 있는 다층적인 생산이 필요하다. 현재 한국 영화제작사들의 미국과 유럽권의 주요 해외영화제 진출은 실제로 한국영화의 글로벌화와는 무관하게 전적으로 국내영화의 흥행선점을 위한 마케팅 전략에서 비롯된다. 말하자면 국내 영화 개봉 전에 세계 유명 영화제에서 얻은 호평을 바탕으로 국내 영화시장에서 홍보 프리미엄을 얻는 것이다. 실제로 영화 <괴물>이 1,300만이라는 최다 한국영화 관객을 동원했던 것은 프랑스 '칸느영화제'에서의 호평이 결정적이었다. 물론 해외 영화시장에서의 호평은 세계 영화시장 진출의 교두보가 된다는 점을 부인할 수는 없지만, 해외영화제 호평 이후 국제 영화시장에 대한 적극적인 홍보와 마케팅에 연계하지 않는 것은 국내 영화시장에 대한 안정적인 흥행 확보의 이해관계 때문이 아닐까 싶다. 한국영화들이 글로벌한 위치를 가지기 위해서는 문화다양성의 서사를 공유하고 소통한다는 차원에서 접근할 여지가 있다. 따라서 제3세계 영화시장과 유럽권 영화시장에 대한 관심을 지금보다 더 높일 필요가 있고, 이것이 산업적인 차원에서도 일정한 대안적 시장을 형성할 수 있는 가능성이 있음을 인지하는 것이 생산적일 수 있다.

셋째, 한국 영화산업이 할리우드식 독점 방식이 아닌 국지적이면서도 글로벌할 수 있는 특이성을 갖기 위해서는 수직계열적인 자본과 기획 제작의 통합보다는 수평적인 연대와 협력의 루트를 다양하게 개발해야 할 것이다. 최근 아시아 영화시장에서 한국, 일본, 중국영화 제작자본의 통합은 이러한 가능성들을 보여주는 것이다. 실제로 성룡, 김희선 주연의 영화 <신화>의 홍콩 출신 감독인 당계례가 2005년 '부산국제영화제'에 참석해서 할리우드 문화자본에 맞서서 아시아 영화제작자들이 협력하자고 발언한 것도 단순한 립서비스가 아니다. 물론 아시아 영화제작 자본의 합작이 정서적으로는 반할리우드적이지만, 실제로는 할리우드의 재생산이 될 수 있는 위험성이 없지는 않다. 영화제작 자본의 수평적인 연대가 일종의 배타적 권역주의로 가서도 안된다. 그러나 이른바 글로벌한 영화시장에서 기획, 제작, 배급, 상영의 대안적 시장의 형성을 위해 일정한 제3세계적 자본의 연대가 필요할 수 있으며 이것이 결국 대안적인 영화 서사의 생산으로 이어질 수 있다는 희망의 현실화가 적극적으로 고민되어야 할 때이다.

# 한미 FTA와 방송, 통신 서비스 개방의 함의

최남도(중앙대학교 대학원 신문방송학과 박사과정)

## 1. 세계화의 본질과 FTA 그리고 미국

1970년대 두 차례의 오일쇼크로 미국을 비롯한 서방 자본주의 국가들은 지속적인 위기에 직면하였다. 2차대전 이후 "영광의 30년"을 거치면서 미국을 중심으로 재편되었던 세계 경제는 미국 경제의 위기 경향을 따라 구조적인 위기에 처하게 된다. 이러한 위기 경향의 돌파구 역할을 한 것은 당시 서구 자본주의 국가들이 비교우위를 점하고 있었던 금융과 정보통신 기술이었다. 이른바 정보자본주의로의 전환이 이루어지게 되었고 전지구적인 시장이 등장하게 된 것이다.

정보자본주의와 전지구적인 시장의 핵심적인 요소는 국경을 초월한 자본과 상품의 자유로운 유통이다. 이에 미국과 같은 서구 선진 자본주의 국가들은 국제 규제의 완화 및 철폐를 주장하게 되고, 자신들의 이익을 대변할 수 있는 다양한 국제 조직 및 협약들을 조직한다. 이러한 상황이 조성될 수 있는 환경으로는 다음과 같은 것들을 들 수 있다. 첫째, 자본, 서비스, 상품의 과잉생산이다. 생산력의 발달로 인해 생산량이 기하급수적으로 증가하여 소비되지 못하는 과잉생산이 일어난 것이다. 이에 새로운 시장 확보 및 유통 구조의 확보는 서구 자본주의의 존망을 결정하는 중요한 의제가 된 것이다. 교통과 통신수단의 발전이 두 번째 요인이다. 특히 디지털 기술의 발달은 실물 경제를 대체할 정도로 자본 거래를 통한 전지구적인 이윤 축적이 가능한 시스템을 구축했다.

선진 자본주의의 위기를 특징짓는 하나의 현상으로서 금융화는 생산성과 이윤율의 하락에 따라 실물적 축적이 금융적 축적으로 변모된다는 사실을 가리킨다. 금융화의 주요한 형태는 이윤의 생산을 목적으로 하는 고정자본 투자와 달리 이윤의 분배를 목적으로 하는 증권투자(집중)다. 1990년대 이후 초국적자본(법인자본 및 기관투자가)이 금융화의 주체가 되면서 세계화가 본격적으로 진행되는 동시에 지역적 조건에 따라 세계화를 구체화하려는 지역화가 모색된다. 말하자면 세계화와 지역화라는 형태로 진행되는 금융화가 경제위기에 대한 부르주아적 대응인 셈이다.

초국적화된 자본이 추진하는 세계화와 지역화를 지지하는 다양한 국제경제기구들이 있는데, 그들간의 분업과 협업이 세계적·지역적 지배구조를 구성한다. 세계화를 위한 국제경제기구들로는 세계무역기구(WTO)와 국제통화기금(IMF)-세계은행(WB)이 있다. 세계무역기구가 초민족자본의 이익을 직접적으로 대변한다면, 국제통화기금-세계은행은 초민족자본의 이익을 간접적으로 대변한다. 세계무역기구가 1970년대 금융의 자유화, 1980년대 농업·서비스의 자유화를 추진하던 관세및무역에관한일반협정(GATT)을 계승한다면, 1970년대 초 브레튼우즈체제가 붕괴한 이후 국제통화기금-세계은행은 신자유주의적 정책개혁을 추진한다.

지역화를 위한 국제경제기구들을 대표하는 것이 유럽연합(EU)과 자유무역협정(FTA)인데, 그들 사이에는 공통점과 차이점이 있다. 유럽연합의 핵심은 공동시장과 화폐동맹이다. 공동시장과 자유무역협정은 상품 및 자본의 자유로운 이동, 즉 무역 및 금융의 자유화를 추진한다는 공통점이 있다.

다만 공동시장이 공동의 경제정책을 통해 '폐쇄적' 지역화를 추구한다면, 자유무역협정은 공동의 경제정책을 채택하지 않는 '개방적' 지역화를 추구한다는 차이점이 있다. 공동의 경제정책을 상징하는 공동통화 유로를 채택함으로써 공동시장과 화폐동맹을 결합하는 유럽연합에서 경쟁력을 확보할 수 있는 유일한 정책수단은 노동의 신축화(유연화)이지만, 공동통화를 채택하지 않는 자유무역협정에서는 노동의 신축화 외에도 평가절하라는 또 다른 정책수단을 통해 경쟁력을 확보할 수 있다.

이러한 상황에서 미국이 주도적으로 추구하고 있는 FTA의 의도는 지속적인 자본축적을 실현하기 위한 하나의 방식으로 이해할 수 있다. 미국은 국제협약, 다자협약, 양자협약 등을 통해 매체, 문화시장뿐 아니라 새롭게 형성중인 디지털 매체시장까지 영향력을 확장하고자 하고 있다. GATT에는 문화와 서비스 분야는 제외되어 왔다. 문화와 서비스 분야를 제외했기 때문에 약소국들은 여유가 있었다. 그런데 GATS(General Agreement on Trade in Services) 제17조는 다른 나라의 문화상품이나 서비스도 자국 것과 똑같이 취급하도록 규정한 것이 일정한 영향력이 있었다. 약소국의 문화상품은 강대국에 자유롭게 넘어가기 어렵다는 점을 생각하면 이 조항은 선진 자본주의 국가만을 위한 특권 규정이라고 할 수 있다. 이런 불평등한 국제협약은 문화의 상품화와 사유화를 강제하며, 국가적 규제의 철폐는 불가피하게 된다.

지속적인 이윤율 저하 경향의 탈출을 도모하기 위해 시작된 세계화는 금융자본의 세계화를 넘어 문화자본의 세계화로까지 이어지고 있다. 이러한 세계화의 핵심에는 미국이라는 국가가 자리잡고 있다. 미국은 무역과 투자의 자유화를 위해 80년대부터 다자간, 양자간 무역 협정을 추진해 왔다. 특히 미국은 한번에 많은 국가들을 상대할 수 있는 다자간 무역협상을 선호했다. 그러나 EU와 같은 지역화 흐름의 대두와 WTO 협상의 난항으로 미국의 대외무역 정책은 양자 간 협상으로 선회하게 된다.

이는 두 가지 상황에서 기인하는 것으로, 첫째, 방금 서술한 바 있는 WTO 및 도하개발아젠다(DDA) 협상의 난항이다. 미국은 우루과이라운드를 통해 농산물, 서비스, 지적재산권을 의제로 추가할 수 있었다. 그러나 구체적인 협상은 DDA를 통해 이루어지도록 되어있었다. 그러나 아직까지도 DDA 협상은 제대로 이루어지지 못하고 있다. 이에 농산물과 서비스, 그리고 지적 재산의 로열티를 통해 더 많은 이윤을 창출할 수 있는 미국에게는 상당히 불만스러운 상황이 지속된 것이다. 이에 미국은 FTA를 통해 난국을 타계하고, FTA 협상의 결과를 이용 이후 DDA 협상에 박차를 가하고자 하는 것으로 볼 수 있다. DDA 협상보다 높은 수위의 FTA가 각 국가별로 체결되면 기존의 DDA보다 더 높은 수위의 DDA 협상 결과를 얻을 수 있기 때문이다. 둘째, 미국은 9.11 이후 새로운 안보 위협을 억제해야 하는 상황에 놓여 있다. 미국은 이미 자신들의 세계화에 발맞출 수 있는 국가와 그렇지 못한 국가들을 분류하고, 후자의 국가들—세계화에 대한 의지가 없거나, 의지는 있어도 시장이나 자원의 부족으로 배제될 수밖에 없는 국가들—을 테러국가로 규정하고 세계 평화를 위협하는 존재로 간주하고 있다. 그러나 미국이 필요하다면 후자의 국가들이라도 폭력적 방법을 동원하여 세계화 질서에 복속시키고 있다. 이라크 전쟁 이후 이라크 경제에 대규모의 사유화 조치가 예정되어 있는 것이 일례라고 할 수 있다.

결국 미국이 추진하고 있는 FTA는 특정 국가를 대상으로 하는 것이기에 차별을 우려한 다른 국가들이 경쟁적으로 미국과 FTA를 맺도록 압박하는 수단으로 작용할 것이다. 또한 많은 국가들이 동시에 참여하여 각국의 상황이 전반적으로 고려되는 다자간 협상과는 다른 양자간 협상인 FTA는 협의 당국인 두 나라의 특수성이 고려되는 전방위적인 경제협약이라고 할 수 있다.

WTO체제는 예전보다 문화시장에 초국적자본의 접근을 용이하도록 만들었지만, 여전히 제약이 많다. 그래서 미국은 국가 대 국가의 자유무역협정

방식으로 문화시장의 완전한 개방을 노리고 있다. 미국은 5개 국가와 자유무역협정을 맺으면서[1] 기존의 문화시장 개방 전략의 일부를 수정하고 있는 것이다. 일반산업과 문화산업을 한꺼번에 개방시키는 것은 무리였고, 반발이 워낙 거셌기 때문이다. 미국이 다른 나라와 맺은 자유무역 협정을 분석한 베르니어(Bernier)에 따르면 시청각 분야를 포함한 문화 분야에서 미국이 맺은 자유무역협정은 다음의 4가지 흐름이 있다.[2]

> 첫째, 내국인 대우 및 시장 접근은 포지티브 리스트(positive list)에서 네거티브 리스트 원리(negative list approach)를 따른다.
> 둘째, 국가보조에 관해서는 자유무역협정에서 다루지 않는다.
> 셋째, 국산 제작 쿼터제를 비롯한 보호 조치의 완전한 철폐를 요구한다.
> 넷째, 디지털 네트워크를 문화보호주의에서 분리시킨다.

이상의 특징들을 정리하면 아날로그적 방식에 기반한 기존의 문화산업보다는 새로운 디지털 네트워크 기술에 기반하고 있는 문화산업에 전략적인 초점이 맞춰져 있음을 알 수 있다. 음악이나 영상물들이 기존의 매체를 통해 유통되는 것이 아닌 인터넷과 같은 디지털 네트워크를 통해 유통될 경우도 GATT의 규정에 따라 일반 재화로 규정되는 것이다. 이제 방송, 통신, 영화와 같은 문화산업과 같은 서비스 분야도 농산물과 같은 기존의 협상 대상과 함께 FTA의 중요한 의제로 떠올랐음을 보여주는 것이다.

## 2. 방송, 통신 서비스시장에서의 개방의 의미

현재 한국의 서비스시장 중 광고시장은 이미 개방된 경우이며, 광고에

---

1) 칠레-2002년, 싱가포르, 중미국가-2003년, 오스트레일리아, 모로코-2004년.
2) 김승수, 「한국문화시장에 대한 미국의 지배전략 연구」, 『한국언론정보학회 봄철학술대회 자료집』, 2006.

비해 방송은 개방의 수위가 다소 낮다. 지상파 방송과 라디오의 경우에 외국 기업의 진입은 금지되어 있고, 전송망사업, 종합유선방송사업, 방송채널사용사업에도 외국인 지분은 49%로 제한되어 있다. 또한 케이블과 위성TV의 외국방송 채널수도 전체의 20% 이내로 제한되어 있는 상황이다. 그러나 이는 국제적인 차원에서 그다지 높은 장벽은 아니다.(<표 1>[3]참고)

그러나 미국 상공회의소는 한국이 방송 서비스에 있어서 강한 규제를 유지하고 있다고 불만을 나타내고 있다. 앞에서 제시한 국내의 방송 개방 수준을 조목조목 따지면서 미국 미디어기업의 접근권의 저해와 투자 위축을 이야기하고 있다. 나아가 한국 국민의 국제적 방송 프로그램에 대한 접근권까지 저해하고 있다고 걱정해주고 있다.

그러나 한미 FTA에서 방송은 뚜렷한 쟁점 사안으로 등장하고 있지 않다. 여기에는 몇 가지 요인이 작용하고 있는 것으로 보인다. 첫째, 미국 자신의 방송시장 개방 수위가 그다지 높지 않다. <표 1>에서 보이는 바와 같이 실제적으로 미국의 방송시장은 외국 자본에 대해서 이중, 삼중의 안전장치를 마련하고 있다. 둘째, 방송, 통신 기술의 발달로 다매체, 다채널을 통한 다양한 유통 경로가 가능해졌기 때문에 무리를 하면서까지 굳이 방송에 매달릴 이유가 없다. 그보다는 오히려 디지털 네트워크에 대한 지적재산권 관련 압력을 강화하는 것이 미국의 입장에서는 이익이 되기 때문이다.

그러나 상황이 이렇다고 해서 방송 분야 개방을 강 건너 불구경하듯 할 수는 없다. 미국은 『2006 국가별 무역 장벽 보고서』에서 한국의 방송시장이 가지고 있는 쿼터제와 소유 지분 제한 등이 문제가 있음을 지적하고 있다. 따라서 이후 FTA 협상이 진행된다면 지상파 방송 소유 지분 철폐를 주장할 수도 있다. 미국의 국내 지상파 방송 진입이 공영방송 중심인 국내 지상파 방송에 엄청난 지각 변동을 가져올 것은 분명하다. 한편으로 이를 포기하는

---

3) 같은 글.

<표 1> 국가의 방송시장 개방 현황

| 국 가 | 외국인 소유규제 |
| --- | --- |
| 오스트레일리아 | 상업방송: 15%. 외국인은 2개 채널의 총합이 20% 이하. 외국인 이사비율은 20% 이하<br>유료방송: 1개사는 20%이하, 복수 채널인 경우는 총합이 35% 이하 |
| 오스트리아 | 지상파방송, 케이블, DBS: 49%이하. 단 EEA 회원국은 내국인으로 취급 |
| 캐나다 | 20%이하. 모기업이나 지주회사는 33.3%이하 |
| 그리스 | 무료 지상파방송: 유럽 연합소속이 아닌 경우 25%까지 가능 |
| 이탈리아 | EU소속 국가에 대한 제한 없음. EU 소속 국가 이외는 국가는 외국으로 취급하고, 상호주의 원칙(reciprocity)을 적용시킴 |
| 일 본 | 지상파방송: 20%이하, 일본 법인을 통한 외자의 간접출자도 20%로 제한<br>직접위성방송에 프로그램을 제공하는 방송사: 20% 이하. 일본 법인을 통한 외자의 간접출자도 20%로 제한<br>직접위성방송에 시설을 제공하는 방송사: 33% |
| 한 국 | 지상파방송: 외국인 지분소유금지<br>케이블: 49% 위성방송: 33% |
| 멕시코 | 지상파방송: 금지<br>MMDS, DBS, 케이블방송: 49% |
| 대 만 | 지상파방송: 20% 미만. 위성방송: 50% 미만 |
| 뉴질랜드 | 100% 완전개방. 다만 외국투자심사위원회(Overseas Investment Commission)의 승인 의무화 |
| 스페인 | 지역TV 또는 라디오: 25%. 단 EU 소속 국가는 제한 없음. 상호주의 원칙을 적용할 때는 규제수준이 높아질 수 있음 |
| 프랑스 | 지상파방송: EU소속국가(의결권주의 49%), 비EU국가(20%이하), 1인 지분 제한은 49%(소유자의 국적은 아무 상관이 없음). 라디오: 20%. 디지털지상파방송: 5개로 채널권 제한 |
| 스위스 | 라디오, TV: 상호주의 원칙 |
| 터 키 | 라디오, TV: 25% |
| 영 국 | 지상파방송: 일간지시장의 20% 이상을 지배하는 회사는 ITV 교차소유금지. Ofcom은 외국인의 지분소유에 대하여 공익성 심사 실시 |
| 미 국 | 외국인은 방송사를 소유할 수 없고, 방송 사업권을 가진 미국기업의 지분을 소유할 수 있음. 그런 경우에도 지분이 20%를 넘을 수 없고, 의결권도 갖지 못함. 모기업이나 지주회사를 통한 간접소유는 25%까지 허용됨. 25% 이상인 경우는 연방통신위원회의 공익성 심사를 받아야 함<br>연방통신법은 TV방송사는 전국 시장의 35% 이상을 점유하지 못함. 이에 따라 지방국 소유가 제한됨<br>케이블방송: 제한 없음 |
| 독 일 | 지상파방송: 방송사 설립은 EU 회원국가에게만 개방. 재정능력보유 의무화. 법적인 규제는 없지만 실제로 외국인의 소유는 불가능 |
| 인 도 | 지상파방송: 외국인, 외국인 공공경영자(파트너)가 있는 회사, 인도에 설립되지 않은 회사의 방송사 소유 및 경영 금지.<br>위성방송: 직접투자는 20%로 제한(경영권은 인도인 주주 또는 인도 기업이 가져야 함)<br>직접 수신 위성방송은 총 외자 지분을 49%로 제한(간접투자 제한)<br>위성뉴스채널은 26%로 제한<br>위성방송채널은 100%로 전면 개방. 다만 외자의 위성방송채널 투자는 정부의 사전 심사를 받아야 함 |
| 중 국 | 완전 금지 |
| 싱가폴 | 3%로 제한 |
| 인도네시아 | 49%로 제한 |
| 슬로박공화국 | 사례별 심의 |

조건으로 보도전문채널이나 종합편성채널을 요구할 가능성도 있다. 또한 방송시장은 다른 시장의 개방을 위한 카드로 사용할 것으로 보인다. 방송을 포기하는 대신 통신이나, 농산물 등에서 유리한 위치를 점하기 위한 방법으로 사용될 가능성이 있다.

또한 전지구적인 지배권 확대를 위해 한국의 여론을 장악할 필요가 있는 미국의 입장에서 여론을 생성하는 방송시장은 중요한 위치를 점하고 있다. 이에 미국의 글로벌 미디어 기업들은 한국의 대기업들 혹은 신문과 연합하여 투자할 가능성이 크다. 삼성은 삼성경제연구소와 같은 산하의 연구기관을 이용 미디어 합병이나 적극적 외자 유치의 타당성에 대한 지지의사를 밝히고 있다. 또한 신문과 방송의 교차소유 등도 찬성하고 있어 미국의 미디어 기업들이 이들과 손잡고 방송을 운영할 경우, 국내 여론의 형성이나 정보의 흐름 등이 이들에 의해 좌지우지될 것은 분명하다.

현재 상황에서 방송이 FTA의 핵심적인 쟁점으로 떠오르지 않는 것은 사안이 가볍기 때문이 아니다. 개방의 여파를 생각하면 방송시장 개방은 '강 건너 불'이 아니라 '태풍의 눈'이다.

통신시장은 방송에 비해 이미 높은 수준으로 개방이 되어있는 상황이다. IMF정국을 돌파하면서 통신산업은 국가정책적 차원에서 장려되었고, 또한 그 과정에서 KT의 정부지분이 모두 매각되면서 엄청난 외국 자본이 국내 통신시장에 흘러들었다. 또한 통신산업의 영향력은 한국사회에서 엄청나게 거대해졌다. 방송, 음악 등의 연예산업은 물론이고 데이터, 인터넷 등의 정보산업에도 통신산업의 영향력이 미치지 않는 곳이 없다. 비단 한국의 상황만이 아니라, 세계화 과정에서 통신 기술의 발달이 미친 영향[4]은 지대하다. 또한 통신산업은 엄청난 자본과 기술력을 필요로 하는 산업이기 때문에, 미국을 중심으로 한 강대국들의 핵심 산업이기도 하다.

---

4) "통신이란 현대적 지구 경제를 이루는 하부구조이다"라는 로버트 졸릭(Robert B. Zoellick) 미국 무역대표부 대표의 말은 이런 의미에서 의미심장하다.

법률상 기간 통신망에 대한 외국인의 직접 소유는 49% 이하로 정해져 있다. 현재 한국의 통신시장을 지배하고 있는 KT와 SKT의 경우 외국인 지분은 이미 47%와 48%로 한계에 달해있다. 이는 결국 단기 수익 집중, 소비자의 가격 부담 상승, 인력 감축과 비정규직 증가와 같은 결과로 나타나고 있다.[5]

이러한 상황에서 미국은 FTA 협상을 통해 ▲기간사업자에 대한 외국인 지분 49%제한을 51%로 완화하거나 철폐할 것 ▲무선사업자를 지배적 사업자 의무 조항 범주에서 제외할 것 ▲지배적 사업자가 설비 보유 의무에 상관없이 상호 접속, 설비 공동 사용 등을 허용할 것을 요구하고 있다.

통신시장의 개방은 그 여파가 단순히 통신시장에만 그치지 않는다. SKT는 위성 DMB인 TU미디어를, KT는 위성방송인 스카이라이프를 운영중이다. 통신시장이 개방될 경우 위성 DMB와, 위성방송시장 역시 개방되는 것과 동일한 효과를 가질 것이다. 또한 현재 국내에서 쟁점이 되고 있는 방송, 통신 융합과 이를 기반으로 한 IP-TV 역시 통신시장 개방의 영향력에서 자유롭지 못하다. 결국 통신시장의 개방은 방송시장의 개장으로까지 이어질 것이며, 미국이 FTA 협상 과정에서 방송보다는 통신에 더욱 역점을 두고 있는 것도 이러한 이유에서 기인한다.

## 3. 부문을 넘어 연대로

비단 방송, 통신 분야뿐만 아니라 한미 FTA 전반을 살펴보면 한미 FTA는 미국의 현재 무역과 투자 자유화 전략에 부합한다는 것을 알 수 있다. 미국의 경제 효과 시뮬레이션 결과 한미 FTA를 통해 미국이 얻을 수 있는 이익은 300억 달러에 이를 것으로 예상된다. 그러나 이러한 숫자상의 득실보다 더

---

5) 전국IT노동조합성명서, 2006. 6. 17.

중요한 것은 한미 FTA가 한국 경제의 신자유주의 개혁을 심화하여 초국적 자본의 활동과 지배력을 강화시킨다는 점이다.

이와 더불어 한미관계 전반에 걸쳐 일어나고 있는 상황도 고려할 필요가 있다. 미국정부와 한국정부가 체결한 경주공동선언에는 북핵공동성명, 이행 합의 추진, 한미 경제협력 강화 등의 내용을 담고 있다. 이후 한국은 주한미군의 전략적 유연성에 동의했고, 그 이후 FTA 협상 개시를 발표했다. 이는 전방위적인 한미 동맹 관계가 형성되고 있는 것을 의미하는 것으로, 초국적자본의 이익을 훼손하는 대상에 대해서는 선제공격도 감행할 수 있다는 미국의 군사적 입장에 대한 간접적인 지지라고도 할 수 있다. 이러한 상황에서 한미 FTA는 경제적, 문화적 차원에서 미국과의 통합을 결정하는 중요한 계기로 작용할 것이다.

따라서 자본의 세계화의 확장 차원에서 한미 FTA를 바라보는 것이 필요하다. 일부 분야에 대한 방어적인 대책 마련도 중요하지만 거시적인 관점에서 문화, 경제, 군사를 아우를 수 있는 대책 마련도 중요하다. 자본의 세계화에 대한 투쟁이 단지 민족 자본을 지키기 위한 싸움으로 전락하지 않기 위해서도 문화와 경제, 그리고 정치적·군사적 측면을 아우를 수 있는 대안 세계화의 필요성이 제기되고 있는 것이다.

1994년 우루과이라운드 협상 타결로 개시된 '농산물수입개방'에 반대하는 농민들의 투쟁은 1998년부터 김대중 정부의 '외국인투자의 대폭 유치'에 바탕을 둔 경제위기 극복전략의 일환으로 시도되기 시작한 '한·일 투자협정'(BIT), '한·미 투자협정'(BIT), '한칠레 FTA' 등 양자간 투자 및 무역 자유화 협정에 반대로 이어졌다. 그러나 각각의 협정 반대는 그 주체가 특정한 부문으로 한정되어 있었다. '한미 FTA 반대투쟁은 스크린쿼터를 지키기 위한 영화인들의 투쟁', '한칠레 FTA는 농산물 수입개방을 저지하기 위한 농민들의 투쟁', '한일 FTA는 자동차 부문 노동자들의 투쟁'이라는 상징이 형성되었다. 다시 말해 피해가 클 것으로 예상되는 산업에 종사하는 부문의 방어투쟁 성격으로 조직되었던 것이다. 이러한 반대가 가지는 한계는 국내에서 점유하고 있는 시장을 지키고 개방의 속도와 일정을 조절하기 위해 피해 산업에 대한 지원을 우선 시행하고 FTA를 신중하게 체결하자고 주장했던 자본의 요구와 차별적인 전망을 제출하기 힘들다. 또한 정부는 한칠레 FTA, 한일 FTA 협상 과정에서 '피해가 두드러지는 계층'의 반발로 협상이 더디게 진행되었던 선례를 반복하지 않기 위해, 향후 10년간 119조원을 쏟아 부어 '농업·농촌 종합대책'을 마련하고, 5년간 4,000억 원 규모의 '한국영화발전기금'을 조성하는 등 FTA 체결로 인한 피해 계층을 지원하는 제도를 마련하겠다고 나서고 있다. 이런 상황에서 FTA 반대가 피해산업에 종사하는 부문의 방어투쟁에 머무른다면 힘을 갖기가 어렵다. 한미 FTA는 금융, 군사, 문화세계화를 동아시아에서 완성하려는 미국의 동아시아 지배전략이다. 결국 한미 FTA를 단순한 국가 대 국가의 무역 협상이나 무역대립으로 볼 것이 아니라, 더 많은 자유화를 위한 자본의 세계화 과정으로 보아야 한다.

이러한 자본의 세계화 과정을 반대하는 전지구적인 사회 운동들로는 '또 다른 세계는 가능하다'는 기치를 내건 세계사회포럼과 이를 계기로 형성된 '세계사회운동총회' 및 '세계사회운동네트워크'를 거쳐 '대안세계화'라는 이념과 합쳐지고 있다. 또한 미국의 군사세계화가 금융세계화를 뒷받침하는 하나의 방편이라는 인식을 공유하면서 국제반전운동과의 결합도 시도하고 있다. 이들은 FTA와 같은 양자간, 지역별 무역협정이 초국적자본의 금융적 팽창을 위한 활동의 영역을 넓히고, 자본이동의 자유화를 완성하는 것을 목표로 하고 있다는 점을 비판한다. 또 이를 위한 협상과정이 세계적인 무역질서 내에서 각국의 민중들이 상호간에 취할 수 있는 실질적인 이득을 놓고 벌어지는 것이 아니라, 세계적인 강탈과 착취의 메커니즘을 새롭게 구축하고 민주의 권리를 파괴하는 과정이라고 비판한다. 그러나 이들의 주장이 단순히 세계적인 교류와 흐름을 막자는 '쇄국'이 아님에 주목할 필요가 있다. 이들은 국제금융과 국제기구들이 주도하는 신자유주의 세계화(위로부터의 세계화)가 아니라 운동의 국제주의(아래로부터의 세계화)를 옹호하고 있기 때문이다.[6]

방송과 통신 영역이 FTA에서 핵심적인 쟁점 사안으로 떠오르지 않았다고 해서 그 여파를 간과할 수는 없다. 방송과 통신은 한미 FTA를 완성시키는 종착지로 작용할 가능성이 크다. 따라서 쟁점화가 이루어진 뒤의 대책 마련은 때늦은 후회를 낳을 뿐이다.

FTA가 자본의 세계화가 직면한 위기에서 비롯된 것임을 우리는 알고 있다. 미국적 문화의 세계화에 반대하는 다양한 문화적 실천들이 이러한 위기를 조성하는 데 중요한 역할을 담당하고 있다는 것도 알고 있다. 따라서 이제 필요한 것은 FTA를 통해 예상되는 피해 산업에 대한 단순한 사후적 지원을 얻기 위한 반대나 투쟁이 아니라 다양한 대안적 세계화 운동과의 연대일 것이다.

---

6) 류미경,「대안세계화운동과 한미FTA 반대투쟁」,『사회운동』, 2006년 6월호. http://www.movements. or.kr/bbs/view.php?board=journal&id=1549.

# 한국 안의 아시아 문화연구의 현재

## 기획특집

인터-아시아 문화연구와 한국 문화연구,
그 정치적 이론적 그리고 역사적 선회/ 백원담
한국 내 '아시아 문화연구'의 현황 및 의미/ 이종임
문화 태풍의 현장에서—2006 컬츄럴 타이푼 관람기/ 히라타 유키에

# 기획특집

최근 인터-아시아 문화연구를 표방하는 단체들이 등장하기도 하고, 아시아라는 지역을 대상으로 삼은 문화연구들이 많아지고 있으며, 그와 관련된 교류 행사도 잦아지고 있다. 일단 한국이라는 일국 중심의 문화연구에서 벗어나, 아시아라는 지역적 틀로 사고하는 것은 긍정적인 현상이다. 아시아(특히 동아시아)는 세계적인 지역 재편에서 정치적 경제적 사회적, 그리고 문화적으로 운명공동체로 결합될 것이 분명해 보이기 때문이다.

그러나 아직까지 이러한 아시아 문화연구가 많은 연구자들에게나 대중들에게 익숙한 것은 아닐 것이다. 인터-아시아 문화연구는 일부 연구자들의 색다른 관심쯤으로 치부되고 있는 것이 현실이다. 또는 한류라는 뜻밖의 현상이 빚어낸 새로운 시장 개척을 위한 상품화된 연구로 오해 받을 수도 있을 것이다.

이러한 오해가 사실이 되지 않기 위해서는 인터-아시아 문화연구도 단순히 지역적 관심인 인터-아시아가 아닌 '문화연구'에 방점을 찍어야 할 것이다. 현재 한국 내에서 가장 인터-아시아 문화연구에 활발한 활동을 펼치는 백원담은 자신의 성찰적인 글을 통해 인터-아시아 문화연구 역시 정치적이고 실천적이어야 함을 역설한다. 또한 이종임의 글을 통해서는 현재 한국 내 아시아 문화연구의 현황과 의미에 대해서 대략적으로 파악할 수 있을 것이다. 게다가 히라타 유키에의 2006 컬츄럴 타이푼 관람기를 통해 실제 아시아 문화연구자들이 어떻게 모여서 논의하고 있는지를 간접적으로나마 살펴볼 수 있을 것이다.

인터-아시아 문화연구가 결코 유행이 아닌 지속적인 움직임이기를 바란다. 그래서 이 기획이 관심있는 독자들의 흥미를 자극하여, 한국 내 아시아 문화연구의 담론이 보다 활성화되길 기대해본다.

# 인터_아시아 문화연구와 한국 문화연구, 그 정치적 이론적 그리고 역사적 선회

백원담(성공회대 중어중국학과)

> …
> 늙고 검게 찌든 얼굴의 시인 듀앗은
> 두손을 모두어 치켜들고, 환호하며
> 동지들을 맞듯 남한의 작가일행을 맞았다.
> 열렬히, 만면에 웃음을 띠며 그는
> 혁명의 열기를 증거했으나
> 혁명의 열기가 주책으로 되어버린 남한의 시대도 증거했다.
> '베트남 사람들은 손님대접이 후하지, 사실 물산도 풍부한 나라고…더군다나 외국손님 접대는'
> …
> 나의 민족주의는 여기서 끝나지 않는다.
>
> Korea 風 연회가 끝나자 미세스 호아는 신세대
> 오토바이를 타고 헤드마스크를 쓰고 붕붕,
> 인적이 드문 곳에서 술꾼들이 흥청대는
> 구역으로 사라진다. 언뜻 어깨가 들먹댄다.
> 기혼의 그녀를, 베트남의 살림을 따라가고 싶었다.
> —김정환, 미안하고, 비 오고, 아름다운 날, 〈3중주, 하노이-서울시편 6〉

## 1. 회억

2005년 2월 광주 아시아문화심포지엄, 광주문화중심도시 건설을 포고하는 자리에 아시아 문화연구자들이 한편에 불편함과 다른 한편에 일상화된 국제토론마당의 자연스러움으로 열 지어 모여들었다. 개회식과 문화공연이 끝나고 저녁 먹는 자리, 주최측의 관변치레가 세계적인, 세계도처에서 불려온 학자를 호명하여 일으켜 세워놓은 뒤에야 주섬주섬 식사줄이 이어지고, 왁자지껄 접시들이 삼삼오오 짝을 이루어 이른바 '연대의 밤'이 깊어가는데 그 무리지움의 희한한 양상이라니. 영어가 행사의 주류언어로 위세가 높은 가운데 중국에서 온 친구들은 내 곁에 서성이거나 졸졸 따라다니고, 인터-아시아 관련 문화연구진들은 한 탁자에 앉아 웃음소리가 높은데, 다음날 토론 한 마당을 함께 꾸릴 입장에서 사전논의도 필요하고 편 가르기 식으로 앉은 형세가 정히 켕겨서 다가가려 해도 유창하고 유감없는 영어가 투명유리로 두텁게 담장을 치니 이 어지간한 배짱으로도 건너갈 수 없는 난감지경.

　토론마당을 조직한 이동연 선생이 안절부절 두 탁자 사이를 부지런히 오갔지만, 중화권과 영미권의 소원한 거리에 어느 누구도 다리 놓아 말 건네기 할 염을 내지 못하고 나 역시 어색하게 'See you tomorrow'를 우물거리며 빠져나오는 길, 차라리 사창가 정육점 불빛이라면 절박해 보였을지 몰라. 그날 밤길로 찾아가면 날카롭게 빛나던 노동의 단꿈들은 다 어디로 갔는지, 텅빈 하남공단엔 온통 난개발로 들어선 러브호텔 네온사인이 천박한 유곽의 눈짓을 애절하도록 깜빡이는데, 혁명광주, 노동의 반란, 한바탕 걸퍼지게 놀아난 맘판이었다면 이 지경엔 그 파흥의 끝자락이라도 마지막 용트림으로 들춰보일 수는 있을 터, 그처럼 철저하게 박살이 나는 것도 모자라 저리 화냥질에 분탕을 쳐도 문화는 이루어진다고, 다음날 무리 없이 행사는 끝났고 발표비, 토론비를 받아가라는 확성기의 영어발음이 한껏 고조되는 가운데 우리들은 너나없이 또 줄을 지었었다.


## 2. 연성화


　최근 민족국가의 경계를 넘어 아시아와의 접속이 다각도로 이루어지고

있다. 특히 대한민국은 국제회의중이라고 해도 과언이 아닐 만큼 학계는
물론 정부부처, 재계, 시민사회단체에 이르기까지 국가사회 전체가 헤벌쩍
문을 열고 아시아 혹은 세계와 마주 앉아있거나 쉴새없이 들락거리는 형국
이다. 그런 가운데 한류의 파고와 더불어 학계에서는 전문 문화연구 진용은
물론하고 정치학, 경제학, 사회학, 지역학, 언론학, 인류학 할 것 없이 국가사
회의 도저한 기대감 속에서 자본의 회로를 따라 넘어가는 문화상품과 소비
로 넘나드는 문화월경을 말뜸(화두)삼아 들썩이느라 상당한 시간과 돈, 정력
을 소진하고 있다. 21세기에 돌연한 한류의 문화현상이 화제라지만, 이 세계
와 접속하느라 너나없이 나서는 국가사회와 학계의 야단법석 상황이나 한
류현상을 진단한다고 온갖 학자·문사가 다 나서서 떠벌이는 기이한 진경
이야말로 그대로 맞춤한 문화연구감이라 하지 않을 수 없겠다.

　이 지점에서 우리 사회의 학문지형이 빠르게 변화되고 있는 광경을 쉽게
포착할 수 있다. 문화연구의 전진배치와 학제간 경계를 무너뜨린 지역학의
위세라 할까. 그런데 이것은 10여년 전 현실사회주의의 패퇴와 함께 인류의
진보지향이 벼랑 끝에 내몰리고 있던 즈음, 돌연 문화연구와 지역학이 국가
사회를 풍미하는 가운데 이어서 인문학의 위기가 격론되던 시절로 시계를
거꾸로 돌려놓고 되짚어와 보면 이 문화연구의 전열화(前列化)와 지역학의
성황으로 집약되는 학문지형의 변화는 그 십년 세월의 세파, IMF 금융위기
와 신자유주의 세계화의 무작위한 관철로 인한 전세계적이고 국가적인 산
업과 노동의 구조조정, 고부가가치산업인 문화산업과 정보산업의 약진 그
리고 글로벌 스탠더드로 노동을 비롯하여 모든 것을 유연화·연성화시켜
버린 사실과 결코 무관하지 않음을 확인하게 된다. 문화와 정보는 극심한
자본화의 일로에 있고, 다른 한편 노동하는 삶과 연구하는 행위 모두가 전천
후가 되지 않으면 안 되는 세상, 영어가 ESL로 어느 나라 지역사회를 막론하
고 제2언어로 등극하여 활개를 치는 가운데 학문연구는 이 도저한 문화의
세계화와 글로컬라이제이션에 어떤 식으로든 적응과 대응을 하지 않으면

안 되는 그야말로 '변신하는 인형'으로 작동을 강요당하며 적자생존의 자본
논리를 새삼 육화하고 있는 와중인 것이다.

그런 점에서 다른 학문영역의 문화연구로의 입질 혹은 방향선회 그리고
국민국가 경계를 넘은 지역 혹은 세계와의 접속은 그야말로 생존을 위한
자구적 돌파 차원에서 긍정적으로 이해될 수 있는데, 그렇다면 역으로 문화
연구와 지역학은 뜨는 학문이 아니라 자기영역의 체질변화, 연성화를 하지
않으면 안 되는 현실을 여실하게 입증하고 있는 셈이 되겠다. 요컨대 문화연
구의 지역화, 지역학의 문화화가 다급하게 결속하는 결행이 아니라 이 도저
한 추세를 추수하느라 비지땀을 흘리고 있는 형국으로, 다만 이 모든 행로를
세계사의 변화추이로 놓고 본다면 문화의 본질상 주체화라는 자기정체성을
절박하게 개진하고 있는 한편이 있는 것으로 최소한의 의미를 건져내야
하지 않을까 한다.

예컨대 오늘의 한국 문화연구가 대중문화를 중요하게 연구대상화하는
것은 스튜어트 홀의 개념화에서처럼 대중문화가 '동의와 저항의 영역'으로,
'부분적으로 헤게모니가 발생하고 확보되는 영역, 사회주의, 사회주의문화-
이미 완전히 형성되나 단순히' '표현된 영역이 아니라, 사회주의가 구성될
수 있는 과정의 공간으로서 대중문화가 중요해지는', 문화를 정치적으로
생각하는 홀의 견해를 전적으로 체화하고 있다고는 할 수 없어도 그 '동의와
저항'의 양가성을 게시해내는 것의 의미를 적극적으로 안고 있다고 해명해
놓을 필요가 있다는 것이다.

개인적으로는 학문에 입문한 이후 외국문학 연구에서 지역학으로 문화연
구로 자기전화해 오는 과정이 '관악기처럼 우주의 안개를 빨아들이기', 착종
된 세상에 대한 안계를 세우려 헤매다 보니 바닥도 기고 엎어지고 깨지며
짚어짚어 겨우 두 무릎을 세우고 더듬이를 움직일 수 있는 단계에 이르러
계급이 아닌 광범한 대중과의 접점에서 주체동력 형성과 경로 문제를 새롭
게 세워온 것으로 안도하거니와 그러나 돌아보니 내 '사상의 저울'에 어느새

계급의 눈금이 흐려진 오늘에 경악하며 이데올로기투쟁의 예각을 다시 곤두세우지 않으면 안 되는 위기감에 문화의 세계화와 노동의 연성화·유연화의 문제를 다시 안아들고 어떤 박투 속으로 나의 과거와 현재의 행로를 몰아가고 있는 중으로 토로하고자 한다. 다시 말해서 나 자신이 이 자본의 광활한 세계경영 속에서 지구화와 지역화가 일방적으로 속출(續出)해내는 국민국가 단위 혹은 지역 범주에서의 피해 양상을 문화의 세계화문제와 함께 집요하게 좇으면서도, 또 북핵의 위기상황으로 집약되는 한반도문제의 절박함, 그것의 궁극적 해결을 위해 지역적 풀이과정을 구도하는 가운데, 남북경제협력에 따른 남북계서화의 문제에 봉착, 새로운 민족적 위기의 해결경로를 민간사회의 광범한 동의를 아울러가는 아래로부터의 조직화를 통한 문화기획으로 구체화해 가고자 하지만, 그것이 갖는 우회성, 측면돌파의 한계에 계급의 눈금을 정확하게 들이대고 이데올로기쟁투를 전개해가는 문제에 적잖은 부담을 안고 있는 현실을 고백하는 것이다. 물론 한류라는 월경하는 대중문화의 파죽지세를 연구대상화한 것은 대중문화의 동의와 저항의 측면을 동시에 보아내며 문화의 중요성, 홀이 그러했듯이 발달된 미디어매체가 그것이 반영하는 사물들의 형성 및 구성에서 일정한 역할을 담당하고 있다는 것을 새삼 이해한 시점에서였다.

그렇다면 나는 자문한다. 과연 문화는 민족, 젠더, 세대 및 계급 수준에 따라 불균등하게 구분된 자본주의 산업사회에서 이러한 구분이 자리잡고 경쟁하는 주요한 영역의 하나로서 지배집단들의 관심을 불러일으키는 피지배집단들의 의미부여에 대한 저항의 시도라는 의미를 넘어서서, 지속적인 투쟁을 확보하는 영역[1]이 될 것인가. 이것이 문화를 이데올로기적으로 만드는 지점이라면 한국의 문화연구 혹은 국경을 넘어선 인터-아시아 문화연구는 그 이데올로기성을 얼마나 확보하고 있는 것인가. 신자유주의 이데올로

---

1) 존 스토리, 『문화 연구란 무엇인가?』, 백선기 역, 커뮤니케이션북스, 2000, 27-28쪽.

기 문맥 속에 여실하게 자기족적을 드러내는 문화선회의 학문연구들은 문화의 세계화와 노동의 유연화라는 문제의 심연에 얼마나 발을 깊게 담그고 위로부터의 계급투쟁, 그 광범한 프롤레타리아화(여성노동의 보다 심각한 유연화와 농민의 임금노동자화, 국경을 넘는 노동이동 포함)와 문화상품의 월경에 대응한 이데올로기전선에 서있는 것인가.

최근의 미디어 문화연구가 자본의 전지구화시대에 문화적 정체성의 구성 문제에 집중되어 있고, 그 속에서 미디어의 역할을 이해하기 위한 새로운 길을 열어내기 위해 문화횡단적(transcultural) 미디어연구와, 학제간(trans disciplinary) 담론의 결합을 통한 지리학적 영역, 역사적 시기, 미디어갈래(TV, 음악, 인터넷, 영화, 인쇄산업 등)로부터 광역한 주제들을 잡아내고, 역사적 텍스트적 인류학적 방법론을 조화시키는 방향으로 나아가는 것[2]은 위의 문제와 무관하지 않을 것이다. 그러나 여기서 보다 중요한 것은 문화적 정체성 구성에 있어서 주체의 문제, 대중으로부터 계급으로의 문제적 심화가 일국단위를 넘어 지역적 세계적 차원에서의 노동과 결혼에 의한 이동문제와 함께 국민국가를 넘는 문화월경의 다변화 속에서 새롭게 이루어져야 한다는 것이다. 이는 '차이'와 '다양성'의 탈식민적 문제틀을 넘어 이데올로기적 전선 설치 속에서 문화적 정체성이 건구(建構)되는 것임을 분명히 하기 위함이다.

## 3. 정치적 이론적 선회 문제

유선영은 "문화연구가 다시금 지배블록의 헤게모니 공고화를 문제적 현

---

2) 물론 다음과 같은 연구성과들에서 확인되듯이 새로운 전환이라기보다는 사회학·역사학·인류학·문학 분야를 가로지르면서 학제간 연구로 발전해온 원산지 버밍엄의 수정맑시스트 문화 연구의 확장·진전으로 볼 수 있는 측면이 강하다. Natha Gentz and Stefan Kramer, eds., *Globalization, Cultural Identities, And Media Representations*, State University of New York Press, 2006; Shirley Geok-Lin Lim, Larry E.Smith, and Wimal Dissanayake, eds., *Transnational Asia Pacific: Gender, Culture, and The Public Sphere*, University of Illinois Press, 1999.

상으로 재구성하고, 분석을 위해 계급적대를 포함해 다양한 사회적 적대, 헤게모니, 절합(節合, articulation) 등 본래의 문화연구 문제틀로 정치적 및 이론적으로 선회할 것"3)을 주장한 바 있다. 일군의 문화연구자들이 미디어 문화연구가 지난 10년 안팎의 짧은 기간에 보여 준 궤적과 성과를 비판적으로 성찰하면서 이론과 실천의 부재 또는 결핍에 대한 일종의 자책을 시도하면서 정체성을 모색하기에 이르렀는데 거기서 무엇보다 절실한 것은 문화연구의 정치적 이론적 선회라는 것이 유선영의 주장이다. 여기서 우선 우리나라에서 1990년대 중반에 등장한 문화연구의 태생적 배경을 놓고 "'중요한 문화적 실천'이 문화연구를 직접 지칭하는 것은 아니라 하더라도 그 시점에서 비판 패러다임의 문제틀과 이론적 지향점을 계승, 발전시킬 수 있는 대안이 문화연구 외에 달리 없었음"4)으로 해명하는 것의 문제는 90년대 한국사회운동의 성찰적 제고와 함께 보다 본격적으로 제기되지 않으면 안 되는 부분이므로 이 지면을 통해 여기서 전면적으로 쟁론하기 어려운 측면이 있다. 다만 일단 두 가지 문제, 비판패러다임의 문제틀과 이론적 지향점을 계승, 발전시킬 수 있는 대안이 문화연구 외에 달리 없었는가 하는 것과, 문화연구가 문화적 실천의 방향선회가 아니라 보다 박진하게 한국사회의 문제열에 파고들어갈 여지는 없었는가의 문제는 지적해두고 가고자 한다.

90년대 중반에 접어드는 시점이라면 노동미디어와 현장에서의 문화실천들은 더욱 많은 문화인력과 광범한 접점의 형성을 촉구하고 있었을 뿐 아니라, 현장에서의 문화활동들이 초기 확산에서 심화단계로 넘어가고 있었던 시점이다. 거기서 한편으로는 사회구성체논쟁의 심화와 『이론』지를 통한 맑스주의 패러다임의 확장이 구도되고, 다른 한편으로는 1995년 1월 전노협(전국노조협의회)을 계승한 민주노조전국총연합 이른

---

3) 유선영, 「한국 미디어 문화 연구의 자기성찰과 또 다른 선회」, 『프로그램/텍스트』 10호, 2004.
4) 같은 글.

바 민주노총의 창설을 계기로 『현장에서 미래를』, 『노동전선』 등 많은 노동매체들이 학계에 의존한 형태가 아니라 학계의 전진배치를 요구하며 노동자 정치세력화의 문제를 화두로 현장과 이론의 실천적 절합 속에서 새로운 실천이론과 운동풍토를 모색하던 시기이다. 이 시기에 특히 신병현과 현장문화활동가 등이 진행하던 기업문화연구와 이에 대응하는 노동자문화운동의 이론적 정립과 현장문화활동에 대한 개입을 통한 새로운 문화실천의 지평, 신자유주의 정치이데올로기에 대응한 이데올로기전선의 설치 등 80년대 현장문화운동을 중심으로 한 문화실천들의 역사적 맥락에 분명한 뿌리를 두고, 새로운 상황에 걸맞는 본격적인 이데올로기 투쟁의 전선과 노동문화의 지평을 열어가고자 했던 노력은 주목해두지 않으면 안 되는 것이다.[5] 흔히 전선이 약화 혹은 실종되었다고 회자되는 90년대 중반이 실제로는 계급운동의 새로운 전화와 함께 문화적 실천의 전진적 조직화가 실질적으로 촉구되었던 시기였음을 재차 상기해두어야 하는 것이다.

> 80년 광주민중항쟁, 그리고 87년 6월항쟁과 노동자대투쟁 이후 10여년에 걸쳐 전개된 운동과정에서 정립되어 왔던 노동자·민중운동의 자기정체성, 현실변혁의 무기와 수단으로 작용했던 문화예술운동과 운동적 삶으로서 '운동문화'의 현실적 문제들을 진단하면서 현단계에 필요한 과제들을 제시하고자…여기서 특별히 운동문화의 문제를 노동자·민중 문예운동과 다른 측면에서 다루고자 한 계기는 문화예술에 대한 현실운동 전반에 깔려있는 난맥상 때문이다. 즉 노동자·민중의 생활과 삶의 근저를 이루고 있는 문화적 토양 속에서 현실적 삶을 반영하며 참여와 변화의 무기와 수단을 창조하는 역할을 하는 부분으로서의 '문화예술운동'(즉 창작 등 생산활동을 주된 임무로 설정하는 문예운동)과 전체운동에서 여타 운동주체들에 의해서 만들어지고, 수용·교통되는

---

5) 이런 모색들은 21세기에 들어서도 지속적으로 전개되어 왔다. 다음의 성과들은 그 지속성을 예증한다. 신병현, 『작업장문화와 노동조합』, 현장에서 미래를, 2000; 신병현, 『노동자문화론』, 현장에서 미래를, 2001; 신병현, 「노동자문화와 노동자 조직」, 『진보평론』 14호, 2002년 겨울.

제반의 문화적 기제와 실천요소들이, 제대로 호흡되지 못하고 있다는 상황인식 때문이다.6)

위의 제기는 한편으로 자본의 전사회적 관철력이 두드러지면서 자본측이 기업문화운동이라는 신경영공세로 작업장 안팎에서 노동자들의 의식과 삶에서 나오는 실천적 저항의지를 파괴하고 자본과 지배권력에 대한 능동적 협조주의를 유도하는 가운데 노동자 민중운동 조직과 문화예술운동의 바탕이 이러한 변화의 과정에서 무력하게 잠식당하고 있는 상황, 다른 한편으로 민주노총의 등장에 의해 산별시대가 도래하면서 노동자의 계급적 동질성에 기반한 자기정체성의 확보와 세력화를 추동하기 위해 기업별 구조의 노조 조직을 업종별·산업별로 구조·재편하는 과정에서 노동자연대 및 교류양식의 변화가 추상적 당위에서만 운위될 뿐 기업별주의의 실천적 극복이 이루어지지 못하는 국면에서 노동자의 정체성 확인과 정치세력화의 전진을 촉구해야 하는 상황, 그 두 가지의 당면현실에서 노동대중은 물론 운동집단에게서도 일상적 활동계기 속에 이데올로기투쟁의 차원을 확보하고 진정한 노동자적 삶을 향유하는 방식과 가치로서 문화예술의 의미를 안으려는 자구적 노력의 소산이다.

미디어를 둘러싼 사회 문화적 맥락과 문화적 실천에 의미를 부여하는 방향 전환이 이뤄지면서 1994·1995년 『언론과 사회』를 통해 강명구, 김창남, 김응숙, 주창윤, 윤선희, 이수연, 전규찬 등의 작업이 하나의 학문영역으로서 문화연구의 존재를 알리게 된다. 이는 바꿔 말하면 (미디어) 문화연구가 정치적으로는 민주화투쟁이, 경제적으로는 반자본주의투쟁이 풍미하던 1980년대의 이론적·실천적 유산을 직접적으로 계승하지 못한 상태에서, 동구권의 몰락으로 비판의 에너지가 쇠미해 가는 일종의 지적 공황상태에서, 1990년대 중반 신세대중심의 포스트모던담론이 확산되던 시기에 비로소 그 형체를 드러냈음을 의미한다.7)

---

6) 김철호, 「산별시대, 노동자문화의 현주소와 과제」, 『노동전선』 통권 24호, 1997. 6, 70-71쪽.

문화연구 진용의 '미디어 문화연구'라는 자기규정이 버밍엄학파 등 원산지 문화연구에 대한 긴장감과 불안감의 표현이면서 동시에 문화연구의 한 분파나 갈래로 인준 받는 출생증명서, 실증주의와 구조주의에 경도된 언론학의 주류패러다임과 대척점에 서서 비판적 실천을 지향하는 문화연구의 한 갈래임을 주장할 수 있는 것, 그런 점에서 '미디어 문화연구'라는 경계설정이 사회과학의 한 지류로 발전해온 언론학에 대한 거리두기이고, 차별화이면서 동시에 그 안에서 안주하고자 하는 자의식의 표현이라는 유선영의 성찰적 되비치기는 문화연구의 학문적 자리매김이라는 측면에서 명쾌한 해명이다. 이는 한국적 문화연구의 정체성 찾기를 위해 문화연구의 진전을 역사의 문맥 속에 놓고자 하는 노력의 소산일 것이다. 그런데 1980년대의 이론적·실천적 유산의 직접적 계승이 이루어지지 못한 채 지적 공황의 상태에서 포스트담론이 확산되던 시기에 형체를 드러낸 한국의 (미디어)문화연구의 태생적 한계에 대해서는 그 역사적 인식론적 단절이 의도적이었는가의 문제와 한계적이나마 계승의 측면8)이 보다 구체적으로 해명될 필요가 있을 것이다. 여기서 지적하고 싶은 것은 한국에서의 문화연구가 1990년 중반 태생이라고 할 때, 그 10년의 도정 속에서 새로이 역사적 이데올로기적 맥락을 되찾아야 한다는 결론에 동의했을 때 남는 문제가 하나 더 있다는 것이다.

사회학·역사학·인류학·문학 분야를 가로지르면서 학제간연구로 발전해 온 원산지, 버밍엄의 수정맑시스트 문화연구에 대해 긴장감과 불안감을 표현 혹은 그것들이 내재해온 만큼 한국적 혹은 아시아적 문화연구의

---

7) 유선영, 앞의 글.

8) 강명구, 「한국 노동계급 문화의 담론」, 『이론』 7호, 1993년 겨울. 강명구는 이 글에서 한국사회 구성체논쟁의 국면이 정치적·경제적 측면에 치중되어 있어 문화적 차원으로의 문제인식의 전화를 시도하고자 노동자의 문화상태를 점검하는 가운데 문화적 실천 경로를 모색하고 있다. 강내희·심광현 등에 의해 1992년 여름 창간되어 2006년 겨울호까지 통권 48권에 이르는 『문화/과학』 또한 초기 알튀세르의 영향 아래 이론적 모색으로부터 현실문화현상 연구와 시민문화단체(문화연대)의 구성을 통한 국가단위 문화정책에 대한 개입 등의 작업도 주목할 만하다.

새로운 정체성 모색에서 아시아에서 문화의 의미망이 그 역사와 현재가 여전히 괄호 안에 닫혀있거나 인식되지 못하고 있는 측면이 그것이다. 태생적 한계를 가지고 태어난 문화연구가 안고온 '인문학적 지식자본의 결여로 인한 내면의 긴장감과 불안감'은 과연 버밍엄학파의 지적 실천적 축적에 대한 것이기만 한 것인가? 한국적 혹은 아시아적 문화전통 혹은 전통화의 문제, 그런 점에서 한국적 아시아적 문화정체성의 구성문제에 오늘의 문화연구는 얼마나 대면하여온 것인가?

> 매스미디어라는 제도화된 문화 기관/산업의 매개를 통해 구성된 현실/현상을 분석과 비판의 대상으로 한정하는 경계획정은 미디어문화 연구자의 학문적 정체성을 구성하는 효과를 내지만 달리 보면 사회 내 제 관계들(계급, 인종, 젠더, 계층) 간의 헤게모니투쟁에서 역할을 담당하는 실천적이고 유기적인 지식인으로서의 입장과 문제설정은 국지화·파편화될 수밖에 없음을 의미한다. '미디어를 매개로 한 문화현상에 대한 연구'로 인식 관심과 문제틀이 좁혀지면서 미디어 바깥의 구조적 문제나 미디어텍스트 이외의 분석대상은 자연 사각지대에 놓인 것이다.[9]

미디어가 모든 문제적 현상의 중심에 서게 되는 것을 유선영은 문화연구의 매체중심주의로 규정하고, 1990년대 들어 더욱 현저해진 매체중심주의가 『한국언론학보』와 『언론과 사회』를 중심으로 영미 문화연구 텍스트들을 통해 이론 및 개념, 방법론적인 논점들을 개괄하고 자신의 해석을 보완하는 갈래와 영미 문화연구의 이론 및 개념들을 빌려 한국 대중문화 텍스트들—그 중에서 특히 TV드라마—또는 수용양태를 분석하면서 방법론적으로는 소집단 인터뷰에 의존하는 것을 비판적으로 통찰한 바 있다. 그리고 한국 문화연구지형을 역사화된 문화연구(강명구·유선영·마동훈), 식민지 근

---

9) 유선영, 「흩눈 정체성의 역사: 한국문화현상분석을 위한 개념틀 연구」, 『한국언론학보』 제 43-2호, 1998년 겨울.

대성 안에서 배태된 한국적 공론장의 형태와 구성과정(이상길), 문화지식인의 연대를 통한 공공문화운동(원용진), 현실문화 현장에의 참여(김창남), 문화생태론(전규찬) 등의 갈래로 그려내고 있다. 유선영은 이러한 실천적으로 전진된 다원화된 지형에도 불구하고 한국의 문화연구가 아직 다수는 매스미디어의 텍스트, 수용연구에 편중되어 있고 지배블록의 헤게모니가 보다 공고하게 구축되는 상황에서 자본주의 사회구성체 내부의 모순과 적대관계를 둘러싼 헤게모니투쟁, 이데올로기의 절합에 대한 관심은 빠져있다는 것을 고민한다. 그의 해결책은 세 가지 지점에서 포착된다. 보수언론을 한 축으로 한 지배블록의 헤게모니를 문화연구자의 관점에서 다시 분석, 해석하는 것, 그리고 다른 하나는 스튜어트 홀을 제대로 가져와서 소비(해독실천) 분석을 통해 대중의 주체성, 능동성을 저항으로 읽음으로써 거대 자본, 제도, 이데올로기 기구들에 대항하는 민중의 일상적인 문화실천에 내재된 저항성을 부각시키는 것, 그리고 절합분석의 외면과 절합과정의 삭제 등이 그것이다.

절합분석은 헤게모니 구성과정에 관여하는 국가(정부), 자본, 이데올로기 기구들, 미디어, 아카데미아, 대중 등의 개입 양상과 변화의 국면을 드러냄으로써 문화연구가 '소비/수용'의 결과적 국면에만 편중되는 한계에서 벗어나게 해줄 수 있음에도 우리는 절합과정을 외면…절합은 이론으로만 존재할 뿐 현실분석에서 삭제됨으로써 문화연구의 비정치성, 무비판성을 증폭…그 결과 미디어 문화 연구는 자본/생산의 문제 틀에서 벗어났을 뿐만 아니라 한국사회 지배블록에서 여전히 중요한 국가권력도 쟁점에서 빠뜨렸다…절합과정의 삭제는 결과적으로 헤게모니개념을 우리의 관심사에서 밀어낸 것과 함께 진행된 과정이다. 대신 우리는 푸코의 '권력'개념을 끌어들여 사회의 모든 층위와 수준에 너무 광범위하게 산포되어 있어서 실체가 모호한 적과의 가상의 전선을 형성하고는 유유자적했다…실제로 이 권력과 권력의 장치들이 한국에서 어떻게 구축되고, 행사되고, 동의되며, 작동하는 방식에 대한 분석은 하지 않았기 때문이다.10)

　이러한 비판적 인식 속에서 유선영이 도달하는 결론은 사회변혁을 지향하는 문화연구라면 문화연구자는 문화게릴라여야 한다는 것이다. 그리고 게릴라의 전투방식으로 소그룹 단위의 연대/네트워크를 형성하고 이 소그룹들이 지속적으로 전선을 형성하면서 진지를 만들고 치고 빠지는 식, 공통의 관심사와 지향성을 가진 문화연구자들이 모여 문화연구진영(cultural studies camp)을 만들고, 쟁점과 이슈별로 소그룹 연구회를 배치하며, 각 연구회는 공통의 문제를 각기 다른 국면, 각도에서 접근하는 집단 작업방식을 택함으로써 '치고 빠지되 효과는 큰' 전략을 수행할 필요가 있다는 것을 역설한다.

　유선영의 이러한 문제제기는 최근 국민국가의 경계 밖으로의 문화월경의 흐름 속에서 일국단위를 넘어 문화연구의 전열이 재정비되는 과정으로 한 표출이 이루어지고 있는 가운데 형식적으로는 어떤 해결과정이 조직화되는 것으로 파악된다. 예컨대 한국 문화연구자 네트워크(IKCS)가 정보의 공유와 소통 차원에서 구성되고, 국내외 문화연구의 담론활동이 공유되고, 함께 모색되는 단초를 마련한 것이 그것이다.[11] 아울러 대만의 천꽝싱과 태국의 우본라트, 싱가포르의 추아 벙 후앝, 일본, 홍콩과 김소영을 비롯한 한국 문화연구자들이 연계하는 인터-아시아의 지속적 관여, '수유＋연구공간 너머'가 일본과 중국, 미국 등지로 이론연계를 시도하는 것, 성공회대 동아시아연구소와 동아시아문화공동체포럼이 아시아라는 지역범주에서 전개하는 학문과 문화의 연대실천진지를 조성해가는 것 등이 주목되는 바이다. 물론 이들 움직임들이 이데올로기 전선을 설치하는 수준으로까지 역량을 담지하고 스스로를 전진 배치시키고 있는 수준이라고는 볼 수 없다.

　내용적으로는 '문화연대'를 중심으로 한 정책적 개입[12]의 문제를 점검

---

10) 같은 글.
11) IKCS Google Groups 참조.

하면서 문화연구의 실질적 논의선상에 올리는 작업이 필요한 단계에 있고, 최근 문화연구의 역사적 현실적 맥락을 찾아 성과를 이룬 연구들을 함께 탐토해보는 것이 요청되는 단계이다. 예컨대 신현준이『한국 팝의 고고학』13)을 통한 대중문화의 역사를 동아시아·아시아·세계의 지평 속에서 근대적 국민국가의 형성과 문화의 구성맥락에서 다시 쓰기하는 작업, 주변국가 문화연구진과 해당국가의 문화구성과정을 특정한 대중문화흐름의 지역적 선색을 조직화함으로써 수행해내는 작업14)과 성공회대 동아시아연구소에서 진행하는 냉전 동아시아에서의 국민국가 형성과 문화구성 연구를 지역적 연계 속에서 진행하는 것의 아시아·동아시아 문화정체성 구성의 역사화작업, 한편 백원담의『동아시아의 문화선택 한류』,15) 김현미의『글로벌 시대의 문화번역』16)에서 시도하고 있는 바와 같이 글로벌 시대, 문화월경을 비롯한 광범한 대중의 생활세계의 지역적 지구적 확장 속에서 새로운 문화정체성의 구성문제를 자본과 권력의 전 지구화·지역화 추세와 함께 검토해보는 논의들이 던지는 문제인식을 공유하고 쟁론하는 가운데 새로운 실천적 문화지형을 건설해가야 하는 것이다.

그런데 여전히 문제의 해결은 연구차원에 머물러 있지, 이러한 모색들이 곧바로 현실사회에서 요구하는 실천성을 담보하고 있지는 않다는 데 우리의 고민이 있다. 대만사회의 영원한 주변인 천꽝싱은 최근 아메리카의

---

12) 문화연대는 창립선언문에서 "사회발전을 위해서는 문화적 관점을 채택하는 것만이 아니라 문화의 중요성을 사회적으로 인식하고 새로운 문화발전의 과제와 전망을 본격적인 '사회적 의제'로 떠올리는 일이 필요하다. 현재 우리 사회는 곳곳에서 '개혁'의 필요성이 제기되고 있지만 문화 분야만 유독 개혁의 '사각지대'인 양 방치되어 있다. 우리는 문화연대의 창립을 통해 문화개혁을 사회적 의제로 만들어 강력하게 추진하고자 한다"고 밝히고 있다. http://www.culturalaction.org/
13) 신현준,『한국 팝의 고고학 1960』, 한길아트, 2005.
14) 신현준의 K-Pop, 홍콩 칸토 팝, 대만의 대중음악에 대한 연계연구가 그것이다.
15) 백원담,『동아시아의 문화선택 한류』, 펜타그램, 2005.
16) 김현미,『글로벌 시대의 문화번역』, 또하나의 문화, 2005.

세계적인 지배관철에 대응하고자 학문의 주체화전략을 시도하고, 아시아적 학문체계를 구축하는 것으로 현실전선을 설치하고자 한다. SSCI라는 학문의 글로벌 스탠더드의 해체와 주체적 재구가 그의 목표라면 국민국가와 지역, 세계에서의 아메리카나이제이션의 문제는 냉전체제 하 역사가 아니라 탈냉전시대의 보다 강고한 현실이라는 점에서 아시아·동아시아의 문화연구에서 그것은 가장 거대한 난맥상을 이루고 있다고 해도 과언이 아니다.

한편 아시아·동아시아를 읽는 코드로서의 문화, 곧 전지구화가 지역화로 관철되는 시점에서 자본과 권력에 의한 지역블록화 추동의 문화적 의미를 제대로 안는 것, 이것은 역사적 아시아주의의 문제에 전면 대응과 새로운 지역화의 문제를 가시화하는 데 있어서 문화의 의미를 그 정체성 형성의 문제에 직면하는 것에 다름 아니다.

## 4. 문화적으로 형상된 동아시아: 중국화, 병영적 아시아화, 아메리카나이제이션

문화는 아시아 혹은 동아시아를 가장 적확하게 표상해왔다. 문화 동아시아. 전근대 시기 아시아의 보편으로 군림해온 중국은 문화대국으로서 자신을 전현하며, 문명교화(文明敎化)로서 아시아에 문명과 야만, 중심과 주변을 관계지어 왔다. 타율적 근대화시기, 아시아는 고로한 문명으로서 세계사의 편장에서 그 장구한 궤적을 소탕당했다. 그리고 이후 일본을 제외한 동아시아 세계의 식민화과정에서 일본이 건설하고자 한 대동아공영권의 아시아주의 또한 탈아입구(脫亞入歐)로부터 아시아일체화로서 서구의 침략에 대응한다는 그 병영적 아시아화의 기획 또한 문화의 맥락에 있다. 전후, 식민지해방과 근대적 국민국가 건설과정에서도 아시아는 여전히 문화도정을 이탈하지 않았다. 미국의 세계전략이 아시아로 관철되는 2차대전

전간과 전후시기 냉전의 열전화와 문화화는 그 여실한 예증이다. 세계의 양극체제가 아시아의 분화로 격화되는 동력이 되었다고 할 중국혁명의 승리와 사회주의 중국의 건설과정, 그것은 무화(武化)와 문화의 결합으로 특징화하며, 중국의 근대를 혁명적 비약으로 한 귀결을 지은 모택동의 문화대혁명 또한 문화중국과 세계사의 거대한 동선회(東旋回)를 구도한 문화기획이라고 할 수 있다. 한국의 경우 박정희 개발독재모델은 충효사상의 전근대이데올로기와 새마을운동이라는 국민일체화를 통한 동원의 체계로서 국가주의적 문화발전 경로를 외재화하였고, 그의 반공적 아시아주의 또한 전장과 시장으로의 아시아 재편에 분수령을 이루는 베트남전쟁의 화염 속에서 본격화된 바이며, 냉전의 문화화, 아시아적 내재화를 공고히 하는 데 기여해왔다.

총체적으로 보면 전후 동아시아의 재건은 철저하게 미국의 동아시아전략, 냉전의 열전화 과정 속에서 상호불행한 관계상을 노정하며 냉전아시아라는 선명한 경계선분을 그어왔다고 할 수 있다. 한국전쟁과 베트남전쟁, 민족분단에 개입된 관계역학 속에서 상호반목과 갈등의 대립상은 세계 어느 지역보다 두드러지며, 시장과 전장으로의 편제과정에서 동아시아 사회는 그 어떤 지역정체성을 확보한다는 것이 어려운 지경이었던 것이다. 그러나 아시아 4마리 용의 경제기적으로 아시아는 다시 그 문화적 맥락으로 서구에 의해 정체화되었고, 그 개발아시아를 만들었던 일등공신이었던 유교적 아시아 가치는 금융위기의 주범으로 단죄되기에 이르렀다. 그후 동아시아, 일류(日流)에 이은 혹은 동반한 한류는 오늘의 동아시아를 또다시 문화로서 표상해내고 있다. 소니가 현지 아이돌스타 전략이라는 가장 문화화한 양식으로 21세기 동아시아에 일본 없는 일본을 전현해낸 것이 적중, 탈색한 국가주의와 상업주의의 은밀한 결탁으로 아시아 제패의 욕망을 가시화한 것이 일류라면—물론 아시아·동아시아가 그 일류의 소비 속에서 동의와 저항의 문맥을 가져간다는 점과 일류 안의 형질분석과 분류작업이 간과될 수는 없다[17]—동아시아로 흘러간 한류, 그 넘어감의 문화월경은 오늘의 동아시아를 어떻게 다시 관계지우고 있는가.

21세기 접어들어 세계화는 지구적 지역화 현상으로 양상한다. 이른바 지역블록화, 동아시아의 경제성장과 국민국가의 발전에 따라 위로부터 주동적 지역화가 추동되고 있는 것이다.(ASEAN＋3 등) 이즈음 문화는 더 이상 아시아·동아시아를 특징적으로 표상하는 해석코드가 아니다. 문화의 세계화시대 문화산업화. 동아시아에서 경제의 발전은 문화적 수요의 창출과 함께 그에 부응하는 문화적 생산력을 강구하기에 이르렀고, 문화는 이제 아시아 산업구조의 변화와 함께 시장아시아로의 전환을 긴급하게 타전하고 있다. 동아시아의 지구적 지역화, 이제 아시아·동아시아는 하나의 시장으로 그 어떤 정체성보다도 강력하게 통합되어 가며 그 안에 동북과 동남아시아의 서열화[18]를 철저하게 은폐시킨 채 '아시아는 하나'[19]라는 기치를 높게 들고 간다. 이처럼 동아시아 안에서의 중심과 주변의 경계가 생성 와중에 있으며, 거기에 문화는 명백한 시장기제로서 작동하고 있는 것이다.

이 지점에서 동아시아로 흘러간 한류의 문화월경, 그것은 아시아 혹은 동아시아라는 지역범주가 하나의 시장으로 통합되어 가는 정도를 보여주는 리트머스 시험지와도 같다. 한류가 초기 파고에서 정착단계를 넘어 구조화되는 과정은 이를 여실하게 입증한다. 냉전체제 속에서 떨어내지

---

17) 김현미, 「일본 대중문화의 소비와 '팬덤'의 형성」, 『한국문화인류학』 36권1호, 2003 참조
18) 물론 동북아시아에 외몽고와 러시아, 혹은 대만을 포함시킬 경우 아시아에서 남북서열화라는 문제틀은 합당하지 않을 수 있지만, 여기서 상징적 의미지움이 강하다.
19) 그러나 문화산업자본의 전략에 의하면 '아시아의 시장은 하나가 아니다', 따라서 현지상태에 따른 차별화와 지역화(localization)를 대중에게 보다 천착하는 전략이 필요하고, 그를 위해서 현지역량과의 파트너십이 절실하다는 의미에서 합작투자가 본격화되고 있는 와중이다. 미셸 커트리, 「스타TV: 1억 시청자 확보의 경험」, 『제2회 글로벌문화산업포럼자료집』, 아시아문화산업교류재단, 2005.

못한 식민적 열성과 함께 '아메리카'가 내몰아간 문화파국, 그 냉전문화와 군사문화의 굴절을 현상타파의 저항성으로 대응해가며 만들어낸 모방과 중역(重譯), 변종과 창신, 그 혼종화된 대중문화가 오늘의 한류로 현상한 문화적 민족주의라면, 그것은 정확하게 문화의 세계화, 지구적 지역화라는 국가와 자본의 회로 속에 있는 것이다. 이처럼 동아시아의 21세기 문화적 관계망은 자본의 논리에 의해 철저하게 조장되고 있다. 민족과 문화의 변주, 그것은 발랄한 문화정치적 역동성으로 오늘의 반민족적 현실을 넘을 수 있는 가능성일 수 있다. 그리고 모리 요시타카 등 일본의 문화연구자들이 분석하고 있는 바와 같이 한류의 아시아·동아시아에서의 선택적 소비[20]가 한편에 대중문화가 겨냥하는 이데올로기적 동의와 다른 한편의 소극적 저항(주체적 소비를 통한 문화적 주변에서의 탈주) 특히 정치화의 가능성까지를 안는다는 점에서 확실히 문제적이다. 그러나 대한민국주의라는 문화민족주의의 요란한 취타악은 팝아시아주의를 꿈꾸는 무서운 욕망을 가감없이 드러내고 있다는 점에서 극복의 문제를 제기하지 않을 수 없다.

> 1, 2차 한류를 넘어 3차 한류를 지향해야 한다…1차 한류는 소극적이고 오래 가지 않는다…외국과의 합자회사를 통해 키운 콘텐츠에서 수익을 배분하는 방식으로 바뀌어야 한다. 예를 들어 일본의 자본 및 시스템, 중국의 13억 시장과 자원, 한국의 CT가 결합된 콘텐츠를 만들어 3분의1씩 수익을 나눠갖는 것이다. 아시아마켓이 뭉쳐야 아시아 1등 콘텐츠를 만들 수 있다.[21]

절박한 문화자본의 생존논리로도 볼 수 있는 위의 주장은 전지구화와 지역화의 현실에서 문화산업의 문제를 국민국가와 지역의 경제현실 차원에서 본격적으로 논의할 것을 촉구하고 있지만, 무엇보다 여기서 문제삼아야

---

20) 毛利嘉孝 編, 『日式韓流』, せりか書房, 2004.
21) 이수만, "1, 2차 넘어 3차 한류 지향해야", <연합뉴스>, 2006. 9. 19.

할 것은 한류가 입증하는 바와 같이 동아시아는 이제 그들의 동아시아, 그들만의 공조리그로서 거대한 문화시장으로 혹은 시장으로 통합되는 와중에 있는 현실이다. 거기서 과연 새로운 아시아·동아시아를 문화로서 구도하는 것은 가능한가.

확실히 한류는 자본의 논리를 따라가며 아시아를 하나의 시장으로, 아시아의 주인인 광범한 기층을 문화소비층으로 통합해가고 있는 표증이다. 그러나 시장의 매우(梅雨)를 맛본 한류의 불온하거나 절박한 욕망이 여실한 만큼 그것이 상업적 대중문화상품의 유통이면서도 오늘의 동아시아를 표상하는 문화현상인 한, 한류가 건너간 경로와 유속, 머문 지점을 세세히 살펴보는 가운데 그것의 궤적을 거꾸로, 곧 한류를 소비하는 동아시아 각국의 기층대중의 입지에서 되짚어보는 일을 등한히 할 수는 없는 일이다. 한류는 일방적으로 국경을 넘어 흘러들어가는 것이 아니라 각국의 문화상태와 문화주체들의 선택적 소비, 곧 주체적 선택에 의해 오늘의 국면을 이루고 있다는 점에서 수용주체적 입지를 강조한 동아시아의 문화선택이라는 점을 중시해 보자는 것이다. 아울러 한류가 아무리 상업주의 대중문화로 동아시아에 회통된다고 해도 그것이 동아시아에서 어떤 이유로든 선택되어진 한, 그 계기성을 잘 포착해야 할 것이다.

대다수 한국민은 한류의 돌연한 파고에 감격한다. 한류는 <대장금>이 아시아의 시선을 사로잡은 바와 같이 중국학자의 말대로 한국이 자신의 용립(聳立)을 아시아에 고하는 정치선언문일 수도 있고, 중심부의 배제·착취의 논리를 피눈물로 익히며 자본의 세계화 각축 속에서 일궈낸 문화생산력, 탈식민의 과정을 냉전으로 강요당한 결과, 우리 속에 내재할 수밖에 없었던 '아메리카'로 상징되는 서구자본주의문화와 혼종교배에 의한 잡종의 문화역동성, 근대적 민족국가의 성립과정에서 한국문화 구성과정의 특수성을 표출해내기도 한다. 바로 이 지점, 우리가 스스로 욕망을 가시화해낸 것의 되받기, 해당 국가의 사회문화 문맥 속에서 한류란 무엇인가의 문제를 해당 국가의 문화상태와 문화현상 속에서 보아내는 것, 그것은 한류를 통해 한국민이 동아시아사회를 이해하는 경로이기도 하고 가까운 공간범주를 살아가는 사람들과 새롭게 만나가는 계기와 방법을 찾아가는 문화적 회통의 과정이기도 한 것이다.

그처럼 동아시아는 문화로서 다시 새로운 정합을 몽상하고 있다. 그러나 그 주역이 자본이냐 대다수 기층대중이냐, 곧 소비냐 회통이냐, 그 선택이 자유로울 수 없지만, 소비의 주체성문제만으로 제기할 수 없는 국민국가의 경계를 넘는 횡단하는 문화의 현장 속에서 문화아시아, 아시아 지역화의 비판적 상상은 지금 엄중한 기로에 놓여 있다. 그리고 이 지점에서 새로운 아시아의 정체성 형성문제, 그 주체와 이데올로기적 전선 설치의 문제는 오늘의 문화연구의 핵심과제를 이루고 있다 하겠다.

## 5. 아시아화의 사상적 거처와 문화주체성의 정체성

주체화를 위한 주변화. 에드워드 사이드의 '오리엔탈리즘'과 스테판 다나카의 '일본의 오리엔트'는 동형구조로서 아시아가 세계에 등재 혹은 구조화되는 과정을 보여주고 있다. 이질적인 타자가 구성되고, 경계를 구분하며, 그 속에서 주체화를 위해 주변화된 사람들과 역사들을 차별적 지위에 놓고 역사 자체의 중심성을 배타적으로 강화하는 방식이 서구가 아시아를 그렇게 해갔듯이 일본이 스스로를 주체로 인식하고 그러한 인식을 뒷받침할 타자로 아시아의 존재를 상정하는 것을 통해서 이루어졌음을 추적하고 있는 것이다. 여기서 특히 일본의 아시아 재편기획은 아시아에 의한 아시아 대상화로서 하부오리엔탈리즘의 선명한 동일화과정을 보여주는데, 일본에 의한 아시아의 창출은 1세기에 달하는 역사성을 담보한다는 점에서 주변화된 아시아의 입지에서, 특히 우리의 경우 명백한 피해당사자로서 문제의 심연을 파고들어가지 않으면 안된다.

요컨대 아시아에 의한 아시아지역화의 문제를 일본의 아시아기획으로부터 출발하는 것은 그 폭력적 저의로 인해 근본적인 한계를 안을 수밖에 없지만, 그러나 일본의 주체화과정이 아시아를 주변화해감으로써 탈아입구로부터 대동아공영권으로의 회귀에 이르는 불행한 역정을 노정한다는 점에서 문제의 역사성에 보다 심층적으로 접근해 들어가지 않으면 안 된다는 판단인 것이다.

그런데 크리스티나 클라인은 최근 전후 아시아에서 오리엔탈리즘은 사이드의 서양과 동양의 주체와 객체라는 이분법적 구조화를 기본적 인식틀로 하지만, 중요한 것은 여기에 게재된 냉전의 중첩적 구조화의 문제를 게재시키지 않으면 안 된다는 점을 논파하고 있다.[22] 즉 전후 아시아라는 표상은 서양과 동양이라는 오리엔탈리즘의 이분법과 동·서 냉전논리에 의해 중층적으로 구조화되어 있다는 것이다.

한편 일본의 최근 연구들은 일본제국주의에 의한 병영적 아시아의 축조과정에 주목하면서 이것이 전후 일본에서 전향적으로 극복되기보다는 냉전구조 속에서 일본의 경제성장과 함께 은폐된 채 국민의식으로 내재화되는 과정을 성찰하고 따라서 이의 문제를 일본을 아시아에 다시 수평적으로 위치시킴으로써 극복해가고자 하는 담론적 기획들이 대두하고 있다.[23]

중국에서 최근 제기된 아시아주의 문제는 왕후이(汪暉) 등의 반근대성적 근대성의 문화정치학[24] 속에서 확인된다. 왕후이는 민족국가의 상상의 일

---

22) Christina Klein, *Cold War Orientalism: Asia in the Middlebrow Imagination 1945-1961*, University of California Press, 2003.

23) 丸川哲史,『리저널리즘 *Resionalsim*』, 岩波書店, 2003; 고모리 요이치(小森陽一),『포스트콜로니얼: 식민지적 무의식과 식민주의적 의식』, 송태욱 역, 삼인, 2002; 山室信一,『思想問題としてのアヅア―基軸·連鎖·投企』, 岩波書店, 2001; Yoshimi Shunya, "'America' as Desire and Violence: Americanization in Postwar Japn and Asia during the Cold War," *Inter-Asia Cultural Studies* 4:3, December 2003; 이와부치 고이치(岩渕功一),『아시아를 잇는 대중문화*Transnational Japan*』, 또하나의 문화, 2004. 이에 대한 논의로는 백원담,「동아시아에서 문화적 지역주의의 가능성」,『황해문화』 2005년 가을호 참조

24) 왕후이,「새로운 아시아주의를 위한 역사적 상상」,『황해문화』 2003년 봄호와 가을호; 왕후이

부분으로서의 구아시아주의와는 다른 새로운 아시아주의의 상상을 위해 "아시아가 하나의 시장일 뿐만 아니라 더욱 광범위하고 오래된, 고유의 역사성을 가진 사회공동체라면 아시아의 역사적 기초와 현실적 조건은 어디에 있는가"라는 질문 속에서, 아시아국가는 오직 민족해방운동의 역사적 기초, 즉 평등한 주권의 존중이라는 기초 위에서만 새로운 형태의 협력관계의 보호적 성격을 갖는 제도적 틀과 공동통치의 사회적 틀을 형성할 수 있다고 강조한다.25) 왕후이의 작업은 새로운 아시아적 천하질서에 대한 구상으로 이루어지는데, 공리(公理)를 아시아적 혹은 세계관계의 핵질로 둔다 해도 발화자의 위치와 천하관으로 인해 중국중심주의에 대한 의구심이 제기되고 있다. 따라서 왕후이의 다중심의 신천하질서의 상상에서 '준(準)관방화' 문제는 계속 쟁론화해가야 할 바이다.

한국의 경우 현실사회주의의 해체 이후 대안적 세계관의 모색 속에서 동아시아론의 대두와 함께 아시아지역화 논의가 성황을 이루고 있다. 이는 한반도의 분단상황이라는 민족모순과 계급적 격돌을 목도하면서 이의 근본적 풀이과정을 새로운 지역관계의 모색을 통해 찾아가고자 하는 자구책으로 이해될 수 있다.

작금의 아시아에서의 이러한 모색적 흐름들은 주체화를 위한 주변화로서 아시아를 구성하는 방식이 아닌, 아시아에 의한 아시아의 재구성이라는 새로운 주체화의 과정으로서 이해될 수 있는가. 'ASEAN＋3'이라는 자본과

---

「세계화 속의 중국, 자기 변혁의 추구―근대 위기와 근대 비판을 위하여」, 『당대비평』, 2000년 봄호; 汪暉, 『中國現代思想的興起』 1, 三聯書店, 2004.

25) 중국식 '반근대성(現代性)의 근대담론'으로 명명될 수 있는 왕후이의 아시아론은 새로운 아시아의 상상을 위해 부분적으로 은폐된 아시아적인 것들의 역사적 존재 여부와 그것들을 새로운 역사조건에서 이용할 수 있는지 여부를 묻는다. 서양중심주의에 대한 비판이 자본주의의 발전과 위기에 대한 비판적 성찰을 유기할 때, 그것은 허황한 공상이 되거나, 아시아문화를 전지구적 자본주의의 다원문화적 장식틀 안에 위치시킬 것이라는 왕후이의 경고는 문화적 지역주의로서 동아시아의 재구성을 상상하는 나의 고민과 일정한 연계를 갖는다. 그것은 전통시대만이 아니라 사회주의혁명 시기의 문화적 공과들을 어떻게 재획득할 것인가 하는 문제로도 이어진다. 백원담, 「동아시아에서 문화적 지역주의의 가능성」 참조

권력에 의한 아시아지역화의 추동이 EU의 출범과 개진, 보다 근본적으로는 신자유주의 세계화가 만들어가는 지역블록화의 대세 속에서 자구적 대응 혹은 순응구조로서 가시화되는 현실에 어떤 대응역학을 만들어가는 것, 그 것이 새로운 문화기획으로서 구체화될 수 있는가.

필리핀을 제외한다면 아시아에서 미국제국주의를 내부적이고 내부화하는 문화적 힘으로 연구하는 것은 무시된 영역에 속한다. 추아 벙 후앝이 지적하듯 '미국적인 것'(things American)은 동일화의 대상으로 기능해 왔다. 새로운 비판적 언어를 발견하여 민족주의적 상식을 넘어서 이 이슈를 제기하는 것이 필요…동아시아의 경우 20세기 이전에는 중화제국, 20세기 전반기는 일본 식민주의, 20세기 후반기는 미국의 신제국주의. 중국본토의 경우조차도 1980년대 이래 '일본'과 '미국'은, '중국'이 자신을 구성하는 지배적인 가상적 형상이었다. 그런데 일본 식민주의에 대한 문헌은 풍성함에도 불구하고, 미국제국주의의 동아시아에 대한 문화적 영향에 대한 연구는 결여되어 있다. 동아시아권에서는 상호금지된 지대들을 향한 문이 개방되었다. 자본 흐름이라는 전위를 따라, 지식인의 비판적 써클들 사이의 교통이 출현하기 시작했다. 아마도 지금 이 '탈냉전'이라는 비판적 작업을 수행할 미증유의 기회일 것…우리의 세계관, 대중지식과 분류의 시스템들은 식민주의와 냉전이 교차하는 생산 시스템들로부터 나온 것이다. 식민주의종언의 선언이 식민주의의 문화적 효과를 삭제할 수 없는 것처럼, 문화적 주체성형성의 냉전시스템은 우리 내부에 남아 있다. 냉전구조의 문화적 영향이 충분히 탐사되고 연구되지 않았음에도 불구하고, 냉전결정론의 진정한 위험은 '외부자'의 책임을 덮어씌우고 미제국주의 문화와 동일화와 비동일화의 민족주의적 욕망과 대적하지 않는 것이다. 이런 입장이 동아시아 구좌파의 입장인데, 이들은 민족적 해체(disintegration)를 아메리카제국주의의 과실에 돌려버린다. 그건 사실이지만 너무 단순하다. 나아가 이런 주장은 이른바 후냉전 정치의 급진적 불연속성을 과장…'이기심'을 넘어서 어디론가 이동하지 않는다면, 정체성정치의 강박을 넘어서 이동하지 않는다면, 우리는 어떤 추상 수준에서도 국민국가들의 국제주의를 재생산할 리스트를 갖는다. 국가와 자본의 이러한 형태의 국제주의에 병행하여, 지역구에 기반한 국제주의 연대의 또 다른 선(線)들이 형성되어야 한다.26)

천꽝싱은 대만의 최근의 현실진단 속에서 위의 문제를 제기했다. 아메리카나이제이션은 이제 냉전의 유물이 아니라 보다 강력한 현실문화의 작동기제로 현현하고 있지만, 이의 문제가 한국의 사회문화 현실 속에서 얼마나 대척적으로 긴장관계 속에 전현되거나 최소한 성찰되는지는 한국적 문화연구 혹은 인터-아시아 문화연구의 척도가 되기에 충분하다. 아마도 그 아메리카나이제이션에서 그나마 의미를 찾아낸다면 뉴욕이 표상하는 문화적 다양성의 구현문제일 것이다. 이민자 혹은 정착자의 나라 미국에서 가장 적실한 국민통합의 경로는 미국화의 문제였을 터, 그 속에서 하나의 중심으로 강제하기보다는 다중심성의 문화역전을 가시화하면서 내부의 이데올로기적 통합을 은폐하였던 과정을 새삼 강조하지 않더라도 적어도 이 문제는 이제 아시아 사회문화 현실 속에서 아시아적 정체성의 지향으로 표방된 다문화적 아시아, 그 문제적 심층을 꿰뚫는 비수적 의미망을 구성한다고 하는 데 이의를 달 수는 없을 것이다.

천꽝싱이 주도하는 바 그리고 비판적인 아시아의 문화연구자들이 각개약진으로 이에 포진하고 있는 바, 인터-아시아 문화연구의 핵심문제는 아시아의 역사와 현실 속에서 아직 총체적인 해결경로를 공히 조직화하지 못한 탈식민화를 통한 근대극복과 탈근대의 문제로 제기되지만, 그 내용성을 담보할 수 있는 오늘의 문화연구에서 역사적 현실적 박진은 이제 조금씩 시도되고 있는 수준이다.

이를테면 아시아 문화연구의 한 수준을 보여주고 있는 홍콩과 대만의 문화연구는 그 후식민성의 문제범주로부터 자유롭지 못하지만 최근 에인절 린27) 등이 시도하는 바와 같이 아시아에서 이루어지는 문화월경을 자국의 대중문화의 소비주체의 입지에서 분석하는 연구들이 일정한 성과를 보이고

---

26) Chen, Kuan-Hsing, *The Club 51: the Culture of U. S. Imperialism*, 2001, 성공회대학교 동아시아연구소 집담회 자료집.
27) 에인절 린·벤키 콴·밍 청, 「(탈)유교주의적 아시아에서의 (현대) 직장 여성의 딜레마: 여성의 한국 TV드라마의 수용」, International Communication Association 자료집, 2004.

있고, 대만의 경우 천꽝싱이 토로하는 바와 같이 미국화의 문제에 전면적으로 대응하는 문화연구의 내공을 기대할 수 없지만, 대만적 현실에서 문화문제를 통한 상태의 표출은 지속적으로 이루어지고 있다.

일본에서의 문화연구는 요시미 순야나 이와부치 고이치, 그리고 마루가와 데츠치 등이 전개하고 있는 바와 같이 아메리카나이제이션, 냉전, 인트라 아시아와 같은 일국단위를 넘어서 일본의 문제를 전현해내고 일본문제의 지역화를 통한 새로운 주체의 설정과 실천적 모색의 단계를 제시함으로써 단연 진전된 논의를 이끌고 있다. 그러나 모리 요시타카 등 문화연구자들이 주체로서의 일본여성들의 주체적이고 생산적 소비라는 팬덤현상을 발견해냈지만, 그 속에서 일본과 아시아의 미래를 발견하기에는 신자유주의 세계화의 그늘은 넓고도 깊다는 판단을 더 이상 유보할 수는 없는 시점이다.

나로서는 아시아 문화연구의 현단계에서 이러한 진전을 목도하는 한편 위의 긴 인용문에서 보듯이 천꽝싱의 애타는 절규의 문제인식을 수용하면서, 그의 최근의 아시아에서 학문의 주체화 전략과 관련된 행보에 동행할 것을 촉구함과 함께 앞서 제기한 문제와 관련하여 다른 문제선상에 직면하여 있다는 점을 토로하고자 한다. 나의 문제인식은 아시아에서 냉전의 체제화와 함께 이루어진 근대적 국민국가 형성과정에 일국단위를 넘어 횡적으로 반신식민주의와 탈냉전의 연대전선을 형성해갔던 역사궤적을 새로운 아시아지역화의 전통으로 확보하는 데 집중하여 있는 것이다. 내가 보기에 적어도 아시아의 역사지평에는 내재화된 아메리카나이제이션에 대응한 적극적 극복의 모색들이 분명한 선색을 여실하게 그리고 있거니와 그것을 그 일본의 병영적 아시아 관철의 시대와 오늘까지 계속되는 미국화의 시대에 성찰적으로 복기하고 아시아적 정체성형성의 근간으로서 전통화해내는 것이 급선무가 아닌가 하는 것이다.

역사적 냉전과 아메리카나이제이션의 문제에 보다 천착해보면 새로운 국제주의를 이야기하면서도 그 역사적 계보학을 만들지 않는 것은 어불성설에 속한다. 아시아와 세계에는 아메리카의 내재화의 경험만 있는 것이 아니라 그것을 극복하고자 하는 다양한 모색의 흔적이 뚜렷하고, 아시아에서 베트남의 경험이 실패한 역사로 기술되어서는 안 되듯이 이 박절한 시대에 패배의 기억만을 호환하는 것, 혹은 소비주체라는 실낱같은 희망을 붙들고 이 전자본의 폭력적 지배 속에서 어떤 진정한 대안적 경로를 가시화해낼 수 있을지는 자못 의구스럽지 않을 수 없는 것이다.

> 지난 해(1950)는 조선의 전쟁이라는 세계적 사건이 일어났다. 처음엔 내란의 양상이었지만, 날이 갈수록 제3차 세계대전의 전주곡이라는 것이 확실히 드러났다. 더욱이 그것을 간취한 것은 평론가가 아니라 일부 자본가였을지도 모른다. 전쟁국면은 의외로 몇 번의 전환을 거쳐 그때마다 저널리스트나 평론가의 예상을 뒤엎었다. 전쟁국면뿐만 아니라 국제정치의 측면에서도 이제까지와 같은 두 개의 세계의 대립이라는 고정관념이나 이데올로기담론에서는 논의되지 않았던 팩터가 출현하였다. 예컨대 네루의 발언이다. 간디나 타고르를 시류를 따라가는 아류로 여기고, 인도는 영국의 품(情)에서 독립되어 이르렀다고 믿는 대부분의 일본인은 국제연합에서 인도나 다른 동양제국의 지위가 중요시되고 있는 것에 놀랐다. 중국 문제도 이데올로기만으로는 단편화되지 않는 것으로 국제적 평가를 통하여 분위기가 조성되었다…이것은 저널리스트가 변호하는 듯한 단순한 정도의 부족이 원인이 아니라 가장 중대한 결점이 드러난 게 아닌가, 새로운 관점의 도입이 필요한 것은 아닌가 하는 반성이 일어났다.[28]

민족주의가 원죄처럼 추문되는 때, 전후 아시아에서 미국의 신식민주의에 대항하여 전개한 광범한 민족문화운동과 연대운동의 선색을 이어내고자 하는 시도는 또 다른 국가주의적 민족주의 혹은 스탈린주의로 폄하·배척당할 여지는 얼마든지 있을 수 있다. 그러나 한국 문화연구의 태생적

---

28) 竹內好, 「アジアのナショナリリゾムについて」, 『竹內好全集』 5, 筑摩書房.

한계가 실천적 문화운동의 역사로부터 이론적 실천적 탯줄을 끊고 이른바 독자적 대안을 모색한다고 학문영역 아카데미즘에 들어앉은 것에 있음을 실토한다면, 이제 '한국 문화연구에는 한국이 없다' '한국 문화연구에는 역사적 계급적 정치적 맥락이 빠져있다', 탈정치화, 탈이데올로기화, 탈계급화, 부재와 이탈, 이러한 성찰적 고찰들은 기왕에 이론수입과 미디어매체 연구에 대한 몰입으로부터 고개를 돌려 역사적 선회, 회귀 쪽으로 방향을 틀어 사상적 실천적 거처를 분명히 하고, 다기한 문화양상의 현실에 직면하여 그로부터 비판적 상상의 지평을 열어가야 하지 않을 때가 아닌가 한다.

PETA의 워크샵 지도원들은 빈번히 동남아시아 각국에 파견되어 워크샵을 하곤 하지만 그 체험에 비추어 말하건대 동남아시아는 전제적으로 정보의 부재현상이 확실히 있는 것 같다. PETA의 일 가운데 가장 중요한 것은 아시아의 문화적 근원을 확립하자는 것으로서, 다른 아시아 사람들과 문화적인 교류를 해나가고자 하는 것…PETA의…신조는 필리핀의 역사·사회·현실에 뿌리박은 제재를 필리핀어로 상연하는 것…영어 연극이나 브로드웨이의 뮤지컬이 상연되기도 하고…갖가지 매스미디어에 의한 문화가 있긴 하지만 그것들은 그 어느 하나도 민중의 요구를 반영한 것이라고 할 수 없는 문화…그것밖에 없다면 민중은 그것을 향해 갈 수밖에 없는 것이므로 PETA로서는 민중의 요구를 반영하는 문화를 창출하고자 하는 것, PETA는 민중·민족 연극운동을 필리핀에서 전개하고자…그 민중문화운동을 추진하는 데는 사회적인 의식을 가진 예술가들, 전문가들의 참가와 헌신이 필요…PETA의 동남아시아 연극연구소의 목표는 이러한 활동을 할 수 있는 인재 즉 예술가이자 교사를 양성하는데 있다. 따라서 이와 같은 민중 속에서의 워크샵 활동은 필리핀의 민중연극운동의 아주 중요한 측면이다. PETA로서는 다른 활동단체와의 연대를 깊이 원하고 있다…필리핀의 현실은 너무나 다양하고, 긴 식민지로서의 역사 속에서 단편화되어 왔다. 그러나 다양한 많은 민중을 모아놓고 그러한 다양한 사람들이 놓여있는 필리핀의 하나의 상황을 이해시키고자 하는 것이 오리엔테이션이 된다…PETA는 1976년부터 이러한 활동을 계속하고 있는데, 지금까지 10년

이상 이러한 활동을 실제로 계속해왔지만, 이 활동을 못하게 하려는 다른 힘은 대체로 없는 것 같다.[29]

## 6. 나머지

라틴아메리카에서 일어나는 최근의 낭보들, 베네수엘라와 볼리비아에서 진보정권의 수립과 그 새로운 관계상들은 전지구화와 지역화에 대항하는 다른 세계화와 지역화의 가능성을 여실히 보여주고 있다. 베네수엘라와 볼리비아 간 에너지협정체결과 쿠바의 의료지원, 국제통화기금(IMF) 축출과 남미공동시장(MERCOSUR) 참여 등 민족국가의 이해를 뛰어넘어 상호호혜적 자원의 배분을 통한 새로운 호혜경제공동체의 실현모색, 구사회주의권의 몰락을 자초한 관료주의와 국가주의에 대한 우려 속에서 운동주체세력을 중심으로 기층민중의 정치적 역량 배양과 권력의 견제·추동을 위한 독립적 운동틀의 구축노력 등 경제적 정치적 상호동화, 다원적 공생의 지역정체성형성의 바람직한 경로를 열어내고 있는 것이다. 이를 ALCA(FTAA의 스페인어 표기)에 대응한 대안적인 블록으로서의 ALBA를 구체화하는 과정으로 적극적으로 해석한다면, 그 동안 미주사회동맹(Hemispheric Social Alliance)[30]과 FTAA반대 대륙캠페인(Continental Campaign against FTAA)과 같은 다양한 사회운동진영이 결집하여 자유무역에 대한 대안토론을 핵심의제로 사회

---

29) 팜비드, 「필리핀 PETA의 활동」, 루카치 외/김정환·백원담 편역, 『민중문화운동의 실천론』, 도서출판 화다, 1984, 136-149쪽.

30) 마이떼 야노스, "다른 '미주'를 위해 대안을 만드는 포럼을", <민중언론 참세상>, http://www.newscham.net/news/view.php?board=inter_column&id=8, 2005. 7. 4 참조. 미국이 주도하는 OAS(유엔산하 미주기구) 2차 정상회담에 대응하기 위해 결성. "자유무역에 저항하는 민중적 통합" "외채지불 반대 민중이 진정한 채권자임을 인식" "군사화와 전쟁 반대, 주권과 자기결정권을 강화" "가난과 배제에 저항, 직업과 부의 재분배" 라틴아메리카의 사회·문화·종교·인권단체·사회운동들·정치조직 모두에게 열린 공간 속에서 논의되는 내용들이다. 라틴아메리카 민중정상회담의 핵심의제와 대회가 열리며 '공교육을 방어하는 대륙포럼' 등 주제별 포럼도 열고 있다.

적 합의를 도출해가고 반자본의 공동전선을 구축해온 결과이다. 미국은 그 동안 IMF와 가공할 군사력, 국가적인 테러, 군부쿠데타, 콘도르 작전, 콜롬비아플랜 등과 같은 폭력에 의해 이 지역을 통제해왔다. 그러나 이제 그 모든 억압과 착취가 불가능해지기에 이르렀다. 미국의 뒷마당이라는 오명의 라틴아메리카는 이제 아래로부터의 자발적 문제인식의 조직화와 공동대응, 민중정권·토착정권의 창출과 창조적 연대 속에 자본주의문명의 가을에 미래지향적 새로운 관계상, 화이부동(和而不同)의 노나메기세상을 구현해가고 있는 것이다. 여기서 특히 토착원주민들에 의한 자원개발반대운동 또한 시사적이다. 자연과 인간, 인간과 인간의 진정한 상생하는 문명사의 전환의 문제를 오래된 미래를 지키는 공생의 삶의 방법론으로 제기해내고 있기 때문이다.

한편 쇼핑천국 홍콩에서 벌어진 반(反) WTO연대투쟁은 세계적인 반자본운동의 현단계가 낡은 국제주의의 추락과 새로운 행동주의의 대두 와중에 있음을 고지해주었다. 여기서 중요한 것은 자유무역도시 홍콩이라는 위치가 갖는 파장이다. WTO 주최측이 회의를 홍콩에서 연 의도는 자명했다. "헌법적 차원에서 또한 자본-노동관계의 차원에서 국가가 가지는 강력한 억압적 성격들이 민생, 행정적 차원에서의 절차적 투명성과 언론의 자유, 집회결사의 자유 등을 통해 억압적이지 않는 것으로 드러나는 체제", 제도화된 사회운동 등 내재화된 서구라는 자본적 순수성이 관철된 한마디로 저항이 체질이 아닌 사회라는 판단이었던 것이다. 그런데 진보노조와 농민을 중심으로 한 한국민중투쟁단이 연대투쟁의 주력으로 참가하면서 홍콩투쟁은 반(反) WTO에 참여한 홍콩운동세력의 계급구성, 투쟁의 성격·형태를 달리하게 된다. 홍콩투쟁은 뜻밖에도 홍콩운동단체가 아니라 영구추방과 실직의 위험을 무릅쓴 홍콩이주노동자의 강렬한 투혼이 포문을 열었다. 여기에 한국의 농민과 진보노조·운동단체역량과 세계적인 반자본 연대체들이 지역적·세계적으로 결집했는데, 홍콩의 반(反) WTO투쟁은 투쟁과정에서 그 주체의 계급구성을 급진화해감으로써 새로운 주체형성에 의한 창조적 형태의 국제연대의 가능성을 보여준다. 홍콩투쟁은 선도투적이고 일국적인 형태의 국제연대 방식, 한국원정투쟁단의 "일국의 문제를 해결하기 위해서 국제주의를 '방법'으로 하는 일국적 국제주의(Nationlaist Internationalism)"의 한계 또한 분명하게 노정시켰다. NGO 등이 전개해온 수혜주의적이고 서구중심적인 국제연대의 케인즈주의적 본질은 여지없이 폭로되었음은 물론이다. 그리하여 거대 노조의 '일국적 국제주의'의 패퇴와 '대중조직·신사회 운동조직·농민·노동자·실업자·학생들을 망라하는 새로운 주체세력의 결집과 새로운 행동주의'의 대두라는 국제연대운동의 전환점을 이끌어내었다.

신자유주의 세계화라는 자본의 팽창과 자기증식운동은 그 위기적 모순을 첨예하게 드러내며 제도화되고 보호되던 노동의 해체와 농민의 무토지 농업노동자로의 재편을 전지구적 수준에서 확장적으로 강행해왔다. 그러나 자본운동의 극단화, 순수한 자본의 시대, 비시장적 사회관계의 해체가 야기한 전지구적 차원에서의 임노동의 재구성은 결국 전지구적 수준의 순수한 노동의 결집, 새로운 반자본운동의 주체형성과 새로운 연대투쟁의 국면을 촉진하기에 이르렀다. 지구적·지역적·사회적으로 확장된 자본주의적 노동의 영역 인정과 다층적 조직화, 자본이 먼저 부과한 다양한 형태의 벽들을 허무는 새로운 행동주의 국제연대31)가 이제 그 시작을 알린 것이다.

이제 홍콩투쟁의 아시아적 의미를 안는다면, 홍콩이 갖는 아시아적 위치로 인해 꽤 많은 파장을 안고 있지 않은가 한다. 아시아 네 마리 용의 두 마리 용이라는 점에서 한국과 홍콩의 관계가 실선으로 그어진다면, 아시아

---

31) 장대업, "WTO 홍콩투쟁, 낡은 국제주의—새로운 행동주의", "쇼핑천국 홍콩에서 발견한 반자본의 희망", <민중언론 참세상>, 2006. 3. 3. http://www.newscham.net/news/view.php?board =news&id=35777 참조.

경제발전의 상징으로서 홍콩이 다른 아시아와 갖는 관계는 무엇이었을까. 홍콩의 아시아적 의미는 대개 문화상품적 가치로서 이야기될 수 있을 것이다. 홍콩은 의사화된 서구와 그 그늘로서 그 사회가 안는 곤경을 문제의 정치화를 통해 해결해가는 모습으로 아시아에 자기를 드러냈던 것이 아니라 영국화와 중국화라는 그 혼종적 정체성을 대중문화산업의 발전에 발산, 대중문화상품의 탈영토화·아시아화를 가장 먼저 이룸으로써 그 홍콩다움을 아시아에 각인시켰다. 70년대 메이드 인 홍콩의 문화상품들은 어떤 면에서 아시아 국민국가 형성과정에 지대한 공헌을 한 측면이 있는데, 그것은 바로 한국과 대만을 비롯한 아시아 권위주의 정권들이 국민화의 이데올로기기제로서 홍콩의 탈구된 문화소비재들을 유통시켰기 때문이다. 물론 시장의 기능 또한 무시할 수는 없지만, 여기서 자세한 논의는 피한다.

한편 최근 홍콩에서의 한류소비의 파장, 그 역방향의 문화횡단이 갖는 의미는 70년대의 홍콩문화가 한국과 다른 아시아에서 소비적 문화기제로 작동했던 변형으로서, 홍콩반환 이후 중국화과정에서 홍콩이 겪는 정체성의 혼돈을 '아시아성'의 소비를 통해 탈정치적으로 회피해가는 맥락을 잘 보여주고 있다. 그런 점에서 한류 또한 홍콩과 대륙정부에게는 효녀상품인 것이다.

그런데 이번 홍콩 반(反) WTO 연대투쟁은 이러한 탈정치화된 문화상품의 아시아적 유통의 문맥에서 소비된 '아시아다움'의 허무맹랑함을 여실히 폭로해주면서, 서로의 이면, 혹은 정면·반면을 적나라하게 들여다볼 수 있는 계기를 제공해주었다. 물론 여기서 간과해서 안 되는 것은 상업적 문화유통의 짧지 않은 역사성이 어떤 의미에서든 소통과 이해의 저변을 형성하며 대중적 호기심을 작동시키면서 상호접근을 용이하게 한 측면이다. 한국투쟁단의 투쟁의 선도성에 의해 한국투쟁단-홍콩시민의 관계만이 두드러지고, 다른 아시아와의 횡적 관계성들이 가려버린 측면 또한 문제적이라 하지 않을 수 없다. 그러나 연대투쟁의 과정에서 각기가 처한 문제적 상황이 대비·전치(轉置)·전열(前列)되는 가운데, 문제의 전화, 자본의 전지구화·지역화의 맥락 속에 놓인 공통의 처지라는 것이 대중적 수준에서 의식되고, 정서적·심미적 차원을 넘어서 문제의 정치화를 공동으로 이루어간 것이 중요하다. 경계를 넘은 것은 문화상품과 그 속에 몰가치적으로 전현된 '홍콩적 삶'·'한국적 삶'이 아니라 한국과 아시아와 세계의 농민과 노동자 등 민중적 삶의 보편상이고, 그것이 세계의 총체적 연관을 드러내 보이면서 거기에 놓은 각기의 존재위상이 나란하더라는 그 수평적 상호관계성의 질적 차원이 확보되었다. 따라서 그 지점의 아시아적 의미망을 제대로 포착해야 할 것이다. 그런데 그 이제 들여다보기 시작한 상호관계성은 서로의 역사 속으로까지 박두해가지는 못했다. 한국과 홍콩, 식민지와 분단이라는 같지만 다른 양상의 근대의 역사와 지속된 현재가 거기에 투영될 정도로 길을 내지는 못한 것이다.

근대적 아시아상, 그것은 문명과 야만의 구도 속에서 일방적으로 공간분할을 강제당해야 했던 타율적 근대화의 일그러진 남상(濫觴)으로 부조(浮彫)되어 왔다. 시간축에 따라 공간을 강점적으로 구분당했던 제국주의적 세계분할경쟁의 피해양상으로서의 식민지·반식민지 아시아가 주체적으로대응한 역사, 서구적 근대와는 다른 시간축으로 공간을 일으켜가고자 했던 민족해방운동의 보편적 전개와 그 다기한 귀결, 그러나 주체적 탈식민화의 기획은 냉전의 체제화로 수렴되는 세계적 지배구도의 조건에 놓이게 되면서 아시아의 비극은 다시 재현되었다. 아시아에서 탈식민화-시공간성의 실질적 회복기획은 일국적 단위에서 보수와 혁명의 계급적 격돌(한국전쟁, 국공내전), 혹은 민족적 모순의 재현(베트남, 필리핀)으로 양상했다. 그런데 여기서 우리가 주목할 것은 동서냉전의 양극 그 어느 한편으로 일방적 귀속·편제당하는 것이 아니라, 일국적 내전과 두개의 아시아로의 분할을 감내하는 과정에서 그 공간적 경계들과 그 경계 안팎의 삶의 실질들, 이데올로기로부터 제도, 일상적·심미적 차원에서 전현해냈던 역사적 과정에서 획득된 상호관계성의 의미이다. 그 아시아의 내면은 아직 역사적으로 총체화되지 못했다. 탈식민의 시공간을 온전히 확보할 수 없었던 전후의 가능성들은 이후 냉전의 체계화 과정에서 '동'의 아시아를 만들어냈지만, 그것이 내부의 모순 속에서 끊임없이 아시아지역화·세계화를 모색했음에도 불구하고, 민족화로 경도되며 제한된 관계성을 가질 수밖에 없었던 문제는 두고두고 안타까움으로 남는다. 그리고 급기야 냉전을 지탱하던 한 축의 붕괴와 광활한 자본주의로의 역진(逆進).

새로운 세계상의 구현이라는 목표를 가지고도, 그 열린 관계성을 일구어내고도 결과적으로는 일국적 역사의 늪에서 빠져나오지 못했던 '동'의 아시아, 그 위대한 실패는 패배의 굴욕으로 역사 속에 암장된 채 내팽개져 있다고 해도 과언이 아니다. 빛나는 사상적 성취도, 거대한 생산력발전을 일구어낸 인간적 의지의 창연한 발현도, 미적 가치 창조의 뛰어난 경계도, 민족국가의 경계를 뛰어넘어 함께 나누던 인간의 진보지향과 아름다운 정서적 교감도, 무엇보다 그 속에서 구현된 다양한 삶의 내함들이 뿜어내던 다원적이고 평등한 문명세상의 전조들은 이제 세속의 흙먼지 속에 이리저리 채이다가 발 빠른 상혼들에 의해 노스탤지어상품으로 대량복제되고 포장되어 국가적으로 아시아적으로 세계적으로 소비되고 있는 와중이다.

역사의 발전을 이끌었던 진보적 아시아의 역사상, 그 깨어진 추형을 다시 꿰어맞추고 접착제로 붙이고 조각보로 기워내는 작업은 세계가 아시아를, 아시아가 아시아를 지배와 착취의 체계로 규정·재규정해가는 신자유주의 세계화의 오늘의 문제의 심연을 돌파하기 위한 가장 적극적인 해법 찾기가 아닌가 한다. 아시아가 서구적 근대에 의해 규정된 아시아로부터 그 스스로 아시아를 공간화하는 진정한 탈근대의 기획은, 모처럼 열린 이 '사회기층적인 아시아다움'의 치열하면서도 열린 시야로 아시아의 역사층면에 커커이 쌓인 그 반자본주의적 근대지향의 다양한 개진들을 제대로 펼쳐보고 그 역사적 맥락 속에서 정면과 반면을 함께 안으며 그것의 가능성을 꼼꼼히 새길 때, 한국적이고 아시아적인 문화연구는 비로소 실천적으로 그 길이 열릴 것이다.

# 한국 내 '아시아 문화연구' 현황 및 의미

이종임(성공회대학교 동아시아연구소 연구교수)

> 독립운동의 주체가 누구이며 문화의 탈식민이 누구의 이름으로 행해지는지 분명히 말할 수 없다면 '독립'과 '탈식민'은 완성될 수 없다. …문화문제는 권력문제 밖에서 논의될 수 없다. …다른 사람이 없으면 자기도 없으며 자아에 대한 인정은 더욱 더 있을 수 없다. 정체성의 문제는 언제나 미래를 구성하는 가운데 과거를 해석한다.
>
> ―스튜어트 홀

## 1. 들어가며1)

최근 들어 한국에서는 '문화'와 '문화연구', '문화산업' 등 기존의 문화라는 키워드로 이루어져 왔던 연구라는 범주보다 더욱 더 확장된 움직임이 나타나고 있다. 이 움직임은 문화연관 산업이 급격하게 성장하면서 기존의

---

1) 한국 내의 '아시아 문화연구'의 현황을 정리해달라는 원고청탁을 받고 처음에는 흔쾌히 응했으나 그간의 문화연구의 흐름을 정리해야 한다는 사실과 함께 현재 문화연구를 진행하고 있는 문화연구자들의 흐름도 파악하고 있어야 한다는 것을 알고 나서는 쉽지 않은 작업임을 깨달았다. 필자가 그러한 논의들을 정리하고 분석하기에는 여러 가지로 많이 부족함을 미리 밝혀둔다. 필자는 이 졸고에서 단지 국내의 문화연구가 이론중심의 연구에서 벗어나 현실적인 분석을 하기 위한 방향으로 변화하게 된 이유들과 함께 아시아와의 관계를 통해 국내가 아닌 아시아 문화연구로 확장하게 된 이유를 통해서 국내 문화연구의 변화와 그 흐름을 정리하고자 한다.

인식론적인 논의의 역사성과는 별개로 문화현상을 분석하기 위한 것이라고 할 수 있는데, 이러한 움직임의 원동력으로 지목되고 있는 것은 문화자본을 통해 생산된 문화텍스트의 확장과 재생산이다.

그 중 가장 대표적으로 지목되고 있는 것이 바로 아시아에서 일고 있는 한국방송 프로그램의 높은 인기와 출연자들에 대한 폭발적인 관심일 것이다. 갑작스런 관심과 인기가 보여주듯 한국 방송 프로그램이 국내뿐만 아니라 해외에서도 수용가능한 공통의 코드로 정착하게 되면서 프로그램의 해외 수출이 큰 폭으로 증가하였고, 영화, 음악 등으로 확장되면서 특히 아시아에서 한국 대중문화 붐을 형성하고 있다. 그 결과 한국에서 생산된 문화텍스트의 소비와 그 주변부 생산물들이 확장되는 현상이 '한류'라는 이름으로 명명되면서 수많은 논의들을 생산해내고 있다.

한류(韓流)[2]는 1999년 중국 언론이 한국 대중문화의 열풍을 지칭하는 말로 사용한 이후 중국, 대만, 일본, 홍콩, 베트남, 태국 등의 동아시아 지역에서 불게 된 우리 대중문화의 유행 현상을 가리키는 신조어가 되었다. 이 용어에는 한국 내에서 생산한 문화텍스트와 그 텍스트가 가져온 문화적 효과에 대한 많은 관심이 함축되어 있다.

문화연구자들의 주요 분석 대상이었던 문화텍스트는 이제 정부와 문화산업계 모두를 '한류'를 통한 한국 이미지의 제고와 한국 문화상품의 해외 수출시장 확장이라는 상호연관된 목적을 위해 움직이게 하고 있고, 새롭게 부상하고 있는 문화텍스트에 대해서 학계 또한 다양한 관점 아래 많은 한류 관련 연구들을 쏟아내고 있다. 한국이라는 '지역'(local)에서 생산된 대중문화물이 아시아 지역 어디에서나 쉽게 발견되는 '전지구적'(global) 현상이 될 수 있다는 세계화 경험은 무엇보다도 새로운 것이기 때문이다.

이 현상은 문화의 국제적 흐름을 서구문화 지배에 의한 전지구적인 문화

---

2) 한류(韓流)란 말은 1999년 중국 언론이 만든 신조어로 다른 문화가 매섭게 파고 든다는 뜻의 중국어 한류(寒流)의 동음이의어이다.

적 동질화로 보고 비판해온 '문화제국주의론'과 같은 기존 논의들을 가지고 설명할 수 없는 현상이다. 지금까지 문화의 국제적 유통이 미국을 비롯한 서구 자본주의 국가들에서 개발도상국 또는 주변부 국가들로의 일방적 흐름이었던 반면, 동아시아 문화교류는 아시아에서 일본, 홍콩, 한국 등이 커뮤니케이션과 문화 생산의 새로운 주체로 부상하면서 지역 내 문화 유통을 주도하게 된 최근의 현상이기 때문이다.[3)]

한류는 문화산업 영역에서 시작되었지만 이러한 현상을 논하기 위해 문화권역주의, 탈식민주의, 문화민족주의, 아시아문화공동체라는 문제의식을 갖고 담론의 영역으로 확대하려는 노력들이 아시아 문화연구자들의 상호교류를 활발하게 한 계기로도 작용했다.

현재 국내에서 '문화'라는 키워드를 중심으로 진행되고 있는 학문적, 문화산업적 교류들을 통해 확인할 수 있는 것 중 가장 최근의 연구는 바로 아시아를 주요 텍스트로 논의하고 있는 아시아 문화연구라고 할 수 있다. 2002년 이후 한류문화 담론이나 정책과 더불어 인터-아시아 문화연구에 중점을 두게 된 것은 당대의 정치적 사회적 상황을 반영한 것이라 할 수 있다. 따라서 한국에서 문화연구가 많은 분야의 영역들과 교류하고 확장할 수 있었던 과정을 보기 위해서는 문화연구가 등장한 배경과 그간의 연구과정들을 살펴보아야 할 것이다.

우선, 아시아 문화로의 확장 이전에 한국 문화연구의 배경과 역사를 살펴보아야 하는데, 한국에서 문화연구가 등장한 배경에는 전통적인 인문학의 위기, 진보적 사회과학방법론의 쇠퇴, 대중문화지형의 변화가 있었으며, 이러한 경향들은 한국의 문화연구자들의 서로 다른 입장들이 구별되는 계기로 작용했다. 이는 특히 문화연구가 간학제적인 연구를 지향하면서도 자신이 속한 지식의 장에 따라 한국의 문화연구가 다르게 배치되고 있다는 점과

---

3) 김수정·양은경,「동아시아 대중문화물의 수용과 혼종성의 이해」,『한국언론학보』, 50권 1호, 2006. 2, 115-116쪽.

연관된다. 한편으로 한국 문화연구자들의 배치는 학문적인 기반의 차이에서 비롯된 것도 있지만, 문화연구의 실천에 대한 서로 다른 생각에서 비롯된 것이기도 하다.

이러한 논의를 중심으로 한국의 문화연구를 시기에 따라 네 단계로 정리할 수 있겠다. 첫 번째는 영국의 <버밍엄현대문화연구소>에서 언급했던 '문화연구' 개념이 공식화되지 않은 상황에서 문화연구의 징후의 축적이 있었던 시기이고, 두 번째 시기는 문화연구 관련 번역서들이 출간되면서 영국의 문화연구가 본격적으로 소개된 시기, 세 번째 시기는 문화연구가 한국에서 구체적인 문화현실의 지형과 만나는 실천들이 가시화되는 시기이다. 마지막은 한국의 문화연구가 권역의 문화담론으로 아시아 문화연구 내에 일정한 발언을 구체화하는 시기로 정리할 수 있다.[4]

물론 그간 한국에서 진행되어온 문화연구의 역사를 이렇게 네 단계로 구분하는 것은 다소 도식적이긴 하다. 그러나 어쨌든 이러한 과정을 거쳐 지금의 아시아문화에 대한 다양한 논쟁지점들과 연구들이 진행되고 있다고 볼 수 있다. 이제 본격적으로 한국 문화연구의 주요 텍스트가 어떻게 국내의 문화현상 분석에서 아시아 문화연구로까지 전환되었는지 그리고 현재 진행중인 인터-아시아 문화연구의 현황에 대해 살펴보겠다.

## 2. 한국 내 문화연구 흐름의 변화

한국의 문화연구 담론의 발생은 1980년대 민족문학이념 논쟁의 쇠퇴, 포스트모더니즘 논쟁의 부각, 소비문화의 출현, 인문학의 위기와 같은 의제들을 중심으로 나타난 변화이지만 문화연구자들의 담론 속에서도 나타났다. 이후 1990년대 중반의 문화연구는 영미문화연구를 통해 이론, 개념, 방법론

---

4) 이동연, 「한국 문화연구의 역사 기술학 토픽의 설정과 배치」, 『한국예술종합학교 전통예술원 학술심포지엄 자료집』, 2006. 10. 참고

적인 논점을 논의하는 이론분석, 그리고 영미 문화연구의 이론, 방법론, 개념을 유인하여 한국 대중문화 텍스트, 수용자 해독을 해석하는 경우 등이 있었다.

기존의 한국의 문화연구에 대한 비판의 핵심은 '역사성'과 '근대성'의 결핍 문제일 것이다. 이는 많이 지적되어온 부분인데, 영미 중심의 문화연구 이론을 받아들이면서 이론과 개념 등의 열거에서 연구자의 해석과 현실문제에 대한 실천까지 나아가지 못했던 점이 바로 그것이다. 또한 한국대중문화의 텍스트 분석 역시 대부분 미디어의 수용자를 분석하는 데 집중되는 편향성을 드러냈다. 물론 이런 이론중심의 연구경향에 대해 비판하고 보다 적극적인 실천을 요구하는 학자들의 의견도 많이 제시되었다.

유선영5)은 지금까지의 문화연구의 큰 줄기는 '우리의 독특한 근대성'6)을 여백으로 남겨둔 채 대중문화 텍스트와 수용자에게 그리고 영미 사회와 역사를 모태로 한 서구 문화이론의 번역과 제한된 적용에 집중되었다고 본다. 그리하여 문화의 '차이'도 맥락화도, 접합의 문제도, 주체도, 정체성의 문제도 심지어는 문화의 정치화까지도 여전히 미제로 남겨둔 채 진행되고 있다고 본다. 영미이론을 해석, 소개하거나 텍스트 분석 중심의 연구들은 수정맑스주의 및 구조주의적 입장과 문제틀을 모호하게 흐리거나 건너뛰는가 하면, 일종의 도식처럼 머리말의 문제제기, 그리고 이론적 논의에서 추상적으로 언급하는 것에 그치고 자족하는 경우가 많았다고 비판한다. 하지만 이후 이러한 문화연구의 탈중심화를 위한 시도들이 이루어지고 있다고 보는데, 기존 영미 문화연구의 외견적 보편성에 감추어진 국지성(locality)을 드러내는 것과 함께 서구 중심국 내부에 존재하는 이질적인 주변적 정체성, 인종과 종족 정체성을 정치적 지점으로 삼는 경향을 보인다는 것이다. 이러

---

5) 유선영, 「흩눈 정체성의 역사: 한국문화현상분석을 위한 개념틀 연구」, 『한국언론학보』 제43-2호, 1998년 겨울.

6) 김동춘, 「사상의 전개를 통해 본 한국의 근대모습: 자유주의, 사회주의, 민족주의」, 역사문제연구소 편, 『한국의 근대와 근대성 비판』, 역사비평사, 1997, 275쪽.

한 경향을 지속시키기 위해 두 가지 전략을 제시하는데, 우선 영미 문화연구를 중심에 두고 스스로를 주변에 위치시키면서 '차이'를 통해 중심에 접근하는 것이다. 즉, 주변부의 문제들은 결국 탈식민성의 문제이고 역사의 문제라는 것이다. 또 한 가지 대안은 홀의 영향을 받은 천꽝싱과 이엔 안이 주장하는 국제주의 노선이다. 물론 한국적 상황에 적용하는 과정에서는 한국의 민족과 문화정체성, 그리고 식민역사 등 많은 문제들을 함께 고려해야 하는 어려움이 있긴 하다. 하지만 앞서 논의한 문화연구의 탈이론중심과 전략 구상의 확장은 자연스럽게 아시아 문화연구로의 변화를 지향하게 한 것이라 볼 수 있다.

원용진[7]은 1990년대 중반 이후 국내 문화연구의 주요 경향이 텍스트, 수용자, 담론분석, 제도연구, 근대성 연구로 대별될 수 있다면서 이것들을 관통하는 이론적 경향은 수정주의이며 내외의 비판에도 불구하고 계급이나 이데올로기 중심의 연구들이 퇴조하는 대신, 차이의 정치학을 권력에의 저항으로 상정하면서 차이와 저항을 축복하는 수준에 머물고 있다고 본다. 또한 문화연구가 다양해진 경향도 있지만, 이 다양성이 다분히 소재주의를 벗어나기 어려우며, 근대성 연구 역시 왜 근대성 연구가 필요한지에 대한 근본적인 언급이 없다고 비판했다.

이동연[8]은 그간 이루어져 왔던 국내 문화연구의 역사에 대해 기술하면서 1990년대 초 한국의 문화연구는 '문화연구'라는 공식적인 개념을 사용하지 않고 문화이론지와 비평지를 중심으로 문화담론을 형성하였다고 정리하고 있다. 그의 논의에 따르면 한국 최초의 문화이론 전문지인 『문화/과학』이 '유물론적 문화이론'을 표방하며 1992년에 창간되었으며 이후 『리뷰』, 『상상』, 『오늘예감』 등의 문화비평지가 잇달아 창간되면서 문화연구를 전공하고 국내로 들어온 커뮤니케이션이나 사회학 전공자들이 영미권의 문화연구

---

7) 원용진, 「우리문화연구의 반성과 전망」, 『한국언론학보』, 제45호 특별호, 2001, 157-189쪽 참고
8) 이동연, 앞의 글.

를 본격적으로 소개하기 시작하였다. 이러한 과정이 진행되면서 한국적 현실에 기반한 이론적 실천보다는 문화이론 연구에 중점을 두었고 연구자들이 속한 분과학문의 오랜 전통을 해체하기 위해 간학제적인 연구방법론을 제시하기도 하였다.

이후 1990년대 말과 2000년대 초 문화연구는 급격한 제도적인 변화를 겪게 된다. 즉 아카데믹한 영역에서 문화연구를 지속적으로 실험하기를 원하는 그룹들은 문화연구를 대학의 독립된 학과로 구성하고자 하는 노력을 기울였고, 이 노력의 일환으로 2001년 연세대학교에서는 문화학 협동과정이 대학원에 개설되었다. 다른 움직임으로는 문화연구가 문화정책에 대한 비판적 개입을 시도하면서 새로운 문화운동의 장을 열었다는 점을 들 수 있다. 그 일례로『문화/과학』의 편집위원들이 중심이 되어 결성한 <문화연대>를 꼽을 수 있는데, 이 경우 문화운동과 사회운동을 결합한 새로운 실천의 공간을 열었다고 보아진다.

결국 1990년대 이후 폭발적으로 이루어졌던 문화연구는 유행과 같았던 이론 논의에서 벗어나 비판적이고 실천적인 관점과 문제들을 현실의 텍스트, 현실의 문화현상을 분석하려는 움직임들로 전화하고 있는 것이다. 또한 구체적인 문화현상을 논하면서 더불어 나타난 사회구조의 결과물이자 현재 진행형인 미디어 텍스트는 또 다른 연구의 '유행'을 만들어내고 있다. 이론 중심적 논의에서 벗어나 근대적 형태의 소비대중문화, 물질문화의 구성과정을 분석하면서 만나게 된 '아시아' 문화연구는 아시아 문화의 역사성과 그 문화가 형성된 과정보다는 대중적으로 소비되는 결과만을 평가하는 의미만 주목을 받고 있다.

하지만 현재 탈식민주의, 문화민족주의, 아시아 문화공동체라는 문제의식을 갖고 아시아문화에 대한 연구들을 담론의 영역으로 확대하려는 노력들이 바로 아시아 문화연구자들의 상호교류를 활발하게 하는 계기로 자리잡고 있기 때문에, 문화의 국제적 유통과 의미들을 간과할 수는 없다. 이제 구체적으로 한국을 중심으로 아시아 문화연구가 어떻게 진행되고 있는지 현황과 의미들을 살펴보자.

## 3. 인터_아시아 문화연구의 현황

아시아 문화연구는 각국의 상황이 다르긴 하지만 대체로 1980년대 초반에 등장하기 시작하였고 대체로 비슷한 역사적 진화과정을 거치고 있다. 현재 아시아 문화연구는 서로 다른 입장들이 구조화된 공간으로서 전복과 배제의 권력관계를 형성하는 문화담론의 장을 형성해내고 있다.

초기 아시아에서 문화연구는 포스트모더니즘 문화논쟁에서 비롯되었거나, 영국이나 미국에서 문화연구를 전공한 연구자들에 의해서 소개된 경우가 지배적이었는데, 1990년대 후반부터 이론적 식민화 논쟁으로 비판받게 되었고, 이후 아시아적 문화연구에 대한 아시아 각국의 문화연구자들의 공동의 관심이 표출되었다.

실제로 이러한 노력들은 다양한 방식으로 표출되었는데, 1993년 창간된 『포지션스』(*positions*), 1990년대 후반부터 현재까지 출간되고 있는 『흔적』(*Traces*), 『인터-아시아 문화연구』(*Inter-Asia Cultural Studies*)와 같은 아시아 문화연구 관련 저널들은 아시아 내의 식민지 근대성, 문화정치적 쟁점, 대중문화의 흐름, 성정체성의 문제, 지역분쟁, 소수종족의 현실 등을 집중적으로 다루었다.9) 개별국가별로 진행되었던 문화연구들이 이제는 권역으로서의 아시아 속에 위치하면서 탈식민화와 탈범주화된 문화교류로 나타나는 문화의 혼종성에 대해 고민하기 시작한 것이다.

일례로 일본의 최근 연구들은 일본제국주의에 의한 아시아의 축조과정에 주목하면서 이것이 전후 일본에서 전향적으로 극복되기보다는 냉전구조

---

9) 같은 글 참고

속에서 일본의 경제성장과 함께 은폐된 채 국민의식을 내재화하는 과정을 성찰하고 있다. 이러한 과정을 통해 일본을 아시아에 다시 수평적으로 위치시킴으로써 문제를 극복해가고자 하는 담론적 기획들이 대두하고 있다. 일본에서의 문화연구는 요시미 순야, 이와부치 고이치, 마루가와 데츠지 등을 주축으로 아메리카나이제이션, 냉전, 인터-아시아와 같은 일국단위를 넘어서 일본의 문제를 재현해내고 일본문제의 지역화를 통한 새로운 주체의 설정과 실천적 모색의 단계를 제시함으로써 단연 진전된 논의를 이끌고 있다.

한국의 경우도 현실사회주의 해체 이후 대안적 세계관의 모색 속에서 동아시아론이 대두하여 아시아지역화 논의가 활발하게 진행되고 있다.

홍콩과 대만의 문화연구는 후식민성의 범주로부터 자유롭지는 못하지만 에인절 린의 시도와 같이 아시아에서 이루어지는 문화월경을 자국의 대중문화 소비주체의 입지에서 분석하는 연구들이 일정한 성과를 보이고 있다. 또한 대만의 경우 천꽝싱이 언급하는 미국화의 문제에 전면적으로 대응하는 문화연구 논의에는 미치지는 못하지만 대만 현실과 관련한 문화 문제에 대해 논의를 지속하고 있다.

이처럼 아시아에서 문화연구가 활발하게 이루어지게 된 이유로는 문화이론 중심의 논의를 탈피해야 한다는 탈식민화라는 시대적 요청 때문이다. 아시아에서 문화연구가 1980년대 후반부터 등장하게 된 데에는 포스트구조주의와 포스트모더니즘에 대한 지적 식민화에 대한 반작용과 탈식민주의에 대한 관심이 크게 작용했다.

일본의 문화연구자 요시미 순야는 1990년대 일본에서 문화연구의 수용은 탈식민 연구에 관심을 가진 스튜어트 홀의 작업에 상당부분 의존하였다고 언급한다.[10] 대만의 문화연구자 천꽝싱 역시 문화연구의 탈식민적 실천을

---

10) Yoshimi Shunya, "The Condition of Cultural Studies in Japan," *Japanese Studies*, Vol. 18, No 1, 1998.

강조하면서, 국제적 문화연구의 역사는 탈식민운동에서 비롯되었으며, 영국 문화연구의 신좌파적 전통 역시 탈식민 지식인에 의해 주도되었음을 강조한다. "문화연구의 영국적 속성은 탈중심화되어야 할뿐만 아니라 문화연구가 그 탄생부터 이미 국제적 성격을 띤 것이었고, 그 역사적 대안이 바로 탈식민운동이었다."[11] 홍콩의 경우 탈식민화의 시점에서 문화연구는 국지적 장소로서 홍콩사회에 대한 복합성을 읽어내는 데 있어 의미있는 역할을 했다.[12]

한국의 문화연구도 '한류'라는 문화텍스트를 중심으로 이론분석과 수용자 중심의 문화텍스트 연구에서 문화적 혼종성의 생산과 소비의 현실적 분석을 위해 아시아문화로 확장되는 방향선회를 보이고 있다. 냉전 이후 아시아 내에서 형성되는 문화정치적 담론을 논하는 성공회대학교 동아시아연구소, 연세대학교 문화학 협동과정에서 이루어지는 문화분석 등을 중심으로 인터-아시아 문화연구가 진행중이다.

일본에서 개최되는 컬츄럴 타이푼(cultural typhoon)은 자유로운 세션구성으로 컨퍼런스 참가자들의 적극적인 참여를 유도하는 방식으로 진행되며, 일어와 영어로 진행된다. 전후의 징후를 읽어내기 위한 공간분석이나 역사성의 문제에서 현재 일본 도시의 도시공간분석이나 영화와 애니메이션 등 다양한 소재와 주제들로 구성이 된다.[13] 이러한 국내의 문화연구는 일본의 문화포럼 컬츄럴 타이푼이 있고, 아시아의 동시대적인 문화현상을 논하는 인터-아시아 컨퍼런스는 태국의 출라롱콘 대학(Chulalongkorn University),

---

11) 천광신, 「탈식민과 문화연구」, 『제국의 눈』, 창작과비평사, 2003, 159쪽.
12) John Nguyet Erni, "Like a Postcolonial Culture: Hong Kong Re-Imagined," *Cultural Studies*, 15(3/4), 2001.
13) 컨퍼런스는 다양한 소재들로 구성된 세션들이 많았고, 흥미로운 토론들도 많았다. 참여국은 대체로 일본과 대만, 홍콩, 한국, 그리고 공간분석 세션을 구성하기 위해 참여한 미국과 독일학자들로 구성되어 있었는데, 실제로 한자문화권이 대부분이었고다. 한국에서 온 발표자와 토론자들도 많았는데, 비판적 사고와 실천의 의미보다는 사교의 장으로 활용하려는 참가자들을 만났을 때 적잖이 당황했던 기억도 남아있다.

말레이시아의 마히돌 대학(Mahidol University), 홍콩의 시티대학(City University), 한국의 성공회대학의 동아시아 연구소의 공동주최로 이루어진다.

인터-아시아 문화를 논하는 컨퍼런스 등의 행사는 현실적인 문화현상과 분석을 확인할 수 있는 장을 마련하는 기회를 제공할 뿐만 아니라 국지적 논의를 벗어나는 이론적 실천의 방법론을 공유하는 기회 역시 제공한다. 지난 7월 방콕에서 열린 컨퍼런스의 경우 정말 다양한 국적을 가진 연구진들이 발표자와 토론자로 참여했는데, 필리핀, 싱가폴, 대만, 홍콩, 태국, 중국, 한국, 호주, 미국 등에서 아시아문화를 논하기 위해 모였다는 것, 그리고 한국의 텔레비전 프로그램이나 영화산업에 대해 많은 정보를 공유하고 있었다. 이외에도 필자가 정확하게 열거할 수 없는 많은 컨퍼런스들이 아시아 문화를 논하기 위해 진행되고 있다.

이와 같이 문화연구가 기존에 이루어졌던 국지적 논쟁과 분석에서 아시아 논의들을 생산하는 방식으로 확장된 것은 긍정적으로 평가할 수도 있지만, 다른 한편으로는 아시아 문화연구의 제도적 팽창 역시 수반된다. 일본의 문화연구에서는 이미 이러한 우려를 언급했는데, 1990년대 후반 일본에서 문화연구의 많은 결과물이 생산되는 것은 아카데미 담론이 문화적 상품으로 흡수당하는 과정이라는 비판을 받았다.

문화연구는 대학 교육체계의 개편과정에서 문학, 미디어연구, 인류학, 심리학 등과 같은 분과학문을 통합하는 중요한 공간으로 활용되었으며, 한국에서도 교육제도에 적극적으로 개입하는 모습을 확인할 수 있다. 현재 국내에는 연세대학교 대학원에 협동과정과 중앙대학교 대학원 문화연구학과 등이 개설되었다. 새롭게 개설되는 학과의 증가현상을 비판하지 않을 수 없는 이유는 기능적인 의미가 강한 '문화'관련 학과들이 무수히 증가하고 있기 때문이다.

이동연과 권경우[14]의 글에서도 언급했지만, 문화연구의 제도화에 따른 탈정치화의 위기는 서양 문화연구의 전개과정에서도 이미 확인된 바 있다.

엘렌 오코너(Allan O'Connor)는 미국의 문화연구를 후원하는 제도권 학자들이 현재의 정치적 문화운동들과 거의 아무런 연관도 없는 사람들이라는 점에서 우려를 표명한다. 짐 매기건(Jim Mcguigan)은 문화연구의 위기는 물질적 생산관계의 맥락 속에 문화연구의 다양한 질문들을 포진시키지 않고 소비문제에만 집중했기 때문에 발생했다고 본다. 사실 문화연구는 하나의 지적인 태도이고, 운동이며 네트워크로서 아카데미 영역 안으로 편입되는 것이 부적절할 수 있고, 그 자체가 문화연구의 실천적 지위의 약화를 반증한다는 것이다.

따라서 '문화'연구에 대한 전세계적인 관심은 아시아를 지역연구의 중요한 대상으로 설정하는 데 기여했지만, 문화연구의 다양한 국지적 실천의 가능성이 오히려 제도적 지역연구로 획일화되는 것을 피할 수 없다는 점을 수반하기도 한다.

## 4. 나가며

지금까지 논의한 것과 같이 인터-아시아라는 문화연구 텍스트의 확장을 가져온 '한류'는 아시아적인 것, 동양적인 것에 대한 담론의 부상을 가져왔는데, 여기에는 복수적인 면이 있다. 자문화의 정체성을 확인하고자 하는 강한 욕망을 표출하는 것과 함께 그 뒷면에는 전지구화시대에 세계화의 추세로 인해 나날이 엷어져가는 자문화 존립에 대한 불안감과 초조감 역시 함축하고 있다. 식민지의 경험과 함께 단일민족으로 구성된 한국의 경우 국가 간 문화적 교류와 인종, 계급 등의 분석과정에서 요구되는 민족주의/국가주의에서 자유롭기 쉽지 않다.

국내에서 생산된 텍스트의 인기로 시작된 '한류'라는 용어는 그 기원에

---

14) 권경우, 「문화연구의 제도화의 한계」,『문화사회』 창간호, 2005.

대한 설명이 조금씩 다르지만 국내가 아닌 타 아시아 국가들에서 개념화된 용어이다. 이러한 용어가 이제 전지구적 문화 흐름의 아시아적 현상을 대표하는 기호로 사용되고 있다. 그러나 한국인들과 한국 정부의 '한류' 용어의 사용 방식은 주로 '한류'에 생산 수출국으로서 문화 산물의 기원을 밝히는 국가적 의미를 붙이고, 한국 대중문화의 아시아에서의 성공을 홍보하고자 하는 한국 정부의 민족주의적 경제적 욕망을 가시적으로 드러내는 것이기도 하다. 즉 국가적 외교를 이해하는 민족 혹은 국가주의는 문화산업자들의 요구와 어우러져 미디어를 매개로 확산되는 '한류'를 형성하지만 동아시아에서의 상호교류라는 맥락적인 상호작용성은 가려지게 되는 현상도 나타나고 있다.

동아시아 대중문화 흐름의 다양한 양상들은 문화적 텍스트가 초국적으로 소비되는 과정에서 현지의 수용자나 미디어산업 또는 정치적 힘 등의 다양한 권력들과 상호접합되면서 그 사회의 지배적 담론과 부합하거나 혹은 저항의 힘으로 작동하고 있다. 이제 우리는 오늘날 동아시아에서의 문화유통은 미디어산업의 확장에 힘입어 이전까지 분리된 문화적 실천으로 존재해오던 것들을 다양한 방식으로 연결시키고 있으나, 여전히 이러한 연결로부터 소외되고 배제되는 지역과 집단들이 생겨나고 있다는 양면성에 주목해야 할 것이다. 또한 초국적 미디어 수용은 아시아 대중들이 자국 사회를 비판적이고 성찰적으로 바라보고 인접 국가들에 대한 새로운 이해와 관심을 갖게 하는 계기이지만, 때로는 주류적이고 지배적인 사회적 세력이나 가치들과 공모하고 이를 재생산하는 문화적 실천으로서의 한계도 지니고 있다.

국내의 문화연구에서도 과거 이론중심과 국내 텍스트의 수용자 중심의 분석이 간과했던 과정을 반복하고 있는데, 인터-아시아 문화연구가 화두가 되면서 아시아에서 보여주고 있는 다양한 문화적 모순과 억압에 대한 고민보다는 유사한 텍스트의 소비와 상품적 가치, 그리고 이러한 텍스트를 소비하는 수용자 분석에만 치중하는 모습을 보여주고 있기도 하다.

　실제로 아시아문화 관련 많은 세미나와 컨퍼런스가 진행중이지만 문화자본으로서의 텍스트만이 그 의미를 평가받고 있고, 행사에 참석하는 많은 학자들은 전공불문인 상태다. 아시아 문화연구를 전공자들 역시 사교의 장으로 혹은 지적유희의 수단으로서만 활용하는 성향이 높아짐에 따라 실천이나 아시아에서 공통된 텍스트가 의사소통될 수 있는 의미의 파악과 문화적 교류보다는 기능주의적인 학문지형의 변화와 획일화된 문화연구만이 그 의미를 평가받기 쉬운 상황이다.

　아시아공동체, 아시아문화를 실체화한다는 것은 어려운 작업이이다. 하지만 계속적으로 변화하고 움직이는 문화를 아시아의 지배와 착취의 역사와 함께 사고하고 스스로 아시아를 공간화하는 탈근대 기획으로서의 문화실천을 지향하기 위한 문화연구 작업은 아시아문화의 교류를 통한 담론의 구체화를 통해서 계속되어야 하며, 국내 문화연구에서 지향해야 할 부분이기도 하다.

# 문화태풍의 현장에서

## ―2006 컬츄럴 타이푼(Cultural Typhoon)[*] 관람기

히라타 유키에(연세대학교 사회학과 박사과정)

### 문화태풍 현장의 열기

2006년 여름, 도쿄. <도시를 경험하며 이야기하고 창조한다>. 문화연구를 지향하는 연구자와 대학/대학원생뿐만 아니라 문화예술가들이 서로의 이야기를 교환하고 표현하는 장인 컬츄럴 타이푼(Cultural Typhoon) '심포지엄'이 올해로 4회가 되었다.

컬츄럴 타이푼은 일본 국내뿐만이 아니라 해외에서도 다양한 경력과 경험을 가진 사람들이 참가하는 국제심포지엄이다. 타이푼은 2003년 도쿄 와세다대학에서 열린 제1회 심포지엄으로부터 시작해서 제2회는 오키나와의 류큐대학, 제3회는 교토의 리츠메이칸대학을 무대로 1년에 한 번씩 개최되었다. 제4회는 도쿄 시모키타자와(下北澤)에서 6월말부터 7월초에 걸쳐 열렸다. 이번에는 대학이라는 공간 밖으로 나와 올해의 주제인 '도시'공간으로 무대를 옮겼다. 심포지엄이라기보다는 축제에 가까운 느낌이라고 할까. 아니, 심포지엄이라는 말 자체가 학술적인 이미지로 널리 인식되어 있기 때문

---

[*] 2006년 컬츄럴 타이푼에 관한 자세한 사항은 홈페이지를 참조할 것. http://www.cultural-typhoon.org

인지, 우리는 심포지엄이라는 말을 들으면 왠지 딱딱하고 다가가기가 힘든, 전문적인 지식을 피력하는 장소인 것으로 상상하기 쉽다. 그러나 타이푼의 소개문에도 있듯이, 심포지엄의 어원은 향연이기에, 타이푼의 현장에서 적지 않은 사람들이 느낀 축제 같은 기분은 타이푼의 취지에 그리 어긋나지 않을 것이다.

이번 타이푼은 컬츄럴 타이푼을 중심으로 어번 타이푼, 시네마 타이푼이 함께 열렸다는 점에서 조금 색다른 심포지엄이었다. 컬츄럴 타이푼에는 약 50개의 패널이 6월30일-7월2일까지 3일 동안 다양한 방식으로 발표했다.1) 학술발표 외에도 25개에 달한 전시부스와 퍼포먼스가 있었는데 심포지엄 회장 밖에서는 사쇼 세드라책(Saso Sedlack)이 기획한 길거리퍼포먼스인 '비럭질(거지) 2.0'이 열렸다. 또한 폴 길로이의 『블랙 아트랜틱』의 일본 어번역을 기념하여 스즈키 신이치로가 기획한 '블랙 아트랜틱 나이트'라는 클럽 파티가 있었다. 한편 시네마 타이푼은 시모키타자와의 시네마 아톤 시모키타자와(Cinema ARTONE Shimokitazawa)를 무대로 7월1일-7일까지 7일 동안 열렸다. 츠치야 유타카 감독의 <Peep TV Show> 등 국내외의 다큐영화 13 작품이 상영되었으며, 한국 김미래 감독의 <노가

---

1) 컬츄럴 타이푼의 실행위원회를 주도하는 멤버들은 주로 대학원생들이며, 예산은 20-30만엔이라고 한다.

다>도 포함되었다.[2] 각 작품의 감독이나 평론가의 강연도 연일 개최되었다. 마지막으로 어번 타이푼에서는 6월26일부터 29일까지 개성적인 워크숍이 열렸다.

이번 심포지엄의 주된 무대는 시모키타자와의 키타자와 구민회관 '기타자와 타운 홀'(北澤タウンホール)과 시모키타자와 세이토쿠고등학교(下北澤成德高校)였는데 시모키타자와 세이토쿠 고등학교에서는 회의장을 무료로 제공해줬다고 한다. 물론 필자는 이 거대하면서도 개성적이고 다채로운 심포지엄에 전부 참여할 수 없었다. 오히려 필자가 본 것은 아마도 극히 일부분일 것이다. 동시다발적으로 개최된 모든 축제에 참여한다는 것은 불가능하기 때문에 각자가 자신의 관심이나 흥미에 맞는 '자기 자신만의' 축제를 만들어갈 수 있는 장이라는 점에서 컬츄럴 타이푼은 의의가 있다고 생각한다. 물론 보다 축제를 즐기기 위해서는 적극적으로 참여하는 것이 필요하다. 개인적으로는 한꺼번에 너무나 많은 행사들이 있었기 때문에 놓친 부분이 많아 아쉬웠다.

필자가 컬츄럴 타이푼에 참가하는 것은 제2회 오키나와에서 열린 심포지엄에 이어 두 번째인데 이번 심포지엄은 같은 행사라고 하기가 힘들 정도로 그 규모가 거대해져서 아무도 그것을 조정할 수 없을 듯 싶었다. 오키나와에서의 기억을 떠올려보면 필자는 역시 오키나와라는 공간이 갖고 있는 전쟁의 기억을 비롯한 역사성이나 문화성에 압도당하고, 또한 오키나와 스터디스의 열기에 압도당했다. 물론 오키나와의 미군기지문제 등 다양한 문제에 대해 생각할 수 있는 자리였다. 반면에 이번 타이푼에서는 시모키타자와라는 공간과 심포지엄의 형식이 잘 융합되었다는 느낌을 강하게 받았다.

이는 오키나와의 경우 대학 안에서 열린 심포지엄이었고, 이번에는 대학 밖에서 열렸다는 점이 큰 차이라고 말할 수 있을 것 같다. 따라서 '보다

---

2) <노가다>는 도시의 노동자를 주제로 감독이 자신의 아버지를 주인공으로 한 작품이다.

개방적이고 축제적 심포지엄'으로 성격이 크게 변화했으며 뿐만 아니라 거대한 소용돌이를 상상케 하는 '잡다함'이 있었다.

　이번 타이푼의 주제는 '도시'이다. 도시공간은 문화생산의 장, 개인과 사회를 연결시키는 장, 개인 혹은 사회와 그 공간이 가지고 있는 역사성이 교차되는 장, 다양한 문화가 만나는 장이라는 면에서 문화연구의 중요한 연구영역이다. 이러한 맥락에서 도시를 주제로 한 심포지엄이 왜 시모키타자와에서 열렸는지, 아니 시모키타자와라는 공간에서 무엇이 일어났는지, 더불어 이번 타이푼과 어떤 관계를 맺었는지, 분석해 보겠다.[3]

## 도시에 녹아드는 문화, 문화가 녹아드는 도시

　시모키타자와는 도쿄에서 대학시절을 보낸 필자에게 '연극의 거리'이자 '분위기 좋은 술집이 모인 장소'였다. 개성적인 소극장과 술집이 많은 시모키타자와는 패션의 최첨단이라고 이야기되는 아오야마나 높은 건물들이 많고 복잡한 신주쿠와 달리, 친근감이 있고 매력적으로 보였다. 연극뿐만이 아니라 상가, 음악, 술집, 벼룩시장 등 개성적인 공간들이 무질서하게 모여 있다. 문화가 생산되고 일상적이며 잡다한 분위기가 나는 공간이라는 이미지가 강해서 아티스트나 학생들이 모이는 장소이기도 하다. 시모키타자와의 한 소극장에서 연극을 본다거나 친구들과 함께 모여 분위기 좋은 술집에서 술을 마시거나 하는 것은 '문화활동'을 의식적으로 해본 적 없이 평범하게 젊은 시절을 보낸 필자와 같은 사람들이라도 대부분이 경험했을 것이다. 시모키타자와는 시대마다 '젊은' 세대를 비롯한 많은 사람들을 매료시키는 공간이다. 도심인 시부야나 신주쿠에서 교통편이 편리하다는 것도 매력 중

---

3) 큰 주제는 도시이지만 타이푼의 각 패널에서는 '젠더/섹슈얼리티의 경험과 담론', '인터넷과 커뮤니케이션', '전전 일본의 대중문화' 등 다채로운 제목들을 볼 수 있었다.

의 하나일 것이다.

시모키타자와는 전쟁을 피해온 사람들이 모이면서 만들어졌고, 전후에는 시장이 형성되었던 장소이다. 개발이 안 된 채 남아 있는 이 지역의 풍경, 즉 목조주택과 뒤얽혀 있는 좁은 길 등이 시모키타자와의 매력 중 하나이며, 그것에 매료된 젊은이들이 1970년대부터 모이기 시작했다.

현재 추진 중인 '보조 54호선'이라는 도로 건설계획은 시모키타자와의 중앙에 폭 26m의 도로를 건설함으로써, 이런 매력적인 문화 공간인 시모키타자와를 두 지역으로 분단하는 결과를 초래할 것으로 예상된다. 보조 54호선은 원래 1946년에 전후부흥계획의 일환으로 계획된 '맥아더 도로'라고 불리는 도로 중 하나이다.[4] 54호선은 교통정체의 원인이었던 전철 오다큐선의 지하화가 2001년에 결정되면서 그것을 실현시키기 위한 조건[5]으로 세워진 계획이었다. 그러나 이 계획은 지역주민들의 지지를 얻기는커녕 다수가 반대했었고, 결국 2004년에 구 건설성과 구 운수성이 맺은 협정이 개정되었기 때문에 도로를 만들 필요가 없어졌다. 그럼에도 불구하고 이 계획은 취소되기는커녕 이것을 바탕으로 시모키타자와 주변의 재개발계획까지 만들어져 버렸다.[6]

주로 시모키타자와의 상가, 지역주민, 시모키타자와에 모이는 사람들, 그리고 지자체정부인 세타가야구(世田谷區)가 이 도로건설계획을 둘러싸고 다양한 움직임을 보이고 있다. 세타가야구는 주민들과의 의견 교환의 장으로 '마을 만들기 모임'을 설치했지만 이것은 주민들이 자유롭게 참가할 수 없었을 뿐더러, 계획은 행정주도로 진행되었다.[7] 그 후로 연구자들을 중심

---

4) 木村和穗,「單なる道路問題ではない: 下北澤の再開發を問う」, 『現代思想』 第33卷5号, 靑土社, 2005. 이하 54호선에 관한 사실적 기술은 이 글을 참고로 했다.
5) 구 건설성과 구 운수성 사이에서 맺은 협정에 의거한 것이다.
6) 자세한 내용에 대해서는 小林正美,「連續立体交差事業による地下化後の地上利用について—小田急線下北澤驛周辺のケース」, 『都市計畫』, vol. 55, No. 1, 2006을 참조
7) 金子賢三,「街に生きる下北澤計畫の問題点と 'Save the 下北澤の活動」, 『現代思想』, 第33卷5号, 靑土社, 2005.

없었을 뿐더러, 계획은 행정주도로 진행되었다.[7] 그 후로 연구자들을 중심으로 이 계획에 대한 구체적인 대체안을 제시하고 있는 '시모키타자와포럼'이나 시모키타자와역 앞에서 서명활동을 하는 'Save the 시모키타자와'라는 시민단체가 활동을 시작했다. 이 시민단체의 공동대표이자 시모키타자와의 주민이기도 한 건축사인 가네코에 따르면 'Save the 시모키타자와'의 목표는 '첫째 도시계획도로 보조54호선의 중지, 둘째 이에 따른 구획가로10호선(역전교통광장) 계획 수정, 셋째 기존의 시가지를 대규모적이고 파괴적이지 않는 수복을 중심으로 한 마을 만들기로 전환'이었다.[8] 이러한 시민운동으로 지차체정부가 보조 54호선 계획에 대해 신중한 태도를 보이는 등의 성과를 얻고 있다고 한다.

> …우리들은 우리들의 활동을, 시모키타자와라고 부르는 거리에 자리매김하는 것에서 시작하려 합니다. 시모키타자와는 미로와 같이 생긴 거리 풍경 속에서 연극이나 음악, 패션으로부터 음식까지, 다양한 젊은이들의 서민적

---

7) 金子賢三, 「街に生きる下北澤計畫の問題点と 'Save the 下北澤の活動」, 『現代思想』, 第33卷5号, 青土社, 2005.

8) 金子賢三, 'Save the 시모키타자와', 2005. 사이트는 www.stsk.net 이다.

활동이 형성되는 등, 현재 도쿄 안에서 가장 문화적인 활동이 넘쳐나는 거리입니다. 동시에, 시모키타자와에서는 거리의 풍경이나 문화를 뿌리부터 파괴하려고 하는 대규모 도로계획이 실현되기 시작해, 이것에 대한 독특한 반대운동도 전개되고 있는 곳입니다. 우리는 이러한 문화적, 정치적 갈등의 장인 시모키타자와의 거리에 깊이 개입하면서, 컬츄럴 타이푼을 개최코자 하는 것입니다.[9]

올해 컬츄럴 타이푼 프로그램 모두에 실린 한 단락이다. 심포지엄 첫날에 기타자와 타운 홀에서 열린 '도시/City를 구상한다―시모키타자와에서 생각한다'에서 사회를 맡은 도쿄대학의 요시미 순야 교수는 시모키타자와에서 컬츄럴 타이푼을 개최하는 것에 대해, "현장에서 생각하자, 거리에서 듣자, 이것이 문화연구의 목적이 아닌가"라고 하면서 특히 컬츄럴타이푼에는 태풍처럼 움직이면서 주변의 풍경을 변화시켜 간다는 개념이 있다고 강조했다. 이 심포지엄에서는 시모키타자와를 둘러싼 현황에 대해 연구자, 공무원, 저널리스트 등이 보고 및 발표를 하였다.

이 심포지엄은 시모키타자와가 현재 직면하고 있는 문제와 컬츄럴 타이푼을 연결시키는 하나의 연결고리가 되었다. 우자와 히로후미 도쿄대학 명예교수가 '제인 제이콥스와 사회적 공통자본으로서의 도시, 시모키타자와'라는 제목으로 기조강연을 하고, 이어서 도시공학자, 사회학자, 전 건설성 관료, 그리고 시모키타자와 포럼의 멤버이기도 한 저널리스트가 패널로 참가했다. 우자와는 전후 일본의 도로건설이 일본을 미국의 자동차산업의 시장으로 만들려는 미국의 의도 아래 이루어졌다고 설명하였고, 마치무라는 전쟁으로 인한 피해 때문에 유럽을 따라하자는 분위기가 높아지면서 근대 만세론을 추구한 일본의 정책을 지적하였다. 또 이와 관련해서 시모키타자와에서 세타가야구가 시도하는 도로건설과 이에 반대하는 시민단체의 움직

---

9) 2006년 컬츄럴 타이푼 한국어 사이트에서. http://www.cultural-typhoon.org/kr/theme.html.

임 등이 소개되었다. 시모키타자와의 문제는 시모키타자와만의 문제가 아니라 전후 일본사회의 행정 방침이나 도로 건설 문제와도 밀접한 관련을 가진 문제이며, 더 나아가서는 근대가 우리에게 무엇인지를 보여주는 것일 수도 있다. 그리고, 그렇기 때문에 이 문제는 시모키타자와에서 시모키타자와라는 지역을 넘을 수 있다는 식의 이번 타이푼의 취지와도 일치하는 많은 의견들이 나왔다.

이 심포지엄의 질의응답 부분에서 흥미로웠던 것은 '그렇다면 지방에서는 이런 문제를 어떻게 해결하면 좋은가?'라는 지방출신의 한 학부생의 질문이었다. 지방은 이러한 행정의 일방적인 계획에 반대할 수 있을 정도의 힘을 갖추지 못하고 있고, 또 인재도 안 모인다는 문제가 지적된 것이었다. 이는 도심에서 가깝다는 입지조건, 작고 복잡하고 문화적이고 매력적인 지역인 시모키타자와의 사례는 특별한 것이 아닌가라는 지적이기도 했다. 일본에서 여전히 근대적 감각으로 도로 건설이 여기저기서 이루어지고 있는 상황은 해결해 나가야 할 큰 문제이다. 도시와 지방의 이분법도 현대 일본이 안고 있는 문제 중 하나이지만 이로 인해 생기는 여러 상황들에 관심을 기울이는 사람들은 그리 많지 않다.

한편 컬츄럴 타이푼에 앞서 개최된 어번 타이푼(2006년6월26일-29일)에서는 '세타가야구에 시모키타자와 계획안에 대한 대안책을 제시하는 것', '시모키타자와의 독특한 정신을 멀티미디어로 기록하는 것'[10]이라는 명확한 목적 아래, 13개의 개성적인 워크샵이 열렸으며, 그 성과는 컬츄럴 타이푼 이틀째의 '어번 타이푼 시모키타자와: 성과 발표 세션'에서 발표되었다. 13개의 워크샵은 국내외에서 모인 건축가나 디자이너 등이 리더가 되어 워크샵마다 다른 방식으로 시모키타자와와 관계를 맺는 것이었다.[11] 워크

---

10) 어번타이푼 홈페이지를 참조 www.urbantyphoon.com
11) 필자는 성과 발표 시간대와 본인의 논문 발표 세션이 겹쳐서 참여하지 못했다. 어번 타이푼의 홈페이지에 각 패널의 소개와 그 성과가 올라와 있다.

샵의 예를 들면 '도시 하이쿠'라는 그룹에서는 보도 공간에 주목하여 시모 키타자와의 풍경을 그림이나 사진, 비디오 등 다양한 미디어를 사용해서 표현하고 있다. 이 그룹의 설명문을 통해 조금이나마 분위기를 전달하고자 한다.

우리의 사적인 발자국을 거리에 남기는 산책이 바로 예술이다. 수많은 시모키타자와의 좁은 거리에서는 게으름뱅이와 공상가들의 즐거움이 넘친다. 시모키타자와는 인구가 많아서 걸어다니는 것만이 가능하다. 산책은 감각을 날카롭게 하고 주위를 느끼고 교류를 시도하는 것을 가능케 한다. 그것은 자연 및 사회적 환경 속에서 개개인을 연결시키는 인간 본래의 행동이며, 지역의 생활을 지속시키는 시장 타입의 경제활동이다…세타가야구가 계획한 26m 폭의 도로는 시모키타자와의 비슷비슷하면서도 복잡한 보도에서 일어나고 있는 커뮤니티 차원의 뒤얽힌 사회적 연결고리를 파괴시킬 것이다. 이 지역의 가치는 수십년에 걸친 산책을 통해 증가했다. 이것은 어떠한 계획으로도 다시 만들어낼 수 없는 것이다. 54호선 계획에 반대하는 10만 명이 넘는 조용한 사람들이 시모키타자와를 지나간다.[12]

이것은 일례에 불과하지만 타이푼에서는 다양한 방식으로 도시에 녹아들면서 (저항적) 문화를 만들어내려는 시도가 동시다발적으로 있었던 것이다.

이외에도 '암시장과 쇼와의 기록, 대중의 흔적'이라는 도시와 관련된 또 하나 흥미로운 세션이 있었다. 도쿄대학 대학원 공학연구과의 하츠다코 세이가 암시장과 도시계획에 관한 흥미로운 발표를 했고, '대중식'이라는 홈페이지를 운영하는 엔도 테츠오가 대중식당을 돌아다닌 경험을 바탕으로 대중식당에서 본 도쿄의 변용에 관한 발표를 했다. 또 오사카시립대학의 하라구치 타케시는 오사카 치쿠코우(大阪筑港) 주변의 노동자들의 가옥과 90년대에 거기에 건설된 쇼핑몰을 대비시켜서 '도시는 누구를 위한 것인가'라는 문제를 지적했다. 흥미로웠던 것은 시모키타자와 상가에서 한 가게를 경영하는 분이 이 세션의 토론을 하셨다는 점이다. 서로 다른 지역과 공간을 다른 접근방법으로 연구한 세 가지 발표는 전혀 안 맞는 것 같으면서도 그 근본에는 일본 근대의 분위기와 변화된 도시의 모습이라는 공통점이 있었다.

필자는 타이푼이 열린 기간 동안 대학시절에 그렇게 했듯이 시모키타자와의 좁은 길거리를 걸어보고 마음에 드는 가게가 있으면 들어가 보기도 했다. 하루는 한인커뮤니티가 있는 신오오쿠보(新大久保)의 한인민박집에서 묵으면서 늘 변하는 도시의 표정을 낯설음과 친근감을 느끼면서 바라보았다. 개인과 도시는 개인이 갖고 있는 조건과 도시가 놓여 있는 상황을 배경으로 만나게 되며, 그 표정은 늘 변화되기 마련이다. 필자도 타이푼에서 많은 영향을 받았는지, 필자의 입장에서 눈앞에 보이는 지역에 만나는 지점에 대해 상상력을 동원하면서 타이푼 관람 여행을 한 것 같다.

## 태풍이 지나간 후

요시미 순야 는 일본의 문화연구는 미디어연구 틀 속에서 논의되어 왔는데,

---

12) 어번 타이푼 홈페이지를 참조

1996년을 계기로 보다 넓은 의미의 사회과학으로서 수용되기 시작했다고 지적하며, 그 원인으로 첫째 글로벌화로 인한 서양(영미권) 학문의 유행, 둘째 기존의 학문체제 자체의 지각변동이라는 두 가지 요인을 들고 있다.[13] 1996년은 하나다 타츠로, 미즈코시 신, 요시미 순야가 중심이 되어 스튜어트 홀 등 영국 문화연구의 주요 연구자들을 도쿄로 초청하여 심포지엄을 연 해이기도 하다.[14]

이후 일본의 문화연구는 탈식민주의나 대중문화연구에 그치지 않고 페미니즘, 내셔널리즘 비판, 정체성연구, 일상적 실천의 강조, 그리고 도시연구의 맥락에서도 논의되었다. 이 글에서 일본의 문화 지도를 그릴 생각은 없고, 또한 필자에게 그럴 능력도 없지만 한 가지 말하고 싶은 것은 컬츄럴 타이푼은 이러한 흐름 속에서 거의 필연적으로 일어난 사건이며 축제의 장을 통해 일상의 실천을 재현해보자는 하나의 새로운 시도라는 점이다.

컬츄럴 타이푼에 외국에서 참가한 사람으로서 필자는 타이푼에 대한 비판의 목소리를 가까운 데에서 듣기도 했다. 같이 참가한 한국친구들은 '일본중심적'이라든지 '통역이 없거나 부족해서 즐기지 못했다'는 불만이 많았다. 전혀 통역이 없는 세션이 거의 없었지만 일본어로 진행된 세션의 대부분은 긴 발표를 영어로 짧게 요약해서 끝내는 경우가 많아서 내용을 충분히 이해하기에는 부족했다. 통역은 각 패널이 알아서 준비해야 한다는 원칙 때문이었다. 또, 발표자가 모두 외국에서 온 사람들로 구성된 세션에서는 청중들 대부분이 외국인이었다. 이러한 '의사소통'의 문제는 어디서든 볼 수 있는 일이지만 이것을 단순히 '문제점'이라고 보기보다는 주최측은 물론이지만 참가하는 사람들 스스로도 적극적으로 바뀌어가야 하는 과제라고 생각하는 것이 더 생산적이라고 생각한다.

---

13) 吉見俊哉,『カルチュラルターン、文化の政治學へ』, 人文書院
14) 이 심포지엄의 자세한 것은 花田達郎他編『カルチュラル・スタディーズとの對話』, 新曜社, 1999 를 참고할 것.

　이 후기는 어디까지나 필자 주관에 의한 것으로, 참가자에 불과한 필자가 쓸 수 있는 '관람기' 정도일 것이다. 2007년에는 타이푼이 나고야에서 열린 다는 소식을 들었다. 후기를 마침과 동시에 다음 타이푼에서 어떤 장면이 만들어질지 기대해 본다.

# 월드컵 뒷 담화

## 주제가 있는 말 걸기

# 주제가 있는 말 걸기

2002년 재정경제부는 한일 월드컵을 경제적 지표로 환산해 발표했다. 놀랍게도 한일월드컵이 약 26조원의 경제효과를 발생시켰다고 한다. 게다가, 43만 명의 고용창출 효과도 있었다고 하니, 2002년의 기억이 새롭게 화려하게 각색되는 듯하다.

기억은 기대를 산출한다. 한국 사회는 2002년에 무엇에 들린 듯 열광했다. 그리고 2006년 새로운 월드컵이 도래하자 들썩이기 시작했다. 그다지 부담 없이 응원현장에 나갔고, 새벽잠을 설쳐가며 응원을 했을 수도 있다. 하지만, 조금씩 달아오르는 독일월드컵 와중에서도 의미있는 목소리들이 형성되었다. 월드컵 상업주의와 국가주의에 반대하는 외침이 미약하게 들렸고, 방송사의 횡포에 대한 문제제기도 있었다. 그것은 중요한 문제제기였다.

여기 월드컵을 바라보는 다른 목소리들이 모였다. 다른 식으로 사고하는 것은 '단지 주류에 반대하는 것' 이상의 의미를 지녀야 한다. 모두가 "한국이 16강에 진출했다면, 약 16조원의 경제 효과가 있었을 것"이라고 생각하는 와중에서, 새만금과 대추리를 생각한다는 것이 이상한 것일까. 굳이 2002년의 행복한 기억을 굳이 왜곡시킬 필요는 없다. 하지만, 지나간 과거에 대한 성찰은 중요하다. 그런 의미에서 김완·이꽃맘·이용석이 제기하는 '월드컵에 대한 또 다른 시선들'은 의미가 있다. 각각 세계화·여성·국가의 영역을 성찰하고 있는 이 글들은 '월드컵 속에서 망각했던 일상의 폭력'에 대해 이야기한다.

4년 후인 2010년에는 남아프리카공화국에서 월드컵이 열린다. 월드컵은 세계의 구석구석을 후비며, 공은 둥글다는 것을 증명해 보인다. 모난 권력에 의해 억압받았던 여성·인종·계급이 월드컵으로 인해 망각되어서는 안 된다. 20세기 인종 폭력의 현장이었던 남아프리카 공화국에서 21세기의 월드컵이 개최된다면, 그것은 '과거를 치유하는 성격의 축제'여야 한다. 그런 의미에서 2006년을 반성하는 '월드컵 뒷 담화'가 단지 '딴지걸기'가 아닌 중요한 사유와 실천의 계기가 되기를 기대한다.

# 축구가 지배하는 세계를 전복하라

완군(문화연대 활동가 ssamwan@jinbo.net)

## 축구, 2002년 그리고 월드컵

땀구멍이 열리는 순간의 따끔따끔한 감촉, 하나의 허벅지가 낯선 허벅지와 엉켜 창조적 공간을 열어가는 역동성, 한계를 뛰어넘는 생동적 몸짓의 정점에 축구가 있다. 축구는 혁명적 신체, 전복적 신체를 향해 한계를 모르고 내달린다. 사람들은 왜 이토록 축구에 열광하는가? 또 축구는 어떻게 세계를 지배하는가? 이 복잡하고 대책 없는 질문의 답은 의외로 간단명료하다. 축구, 그 자체가 바로 답이다.

나는 축구를 좋아한다. 어린 시절 둔탁한 공의 궤적을 따라 걸음마를 배웠고, 쉬는 시간 10분 동안 쏜살같이 운동장으로 달려나가 공을 찼으며, 인생을 결정짓는다는 몇 번의 시험을 앞두고서도 텔레비전 앞에 납작 엎드려 숨죽이며 축구에 열광했었다. 축구는 무엇을 상상하든 그 이상의 재미를 보장했다. 누군가의 말처럼 현대사회에서 축구는 "시장과 민족국가, 기술이 통합"되어 만들어질 수 있는 모든 재미의 총체이다.

짧게나마 대학물을 먹고, 민가를 배우고 거리에서 구호를 외쳤다. 그런데 난데없이 2002년이 도래했다. "지루한 일과, 피곤한 인간관계, 반복되는 사물과 상품, 늘상 해결되지 않는 돈과 욕구" 등등 생각하면 할수록 모든 것은 엉망진창이었다. 그것은 궁핍과 부족함의 반복이었고, 억압과 비루함의 연속이었다. 도저히 해결할 수도 극복할 수도 없는 무엇. 그것은 바로 일상이었다. 모든 실험과 혁명의 역사를 삼켜버렸던 유일한 힘. 완강하고 도도하게 지속되는 일상, 그것은 실로 거대한 압도이다. 그리고 또 다른 누군가의 말을 빌자면 "일상성은 인간의 삶이 지속되는 한 땅에 뿌리를 박고 영원히 계속되는 것"이다.

그런데 2002년에 도착한 월드컵은 해갈되지 않는 욕망으로 뒤범벅된 일상의 지리멸렬함을 단박에 꿰차고 전혀 새로운 시간으로 우리를 안내했다. 물론, 당시에도 소수의 사람들이 난데없이 도착한 2002년의 체계를 따지고 불신의 눈초리를 보냈으나 하나 같이 실패했다. 사람들은 처음으로 맛보는 일탈을 정치적 관점으로 해석하려는 시도들을 경멸했으며, 일탈의 체계를 분석하려드는 지식 권력을 단호히 거부했다. 또 다른 이들은 난데없음의 우연성을 필연으로 만들려는 시도들을 했었다. 민주주의와 광장 그리고 시민사회와 축제에 대한 이야기와 열정과 욕망에 관한 찬사가 난무했으며, 새로운 세대의 출현에 의미를 부여하기도 했다. 그러나 사람들은 그저 붉은 티를 입고 거리를 점령하고 소리를 지르고 술을 마셨다. 때마침 '태극전사'라고 명명된 '영웅'들까지 승승장구했다. 세상의 모든 질서와 이데올로기가 한 발짝 비껴선 듯했다. 그리고 그 모두를 축구가 만들었다고 선전되었다.

## 월드컵, 일상 그리고 세계화

그러나 돌이켜보면, 축제이든 모험이든 혁명이든 모든 것을 삼켜버렸던 일상의 완고한 지속성과 거대한 압도감이 2002년에만 살짝 사라졌을 리 만무했다. 붉은 기운에 도취되어, 아스팔트의 해방감으로 인해 잠시 시야에서 흐려졌을 뿐이었다. 잠깐의 도취 뒤 흐려졌던 시야가 맑아지면서 2002년의 기쁨과 쾌락의 배후에 있는, 일상을 지배하는 새로운 힘의 존재가 명확하게 드러났다. 사람들은 조금 늦게서야 '국가'와 '민족'에서 '자본'과 '소비'로 이어지는 지배구조가 본격적으로 일상을 지배하기 시작했음을 이해했다. 조금의 빈틈도 없었다.

말하자면, 2002년 월드컵은 90년대 초부터 그토록 부르짖었던 '세계화'의 실체가 무엇인지 확인케 해준 사건이 되었다. 비로소 우리는 마침내 의지로 승리하는 인간과 백의민족의 한을 통쾌하게 메치는 투혼의 한판이 난무하는 문자 그대로의 '감격시대'가 도래했음을 선언해야 했던 시절의 촌스러움에서 벗어나, 무너진 무역 장벽 너머 동네가 되어버린 세계를 세련되게 향유하며 '글로벌 스탠더드'와 '초일류 혁신 클러스터들'과의 만남을 즐겁고 기꺼이 받아들였다. 그렇게 2002년은 그리고 축구는 우리에게 하나의 지향이 되었다. 세계로 나아가고 있으며 또한 세계를 받아들이겠다는 의미심장한 약속이 이뤄졌다. 우리는 그 전환적 순간을 축제라 부르고 대체로 흥겨웠다고 기억하고 있다. 신화는 현실이 되고, 꿈은 이뤄진다고 했다.

확실히 브라질의 호나우두, 프랑스의 지단, 잉글랜드의 베컴을 인식하고 그들이 자본의 지휘 아래 '레알 마드리드'에서 함께 뛰는 것보다 더 극적으로 '세계화'를 설명할 수 있는 이미지는 없다. 여기에 특유의 콤플렉스들까지 더해지면서 한국사회에서 축구는 확실히 신체 감수성의 확장, 몸으로 느끼는 재미를 넘어서는 그 무엇이 되었다. 중동에서 축구가 억압적 가부장 질서를 깨고 나가는 서구식 자유를 상징하듯, 유럽에서 축구가 요람에서 무덤까지 가져가는 지역민으로서의 정체성을 상징하듯, 미국에서 축구가 세계 나머지 국가들의 프로그램을 상징하듯이, 한국에서 축구는 초국적자본의 경쟁과 지배 속에서도 대한민국은 부강하고 한민족은 번영할 것이며, 나는 반드시 소비의 만개를 경험하는 개인이 될 것임을 상징하는 자신감의 코드가 되었다. 그것은 전혀 다른 차원에서 존재하는 모두가 동시에 행복해질 수 있다는 주술이자, 지배와 피지배, 계급간의 착취를 넘어서는 쿨한 존재가 탄생할 수 있으리라는 강력한 환상이었다.

## 세계화, 신자유주의에 대처하는 우리의 자세

그리고 4년의 시간이 흘렀다. 이후 신자유주의의 내면화는 더욱 광폭한 양상이 되었고 소비사회의 도래는 더 이상 새삼스러운 일도 아닌 일이 되었다. 서글프지만 변화한 조건을 인정하려 했다. 그러나 2002년에서 2006년으로 넘어가는 길목에 있었던 2개의 사건은 월드컵이 만들어 가고 있는 질서와 폐해가 눈을 감으면 문득, 잊을 수 있는 것이 아님을 분명히 했다.

2006년 월드컵이 있기 불과 몇 개월 전에 있었던 WBC(월드베이스볼클래식)는 2002년 이후 달라진 혹은 시대의 요구와 상관없이 정체되고 있는 한국사회의 끔찍한 촌스러움을 적나라하게 보여준다. AGAIN 2002, 또 다시 세계 4강이란 국내용 멘트는 미국의 심장에 태극기를 꽂고 세계 최강을 무너뜨려 한민족의 위대함을 보여줬다는 섬뜩한 레토릭을 답습, 확대재생산하고 또 아무런 문제제기 없이 받아들이라고 강요하고 있다. 그 과정은 개발이 환경을 착취하고 중앙이 지역을 망가뜨리고 탐욕이 생명을 파괴하는 합법적인 방법을 제시한 새만금에 대한 기념비적 판결을 철저히 묻는 과정이기도 했다. 스포츠를 통해 민족을 호명하고 스포츠에서의 승리를 개인의 승리가 아닌 국가의 승리로 환원하는 못된 난동은 결국, 신자유주의 체제에서 발생하는 사회적 모순과 체제의 불안함을 현혹시키고 개별화시켜 사라지도록 만들었다.

그리고 2006년 월드컵 직전 서울시는 광장을 팔아버렸다. 개성 없는 신자유주의자가 아닌 공세적인 '신개발주의자'가 되고 싶어하는 이명박 시장은 봉이 김선달이 되어 뒷돈에 거짓말까지 보태 광장을 재벌 연합군에게 팔아버렸다. 광장은 민주주의를 특수하게 만드는 중요한 매개체이다. 미셸 푸코는 죽기 직전 가진 마지막 인터뷰에서 그간의 철학적 작업에서 권력을 분석하는데 '공간'이 핵심적인 것이었냐는 질문에 "공간은 모든 형태의 공동체적 삶에서 근본적인 것이며, 공간은 모든 권력의 행사에 가장 근본적인 것"이라고 대답하였다. 굳이 푸코의 말을 빌리지 않더라도 공간의 의미와 중요성은 분명하고 확고하다. 공간은 모든 형태의 존재가 실존함을 입증할 수 있는 유일한 세계이다. 그렇다면 모든 공간 중에서 특히 '광장'이란 공간은 어떠한가. 광장은 민주주의의 터미널이다. 광장은 언제나 보다 급진적인 민주주의를 요구하는 목소리로 메워져야 하고 또한 문화의 정거장으로서 총천연색 삶들이 스스로 자유로워야 했지만 현실은 혹독했다.

## 2006 월드컵, 축구가 가리켰던 것, 그리고 안내하려는 세상

WBC 난동과 서울시의 광장 매매 사건을 통해 2006년 월드컵이 참으로 중요한 질문을 예고하고 있다는 것이 확인되었다. 그것은 결코 축구의 문제가 아니었다. 2006 월드컵은 스포츠를 통해 정치적 우민을 양산한다는 스포츠에 대한 고전적 이데올로기와 국가계급의 소박한 불량함을 훌쩍 넘어서는 도발적 질문과 마주하고 있음을 분명히 했다. 축구는 손가락일 뿐이었다. 축구가 가리키는 달을 봐야 했다. 2006 월드컵은 표면적으로는 미디어의 문제를 떠오르게 했고, 본질적으로는 월드컵이 문화적으로 억눌린 동시에, 욕망하는 한편, 자본에 의해 조작되는 대중을 호명하고 있음을 드러냈다.

2006 월드컵을 한마디로 정리하자면 '사회적 공기로서의 미디어가 사망한 사건'이었다. 물론 이전에도 'X-파일' 사건이나 황우석 파동 등의 과정을 통해 미디어 민주주의의 취약성에 대한 우려가 제기된 적이 있었지만, 그 문제의 진전과 해결을 시도하는 훌륭한 내부 고발자들이 있었다. 그러나 월드컵은 아무런 견제와 제지 없이 '방송은…죽었다'는 사실을 분명하게 선고한 사건이 되고 말았다. 방송의 공익성은 물론, 여론의 다양성은 월드컵을 앞세운 상술 앞에 철저하게 무너졌다. 월드컵으로 도배한 방송과 광고로

인해 물릴 대로 물린 시청자들의 원성과 시민사회단체의 우려와 분노에도 불구하고, 방송사는 그저 광고비계산과 시청률 높이기에 몰두하며 방송의 사회적 책임을 끝까지 방기하였다.

방송 편성의 원칙과 다양성, 시청자들의 볼 권리는 전혀 고려되지 않은 채 계산기를 두드리는 방송은 동시대의 모순과 아픔은 외면한 채 이윤만 좇는 자본과 권력의 모습을 상징적이고 압축적으로 보여줬다. 맹목적인 국가주의와 상업적 애국주의를 경계하지 않고 오히려 국가와 애국은 그럴싸한 포장이 되어 팔려나가고, 미디어는 자본으로부터의 독립은커녕 스스로 돈놀이의 주체가 되고자 진흙탕을 뒹구는 참담한 광경을 연출했다. 그것은 한때 그들에 의해 자유롭고 자발적인 개인으로 호명했던 이들의 주머니를 털고자 그들을 다시 배타적 민족주의의 틀로 가둬버리는 심각한 자기부정이었고, 그 퇴행은 결과적으로 근대적 억압과 지배구조의 자가발전이었다.

그리고 더 본질적인 문제는 축구가 우리를 조건 없는 경쟁, 예외 없는 개방, 시장 우위의 사회로 안내하고 있다는 점이다. 이것은 국가주의 장치로서의 월드컵, 구식 민족주의를 자극하는 게임으로서의 축구라는 기존의 분석틀을 뛰쳐나와 자본의 전지구적 만개를 꿈꾸는 광폭의 드리블이 시간과 공간으로 구성되는 삶의 모든 축에 동선을 새기며 자본의 식민지화하는 것이다.

2006 월드컵은 이윤을 증식하는 도구로 단순히 스포츠가 마케팅되는 차원을 넘어서, 스포츠가 포괄하고 있는 모든 공적인 측면을 상품화하는 국지적 차원의 지배를 대체하는 국제적 차원의 지배 시대가 도래했음을 분명히 하였다. 이는 신자유주의 문제가 한미 FTA협상으로 대변되는 자본과 금융의 세계화, 평택미군기지 확장이 가져올 무장한 세계화라는 거시적 체계의 실체적 변화에만 집중하는 것으로 해결될 수 없다는 것 또한 분명히 했다.

2006년 월드컵 모든 것을 구매하고 또 소비하며 신자유주의에 호응 혹은 무감하도록 생산·훈련된 미시적 연결망으로서의 대중이 광장을 점령했다. 이른바 '새롭고 교활한 형태의 제국주의' 지배가 본격화된 것이다.

# 내 여자친구들의 월드컵 이야기

이꽃맘(민중언론 참세상 기자, 사회진보연대 회원)

## 내 친구 이야기 하나

친한 여자친구가 하나 있다. 그녀는 월드컵 내내 친구들과 광화문으로, 시청으로 응원을 다니기에 바빴다. 그녀는 마치 평생에 가지고 있던 한을 푸는 것처럼 밤이고 새벽이고 이리저리 뛰어다녔다. 그녀는 너무나 즐거워했다. 오랜만에 친구들과 밤새 술을 마실 수도 있었고, 자신을 표현하고 싶은 대로 옷을 입고 거리를 다닐 수도 있었다. 축구를 즐긴다기보다는 오히려 해방된 시공간을 그녀는 즐기고 있었다.

그런데 어느 날 그녀는 기분 나쁜 목소리로 나에게 전화를 했다. 광화문에서 사람들에게 섞여 응원을 하던 중 누군가 뒤에서 엉덩이를 마구 만졌다고 한다. 그녀는 '워낙 사람도 많고 같이 뛰고 그러니 모르고 몸이 부딪힌 거겠지'라고 생각하고 넘어가려 했지만 그게 아니었다고 했다. 다들 너무 즐거워하니까 말도 못하고, 분위기 망치기는 싫고 자기 혼자 우울해져서 돌아왔다고 했다. 다시 응원하러 가기가 무섭다고 했다.

### 내 친구 이야기 둘

내 친구는 축구에 '축'자도 모른다. 모든 운동을 별로 좋아하지 않는다. 어렸을 때부터 축구는 항상 남자아이들의 운동이라고 생각했기에 그녀는 그저 운동장 스탠드에 앉아 우리 편 이기라고 응원을 했을 뿐이라고 얘기했다. 그러니 규칙을 알기는커녕 그 시간을 흥미있어 할 리 없었다.

그녀는 딱 한 번 축구를 해봤다고 했다. 그것도 짝 축구를 해봤다고 했다. 짝 축구는 남녀가 한 쌍을 이뤄 남자아이의 허리춤을 여자가 잡고 같이 뛰어다니며 축구를 하는 것이다. 내 친구는 남자아이를 쫓아다니느라 공 한번 못 차보고 나왔다고 했다. 그게 그녀가 가진 축구에 대한 기억의 전부이다.


### 내 친구 이야기 셋

이 친구는 결혼을 했다. 그녀는 월드컵 기간 내내 짜증만 잔뜩 늘었다. 애기 낳은 지 얼마 안돼서 가뜩이나 신경이 예민해져 있는데, 남편은 월드컵 응원한다고 광화문으로, 시청으로 뛰어다닌다며 불만이 가득한 목소리로 나에게 메신저로 대화를 신청했다.

그녀는 애기 우유 타랴, 기저귀 갈아주랴 정신이 하나도 없는데, 남편은 새벽에 뛰쳐나갔다가 돌아와서는 빨간 티셔츠만 훌떡 벗어놓고 가버린다고…. 이제 빨간색 옷만 봐도 진절머리가 난다며 눈물까지 글썽거린다.


### 다른 공간, 같은 경험

월드컵이라는 같은 사건을 두고 내 친구들은 서로 다른 경험을 하고 있었다. 그녀들의 공통점은 무언가에 많이 억눌려 있었고, 분출하고 싶어했다는 것이다.

내 친구들이 이렇게 여러 가지 이유로 불만을 가지고 있을 때, 세계 곳곳에서도 비슷한 불만을 가진 여성들이 있었다. 그녀들은 탄생부터 남성들만의 것이었으며, 지금도 남성의 경기인 월드컵으로 인해 그녀들에게 전가되고 있는 많은 것들에서 손을 놓겠다고 선언했다.

오렌지 군단으로 유명한 네덜란드 여성들은 "축구에 대한 광기로 형성된 오렌지색 남성호르몬의 압도적 분위기에 위협당하고 있다"며 월드컵을 반대하는 웹사이트를 만들었다. 이 중 한 여성은 "남자들이 TV에 붙어 앉아 모든 것을 잊고 사는 것에 질렸다"며 "남자들은 축구를 이해하지 못하는 여자들은 자신에게 맥주와 안주를 갖다 주면 된다고 생각한다"며 불만을 표출했다. 이 네덜란드 여성들은 △여성이 TV 채널을 조정할 권리 △남자들의 오렌지색 외출복 세탁을 거부할 권리를 주장했다.

월드컵에 반대하는 여성들은 영국에도 있었다. 영국 여성들은 "남성들은 오직 축구에만 몰두해 우리의 권리를 빼앗고 무시한다"며 "축구를 보며 추하게 자란 남성들과는 대화가 안 통한다"고 주장했다. 이 여성들은 '월드컵을 멈춰라'라는 사이트를 만들어 행동강령을 제시하기도 했다.

그녀들은 전세계인의 축제라 불리는 월드컵이 누군가에게는 그리 즐거운 공간이 아님을 이야기하고 싶었으리라. 꼭 월드컵이 아니더라도 가사노동을 비롯한 재생산 노동이 여성들에게 전가되어 있는 상황에서 여성에게 월드컵도 일상과 다르지 않은 것이었다. 누군가는 담당해야 할, 아니 함께 공유해야 할 재생산 노동은 언제나 그러했듯이, 전세계인의 축제에서도 다르지 않았다. 영국과 네덜란드 여성들은 이에 대한 반기를 들었던 것이다.

문제는 월드컵이라는 특수한 기간에 한정되지 않는다. 그리고 이런 문제의 모든 원인을 남성들에게 돌린다고 해서 문제가 해결되는 것도 아니다. 역사적으로 고정되어온 성별분업의 문제가 월드컵 기간에도 그대로 나타나고 있으며, 여성에 대한 성적 대상화도 여전히 지속되고 있다는 데 문제가 있다.

## 문제는 색다른 것이 아니다

내 친구들이 느낀 것처럼 월드컵 기간은 그녀들에게 일종의 탈출구였다. 그녀들에게는 그동안 하지 못했던 것들을 마음껏 할 수 있는, 조금 과장하면 해방의 공간이기도 했다. 딸들을 워낙 소중히(?) 키우는 한국사회이기 때문에, 그녀들의 억눌렸던 욕망은 우연히 열린 월드컵 응원이라는 공간에서 마음껏 표출될 수 있었던 것이다. (물론 국가대항전으로서의 월드컵에서 응원이 가질 수밖에 없는 국가주의적, 민족주의적 성격에 대해서, 또한 이로 인한 수많은 문제점에 대해 '거부의사'를 표시하는 분들의 입장에 대부분 동의함을 밝혀둔다.)

그러나 우리를 둘러싸고 있는 미디어는 그녀들의 움직임을 그냥 두고 보지 않았다. 언론들은 연일 태극기로 짧은 치마를 만들어 입은 여성들의 사진을 '자유로운 패션'이라며 보도했지만 그들이 주목했던 것은 그녀들의 자유가 아니었다. 그저 사람들의 시선을 모으기 위한 선정적 보도 이상 이하도 아니었던 것이다. 그녀들의 자유는 미디어에 의해 그렇게 눈요깃감으로 전락되었다.

성폭력 사건이 일어나면, 그렇게 칭찬하던 자유로운 여성들의 패션이 오히려 성폭력의 원인을 제공했다는 이야기가 떠돈다. 월드컵 시기 광장에서 흔하게 벌어졌던 성폭행들은 제대로 알려지지도, 해결되지도 않았지만 문제의 원인은 또 다시 여성들에게 돌아와 여성들을 순결이데올로기 속에 가둬버린다.

그렇게 내 친구는 좋은 분위기 망칠까봐, 오랜만에 누린 자유를 위협당할까봐 자신의 피해도 속시원하게 털어놓지 못했다.

문제는 색다른 것이 아니다. 여/남 관계를 둘러싸고 항상 벌어지던 일이다. 이는 육체노동을 중심으로 발전해온 남성의 얼굴을 한 자본주의가 여성들을 관리하기 위해 여성들의 노동을 은폐시키고, 여성들의 자유를 억압해 왔던 수 백, 수 천 년의 역사 동안 벌어져 왔던 너무나 진부한 것이다. 그러나 이런 진부한 여/남의 역사는 지금도 계속되고 있다.


## 몸을 자유롭게 움직일 수 있는 권리

또 한 명의 친구 이야기는 축구에 관심이 없는 나의 이야기이다.


월드컵 기간 내내 왜 내가 월드컵에 관심이 없을까에 대해 생각했다. 세상이 저렇게 떠드는데 정말 재미있는 것일까 하는 호기심이 작동하기는 했다. 하지만, 축구를 좋아하는 사람들과 나 사이의 가장 큰 차이점은 '직접 운동장에서 뛰어본 경험이 없다'는 것이다.

남성으로 대표되는 축구를 좋아하는 사람들은 어느 공간에서든지 축구를 해왔던 사람들이다. 어렸을 때 체육시간에도 선생님은 자유시간을 준다며 축구를 시켰다. 그러면 자연스럽게 남자 아이들은 편을 갈라 운동장을 뛰었으며 여자 아이들은 스탠드에 앉아 응원을 하든지 딴 짓을 하기 바빴다. 선생님이 준 자유시간은 남자 아이들에게는 운동장을 마음껏 뛸 수 있는 시간이었지만 나에게는 그저 지루한 시간일 뿐이었다.

군대에서도 축구를 한다. 일요일 아침이면 학교 운동장에 모여 조기축구를 한다. 이렇게 모든 공간에서 축구와 친하게 지낸 사람들에게 축구는 박진감 넘치는 게임이지만, 나에게는 빨리 지나갔으면 하는 지루한 시간일 뿐이었다.

이런 사회의 풍토와 교육의 방식은 여성들이 자유롭게 자신들의 몸을 움직일 수 있는 방법을 조금씩 잊어버리게 만든다. 몸을 자유롭게 움직일 수 있는 권리는 단순히 자유롭게 운동을 할 수 있는 권리를 넘어서는 것이라 생각한다.

2004년 세계여성행진 총회에서 채택된 '인류를 위한 세계여성헌장'의 한 부분을 인용해 본다. 헌장은 자유에 대해 "모든 인간은 그들의 존엄을 보장하는 집합적이고 개인적인 자유를 누린다. 특히 사상, 양심, 종교의 자유, 표현의 자유, 자유롭고 책임감 있게 자신의 섹슈얼리티를 표현할 자유, 인생을 함께 할 배우자를 선택할 자유, 투표하고 선출하고 정치적 삶에 참여할 자유, 결사·회합·노동조합 결성·시위의 자유, 자신의 주거와 시민적 지위를 선택할 자유, 학습과정을 선택하고 자신의 전공을 선택하고 그것을 단련할 자유, 이동과 자기 자신과 자신의 물건에 대해 결정할 자유, 가정과 직장에서 사용되는 언어와 관련된 소수자적 언어들과 사회적 선택이 존중받는 가운데 자신의 소통 언어를 선택할 자유, 그리고 인지되고, 배우고, 토론하고 정보 기술에 접근권을 가질 자유"라고 선언하고 있다.

여성들이 몸을 자유롭게 움직이기 위한 진정한 자유를 쟁취하기 위해서는 헌장에서 선언한 것들이 기반이 되어야 할 것이다. 아주 기본적인 것처럼 보이지만 내가 이 중 몇 가지 자유를 가지고 있는가를 따져보면, 그리 많지 않다. 결혼을 하지 않은 여성인 나는 아주 기본적인 권리인 이동할 수 있는 권리조차 없다.

내가 축구를 싫어하는 이유는 내가 학습하고자 하는 것을 선택하기 이전 이미 사회에 의해 내가 축구를 선택할 수 있는 기본적인 권리를 박탈당했기 때문이다. 말로는 참 간단하게 정리되지만 이는 그리 간단한 문제가 아닐 것이다. 여성에게 몸을 자유롭게 움직일 수 있는 권리를 철저하게 막아왔던 학교교육과 지배이데올로기는 너무나 강고하고 철저하게 엉켜, 그것을 당연하게 받아들이게 되는 상황을 만들고 있는 것이다.

## 엉킨 실타래 풀기

'여성의 문제'는 사회를 구성하는 모든 문제와 엉켜 있다. 신자유주의의 문제와도 얽혀 있으며, 자본주의 문제와도 얽혀 있다. 교육의 문제와도 얽혀 있으며, 사람들의 의식구조, 문화적 인식과도 얽혀 있다. 이 실타래 속에서 여성의 문제만을 끄집어내 해결의 실마리를 찾을 수는 없다. 여성의 상황이 이러니 조금 이해하자는 말로도, 여성을 이렇게 만든 건 모두 남자 탓이니 남자들은 입 다물고 있으라는 말로도, 여성들끼리 모여서 잘 해결해보자는 말로도 문제는 쉽게 마무리될 것처럼 보이지 않는다.

축구를 축구답게 즐길 권리, 사람들과 어울려 함께 축제를 즐길 권리, 내 몸을 자유롭게 움직일 수 있는 권리, 여성들이 이런 기본적인 권리를 온전하게 누리기 위해서는 엉킨 실타래의 시작점을 찾아야 할 것이다. 그리고 그곳을 함께 풀어가기 위한 끊임없는 싸움이 필요하다.

나는 그 싸움의 가능성을 전혀 상관없을 것처럼 보이는 한미 FTA반대 싸움에서, 평택을 지키는 싸움에서, 포항의 건설노동자들의 싸움에서 본다. 인간으로서 누려야 할 가장 기본적이고 보편적인 권리를 지키기 위한 싸움은 여성의 보편적 권리를 쟁취하기 위한 싸움과 당연히도 맞닿는다. 내 여자친구들과 이 자리에서 만나길 간절히 희구한다.

# 축구장 안에서 사라지는 개인들

이용석(전쟁없는세상 활동가)

## 월드컵, 세상의 전부?

누군가에게 꿈, 어떤 이에게는 축제, 다른 사람에게는 아무것도 아닌 일.
선수들에게는 직업. 심판에게도 직업. 관중에게도 직업?
지단에게는 박치기. 그 옛날 에스코바르에게는 자살골.
이동국에게는 불운. 신문선에게는 양심.

월드컵이 단순한 공놀이가 아니라는 것은 알고 있었다. 하지만, 지금은 월드컵이 어쩌면 세상 전부일지도 모른다는 생각이 들었다. 어떤 이에게는 심지어 아무 것도 아닌 일로라도 개입하고 있는 월드컵을 보고 있노라면, 세상의 모든 생산과 노동과 인간 활동을 월드컵과 연관해 해석할 수 있을 것 같은 생각이 든다. 축구공이 지구처럼 둥근 모양이라서 그런가? 월드컵은 이미 지구에서 가장 영향력있는 세계 공용어가 되어버렸다. 누군가에게 "어떤 선수를 제일 좋아하나요?"라고 물어보면 "I like Beckam, But I think Jidane is the best player"라는 대답이 나올 것만 같다.

어쩌면 세상의 전부이고, 하지만 모두에게는 각각의 모습이기 때문에 월드컵의 어느 특정부분만을 가지고 그것이 월드컵의 전부인 양 이야기할 수는 없을지도 모른다. 그래도 나는 이야기해야만 한다. 그렇다고 월드컵이 절대적인 악이거나, 혹은 월드컵에 열광하고 월드컵을 즐기는 것이 나쁜 행동이라는 이야기를 하지는 않을 것이다. 나 또한 욕하면서 볼 건 다 보지 않았던가. 다만 세상의 전부인 월드컵이 세상의 전부인 듯한 '국가'와 만나는 그 순간에 나는 무한대의 공포가 엄습함을 느꼈다. 일상적으로 느껴지는 거대한 괴물 '국가'와 4년마다 도래하는 괴물인 '월드컵'과의 조우는 내 일상의 많은 것을 빼앗아가고, 다른 사람들의 일상을 또한 지배하고 있다.

## 스포츠와 국가주의

사실 스포츠와 국가의 부담스러운 동행을 처음 감지한 것은 축구에서가 아니라 야구에서였다. 워낙 야구를 좋아하는지라, 국내 프로야구는 물론이고 해외야구나 혹은 간간이 열리는 국가대항전에도 항상 관심이 쏠린다. 군부독재 시절 국민들의 눈과 귀를 가리기 위해 만든 프로야구인 줄 알면서도 타임아웃 없는 경기의 즐거움을 알아버린 나는 9회 말 주자만루 풀카운트의 역전만루홈런이 나오기 바로 전, 그 정적의 순간을 항상 꿈꾸게 되었다. 그런 야구장에서 갑자기 의문이 든 것은 용병들이 들어오고 나서부터였다. 그전까지는 너무나 당연하게 여겨졌던 경기 시작 전의 국기에 대한 경례를 용병들이 따라하는 어색한 모습을 보면서 야구공 뒤에 숨어있는 어떤 괴물을 어설프게나마 인식할 수 있었다. 국가대항전도 아니고 클럽간의 경기에서 그 팀이 연고를 삼고 있는 지역을 대표하는 노래나 그 팀의 응원가가 아니라 '대한민국'의 '애국가'가 울려 퍼지고, 모든 관중과 선수들이 비장한 표정으로 "자랑스런 태극기 앞에 조국과 민족의 무궁한 영광을" 되뇌이는 광경(외국인 용병들에게도 대한민국이 조국이고 태극기가 자랑스러운 것일까?)은 한국프로야구의 슬픈 자화상이다.

경기장에 울려 퍼지던 애국가와 펄럭이던 국기가 사람들의 마음 속에 어떻게 박혀있는지 새삼 깨닫게 해준 것은 WBC야구였다. 올 초 평택 대추리에서 연행되어 유치장에 갇힌 덕에 정말 운 좋게도 WBC 야구중계를 볼 수 있었다. 한국과 일본의 경기였다. 내 어린 시절 영웅 이종범과 메이저리그 백인들의 큰 코를 납작하게 만들어준 일본의 야구천재 이치로를 본다는 사실만으로 가슴이 설레었다. 경기는 투수전. 팽팽하던 경기를 한국 팀의 승리로 이끈 것은 언제나처럼 중요한 순간에 꼭 무언가를 해준(이제는 늙어버린) 나의 소년시절 영웅 이종범이었다.

수준 높은 경기 자체는 참으로 만족스러웠다. 하지만 하나의 야구경기를 대하는 언론과 사람들의 반응은 나에게 소름을 돋게 했다. 이치로의 발언이 문제가 되었다. "한국야구가 앞으로 30년간 일본에게 이길 수 없다는 것을 깨닫게 해주겠다"는 이야기가 여러 애국자들의 가슴에 불을 질렀다. 인터넷에는 이치로가 데드볼 맞는 장면을 패러디한 '이치로의 굴욕'이 히트를 쳤고, 이치로는 '입치료'라는 한국식 별명을 얻게 되었다. 나도 물론 야구팬의 입장에서 한국과 일본의 실력 차이가 30년까지 난다고는 생각지 않는다. 그리고 나 또한 내가 알고 상상하고 있던 이치로의 이미지—그는 국가를 위해 야구를 하는 열혈 청년이기보다는 H2의 주인공처럼 지극히 개인주의적인 성향이 강한 일본 만화의 캐릭터 같은 이미지였다—와는 너무 다른 그의 발언에 흠칫 놀랐다. 하지만 이치로에 대해 한국 사람들이 보인 반응은 이치로가 가지고 있는 일본팀에 대한 사랑(?)보다 훨씬 두려운 것이었다. 경기 승리 후 운동장 한 가운데 태극기를 꽂은 서재응의 행동과 약간은 오버스러웠던 이치로의 발언 사이에서 많은 한국인들은 서로 다른 잣대를 들이댔다. 서재응이나 이치로나 같은 동기에서 나온 행동인데 한국 사람들에게는 굉장히 큰 차이로 비춰졌나 보다. 국가대표에 합류하기 위해 좋지 않은 몸 상태를 극복한 서재응과 노력하는 천재로 평가받던 이치로도 국가라는 거대한 괴물에 갇히면서 그 빛을 잃어버렸다.

야구뿐만이 아니다. 개인 경기보다는 구기를 비롯한 집단경기가, 비인기 종목보다는 대중적이고 인기있는 종목이 더욱 국가주의에 경도되는 경향이 강하다. 기본적으로 모든 스포츠는 국가주의와 밀월관계에 있다. 물론 땀을 흘리고 몸을 움직이는 행위 자체가 국가주의와 관계가 있는 것은 아니다. 하지만, 이 세상 모든 행위가 정치적 진공상태에 존재할 수 없듯이, '스포츠' 또한 국가권력의 영향력에서 자유로울 수 없다. 특히나 팀플레이가 중요시되는 스포츠의 경우는 개개인의 개성이 조화를 이루는 측면보다는 개인을 죽이고 팀을 위해 희생을 요구하는 측면이 강해 국가주의와 유사한 메커니즘으로 이해되기도 한다. 정당성을 결여했거나, 떳떳하지 못한 국가권력이 이를 감추기 위해 스포츠를 활용하기도 하고, 국가대항전을 통해서 국민으로서의 지속적인 일치감을 불어넣기도 한다. 우리는 이를 알면서도 스포츠에 관심을 가지고, 일체감을 경험하면서 뿌듯해 하기도 한다. 하지만 재미있는 걸 어쩌랴!

## 월드컵, 개개인을 집어삼키다

국가주의가 가장 활개를 치는 종목은 다른 무엇도 아닌 축구고, 월드컵 경기이다. 축구라는 종목의 특성이 그런지, 아니면 월드컵이 세상에서 가장 폭넓게 인기있는 국제 스포츠대회여서 그런지는 명확하지 않다. 다만 확실한 것은 올림픽보다 혹은 그 어느 종목의 세계선수권보다 월드컵에서 나는 더 많은 공포심을 느낀다. 무궁화 삼천리 화려강산이 온통 붉은 물로 덮히는 계절에 나는 숨이 막힌다. 세상에 설악산 단풍도 저처럼 온통 빨갛지는 못할 텐데…. 마치 가을단풍처럼 빨간색도 다른 여러 색들과 어우러질 때 아름다운 것인데, 온통 빨간색의 세상은 눈과 마음을 굉장히 피곤하게 만든다. 언론과 뉴스에서부터 광고와 출판물까지 세상의 눈과 귀와 입이 월드컵

축구에 집중되는 순간, 한국에는 국가대표팀 말고는 아무도 없다. 사실 박지성도, 이운재도 없다. 또한 대한민국 대통령 노무현과 대추리 이장님도 없다. 당연하게도 글을 쓰는 나와 읽고 있는 당신도 월드컵의 계절에 한국에 존재하지 않았다. 붉은악마는 있어도, 김밥 싸들고 응원 나갔던 내 동생은 없었다. 월드컵의 계절에는 '국가'대표팀 말고 어떤 개인도 존재하기 어렵다. 국가는 축구경기를 통해서 개인을 집어삼켜 버렸다. 그래 어쩌면 괜히 오버해서 걱정하는 것일 수도 있다. 짧은 월드컵 기간이 끝나면 사람들은 언제 그랬냐는 듯이, 빨간 옷을 집어던지고, 축구를 관람하기보다는 골프를 치고 수영장에 다닐지도 모른다. 그리고 그 짧은 순간은 기껏해야 4년마다 한 번씩 오는 것이니 그다지 걱정하지 않아도 되는 것인지도 모른다. 하지만 짧고 강렬한 기억은 우리의 일상을 지배한다.

월드컵을 통해서 사람들은 국가와 친해진다. 엄숙한 국가의 상징 태극기는 패션이 된다. 나 하나 밥 먹고 살기도 힘들다가 월드컵 덕분에 한국을 응원하기 위해서 우리는 이웃과 손을 잡고 거리로 나간다. 권위적이고 지나치게 엄숙한 국가에 대한 이미지가 탈각되는 것은 매우 좋은 일이다. 하지만 국가가 거대한 권력이라는 사실까지도 망각해서는 안 된다. 이는 매우 위험한 상황을 초래할 수 있다. 국가에 대한 두려움을 떨쳐버리는 동시에 국가에 대한 비판적 사고능력까지도 떨쳐버릴 수 있기 때문이다. 합법적으로 폭력을 독점한 유일한 집단인 국가가 그 권력을 약간이라도 잘못 사용하는 경우에는 인류와 지구에 거대한 불행이 닥쳐온다. 그렇기 때문에 국가는 끊임없이 시민들의 감시와 견제 속에 있어야 한다. 친구처럼 다가와서 때로는 옷으로 모자로 가방으로 변신해 있는 국가에게 냉철한 비판과 이성을 들이대기는 쉽지 않다. 개인과 국가 사이의 엄청난 권력관계는 가려져 안 보이게 된다. 국가에 대한 엄숙주의의 탈피를 명목으로 국가의 무시무시한 과오들과 그 엄청난 권력을 은근슬쩍 스리슬쩍 가려버리는 것이다. 항상 '국가'를 싫어하는 성향을 가진 나도 월드컵의 계절에는 이런 마법에 빠져버린다.

나는 주로 잉글랜드와 네덜란드의 경기를 즐겨본다. 그 나라들이 더 많은 경기를 하기를 바란다. 어느새 나는 잉글랜드와 네덜란드를 응원하고 있다. 아뿔싸 갑자기 잉글랜드라는 나라가 이라크전쟁에서 한 짓들이 생각이 난다. 네덜란드라고 그 국가권력이 잘못한 것이 없을까. 물론 누군가는 '국가권력 자체를 월드컵 축구 대표팀과 일치해서 보는 것은 무리'라고 비판할지도 모른다. 그럼 이렇게 대답해야겠다. 혹시나 아직도 영국을 신사의 나라로 알고 계시진 않나요? 당연히 한 국가의 권력이 그 국가의 어느 스포츠 대표팀과 등치될 수는 없다. 하지만 스포츠 팀을 통해 친근해지고 가까워진 이미지가 국가권력의 모습에 정말 아무런 영향도 미치지 않을까? 이주노동자를 탄압하는 프랑스의 이미지는 아트싸커 프랑스의 이미지보다 더 강렬할 수 있을까? 특히나 국가와 개인 간의 관계에 대한 성찰이 굉장히 부족한 한국에서 무작정 친근하게만 다가오는 '국가'의 위선적인 이미지는 웃는 얼굴로 사람 죽이는 공포영화를 연상시킨다.


## 오 필승 코리아!! 태극전사(戰士) 화이팅!!


나는 한국적 맥락에서 월드컵을 바라볼 뿐이다. 내가 바라보는 월드컵의 문제점들도 어쩌면 한국의 문제일지도 모르겠다. 다른 나라는 정확히 어떤지 잘 모르겠지만, 내가 느낀 공포의 실체는 확실하다. 대부분의 스포츠 특히 구기 종목들은 상대방을 싸워서 이겨야 한다. 어느 특정한 경우에는 함께 경기를 하는 상대방과 경쟁하면서 서로의 발전을 도모할 수도 있겠다. 하지만 그런 특정한 경우를 발견하기란 쉽지 않다. 오히려 긍정적인 경쟁관계보다는 배타적인 적대관계로 변질되는 경우가 허다하다. 특히나 월드컵에서 대한민국 대표팀의 경기를 보면 그러하다. 필승! 반드시 이겨야 하는 코리아이기 때문일까? 한국대표팀을 응원하는 많은 사람들이 축구를 응원하기보다는 한국을 응원하기 때문이 아닐까? 상대방과 더불어 함께 즐기고 함께 실력을 쌓아가는 것이 아니라, 상대방을 짓밟고 올라서야만 한다는 것은 얼마나 잔인한 일인가. 그리고 이때 우리편과 상대편은 소속된 국가에 의해 나뉜다. 이 메커니즘은 놀랍게도 전쟁과 닮아 있다. 토고는 우리가 몰랐던 새로운 친구가 아니라 16강 진출을 위해 반드시 이겨야 하는 적일 뿐이고, 프랑스는 한국축구가 배움을 받아야 할 선진축구팀이 아니라 역시 16강 진출을 위해 박살내야 할 적이었다. 스위스도 역시 16강 진출을 위해 싸워 반드시 이겨야 할 적이었을 뿐이다. 그들은 가야만 하는 길을 막는 적이었고, 그렇기 때문에 반드시 이겨 넘겨야 하는 방해물로 규정되었다. 우리와 너희의 구분이 인간이 만든 가장 거대한 집단이자 가장 폭력적인 집단, 국가라는 사실은 월드컵에서의 편가르기가 단순히 동네 골목축구의 편가르기와 차원이 다르다는 것을 의미한다. 월드컵축구는 FIFA의 의도가 무엇이었든 간에 적어도 한국에서만은 적국(敵國)을 물리치는 전쟁인 것이다.

한국 월드컵 축구는 본격적인 전쟁놀이를 하고 있는 중이다. 11명의 선수들은 선수가 아니라 태극'전사'가 되어 국가 간의 전쟁을 수행한다. 언론은 이 전쟁영웅들의 지난 삶들을 한 편의 영화로 각색하고, 열렬한 응원을 전방에 대한 지원사격으로 이미지화한다. 월드컵 축구가 실제 전쟁이 되는 것은 축구경기가 남성적이고 육체적인 접촉이 많아서가 아니다. 사람들이 월드컵 축구 경기를 보는 방식이 이미 전쟁 혹은 군사주의에 입각해 있기 때문이다. "2002년 월드컵에서 한국의 4강 진출은 '징기스칸이 유럽을 징벌했던 것처럼 이제는 한국이 유럽을 점령하는 순간'으로 이해되었다. 한국대표팀 선수들은 어느 새 '태극전사'가 되었고, 축구경기는 세계의 제패를 향한 전쟁이었다. 골이 빗나간 것은 '방아쇠는 당기는데 조준이 안 되는 일'이었고, 2002년도에 스페인에 대한 승리는 '무적함대를 격침시킨 대첩'이었다. 터키는 6.25때 남한을 도와줬던 형제의 나라였다. 월드컵을 설명하는 언어는 이미 군사주의적인 용어들인 것이다. 또한 월드컵에 내재된 군사주의적 성격은 상대방을 대하는 태도에서도 드러난다. 군대에게는 함께 싸우는 우리 편인 전우와 그리고 죽여 없애야만 하는 적, 이 두 가지만이 존재한다. 승리를 위해서 상대방을 짓밟아야 하고 어떠한 수단과 방법을 써서라도 반드시 승리해야 한다. 둘 중 하나는 패배해야 하고, 처참하게 짓밟히게 된다. 전쟁에서 가장 중요한 가치는 승리인 것이다. 그런데 스포츠의 가장 중요한 가치는 최선이다. 물론 어쩌다가 프로 스포츠화되어 가면서 과정은 생략된 채, 가시적인 성과만 중요시하는 자본주의적 경향이 세상에 널리 퍼져 있지만, 그래도 스포츠에는 땀 흘리는 사람이 주는 감동이 있다. 그런데 월드컵은 스포츠가 가지는 이상적인 형태의 가치지향과는 거리가 점점 멀어지고 있고, 그것을 바라보는 시선이나 혹은 그것을 통해서 이루고자 하는 가치들이 전쟁의 방식과 놀랍도록 흡사해지고 있다. 2002년 대표팀에게 병역면제가 주어진 것을 가지고 논란이 많았는데, 전쟁에서 승리한 태극 전사들에게 굳이 다른 형식의 군복무(현역병입영)를 시킬 필요가 없었을 수도 있다. 대표팀 선수들은 이미 전쟁에 참여해서 승리를 얻어낸 훌륭한 병사이기 때문이다.

## 국가가 없는 월드컵을 상상하다

축구에게 무슨 죄가 있겠느냐. 그 축구를 하거나 보는 우리들의 행위가 크나큰 범죄일 수는 없다. 하지만 월드컵이 지금처럼 유지되는 것은 분명히 문제가 있어 보인다. 혹은 적어도 월드컵의 문제가 아니더라도 우리가 월드컵을 대하는 태도에는 변화가 필요하다. 누군가는 월드컵으로 인해 즐겁겠지만, 그 이상으로 월드컵 때문에 슬픈 사람들이 너무도 많이 생겨나고 있다. 그 중에서도 월드컵과 국가주의의 만남이 만들어낸 공포스런 풍경이 우려스럽다. 그렇지 않아도 한국사회의 절대적 가치인 국가주의가 월드컵이라는 가장 막강한 날개까지 달고 우리를 위협하고 있다. 보다 세련된 방식으로

‘국가’를 포장하면서 말이다.

　　그렇다면, 무엇을 어떻게 해야 할까? 내가 할 수 있는 일은 그저 내가 본 공포를 많은 사람들에게 알려내는 것뿐이다. 그것이 겁 많은 한 사람의 기우가 아니라, 자칫 방심하는 사이에 비극이 희극처럼 반복될 수도 있다는 사실에 경종을 울려야 한다. 그리고 개인적으로는 좀더 아름다운 월드컵을 상상해본다. 월드컵뿐만 아니라 모든 스포츠가 국가로부터 자유로워지는 순간을 상상해본다. 노동하는 인간은 땀의 가치를 알기 때문에 아름답다. 땀을 흘리고 사람들과 함께 노력하는 것이 즐거운 것임을 알기 때문이다. 과연 그게 가능할까? 국가주의로부터 자유로운 스포츠가, 혹은 국가주의로부터 자유로운 월드컵이. 우리 어렸을 적의 골목축구를 생각해보자. 혁명은 사소하다고 여겨지는 것에서 발견될 것이다.

# 공동연구

## 한국대중문화사의 토픽 설정

# 한국대중문화사의 토픽 설정

지식사회 혹은 이론진영에서 '15년'이란 어떤 의미가 있는 것일까? 사람에게는 질풍노도의 시기인 청소년기에 해당되겠지만, 학문영역에 있어 그 기간은 여전히 유아기를 벗어나지 못한 시간들일 것이다. 인터넷을 필두로 초고속 정보통신망이 깔리고 유학파들이 실시간으로 전세계의 최첨단 학문을 소개한다 하더라고 말이다. 이론의 성장과정이란 이론이 만들어지고 심화되는 과정, 해석과 번역에 이어 현실적용과 논쟁 그리고 자기성찰의 과정으로 이어진다. 80년대의 아우라를 벗기고 새로운 진보담론으로 90년대를 연 문화담론의 파괴력은 15년이 지난 현재 어떠한 모습을 하고 있는가? 우리는 그 여진을 어디에서 발견할 수 있는가? 흔히 한국사회의 역동성을 '동시성의 비동시성' 혹은 '비동시성의 동시성'이라 부른다. 즉, 압축적 근대화 속에서 이루어낸 각종 성과들이 '역사적 과정'이라 부를 수 있는 인과관계를 갖지 못한 채 뒤죽박죽 섞여 있다. 문화연구의 현주소 혹은 진화단계를 검토하는 일 역시 보편적인 이론의 성장과정을 거치기보다는 번역, 해석, 적용, 논쟁, 비판, 성찰이 동시적으로 진행되는 형국이다. 가히 '다이내믹 코리아'의 또 다른 단면이라 할 수 있다. 하지만 이러한 일들이 시류에 편승하는 것이 아니라, 일관된 방향으로 진행된다면 그 자체로서 한국의 문화연구 전통을 수립하는 계기가 될 수 있다. '공동연구'로 기획된 이동연과 김성일의 논문은 위와 같이 진행되고 있는 문화연구의 전통을 수립하는 또 하나의 계기로서 평가할 만하다. 이동연의 논문은 15년의 시간 동안 한국의 문화연구가 걸어온 발자취를 기록하고 있는데, '문화연구의 연구'라 할 수 있는 계보학적 메타이론을 구성하고 있다. 김성일의 논문은 15년의 시간 동안 한국의 문화연구가 놓치고 있었던 공백을 지적하고 있는데, '한국대중문화사 연구방법론'을 통해 그 틈을 메우고자 한다. 요컨대, 이동연과 김성일의 논문은 15년의 시간 동안 한국의 문화연구에서 발견된 현존·부재요인을 다루면서 새로운 문화연구의 전통을 모색하고 있다.

# 한국 문화연구의 역사기술학
## ——토픽의 설정과 배치

이동연(한국예술종합학교 교수, 문화사회연구소 소장)

## 1. 들어가는 말—한국 문화연구의 메타담론의 문제

한국에서 '문화연구'(cultural studies)가 본격적으로 논의되기 시작한 지 10년이 훨씬 넘었음에도 불구하고 문화연구가 한국에 수용되어 어떤 지적인 논쟁을 낳았고, 어떤 실천적인 현장과 접목되었으며, 어떤 제도적 과정을 거쳤는지에 대한 역사기술학적인 메타 분석은 충분하고 체계적으로 진행되지 못했다. 문화연구가 인문학이나 사회과학의 이론적 재구성과 교육방법론에 적지 않은 영향을 미쳤던 것을 감안하면 문화연구의 메타담론은 빈약한 수준이다. 물론 1990년대 초반부터 문화연구 관련 저서, 역서들이 꾸준하게 출간되었고, 문화연구 방법론에 기초한 문화비평들이 한때는 붐을 이루기도 했으며, 관련 분야에 학위 논문들[1]도 제출되기도 했지만, 문화연구가 중요한 지적 논쟁의 대상으로 부각된 적은 없었다 해도 과언은 아니다. 문화

---

[1] 이에 대한 대표적인 박사학위 논문으로는 국내 문화연구자들의 이론적, 비평적인 지형도를 매스커뮤니케이션 이론에서 논의했던 "신수정주의" 관점으로 분석한 양은경의 논문 (「1990년대 한국문화연구의 형성과 권력효과」, 서울대학교, 2000)과 여국현의 논문(「문화연구의 전화를 위하여」, 중앙대학교, 2003)을 들 수 있다.

연구가 인문학의 위기에 대응하는 새로운 지적 실천을 수행하고자 출발했지만, 1980년대 말부터 현재까지 인문학 내부에서 진행되어 왔던 중요한 논쟁들, 가령 '민족문학이념논쟁', '포스트모더니즘 논쟁', '문학권력논쟁', '민족주의논쟁 등에 버금가는 이론적 논쟁을 촉발시키지도 못했다.

문화연구가 각종 출판물과 학술지에 쏟아낸 지적 관심의 수준에 걸맞는 생산적인 논쟁을 일으키지 못한 데는 두 가지 이유가 있다. 첫 번째는 아마도 한국 문화연구자들의 '이론적 식민화' 경향 때문이지 않을까 싶다. 문화연구가 한국에 수용되는 과정, 특히 영국의 'CCCS' 류의 문화연구가 번역되어 대학의 교과과정 안으로 들어올 때나, 포스트주의 이론들이 한국 문화연구의 방법론으로 차용되거나, 문화현실 분석으로 활용될 때 어떤 문제점들이 야기되는지를 비판적으로 검토하지 않았다. "문화연구의 취지가 애당초 자국의 문화현실, 특히 일상생활에 대한 구체적인 조사연구와 비판을 통해 창조적이고 진보적인 문화적 실천의 지평을 개척할 수 있는 연구로 발전해 가는 것임에도 불구하고 한국에서의 문화연구는 대체로 서구 문화연구의 이론과 방법을 소개하고 이를 우리 대중문화와 미디어 문화현실을 분석하는 데 응용하는 수준에 머물고 있다"는 지적[2]은 정확히 한국 문화연구의 이론적 식민화를 비판하고 있다. 특히 한국의 문화연구는 일정한 학술지원을 보장하는 제도권 안으로 흡수되면서 이론의 식민화를 더욱 가중시켰다고 할 수 있다.

물론 한국의 모든 문화연구자들이 이론의 식민화에 경도되었다고 보기는 어렵다. 한국 문화연구의 궤적 안에는 진보적인 문화지식인과 문화운동가 그룹들이 존재하고, 문화연구의 이론적 식민화에 대응해서 자생적이고 비판적인 문화연구를 실험하고자 한 사례들이 없지 않다. 그러나 진보적인 문화연구자들 역시 문화연구를 하는 이유가 무엇이고, 문화연구의 실천들

---

2) 심광현, 「한국 문화연구의 새 지평」, 『문화사회』 창간호, 2005, 53쪽.

이 어떤 대안과 한계를 갖고 있는지에 대한 상호 비평과 논쟁을 활발하게 촉발시키지 않은 것이 사실이다. 서로 다른 정치적, 이데올로기적 입장을 갖고 있는 한국의 문화연구자들이 문화연구의 패러다임, 실천과 태도, 제도화, 정책 이행, 교육과정 등에 대해 활발한 토론과 논쟁을 벌이지 못한 것은 문화연구자들 자체의 지적 분파주의에 기인한 바가 크다. 이는 한국 문화연구의 생산적 논쟁이 부재한 두 번째 원인이며, 결국 치열한 논쟁의 부재가 한국 문화연구의 메타담론의 빈곤을 낳는 원인이 되었다. 그나마 한국 문화연구의 패러다임과 실천 방식에 대한 문제제기들은 문화연구의 외부에서 진행된 것들이다.3) 아시아에서 문화연구를 비교적 늦게 접했던 중국의 문화연구자들이 서양 문화연구와 중국문화 사상과의 접합에 대한 활발한 논쟁을 벌이고, 중국 당대의 문화연구가 중국 사상사와 문화현실에 적합한 실천적인 토픽들을 제안하는 것에 비하면, 한국의 문화연구는 논쟁 없이 문화연구의 개별 담론만 무성한 상태에 있는 듯하다.

다행히 최근 한국 문화연구의 역사와 실천 토픽들에 대한 메타담론적인 정리 작업들이 부분적으로 이루어지고 있고, 비판적 문화연구를 위한 국내 문화연구자들 간의 상호소통4)이 가동되고 있어 이후 한국 문화연구의 메타

---

3) 대표적으로는 자율평론의 조정환과 전북대 강준만 교수가『문화/과학』의 편집진들의 이론적 경향과 현장 실천에 대한 비판적인 문제제기를 들 수 있다. 조정환은「문화연구 논쟁과 '네그리'의 대중지성론」이라는 글에서 주로『문화/과학』초기의 유물론적 문화론과 알튀세르적 경향에 대한 비판적 언급을 하면서 문화연구의 포퓰리즘의 한계들을 네그리를 통해 극복하려는 주장을 하고 있다. "포스트구조주의가 주로 포스트모더니티를 철학 혁명의 차원에서 고찰하고 포스트모더니스트들이 그것을 문화혁명의 관점에서 접근함에 비해 네그리는 그것에 대한 사회 혁명적 관점을 제공한다. 또 포스트모더니스트들이 주체의 소멸과 적대/저항의 불가능성을 주장함에 비해 네그리는 포스트모던 상황 속에서의 적대와 주체를 밝히는 것을 오히려 주된 관심사로 삼는다는 점에서 네그리의 사상은 포스트모더니티에 대한 비포스트모더니즘적 해석의 하나로 읽을 수 있다." 반면 강준만은『문화/과학』을 중심으로 서구이론 중심적인 문화연구의 문제를 비판한다(「'살롱 진보주의자'들의 위험한 매명주의(賣名主義)―『문화/과학』의 반론에 답한다」,『인물과 사상』14호 참고

4) 매스커뮤니케이션 전공 관련 문화연구자들이 중심이 되어 만든 '문화연구캠프'가 올해로 4회째를 맞으며 상호소통의 장을 만들고자 노력하고 있으며, 아시아 문화연구의 한국적 토대를 마련하기 위한 비판적 문화연구자들 간의 비정기적인 모임들도 결성되어 새로운 네트워크에

담론의 내실화에 대한 기대를 갖게 하고 있다. 이 글은 한국 문화연구의 메타담론의 활성화를 위해 한국의 문화연구의 역사를 쟁점별로 정리하고자 한다. 한국 문화연구의 전개과정의 쟁점들을 토픽별로 정리하기 위해서 이 글은 한국 문화연구의 시기 구분의 문제를 비롯해서, 문화이론과 문화비평의 이행과정, 문화연구의 제도적 실천의 경로, 아시아 문화연구 내 위치지우기와 같은 시기별 현안들을 개괄하는 방식을 취할 것이다.

## 2. 한국 문화연구의 시기 구분

한국 문화연구의 시기 구분을 어떻게 할 것인가 하는 문제는 그동안 문화연구 담론 안에서 제대로 논의된 적이 없다 해도 과언은 아니다. 이는 시기 구분이 유의미할 만큼 한국 문화연구 역사가 오랜 유산을 가진 것도 아니고, 문화연구의 역사기술학 연구가 그다지 매력적인 과제들로 인식되지 않기 때문이지 않을까 싶다. 물론 한국 문화연구의 역사기술학에 근접하는 연구들이 없었던 것은 아니다. 문화연구라는 개념이 본격적으로 도입되던 1990년대 중후반에 『현대사상』이 '문화연구, 그 쟁점과 미래'라는 특집을 두 차례 실었는데, 이 특집 원고들 중에서 한국 문화연구의 전개과정을 문화연구자들의 배치와 토픽의 관점으로 정리한 필자의 글5)과 한국의 문화연구 상황에 대한 분석은 아니지만, 문화연구의 지적 실천을 이데올로기적 비판의 퇴조와 대중주의의 긍정성의 확산으로 보고자 했던 주창윤의 글6)은 한국 문화연구의 비평 경향을 이해하는 데 도움을 준다. 문화비평이 융성했던 1990년대 말까지 한국의 문화비평의 지형도에 대해서는 고길섶의 글을 참고할 만한데, 그는 한국의 문화비평가들의 정치적, 이데올로기적 입장들의

대한 가능성을 모색하고 있다.
5) 이동연, 「한국문화연구의 전개과정과 실천토픽」, 『현대사상』 3호, 1997년 가을 참고
6) 주창윤, 「문화연구, 어디로가나─이데올로기의 후퇴, 대중주의의 확산」, 『현대사상』 4호, 1997년 겨울 참고

계열화를 시도했다.[7] 2000년대 한국 문화연구의 메타담론은 1990년대 말보다 오히려 위축된 양상을 보이는데, 그 중에서 양은경은 한국 문화연구의 형성과정에서 문화비평가들이 어떤 권력 효과를 생산했는지를 비판 커뮤니케이션학에서 언급하는 "신수정주의" 관점으로 분석[8]하였다.

그러나 이러한 연구들은 주로 문화비평의 영역에 한정된 것이어서 문화연구의 역사를 전체적으로 조망해보는 배경을 갖고 있지 못하고 있다. 한국 문화연구의 국면을 이데올로기, 권력, 욕망이라는 문제설정으로 구분해서 설명하고자 했던 원용진의 글[9]도 한국 문화연구의 역사적 궤적들의 현장을 구체적으로 기술하지는 못한다. 결론적으로 그간 한국 문화연구에 대한 메타담론을 다룬 글들이나 논문들은 그 나름대로 의미가 있지만, 한국 문화연구 역사 자체에 대한 기술과 해석을 포괄적이고 종합적으로 다루는 데는 부족한 면이 많다.

한국 문화연구의 역사에 대한 메타담론적인 기술에 있어 가장 기본적인 것은 한국 문화연구의 시기 구분을 어떻게 할 것인가에 있다. 한국 문화연구 역사의 시기 구분 문제는 단순히 역사를 절단하는 통시적인 접근뿐 아니라 시기 구분의 사회적 배경과 이론적 입장, 문화현실의 변화, 제도화 과정들의 궤적을 독해할 수 있는 공시적 접근의 의미를 더 강하게 갖고 있다. 개인적인 관점에서 보았을 때 한국 문화연구의 역사는 네 번의 짧은 주기로 구분될 수 있다고 본다. 첫 번째 단계는 영국의 <버밍엄현대문화연구소>에서 선언했던 '문화연구'라는 개념이 소개되지 않은 상황에서 문화연구와 유사한 이론적 징후들과 담론의 축적이 있었던 시기로 정의할 수 있고, 두 번째

---

7) 고길섶, 「문화비평과 진보의 분열들」, 『문화비평과 미시정치』, 문화과학사, 1998.
8) 양은경의 박사학위 논문인 「1990년대 한국문화연구의 형성과 권력효과」에서 문화연구(문화비평가들)를 커뮤니케이션 연구에서 수정주의에 해당되는 비판커뮤니케이션을 새롭게 재편한 신수정주의로 지칭하고 있는데, 이 학위논문에서 흥미로운 점은 1990년대 새롭게 등장한 비평가들이 자기 헤게모니 권력을 형성하는 과정에서 문화연구가 발생했다고 지적하는 점이다.
9) 원용진, 「한국문화연구의 지형」, 『문화/과학』 38호, 2004년 여름 참고

단계는 문화연구 관련 번역서들이 줄줄이 출간되면서 영국의 문화연구가 본격적으로 소개되는 시기로 이른바 포스트주의 문화이론이 문화연구의 방법론으로 접합되는 시기라 할 수 있다. 세 번째 시기는 문화연구가 한국에서 구체적인 문화현실의 지형과 만나는 실천들을 가시화하는 시기로 구분할 수 있고, 마지막 단계는 한국 문화연구가 아시아 문화연구의 담론 장에서 일정한 발언을 행사하는 시기로 규정할 수 있다. 이러한 네 단계의 단기 주기를 다시 정치, 사회적 배경, 문화현상과 담론, 이론적 쟁점, 제도화의 토픽으로 세분해서 계열화하면 다음과 같은 도식이 그려질 수 있다.

다음의 표에서 정리한 시기 구분의 문제를 언급하기에 앞서 먼저 일러둘 것은 이러한 구분이 역사적 개연성을 충분히 갖고 있거나, 토픽들의 내용이 그 시기에 정확히 맞아떨어지는 것은 아니라는 점이다. 가령 문화이론과 비평 저널들은 첫 번째 단계 이후에도 지속적으로 출간되었고, 세 번째 단계의 문화현상으로 정리된 디지털문화도 그 이전에 가시화된 경우들도 있다.10) 따라서 문화연구의 시기 구분과 토픽의 계열화는 불안정한 조건들을 갖고 있으며, 특정 시기의 가장 지배적인 양상들을 중심으로 기술되었다는 점을 고려할 필요가 있겠다.

먼저 언급할 수 있는 것은 역사적 시기 구분과 문화연구의 정치학의 문제이다. 위의 정치 사회적 배경에 대한 구분들은 대체로 중요한 정치적 사건들과 정권의 변화를 중심으로 이루어졌는데, 이러한 배경들이 문화연구의 시기 구분에 직접적인 영향을 미치는 것은 아니지만, 일정 정도 연관성이 있는 것은 사실이다. 물론 문화연구의 담론들이 오히려 시대의 사회·정치적인 맥락과 동떨어진 채 개인적인 연구의 관심사에 천착하는 문제를 낳기도 하지만, 정치적 상황에 대한 문화연구의 표상과 실천은 그 나름대로 연관성을 갖고 있다. 정치적, 사회적 배경에 대한 시기 구분에 있어 정작 중요한

---

10) 일례로 한국에서 사이버스페이스 독립선언문은 1996년에 만들어졌으며, PCS사업자도 같은 해에 발표되었고, 멀티미디어의 대중 보급도 1997년에 본격화되었다.

<표 1>　한국 문화연구의 시기 구분에 따른 토픽의 계열화

| 토 픽 | 1단계 (1990-1994) | 2단계 (1995-1997) | 3단계(1998-2002) | 4단계(2003-현재) |
|---|---|---|---|---|
| 정치·사회적 배경 | 사회주의 체제의 붕괴, 문민정부의 출범(1993), 강경대 분신정국(1991), 성수대교 붕괴 (1994) | 한총련 연세대 사태(1995), 한국 OECD 가입(1996), IMF 구제금융(1997) | 국민의 정부 출범(1998), 한미투자협정 체결 (1998), 낙천·낙선운동(1999), 진보정당의 약진 (2002) | 참여정부의 출현(2003), 대통령탄핵정국(2004), DDA선언(2002) 신자유주의 세계화, 한미 FTA 국면 (2006) |
| 문화환경과 현상 | SBS 개국(1991) HITEL 통신 시작(1992), 서태지 데뷔(1992) 오렌지족 언론에 등장(1991) | CATV 개국(1995) PCS사업자 등장 발표(1996), 드럭, 클럽공연 시작(1995) | PC방-N세대-인터넷 쇼핑 등장(1998), '소리바다'시작(2000), 주5일근무제 부분 시행(2002), 2002년 한·일월드컵(2002), 표현의 자유 논쟁 | 한류문화산업의 확산, 인터넷 실명제 논란(2005), 저작권법개정(2005), DMB 시대(2006) |
| 문화담론 | 신세대 문화담론의 출현, 포스트모더니즘 논쟁 | 인디문화의 등장과 확산, 몸과 성정체성 담론의 공론화 | 디지털문화 담론의 확산, 인터넷 민주주의, 근대성 문화연구의 붐 | 한류 문화 담론의 확산, 글로벌 문화담론 |
| 이론적 쟁점 | 알튀세르의 이데올로기론 | 그람시의 헤게모니론, 포스트주의의 확산(라깡, 바르트, 푸코, 데리다) | 들뢰즈·가타리의 욕망이론, 노마드 이론 문화사회론 제출 | 제국이론 꼬뮨주의 인터-아시아 문화연구 |
| 제도·운동 | 문화이론·비평잡지들의 대거 창간(『문화/과학』, 『리뷰』, 『오늘예감』 등) | 유학파 연구자들의 '문화연구'의 소개/분과학문 내의 도전과 충돌, 문예아카데미의 강좌(문화이론강좌) | 문화연구협동과정개설(연세대), 국가문화정책의 개입 문화운동으로의 전화(문화연대 출범) | 문화연구 학과의 확산과 왜곡, 아시아 문화연구 관련 학회의 활성화 |

것은 그 시기 구분이 얼마나 타당한가에 대한 논의보다는 문화연구의 이론적, 담론적 실천들이 당대의 정치적, 사회적 배경을 얼마나 인지하고 고려했는가에 대한 논의이다. 이런 관점으로 볼 때 문화연구의 정치적 실천에 대한 지적인 고민들은 우리가 통상적으로 정의하는 서양식 '문화연구' 담론과 방법론 안에 있었다기보다는 오히려 문화연구를 '정치화'하는 자생적인 문화운동이나 문화이론의 재구성 과정에서 제기되었다 할 수 있다.

이러한 문화연구의 정치적 재구성에 대한 이론적 작업들은 진보적 문화이론과 문화운동을 표방하고 있는 『문화/과학』의 편집진들에 의해서 시도되었다. 특히 강내희와 심광현의 작업들[11]은 시대적 상황에 따른 한국 문화의 변동, 문화와 당대 계급투쟁, IMF와 문화현실, 신자유주의 시대 한국문화 등의 문제(이상 강내희)와, 신자유주의 세계자본 질서 하에서의 문화 공공성과 문화생태의 위기, 사회적 경제와 문화사회의 변동양상, 민주화 이후 문화민주주의의 실천(이상 심광현) 등의 문제들에 집중했다.

물론 문화연구의 시기 구분에 있어 정치적, 사회적 배경의 연관성의 사례들이 진부한 문화정치학의 재구성이라는 토픽으로 한정되지는 않는다. 1990년대 말 문화연구자들의 작업이 사이버 디지털 문화에 대해 관심을 기울인 것이나, 2002년 이후 한류문화 담론이나 정책, 인터-아시아 문화연구에 역점을 두게 된 것도 당대의 정치적, 사회적 상황을 반영한 것이라할 수 있다. 문제는 한국의 문화연구자들 대부분이 시대적 상황에 대한 관심과 그에 따른 비판적 글쓰기를 자연스럽게 생각하지 않았다는 점이며, 이는 특정한 문화연구자 그룹 내 분파적 경향이 지배적으로 나타난 현상에 불과하다는 점이다. 사실 문화연구의 정치학을 재현/표상의 정치학으로 이해하는 대부분의 문화연구자들(이는 비단 한국의 문화연구자들만은 아닐 것이다)에게 지배와 권력의 문제는 텍스트 안에 존재하는 것으로 인식되는 것이다. 바로 이런 이유 때문에 맑스주의 연구자들은 문화연구의 정치학을 재현의 정치학으로 한정하면서 텍스트에 천착하려는 것에 의문을 제기하고, 문화좌파 그룹들도 '본격 문화연구자들'의 재현의 정치학과 일정한 거리를 두려고 한다. 어떤 점에서는 문화연구의 정치학이 재현의 정치학에서 정책의 정치학으로, 다시 문화운동의 정치학으로 전환하는 과정이 역사적 시기 구분과 어떻게 맞아떨어지는가를 검토하는 것도 또 다른 숙제이다. 어쨌든

---

11) 강내희,『한국의 문화변동과 문화정치―문화사회를 위한 비판적 문화연구』, 문화과학사, 2003; 심광현,『문화사회와 문화정치』, 문화과학사, 2003 참고

한국 문화연구의 메타담론에서는 역사적 시기 구분과 문화연구의 정치학과의 연관성에 대해 많은 논의를 하지 않았다는 것과, 따라서 이 토픽이 이후 작업에서 본격적으로 규명될 점이라는 것은 분명한 듯하다.

둘째, 문화현상과 문화담론의 토픽에 따른 시기 구분은 이 시기에 제출된 문화비평들을 검토해 보면 확연하게 드러난다. 1990년대 이후 한국 문화비평은 "신세대 담론-몸 담론-디지털 담론-한류 담론"으로 전화했다고 볼 수 있다. 이러한 도식은 당대의 문화현상에 대한 지배적인 글쓰기에서 확인할 수 있다. 앞서 도표로 정리한 첫 번째 시기에 나온 문화비평들 중 상당부분들은 신세대 문화와 이들의 소비문화에 대한 담론들에 집중했다.[12] 세대문화와 소비문화와 관련된 이후의 글들은 상당부분 1990년대 초반의 신세대문화의 등장을 화두로 삼는 경우가 지배적이다. 몸과 섹슈얼리티에 대한 비평적 글들은 두 번째 시기에 두드러지게 나타난다. 이 시기에 나온 몸과 섹슈얼리티, 성정체성에 대한 글들[13]은 "육체(산업)에 대한 사회적 관심", "성적소수자들의 정체성에 대한 사회적 커밍아웃", "젠더와 섹슈얼리티에 대한 욕망이라는 세 가지 문화지형이 복합적으로 접합된 양상"을 보여

---

12) 이 시기에 신세대 문화를 다룬 대표적인 글이나 저서를 정리하면 다음과 같다.
　미메시스, 『신세대, 네 멋대로 해라』, 현실문화연구, 1993; 박재흥, 「신세대—소비문화전개와 탈정치화의 맥락에서」, 『경제와 사회』, 1994년 가을호; 백욱인, 「대중소비생활구조의 변화」, 『경제와 사회』, 1994년 봄; 정건화, 「한국의 자본축적과 소비양식변화」, 『경제와 사회』, 1994년 봄; 주은우, 「90년대 한국의 신세대와 소비문화」, 『경제와 사회』, 1994년 봄; 강내희, 「소비공간과 그 구성의 문화과정」, 『공간과 사회』 5호; 고길섶, 「돈암동—10대들의 해방구 만들기」, 1994(『문화비평과 미시정치』, 문화과학사, 1998년에 재수록).
13) 대표적인 글들을 정리하면 다음과 같다.
　서동진, 『누가 성정치학을 두려워하랴』, 문예마당, 1996; 박동찬, 「에로스 사드 바타이유」, 『사회비평』 13호, 1995; 박설호, 「지배이데올로기, 혹은 해방으로서의 성—빌헬름 라이히의 성경제학」, 『문화/과학』 7호, 1995년 봄; 성영신, 「소비와 광고 속의 신체 이미지: 아름다움의 담론」, 『사회비평』 17호, 1997; 오생근, 「『성의 역사』와 성, 권력, 주체」, 『사회비평』 13호, 1995; 이영자, 「이상화된 몸, 아름다운 몸을 위한 사투」, 『사회비평』, 1997; 이재현, 「포르노티즘과 에로그라피 2-1」, 『문화/과학』 11호, 1997년 봄; 전경수, 「성애의 문화론과 생물학」, 『사회비평』 13호, 1995; 황순희, 「신체문화의 비교사회학: 한국, 일본의 화장품 광고를 중심으로」, 『사회비평』 17호, 1997.

준다. 세 번째 시기라 할 수 있는 디지털문화의 도래와 사이버문화의 환경에 대한 적극적인 글쓰기 역시 1990년대 말 한국의 문화환경을 급속하게 바꾸어놓은 인터넷, 디지털 문화의 도래에 기반한 것이다. 이 시기에 출간되지 않았지만, 1995년에 국내에 번역된 네그로폰테의 『디지털이다』는 국내 사이버 문화연구의 출발을 알리는 정보를 제공했으며, 사이버펑크, 인터넷문화, 온라인 커뮤니티들에 대한 잠재력과 가능성, 그리고 그것의 한계들을 지적하는 글들과 번역서들이 많이 쏟아져 나왔다. 마지막으로 2002년 이후 한국의 문화환경의 변화에서 가장 큰 토픽은 한류에 대한 것이라 할 수 있다. 이른바 "한류의 문화현상"은 1990년대 말부터 시작되었지만, 그 현상들이 문화연구의 지적 실천으로 본격적으로 기록되기 시작한 것은 2002년 이후부터라 할 수 있다. 거의 대부분의 한국 문화연구자들은 한류담론에 대한 긍정적, 비판적 글쓰기14)를 시도했다.

셋째, 한국 문화연구의 이론적 전화의 문제는 쉽게 도식화할 수 있는 것은 아니다. 더욱이 한국 문화연구의 짧은 역사에서 이론적 경향을 네 단계로 구분하는 것 자체가 무리일 수 있으며, 이론의 전화가 이론적 단절과 동일시될 수 없기 때문이다. 그러나 한국 문화연구의 초기에는 주로 알튀세르의 이데올로기론이 중요한 이론적 준거로 작용했고, 이후에 그람시의 헤게모니론이 주체의 형성과 실천의 문제를 두고 경합을 벌이는 양상을 보인 것은 사실이다. 초기의 한국 문화연구의 주된 이론적 쟁점은 텍스트의 재현과 주체형성의 역학 관계를 어떻게 볼 것인가에 있었다. 영국 문화연구자들이 본격적으로 소개되기 시작한 것은 1990년대 중반이며 이때 스튜어트 홀(Stuart Hall), 필 코헨(Phil Cohen), 딕 헵디지(Dick Hebdige), 로렌스 글로스

---

14) 대표적인 저서로는 정윤경, 『아시아수용자연구』, 커뮤니케이션스북스, 2003; 조한혜정 외, 『한류와 아시아의 대중문화』, 연세대학교 출판부, 2003; 백원담, 『동아시아의 문화선택 한류』, 펜타그램, 2005; 김현미, 『글로벌 시대의 문화번역』, 또하나의문화, 2005; 유상철 외, 『한류 DNA의 비밀』, 생각의 나무, 2005; 박재복, 『한류—글로벌 시대의 문화경쟁력』, 삼성경제연구소, 2005를 들 수 있다.

버그(Lawrence Glossberg)와 같은 영미권의 문화연구자들의 책이나 문화연구 관련 개론서들이 1990년대 말까지 줄지어 번역 출간되었다.[15] 이 시기에 문화연구 관련 개론서 소개뿐 아니라 라깡, 데리다, 바르트, 푸코 등의 프랑스 포스트주의 철학자들의 이론을 접목하여 다양한 문화텍스트 분석이 이루어지기도 하였다.

1990년대 말 문화연구의 이론적 토대를 새롭게 구성하는 데 들뢰즈의 욕망이론이 가장 중요한 역할을 담당했다. 들뢰즈의 욕망이론은 알튀세르의 이데올로기론이나 그람시의 헤게모니론과는 다르게 표상체계에서 벗어나 주체의 자율적인 실천과 자율적 공간의 생성을 강조한다는 점에서 문화연구의 실천적인 전환에 기여하였다. 특히 들뢰즈가 사용한 많은 개념들, 가령 '탈영토화', '배치', '탈주', '노마드', '리좀', '생성', '감각(의미)' 등의 개념들은 1990년대 말 문화연구와 문화비평에 유용한 개념으로 활용되었고, 영상연구나 사이버문화 연구의 이론적 토대를 구축하는 데 많은 영향을 주었다. 도식적이긴 하지만, 한국 문화연구의 이론적 전환에는 알튀세르적 계기와 그람시적 계기, 그리고 들뢰즈적 계기가 중요하게 작용했다는 점을 이해할 필요가 있다.

마지막으로 한국 문화연구의 제도적 과정에 대한 토픽은 문화연구의 담론의 원시적 축적에서부터 문화연구가 제도화 국제화하는 과정으로 이어진다. 이는 문화연구가 하나의 지적 실천으로 전화하고 확산되는 과정에 대한 궤적을 살펴보는 것과 같다. 1990년대 초 한국의 문화연구는 "문화연구"라는 공식적인 개념을 사용하지 않고, 문화이론지와 비평지를 중심으로 문화담론을 형성하였다. 한국 최초 문화이론 전문지인 『문화/과학』이 "유물론적

---

15) 이 시기에 번역된 문화연구 관련 대표 저서들을 열거하면 다음과 같다.
  스튜어트 홀, 『스튜어트홀의 문화이론』, 임영호 편역, 한나래, 1996; 딕 헵디지, 『하위문화— 스타일의 의미』, 이동연 역, 현실문화연구, 1997; 그래엄 터너, 『문화연구입문』, 김연종 역, 한나래, 1999; 존 스토리 외, 『문화연구란 무엇인가』, 백선기 외 역, 커뮤니케이션스북스, 2000.

<표 2>　문화연구의 이론적 계기들

| 이론적 계기들 | 이론의 토픽 | 주체설정 | 이론적 쟁점 |
|---|---|---|---|
| 알튀세르적 계기 | 이데올로기론 | 주체호명/형성론 | 이데올로기적 국가장치<br>계급투쟁의 국면 |
| 그람시적 계기 | 헤게모니론 | 유기적 주체 | 역사적 헤게모니 블록과<br>시민사회 대항헤게모니 |
| 들뢰즈적 계기 | 노마드론 | 욕망하는 기계 | 탈주와 배치<br>리좀적, 노마드적인 실천 |

문화이론”을 표방하고 1992년에 창간된 이래 『리뷰』, 『상상』, 『오늘예감』 등의 문화비평지가 잇달아 창간되면서 초기의 한국의 문화연구는 문화잡지들이 주도하는 양상을 보였다. 그러나 1990년대 중반에 접어들면서 영미권에서 문화연구를 전공하고 국내로 들어온 커뮤니케이션이나 사회학 전공자들이 영미권의 문화연구를 본격적으로 소개하기 시작하면서 문화연구의 지형은 주로 아카데믹한 영역으로 넘어가게 되었다. 이들 유학파 문화연구자들이 시도했던 작업들은 대체로 한국적 현실에 기반을 둔 이론적 실천보다는 문화연구, 혹은 문화연구자들의 이론적 연구에 치중했고 한편으로는 자신들이 속한 분과학문의 오랜 전통을 해체하기 위한 간학제적인 연구방법론을 제시하기도 하였다. 1990년대 한국의 문화비평가들이 전통적인 비판 커뮤니케이션의 방법론에서 벗어나 사회비평, 현장비평 활동을 통해 일정한 권력 효과를 생산했다는 양은경의 주장은 일시적인 현상으로 볼 때는 적절한 지적일 수도 있지만, 문화비평 자체가 급속하게 위축된 현재의 시점으로 볼 때는 적절한 판단으로 보기는 어렵다. 오히려 문화연구자들의 권력 효과는 담론적인 상징 권력의 취득보다는 이들이 대학이라는 교육 제도권 안으로 진입하거나, 일정한 국가의 문화정책과 활동의 제도 안으로 편입되면서 발생된 것이라 할 수 있다.

1990년대 말 2000년 초 한국의 문화연구는 가장 급격한 제도적인 변화과정을 겪게 된다. 이는 서로 상반된 두 가지 방향으로 전환되는데, 하나는 아카데믹한 영역에서 문화연구를 지속적으로 실험하기를 원하는 그룹들은 문화연구를 대학의 독립된 학과로 구성하고자 하는 노력을 기울였고, 이 노력의 일환으로 2001년에 연세대학교에서 '문화학 협동과정'이 대학원에 개설되기도 하였다. 다른 하나는 문화연구가 문화정책에 대한 비판적 개입을 시도하면서 새로운 문화운동의 장을 열었다는 점이다. 주지하듯이 『문화/과학』 편집위원들이 중심이 되어 결성한 <문화연대>는 문화운동과 사회운동을 결합한 새로운 실천의 공간을 열었다. 사실 1990년대 말에 한국의 문화연구가 아카데믹한 제도권 안으로 들어간 것과 반대로 문화운동의 현장으로 들어간 것은 문화연구에 대한 서로 다른 입장과 실천적 관점이 분명하게 드러난 결과를 반영한다. 문화연구의 진화의 방향을 서로 달리 설정하려는 한국 문화연구자들은 2000년 들어서도 서로 다른 제도적 실천을 구상하고 있다. 아카데믹한 영역에서 활동하고자 하는 문화연구자들은 그 외연의 확대를 위해 아시아 문화연구자들과의 학술교류를 강화하는 방향으로 나간 반면, 현실 문화운동과 연계된 문화연구자들은 반세계화운동이나 문화공공성 투쟁과 같은 사회운동과의 연대를 더 강화하는 방향으로 나가는 듯하다.

## 3. 한국 문화연구 담론의 발생적 맥락과 배치

한국 문화연구의 메타담론을 구성하는 데 있어 시기 구분 못지않게 중요한 것이 있다면, 아마도 문화연구 담론이 어떻게 발생했고, 서로 다른 발생의 맥락에 따라 어떻게 배치되고 경쟁하는지를 살펴보는 것이다. 문화연구 담론의 발생은 1980년대 민족문학 이념논쟁의 쇠퇴, 포스트모더니즘 논쟁의 부각, 소비문화의 출현, 인문학의 위기와 같은 문화사적 지형변화 속에서 나타난 것이지만, 문화연구를 '연구'하는 지식인이나 그룹들의 지적 입장과 담론 속에서도 확인할 수 있다. 완전히 일치하지는 않겠지만 문화연구의 사회문화적 배경들과 문화연구자들의 연구 경향과 배치는 대체로 상응하는 경우가 많다.

　사실 한국에서 문화연구가 등장하는 배경에는 전통적인 인문학의 위기, 진보적 사회과학 방법론의 쇠퇴, 대중문화 지형의 변화라는 세 가지 발생 맥락을 빼놓을 수 없을 것이다. 이러한 발생 맥락의 세 가지 다른 경향들은 한국의 문화연구자들의 서로 다른 입장들이 구별되는 계기로 작용한다. 이는 특히 문화연구가 간학제적인 연구를 지향하면서도 자신이 애초에 속해 있는 지식의 장에 따라 한국의 문화연구자들이 서로 다르게 배치되고 있다는 점과 연관된다. 한편으로 한국 문화연구자들의 배치는 학문적인 기반의 차이에서 비롯된 것도 있지만, 문화연구의 실천에 대한 서로 다른 생각에서 비롯된 것이기도 하다. 문화연구를 진보적인 문화운동의 연장에서 볼 것인가, 아니면 아카데믹한 학술연구의 자기 전환에서 볼 것인가, 아니면 대중문화비평의 확산에 따른 문화글쓰기의 전략에서 볼 것인가에 따라 문화연구는 다르게 인지되고 있다. 이외에 문화연구를 분석하는 방법론이나 이론적 근거를 기반으로 해서 배치되는 경우도 있을 것이다. 가령 젠더나 페미니즘을 기반으로 문화연구를 하는 사람들도 있을 것이고, 맑스주의나, 기호학, 정신분석학, 탈식민주의를 기반으로 해서 문화연구를 하는 사람들도 있을 것이다. 이렇듯 한국 문화연구의 대한 배치는 단순하게 이루어지는 것이 아니라 적어도 "학문적 토대", "실천적 입장", "이론적 경향" 이라는 세 가지 발생 맥락을 갖고 있다. 이를 도식화하면 다음과 같다.

　그런데, 먼저 언급할 것은 다음의 도식은 그야말로 도식에 불과하다는 것이다. 문화연구의 발생맥락을 배치의 관점으로 본다는 것은 사실 표로 도식화할 수 없는 것이긴 하지만, 한국 문화연구의 발생 맥락과 문화연구자들의 위치들을 쉽게 이해할 수 있다는 차원에서 불가피하게 도식을 활용하였다. 특히 각각의 발생 맥락의 배치에 해당되는 문화연구자들에 대한 열거 역시 필자의 주관적인 판단과 의견에 근거한 것이기 때문에 완전하지가

<표 3>　한국 문화연구(자)의 발생과 배치

| 발생맥락 | 배치 | 쟁점 | 문화연구자들 |
|---|---|---|---|
| 학문적 토대 | 인문학적 배치 | 인문학의 분과주의/문학중심주의 비판 인문학의 위기에 따른 생존 전략 | 강내희, 심광현, 이동연, 도정일, 백원담, 진중권, 정정호, 여건종, 송승철 등 |
| | 사회학적 배치 | 맑스주의 정치경제학의 위기와 전화 문화사회학의 진화 | 조한혜정, 주은우, 김종엽, 김성기, 정준영, 신현준, 노명우 등 |
| | 매스커뮤니케이션적 배치 | 비판커뮤니케이션의 전화- 신수정주의 | 강명구, 원용진, 전규찬, 유선영, 박명진, 김창남 등 |
| 실천적 입장 | 문화운동적 배치 | 문화운동을 사회운동으로 확산하는 실천의 근거 마련- 기존 예술운동과의 차별성 | 강내희, 심광현, 원용진, 전규찬, 이동연, 고길섶 등 |
| | 학술적 배치 | 아카데미 영역 안에서 분과학문의 비판과 재구성 | 이상길, 윤태진, 이기형, 김소영, 조한혜정, 김현미 등 |
| | 대중비평적 배치 | 대중비평, 사회비평으로서 문화비평의 이론적 근거 마련 | 서동진, 신현준, 진중권, 이재현, 백지숙, 김성기, 변정수, 강준만 등 |
| 이론적 경향 | 맑스주의적 배치 | 문화의 사회적 생산관계와 지배와 변혁의 관계 조명, 문화의 상부구조적 역할을 강조 | 강내희, 심광현, 이동연, 전규찬, 원용진 등 |
| | 페미니즘적 배치 | 젠더의 정체성 연구. 표상으로서 여성비판, 성인지적 관점에서 정책 개입 | 조한혜정, 김은실, 김소영, 김현미, 고갑희, 태혜숙 등 |
| | 탈식민주의적 배치 | 식민-탈식민의 혼종화 경향 문화민족주의에 대한 새로운 이해와 해석, 동아시아 문화연구의 재구성 | 백원담, 신현준, 고부응, 유선영 |
| | 포스트구조주의적 배치 | 언어, 욕망, 권력, 글쓰기에 대한 새로운 접근 | 김성기, 권택영, 정정호 |

않다. 이러한 도식의 한계에도 불구하고 각각의 배치에는 나름의 특이성이 발견된다. 이 글에서는 문화연구자들의 발생 맥락과 배치의 관계 중에서 학문적 토대의 부분만 설명하고자 한다.

먼저 학문적 토대에 대한 발생 맥락은 문화연구자들 간에 비교적 뚜렷한 차이가 드러난다. 인문학적인 지적 토대에 기반을 둔 문화연구자들은 인문학의 분과주의나 문학 중심주의를 비판하는 것으로 문화연구를 시작하는 경우가 대부분이다. 물론 이 진영에 속해있는 문화연구자들도 문학주의와 인문주의를 완전히 폐기하는 것이 아닌 문화적 방법론을 통한 인문주의의 재구성을 주장하는 사람들과 문학주의와 인문주의로부터의 완전한 결별을 시도하려는 사람들로 구분된다. "인문학의 재구성으로서의 문화연구"와 "인문주의 없는 문화연구" 사이의 차이는 문학의 실천과 지위에 대한 상반된 입장을 갖는다.16) 이 차이는 레이먼드 윌리암즈를 리비스와 동맹하게 할 것인가, 아니면 스튜어트 홀과 동맹하게 할 것인가의 차이이기도 하다.

문화연구의 사회학적 배치는 전통 사회학의 두 가지 상반된 방법론과는 다른 입장을 가지고 출발한다. 하나는 사회현상에 대한 정량적인 분석이 주를 이루는 주류 사회학의 방법론과는 다르게 문화의 질적인 의미를 현장 관찰기록을 통해 살펴보는 것과, 다른 하나는 문화를 경제적 상부구조나 지배이데올로기의 수단으로 비판하는 전통 맑스주의 사회학과 다르게 문화의 포퓰리즘과 자생성을 강조하는 것이다. 사실 사회학적 배치에서 문화연구는 정치경제학적인 사회구성체 방법론을 대체하기 위한 대안적인 방법론으로 시작했는데, 이 과정에서 1980년대와 1990년대 초의 이른바 포스트주의 철학이론들을 기반으로 문화를 해석하는 각기 다른 방식이 등장하게 되었다고 볼 수 있다. 말하자면 문화의 자율성을 중시한 문화 대중주의 그룹과 문화의 사회적 의미를 비판적으로 검토하는 문화 맑스주의 그룹과의 구별짓기가 이루어졌다. 전자는 『현대사상』, 『리뷰』와 같은 대중문화 전문지를 만드는 데 기여했고, 후자는 『경제와 사회』, 『문화/과학』과 같은 진보적인 문화저널을 만드는 데 기여했다.

문화연구의 매스커뮤니케이션적인 배치는 주로 비판커뮤니케이션 연구의 연장선상에서 이루어진다. 1980년대 미국의 주류 커뮤니케이션 연구방

---

16) 가령 영문학과 같은 국민언어에 기초한 문학과를 없애고 문학일반을 다루는 과나 문화연구 혹은 문화공학으로 전화하기를 주장하는 강내희와, 영문학의 현재적 역할을 보존하면서 문화연구를 보완하는 것을 주장하는 송승철의 입장은 같은 인문학적 토대를 갖고 있어도 다른 입장을 보인다.

법론에 반기를 들고, 미디어와 커뮤니케이션의 지배이데올로기를 비판하면서 시작된 비판 커뮤니케이션은 1990년대 들어 문화를 지배이데올로기의 수단으로 단순화해서 비판하는 방식에서 벗어나 문화의 표상체계와 미디어의 수용자성, 커뮤니케이션의 문화적 확산에 대한 심층연구들을 통해 다른 실천방법론을 제시한다. 문화연구가 비판 커뮤니케이션을 계승하면서 동시에 단절하고 있는가 하는 문제는 문화연구를 신수정주의로 명명하는 것과 같은 맥락을 가지고 있다. 말하자면 커뮤니케이션적인 배치에서 문화연구는 비판 커뮤니케이션의 실천적인 현실운동에 거리를 두고, 문화를 텍스트 분석의 대상으로만 한정하려 했다는 비판이 가능할 것이고, 그래도 문화연구의 텍스트 분석은 비판적일 수 있다는 연관성을 주장하는 것도 가능할 것이다. 다만 커뮤니케이션적인 배치에서 문화연구를 비판 커뮤니케이션의 연장으로 볼 것인가 아니면 그것과의 단절로 볼 것인가 하는 판단은 서로 다른 의견이 있을 수 있지만, 아마도 문화와 커뮤니케이션을 연구한 연구자들 간의 세대 차이와 영국의 “문화연구”를 공식적인 연구방법론으로 차용했는가의 여부도 중요한 기준으로 작용할 수 있다고 본다. 문제는 비판 커뮤니케이션은 현실미디어운동에 뿌리를 두고 있으며 문화연구는 미디어 텍스트 분석에만 몰두한다는 주장은 대단히 이분법적이며, 문화연구의 현실운동의 연계가능성을 중요하게 생각하지 않는다는 것이다. 물론 커뮤니케이션 분야에서 문화연구가 양적으로 가장 활성화되고 있지만, 비판적인 관점은 가장 부족하다는 지적이 대체로 커뮤니케이션 문화연구가 지나치게 텍스트 분석에만 치우치고 있다는 것을 두고 한 말인 것은 사실이다. 그러나 최근 문화연구 방법론에 근거한 커뮤니케이션 연구자들이 한국의 미디어운동에 적극 결합하고 있는 점을 고려할 때, 비판커뮤니케이션과 문화연구는 대립적인 위치에 있기보다는 친화적 관계에 있다고 보는 것이 타당할 것이다.[17]

---

17) 문화연구의 학문적 토대의 발생맥락에 대해서는 좌담,「한국문화연구의 10년을 말한다—과거, 현재, 미래」,『문화사회』창간호, 2005를 참고하기 바란다.

## 4. 새로운 제도적 실천으로 문화연구: 문화정책 개입에서 문화운동으로의 전환

영국의 문화연구자인 토니 베넷(Tony Bennett)의 언급대로 문화연구는 1980년대 이후에는 문화정책이 개입되는 과정을 경험했다. 영국의 문화연구는 1980년대에 박물관의 새로운 기능전환에 대한 문화정책의 개입을 시작으로 공공문화 환경의 전환에 문화연구자들의 정책 참여가 많았다. 한편으로 캐나다나 호주의 경우에는 국가의 문화정체성을 확립하는 과정에서 문화연구자들의 참여가 두드러지게 나타나기도 하였다.[18]

한국의 문화연구 역시 1990년대 말에 민주화의 대가로 출범한 국민의 정부 시절에 문화정책의 비판적 개입에 대한 필요성을 강조하기도 했다. 한국 문화연구자들의 문화정책 개입은 대체로 문화의 공공성을 높이기 위한 요구를 중요한 담론으로 사용하였다. 가령 문화 관련 예산이 문화공공성의 원칙에 맞게 사용되고 있는지에 대한 감시활동이나 공공문화 기반시설의 운영에 대한 공공성의 원칙들을 강조하는 담론들을 생산하면서 문화연구가 국가 문화정책을 거부하기보다는 적절하게 비판과 개입을 병행하는 전략을 선택하였다. 참여정부 들어 문화연구자들은 정부의 문화정책을 새롭게 바꾸는 데 적극적으로 참여했는데, 이 과정에서 정부의 문화정책을 혁신하여 문화민주주의의 의미를 강화하는 긍정적인 역할을 했다는 지적과 반대로 비판적 문화연구자가 국가의 문화정책 안으로 흡수당했다는 부정적인 평가가 동시에 있기도 했다. 일각에서는 형식적 문화연구의 틀만으로 국가가 수립하고자 하는 문화정책에 쉽게 동화되어 특정한 이해관계를 관철시키려는 부정적인 효과가 나타나기도 하였다.

---

18) 이에 대해서는 John Frow & Meaghan Morris, eds., *Australian Cultural Studies: A Reader*, University of Illinois Press, 1993; Tony Bennett, *Celebrating the Nation*, Allen & Unwin, 1992; Stuart Cunningham, *Framing Culture: Criticism and Policy in Australia*, Allen & Unwin Academic, 1992를 참고.

　　그러나 한국의 문화연구의 실천 과정에서 문화정책으로의 개입은 한국적 특성을 갖는다. 이는 문화정책으로의 개입이 이전의 문화운동의 유산을 갖고 있다는 점으로, 영미권 문화연구의 특성과 변별되는 점이라 할 수 있다. 한국에서 문화연구가 현실운동과 긴밀하게 연계될 수 있었던 것도 1980년대 문화운동의 축적이 있었기 때문이다. 한국 문화연구가 국가의 문화정책에 개입하는 것뿐 아니라, 새로운 문화운동의 흐름을 만들 수 있었던 것은 "문화연구의 문화운동적 계기"와 "문화운동의 문화연구적 계기"의 상호작용에 기인한 것이다.

　　주지하듯이 1990년대 문화운동은 1980년대의 관점으로 보자면 부재하거나 그 실체를 발견할 수 없을 정도로 쇠퇴했다고 볼 수 있다. 1980년대 문화운동 조직들이 대부분 해체되거나 명맥을 유지하는 데 그치고, 그 조직들이 이념적으로 지도를 그리고자 했던 문화적 해방은 현실과는 너무나 거리가 먼 것들이었으며, 문화운동가 대부분이 현장을 떠나거나 새로운 작업에 몰두하기 시작했고, 상당수는 상업적인 대중문화 시장에 진출하기도 했다. 대학의 문화운동 역시 학생운동의 퇴조와 상업적인 대량 소비문화의 등장으로 그 정체성이 모호해졌을 뿐 아니라 대학문화의 파산을 선고하기에 이르지 않았나 싶다.[19] 그러나 거꾸로 생각해보면 1990년대 문화운동은 1980년대의 문화운동보다 더 활발하고 다양하게 전개되었다고 말할 수도 있다. 1980년대 문화운동은 대중문화와 시민문화를 배제한 진보적 사회운동 내부의 제한된 운동이었고, 그 과정에서 대중과 대중문화의 자생성에 굴종하지 않으려는 계급과 민족을 이해하고 그 모순을 실천하는 데 있어 선명한 의식이 지배했다. 1980년대의 문화운동은 대중문화를 이념적으로 넘어서야 할 하나의 단일한 문화로 단정하면서 계급/민족문화의 대당으로 추상화시켰고 이 과정에서 대중문화에 대한 비판적 분석과 연구들이 제대

---

19) 대학문화운동의 비판에 대해서는 이동연 외, 『대학문화의 생성과 탈주』, 문화과학사, 1998의 서문과 1장을 참고하기 바란다.

로 이루어지지 않았다. 더욱이 80년대의 문화운동의 방식은 문화없는 운동, 정치적 해방의 수단으로서의 운동에 대한 자기비판 없이 문화와 이데올로기, 문화와 정치를 혼동하는 일종의 문화적 의미와 표현의 기근현상에서 헤어나오지 못했다. 이와는 다르게 90년대 문화운동은 대중문화에 대한 새로운 이해와 개입, 다양한 문화적 차이들의 반란, 문화적 감수성과 욕망의 분출, 새로운 청년문화들의 활성화, 영상시각문화의 진보적 실험 등 오히려 문화적 콘텐츠들이 수면 위로 올라오는 사건들을 많이 경험했다. 문화운동이라는 것이 처음부터 자명한 것이 아니고 그 대상 역시 고정되지 않은 문화적 유물론의 과정이라면, 1990년대의 문화적 흐름들 속에서 새로운 형태의 문화운동의 흔적들을 발견할 수 있다고 본다. 정치경제적 이데올로기로 환원되지 않고 조직과 담론으로 동일시될 수 없는 다양한 문화적 흐름들이 새로운 형태의 문화운동을 가능케 하는 국면들을 낳았다. 문화연구의 등장과 문화연구적인 실천 양식들은 1980년대의 문화운동과는 다른 흐름들을 형성하는 데 기여했는데, 문화연구는 1990년대 문화운동의 전화에 있어 다음과 같은 몇 가지 국면들을 야기했다고 볼 수 있다.

먼저 문화운동의 새로운 이론적 실천을 들 수 있다. 물론 90년대 이전에도 문화운동의 이론적 실천이 있었지만, 이때 이론적 실천은 대체로 사회운동의 부문운동으로서 문화운동의 대상과 조직방향에 대한 이론적 검토가 주를 이루었다. 이후 90년대 문화운동의 이론적 실천은 문화의 진보성 그 자체에 대한 유물론적인 이해와 새로운 문화운동을 전개하기 위한 이론적 점검들이 주를 이루었다. 1992년에 창간된 문화이론 전문지『문화/과학』은 알튀세르의 이론적 실천의 독자성을 제기하면서 문화운동에서의 주체의 자명함과 문화의 본질성을 비판하는 과학적 문화론을 주창했으며, 이데올로기 국가장치로서의 문화(이데올로기로서의 문화)와 감성적 해방의 장소로서의 문화(욕망으로서의 문화)의 중층결정을 해명하고자 했다.[20] 한편으로 문화를 과학적으로 이해하려는 방식과는 다르게 새롭게 확대 재생산되는 대중문화영역에 대한 비평적 개입이 이론적, 비평적 실천으로서의 문화운동의 전환을 가져왔다. 이 과정에서 문학 중심의 계간지와는 다른 형태의 다양한 문화이론지와 비평지들이 창간되었으며 대중음악, 영화, 만화, 광고, 미디어, 공간 등등에 전문 문화비평가들이 생겨나기 시작했다.[21]

이러한 문화의 이론적 실천들이 서로 다른 지향점을 가지고 있지만, 문화를 바라보는 새로운 관점의 변화를 가져왔다는 점에서 기존의 문학중심의 인문주의적 연구와는 다른 흐름을 형성했는데, 90년대 중반부터 이러한 경향을 통상 '문화연구'(Cultural Studies)라고 명명했다. 문화연구는 1960년대 중반부터 영국의 문화신좌파 그룹들이 버밍엄 대학에 <버밍엄현대문화연구소>(Center for Birmingham Contemporary Cultural Studies: CCCS)를 설립하면서 본격적으로 새로운 문화적 실천으로 자리잡았다. 이들은 현대 자본주의 대중문화에 대한 의식적, 정서적 비판보다는 꼼꼼한 현장연구와 기호학, 정신분석학, 페미니즘 등 다양한 방법론을 도입하여 경험주의에 기초한 문화이론의 한계를 극복하려고 했으며, 특히 문화운동의 담론적 실천의 새로운 전형을 낳았다.[22] 우리의 문화지형에서 문화연구의 등장도 영국의 상황과 유사한 측면이 많다. 요컨대 문화연구는 문학중심의 담론, 분과학문 중심의 담론, 그리고 문화예술의 위계적인 가치에 대해 문제를 제기하면서 거대담론, 낡은 실천 패러다임, 고정된 학문체제의 위기에 대응하는 새로운 '의미화실천' 방법으로 자리매김하고 있다. 문화연구는 앞서 말한 분과학문

---

20) 국내 최초의 문화이론 전문지로 등장한 『문화/과학』 창간선언문 중 다음의 언급을 보라. "문화를 과학적으로 인식하기 위해서는 과학적 문화이론의 수립은 필수다. 하지만 현재 과학적 문화이론은 그 정초조차 마련되어 있지 않다…과학적 문화이론을 수립하려면 문화이론에 침투한 관념론을 극복하는 길이다. 이 과제를 수행하기 위해서는 유물론적 문화이론의 청조를 놓아야 한다."(『문화/과학』, 창간선언문 중에서, 1992)

21) 국내 문화담론의 등장과 문화론적 함의에 대해서는 졸고, 「한국문화연구의 전개과정과 실천 토픽」을 참고하기 바란다.

22) 버밍엄 현대문화연구소에 대한 자세한 소개로는 졸고, 「문화학의 대안적 교육과정에 대한 모색」, 『문화연구의 새로운 토픽들』, 문화과학사, 1997과 원용진, 「지식생산장치로서의 문화연구—영국 CCCS를 중심으로」, 『문화/과학』 11호, 1997년 봄)을 참고하기 바란다.

지형이 탈영토화하는 구체적인 예증이 될 뿐 아니라, 담론적 실천의 방법이 전화되는 예증이 된다. 기존에 진보적인 문화예술의 담론적 실천은 주로 문학 텍스트가 중심이 되었는데, 비판하려는 대상이 부르주아 고급예술이었던 만큼 전유하려는 대상 역시 작가의 위대한 창조정신이 구현이 되는 소수의 고급예술이었다. 그러나 비판적 담론이 그 대안으로서 리비스의 '위대한 전통'을 연상시키는 고급예술의 형상화에 몰두하는 사이 문화현실은 이미 음악, 영화, 광고, 스포츠, 만화 등등의 엄청난 장르분산을 경험하고 있었으며, 문자형태만이 아닌 영상기호, 시각이미지, 스펙터클한 공간과 같은 다양한 텍스트 형식으로 조직화되어 있었다. 대중문화의 장르확산과 문화현실의 대량화, 산업화에 대한 비판적 담론의 입장은 대체로 그러한 텍스트들이 과연 얼마나 의미의 진정성을 담고 있는가 하는 것이었는데, 여기에는 두 가지의 편견이 자리잡고 있었다. 하나는 그 가치평가의 기준이 늘 문자중심의 형상화의 우위성을 전제로 한 것이었고, 다른 하나는 대중문화 장르와 문화현실이 문학 텍스트보다 실제로 더 복잡한 의미화 구조를 가지고 있다는 사실을 애써 부인하려는 것이었다. 문학적 형상화와 그것이 사회모순에 대한 실천의식의 기능을 강조했던 비판적 담론과는 달리 문화연구는 그 방법에 있어서 대상과 대상의 가치를 고정되게 제한하지 않으며 위계질서화하지 않으려는 기획들을 가진다. 서사와 이미지, 표상된 것과 표상하고 있는 것을 접합시키는 기호학적, 정신분열적, 종족기술적, 리좀적인 의미화실천이 문화연구의 방법적인 문제틀로 자리잡는다.

둘째로, 80년대 계급과 민족 중심의 조직운동과는 다른 형태의 문화적 실천이 다양하게 전개되었다. 이는 계급과 민족환원적인 문화운동과는 다르게 세대, 성, 성차, 환경, 생태 등 사회적 모순들과 차이들을 접합하려 했던 문화운동의 성격이 강하게 드러났는데, 가장 대표적인 경향이 청년문화운동이지 않을까 싶다. 90년대 신세대문화론이 주로 소비자본주의 문화공간의 탄생과 문화자본의 확대재생산의 비판적 준거를 마련해 준다는 점에서 부정적인 문화담론으로 사용되었다면, 청년문화운동은 소비자본주의 문화공간과 자본의 지배적인 흐름에서 벗어나려는 새로운 세대들의 문화적 감성과 자율적 문화활동을 강조한다고 볼 수 있다. 표면적으로 보면 소비욕구가 강한 신세대들이 소비문화공간의 중요한 고객으로 등장했고, 90년대 청년문화운동의 중요한 전투고지였던 대학의 문화운동도 학생운동의 위기와 맞물리면서 점차로 쇠퇴하는 과정을 놓고 보면 청년문화는 소비문화와 구별되지도 않을 뿐더러 문화의 정치적 실천에 대해 별다른 관심을 보이지 않았다고 말할 수 있다. 그러나 내면적으로 보면 젊은 세대의 문화적 감성들이 독점문화자본의 영역에서 독립하여 자신들만의 문화시장과 문화적 자유를 꿈꾸려는 다양한 실험모델들을 생산하여 소위 '청년인디문화'라는 새로운 실천공간을 만들었고, 대학문화운동은 문예 중심에서 시각영상 중심으로 방향을 선회하면서 대학 내에 다수의 영상문화집단들을 만들기도 했으며, 집단적이고 조직적이지는 않지만, 기존의 도덕율과 윤리관에서 벗어나려는 청년세대들의 문화적 취향과 라이프스타일이 소위 '하위문화적 실천'을 이끌어냈다.23) 청년문화운동은 계급과 민족 모순에 근거한 기존의 문화운동과는 다르게 세대적 모순을 본격적으로 제기하는 의미를 가지고 있는데, 문화운동에 있어 세대적 실천은 부모세대들에 대한 도덕적, 윤리적 저항을 담고 있기도 하지만, 이보다 더 중요한 것은 이들이 말하고자 했던 문화의 자율적 공간의 확보와 문화적 감성의 극대화이다.(요컨대 70년대 영국의 청년하위문화 그룹이었던 펑크족들의 구호인 "네맘대로해라"[Do it Yourself]가 그에 부합하는 언어라 할 수 있다.)

　셋째, 문화운동이 국가의 부정이나 자본주의 문화장치들의 전면적인 전복을 시도하려는 환상에서 벗어나 국가의 문화권력과 시장자본주의의 문화

---

23) 청년문화의 취향과 스타일에 대해서는 졸고, 「하위문화연구, 어떻게 할까」(『문화연구의 새로운 토픽들』)과 딕 햅디지의 『하위문화: 스타일의 의미』를 참고하길 바란다. 이 논문과 저서는 사회적 모순들을 상상적으로 해소해 보려는 청년세대들의 스타일의 실천이 세대적 실천의 의미를 담고 있음을 강조한다.

독점에 반대하는 제도적 개입을 하기 시작했다. 이러한 경향을 대체로 국가와 시장자본주의에 대한 문화정책 비판으로 정의할 수 있다. 문화정책의 개입과 비판은 앞서 설명한 문화연구의 새로운 실천의 요구에서 비롯된 것이다. 앞서 언급했듯이 그간에 진행된 한국의 문화담론들은 문학텍스트 중심의 제한된 텍스트와 글쓰기 실천을 확대하는 정도의 의미 이상을 가지고 있지는 못하다. 문화연구는 대체로 장르중심의 문화비평으로 동일시되는 경우가 많고, 새로운 문화현실의 복잡한 층위들을 실천의 관점으로 읽어내서 이론과 비평이 다시 문화현실의 운동력을 구성하려는 노력들이 부진했다. 문화담론이 새로운 문화현실의 대상에 걸맞는 '의미화실천'을 하지 못했던 것은 대부분의 문화비평가들이 장르에 묶여있거나 매니아적인 감수성에 젖어 문화현실을 전유하는 방식을 자신의 지식권력으로 환원해 버렸기 때문이다. 문화연구는 많은 잠재적인 실천을 남겨놓고 있고 그 한 과정으로 문화비평/분석에서 정책/기획으로의 전환을 전망할 수 있다. 스튜어트 홀은 우리 시대에 '에이즈' 문제는 투쟁과 논쟁을 야기시키는 매우 중요한 영역이며, 사람들이 죽게 되는 장소이자 욕망과 쾌락 역시 소멸되는 장소임을 언급하면서 이런 긴장감을 유지하지 못한다면, 문화연구가 무엇을 할 수 있고 무엇을 할 수 없는지에 대해 알 수 없을 것이라고 말한다. 문화연구는 "재현들 그 자체의 구성적, 정치적 본질과, 그것의 복합성, 언어의 효과들, 삶과 죽음의 장소로서의 텍스트성에 대한 문제들을 분석해야한다"는 홀의 지적은 앞서 언급한 '에이즈'라는 당면한 현실의 문제에 문화연구의 표상적인 실천들이 주목해야 한다는 문제의식을 담고 있다.24) 홀의 지적에서 유추할 수 있듯이 문화연구의 재현적 실천, 혹은 담론적 실천이 문화현실의 억압성을 바꾸어 나가고 대중의 삶의 문화적 자유와 평등을 확대하는 프로그램들을 개발하지 못한다면 문화연구는 또 하나의 지적인 유희에 지나지 않을

---

24) Stuart Hall, "Cultural Studies and its Theoretical Legacies," in L. Grossberg, C. Nelson, et al., eds., *Cultural Studies*, Routledge, 1992.

것이다. 문화연구는 문화비평의 실천과는 다르게 새로운 의미화 실천, 혹은
현장적 실천으로 전화해야 할 필요성이 요구되었다.이 과정에서 문화연구
는 문화비평 담론 중심에서 대안적 정책개발 중심으로 전화되어야 한다는
비판적 목소리가 제기되었다. 영국의 문화연구자인 토니 베네트는 문화연
구가 '문화정책연구'로 대체되든지 그쪽으로 변형되어야 한다는 점을 강조
한다.25) 그는 문화연구의 행위자로서의 주체의 위치의 자기변신을 주장한
셈인데, 주어진 문화의 장에 대해 '사후적인 담론'으로 반응하는 이차적인
문화 담지자에서 그 문화의 장을 실제로 구성할 수 있는 담론을 생산하는
일차적인 문화담지자로의 이행이 문화연구의 전화의 핵심사안이기는 하다.
문화의 장 안에서 전략과, 구상과 절차에 구체적으로 영향을 미치는 문화이
론과 정치학의 형태를 띠며, 문화적 제도들이 구체적으로 작동하는 절차들
과 정책적 전략들 안으로 좀더 전략적으로 개입하는 것을 구상하는 지적인
작업이 문화정책연구의 중요한 실천과제이다.

　가령 국가의 문화정책 방향이 제대로 정립되어 있는지, 문화예산이 제대
로 쓰이고 있는지, 시대의 문화적 흐름에 역행하는 각종 문화관련 법과 제도
들이 없는지, 문화의 공공성을 높이기 위해 국가의 문화재원들을 어떻게
배치하고 조정해야 하는지를 구체적으로 분석하고 개혁안을 제시하는 운동
들은 시민사회운동의 주요한 실천대상으로 간주될 수 있겠다. 물론 문화정
책연구는 국가의 주요한 문화정책에 대한 비판과 정책수립 과정시의 부분
적인 참여만을 의미하지는 않는다. 그것은 우리의 문화현실의 하부구조
전반에 정책적인 개입을 의미한다. 우리의 문화현실과 문화환경이 갖고
있는 제도적, 도덕적, 윤리적 문제점들에 대한 분석과, 대중들의 삶의 자유
와 평등을 극대화하는 새로운 시스템을 생산하는 프로그램을 만드는 것이
문화정책연구의 과제이다. 가령 문화연구자들이 새로운 도심개발이나 지

---

25) Tony Bennett, "Putting Policy into Cultural Studies," in *Cultural Studies*.

역개발 정책 수립과정에서 하나의 기획자로 참여하든지, 한국의 문화적 아비투스(가부장제 가족주의/지역주의 등)에 대한 실증적인 연구조사를 한다든지, 뉴미디어의 문화적인 인프라를 구축하는 일종의 콘텐츠웨어(contents-ware)를 생산하는 것들이 구체적인 문화정책연구의 사례가 될 수 있겠다. 대중의 일상생활에 편리한 공간과 시스템을 생산하는 문화정책적인 실천은 결국 문화영역을 통한 사회의 공공성, 대중의 문화적 권리옹호를 위한 실천이다.

마지막으로 문화운동의 새로운 조직화이다. 기존의 문화운동 조직들은 대개 전문 문화예술 창작자를 중심으로 구성되었다. 기존의 문화운동 조직은 대부분 연합체의 성격을 가지지만, 전통적인 문화예술 장르들의 분과들이 단순하게 결합된 형태로 존재했다. 대표적인 예가 <한국민족예술인총연합>으로서 이 민예총은 지역별 장르별 분회·분과 조직을 가지고 민족예술의 진보적 운동과 전문예술가들의 창작활동을 지원하는 조직이다. 그러나 전통적인 문화예술의 영역이 점차로 해체되고 있고, 비전문가적 문화예술의 공간과 취향들이 확대되고 있으며, 전지구적 문화자본의 독점화가 강화되고 있는 새로운 문화 환경에서 전문예술가 중심의 문화운동은 한계를 맞을 수밖에 없게 되었다. 문화운동은 점차로 전문문화예술인 중심에서 시민 중심으로, 창작적 실천에서 문화공공성 구축으로, 이념적 실천에서 제도적 실천으로 그 방향이 전환될 필요성이 제기되면서, 1990년대 말 시민문화운동의 조직화를 기획하려는 움직임들이 생겨나기 시작했다.

<문화개혁을위한시민연대>(이하 문화연대)는 이러한 문화운동의 전화를 목적으로 결성된 최초의 문화 NGO 단체이다. 문화연대의 출범은 한국의 문화운동의 역사에서 몇 가지 중요한 전환점을 시사해 준다. 먼저, 문화연대는 문화예술 분야에서도 시민운동이 필요하다는 문제를 제기함으로써, 그간의 문화운동의 방향을 전면적으로 수정하려는 기획을 가지고 있다고 볼 수 있다.[26] 시민중심의 문화운동은 문화운동의 대상과 주체, 그리고 실천과

제에 대한 인식의 전환을 가져왔다. 요컨대 문화운동은 문화예술들의 창작적인 실천을 중시하기보다는 그러한 창작활동을 가능케 하는 제도개혁을 중시하며, 문화예술의 창작환경 개선 역시 전문문화예술가들만을 위한 것이 아니라 시민들의 문화적 향수와 문화적 권리를 확대하기 위한 것이다. 그런 점에서 전문예술가들도 특정한 창조자보다는 시민주체로서 문화활동에 참여하는 것으로 간주되어야 하며, 시민들도 문화예술의 소비자나 수용자만이 아니라 문화생산과 문화적 과정의 주체로 참여할 수 있도록 해야 한다. 둘째 시민문화운동은 국가와 시장으로부터 완전히 자유로운 독립적 영역을 구축하려 했던 기존의 문화운동과는 다르게 국가와 시장을 지속적으로 견제하면서, 이 두 영역으로 환원되지 않는 제3의 영역을 창출하려는 기획을 가지고 있다. 흔히 그람시의 헤게모니론은 시민사회영역의 실천적 정당성을 옹호하기 위한 전략으로 이해되는데 문화예술운동에서 시민문화운동의 출현은 국가와 시장을 극복하는 제3항의 대안으로서 의미를 지니고 있지만, 제3항으로서의 문화적 영토가 개인들의 자율적 문화활동의 보장과 문화적 욕구의 극대화를 꿈꾼다는 점에서 국가와 시장에 대한 탈근대적 전복을 기도하고 있다고도 볼 수 있다. 마지막으로 문화연대의 활동방식과 실천의제들은 기존의 전통적인 문화개념과 문화장르들을 해체하려는 데서 출발한다. 문화는 정치경제의 부차적인 산물이고, 문화의 민주화 역시 정치경제적 민주화 이후에 자연스럽게 주어질 것으로 보려는 목적론에 반대하며, 문화와 비문화적인 것, 문화의 생산과 소비의 구별을 없애고자 하며,

---

26) 문화연대 창립선언문 중 다음과 같은 내용은 문화운동의 새로운 방향을 제안하는 것으로 볼 수 있다. "사회발전을 위해서는 문화적 관점을 채택하는 것만이 아니라 문화의 중요성을 사회적으로 인식하고 새로운 문화발전의 과제와 전망을 본격적인 '사회적 의제'로 떠올리는 일이 필요하다. 문화개혁에서 필요한 일은 우리의 삶과 문화를 왜곡시키는 관행, 의식, 제도, 전통, 정책 등을 근절하는 것이다. 오늘날 가장 큰 문화권력을 행사하는 것은 국가와 시장, 그리고 문화제국주의 세력이다. 문화연대는 국가기관과 자본에 의한 문화 권력 및 자원의 독점 경향, 다국적 문화산업의 문화주권 침탈에 따른 문제점을 비판하고 시정하는 노력을 기울일 때다."(『문화연대 창립대회 자료집』, 1999)

문화개혁을 위한 법적 제도적 감시활동 이외에 영상매체와 시각문화의 다원화, 복합적 문화행동과 시민자치문화의 활성화를 중요한 운동의 대상으로 간주한다.

결론적으로 90년대 문화운동의 국면들은 문화운동의 전화에서 두 가지 문제의식을 생산한다. 첫째는 문화운동의 국면들은 한동안 실종되었던 문화운동의 복원을 준비하는 과도기적 단계이며, 다른 한편으로는 문화운동에 대한 기존의 통념들을 깨는 전혀 새로운 형태의 문화운동의 도래를 지시하는 징후로 이해할 수 있다. 청년문화의 등장, 세대문화의 폭발, 스타일과 취향의 반란, 소수문화의 생성, 새로운 실천영토로서 디지털공간, 그리고 이 의제들의 문화적 해방을 읽어내려는 이론적 실천과, 자본주의 문화권력과 제도에 대한 정책적 개입과 같은 국면들은 분명 새로운 문화 환경에서 새롭게 제안되는 문화적 실천이기도 하다. 그러나 그것은 문화운동의 궁극적인 목적이라기보다는 조건이자 환경이다. 이는 이러한 다양한 문화적 실천들이 문화적 자유를 확대하고 대중들의 문화적 해방을 이끌어낼 수 있는 어떤 계기들을 만들고 있을 뿐이지, 실현하고 있다고 보기는 어렵기 때문이다. 둘째로 90년대 문화운동의 국면들은 사실 그 내막을 들여다보면 일정한 연관성과 지속성을 가지고 있다. 80년대 진보적 문화운동의 경험주의와 이념중심주의를 비판하기 위해 문화에 대한 과학적 이해와 이론적 검토가 요구되었고, 이것이 기존의 문학예술 중심의 문화운동의 한계를 비판하며, 문화연구라는 통합학문적이고 장르분산적인 텍스트연구가 진행되었던 것이며, 문화텍스트중심주의를 넘어서기 위해 문화정책 개입과 같은 제도적 실천이 등장했고, 이를 좀더 조직적으로 확대하기 위해 시민문화운동조직을 만든 것이다. 그래서 한국 문화운동의 국면들은 자연스럽게 진보적 문화운동이 가야 할 방향을 단계적으로 지시해 주었다고 볼 수 있고 이 과정에서 문화연구의 이론적 실천이 중요한 역할을 담당했다고 볼 수 있다.

## 5. 아시아 문화연구의 확산과 도전

　최근 한국 문화연구의 가장 두드러진 경향 중의 하나가 바로 아시아 문화연구 붐이다. 2000년 들어 한국의 문화연구자들과 아시아 문화연구자들 사이에 교류가 빈번해졌고, 각종 심포지엄, 워크샵, 공동연구의 형태로 빈번한 이론적 교감을 하고 있다. 1990년대까지만 해도 한국 문화연구자들이 주로 영미권의 문화이론을 중심으로 연구한 것에 비한다면, 상당히 다른 양상을 보여준다고 할 수 있다. 아시아 문화연구가 관심의 대상이 된 것은 아시아에 문화연구가 각국 별로 정착되면서 생겨나게 된 자연스러운 결과이고, 문화연구가 근본적으로는 새로운 형태의 권역연구라는 점에서 당연한 것처럼 보이지만, 아무래도 결정적인 계기는 2000년 이후 아시아 전역에서 불고 있는 "한류의 확산"이지 않을까 싶다. 한류가 문화산업의 영역에서 일어나는 현상이지만, 이러한 현상을 문화권역주의, 탈식민주의, 문화민족주의, 아시아문화공동체라는 문제의식을 갖고 담론의 영역으로 확대하려는 노력들이 아시아 문화연구자들의 상호 교류를 활발하게 한 계기로 작용했다.

　한국의 문화연구, 혹은 문화연구자들이 서양 중심의 지적인 편향에서 벗어나 아시아 내의 지적 담론들을 인용하고, 번역해내는 것은 그 자체로 고무적인 일이라 할 수 있다. 최근 문화연구 관련 대학원 수업에도 아시아 문화연구자들의 이론들을 많이 소개하고 있고, 이들의 텍스트를 읽는 사례들이 늘어나고 있다. 다만 우리가 여기서 눈여겨볼 점은 문화연구의 관심이 국내에서 아시아로 이동한 국면에 대한 비판적 진단이 필요하다는 점이다. 아시아 문화연구로의 관심 이동이 탈식민적 지식 실험과 문화연구의 국지적 연대라는 긍정적인 측면에도 불구하고, 몇 가지 의문을 가질 만한 점이 있기 때문이다. 아시아 문화연구를 누가 주도적으로 하고 있으며, 그 중심 화두는 무엇인가를 따져보면, 대체로 유학파 강단 문화연구자들 중심의 학술적 교류와 국내 문화실천에 대한 외면과 국제주의 담론으로의 회피라는 문제들을 지적할 수 있다. 이는 한국의 문화연구가 탈서양화하는 글로벌 담론을 지향하다는 점에서 긍정적일 수 있을지 모르지만 문화실천의 현장이 위기를 보여주는 예증이라는 점에서는 부정적일 수 있다.

시기적으로 다르지만, 아시아 국가들 대부분에서 문화연구는 상당한 지적 전통을 가지고 있고, 그 나름대로 토착화하면서 탈근대적 지식 구성체의 중요한 실천 담론으로 연구되고 있다. 아시아 문화연구는 각국의 상황이 다르긴 하지만 대체로 1980년대 후반부터 1990년대 초반에 걸쳐 등장하기 시작했고, 대체로 비슷한 역사적 진화를 거치고 있다. 아시아 문화연구는 서로 다른 입장들이 구조화된 공간으로서 전복과 배제의 권력관계를 형성하는 문화담론의 '장'을 형성한다. 문화연구의 장은 문학연구, 지역연구, 미디어연구의 장과는 다른 제도적 구성체를 형성하며, 맑스주의, 기호학, 페미니즘, 탈식민주의 이론의 장과 다른 담론구성체를 형성한다. 물론 문화연구는 위의 제도영역과 이론영역이 상당부분 중첩되지만, 그것의 발화위치 혹은 정치적 태도에 있어서는 특정한 입장을 구조화하는 '장의 논리'에 따라 작동한다. 따라서 '장'으로서의 아시아 문화연구는 '문화연구'의 일반적인 장의 논리에 근거하면서도 영미권 문화연구와는 다른 게임의 규칙을 개발하고자 하며, 국지적인 발생 원리를 갖는다.

이 과정에서 아시아 문화연구는 1990년대 후반을 기점으로 장의 변화를 가져왔다. 엄밀하게 말해 아시아 문화연구는 '아시아 내에서의 문화연구'(cultural studies in Asia)와 '아시아적 문화연구'(Asian cultural studies)가 구분된다. 전자는 아시아에서 문화연구를 하는 지식인들의 일반적인 연구를 의미하는 반면에, 후자는 아시아 지식인들을 포함해 전세계 문화연구자들이 아시아를 중심 토픽으로 설정해서 연구하는 것을 의미한다. 물론 두 담론이 완전히 분리되어 있는 것은 아니지만, 인식론적인 관점에서나 실천적인 관점에서 볼 때 아시아 문화연구의 전개과정에 중요한 전환점을 이해하는 데 단서를 제공해준다.

초기 아시아에서 문화연구는 포스트모더니즘 문화논쟁에서 비롯되었거나, 영국이나 미국에서 문화연구를 전공한 지식인들에 의해서 소개된 경우가 지배적이었다. 초기 아시아 문화연구자들의 연구방법론이나 연구내용들은 대체로 서양 문화이론이나 문화연구를 소개하는 데 집중하거나, 각 문화이론가들의 쟁점을 자국의 형세에 맞게 재해석하는 데 주력했다. 이러한 연구경향은 1990년대 후반부터 이론적 식민화 논쟁으로 비판받게 되었고, 이후 아시아적 문화연구에 대한 아시아 각국의 문화연구자들의 공동의 관심을 표출하게 되었다.『포지션스』(positions, 1993), 1990년대 후반부터 현재까지 출간되고 있는 『흔적』(Traces), 『인터-아시아 문화연구』(Inter-Asia Cultural Studies)와 같은 아시아 문화연구 관련 저널들은 아시아 내의 식민지 근대성, 문화정치적 쟁점, 대중문화의 흐름, 성정체성의 문제, 지역분쟁, 소수종족의 현실 등을 집중적으로 다루었다. 아시아의 문화연구는 현재 탈식민적 실천의 장으로 전화하면서 아시아 문화연구자들의 비판적 연대를 모색하고 있다. 이러한 연대의 지점들을 논의하기 위해서는 먼저 아시아 각국의 문화연구가 역사적, 내용적 차이에도 불구하고 어떤 공통적인 맥락을 가지고 있는지를 살펴볼 필요가 있겠다.

첫째, 아시아 문화연구는 지식(특히 문화이론)의 탈식민화라는 시대적 요청에 반응한다. 아시아에서 문화연구가 80년대 후반부터 등장하게 된 데에는 포스트구조주의와 포스트모더니즘에 대한 지적 식민화에 대한 반작용과 탈식민주의에 대한 관심이 크게 작용했다. 일본의 문화연구자 요시미 순야(吉見俊哉)는 1990년대 일본에서 문화연구의 수용은 탈식민 연구에 관심을 가진 스튜어트 홀의 작업에 상당부분 의존했다고 언급한다.[27] 대만의

---

27) Yoshimi Shunya, "The Condition of Cultural Studies in Japan," *Japanese Studies*, Vol. 18, No. 1, 1998. 요시미 순야는 이 글에서 일본 문화연구의 형성과정에 대해 다섯 가지 특성을 지적하고 있는데, 본문에서 언급한 탈식민적 특성 이외에 미디어와 관객의 상호텍스트성(contextuality)을 연구하는 데 새로운 길을 열어주었다는 점과, 저항을 위한 이론적 무기라는 점, 민족국가나 국가주의 비판의 영역을 넘어서 전지구화 과정에서 문화적 차이와 권력의 지리정치학에

문화연구자 천꽝싱(陳光興) 역시 문화연구의 탈식민적 실천을 강조한다. 그는 국제적 문화연구의 역사는 탈식민운동에서 비롯되었으며, 영국 문화연구의 신좌파적 전통 역시 탈식민 지식인에 의해 주도되었음 강조한다. "문화연구의 영국적 속성은 탈중심화되어야 할 뿐 아니라 문화연구가 그 탄생부터 이미 국제적 성격을 띤 것이었고, 그 역사적 대안이 바로 탈식민운동이었다."28) 홍콩의 경우 탈식민화의 시점에서 문화연구는 국지적 장소로서의 홍콩사회의 복합성을 읽어내는 데 있어 의미있는 역할을 했다.29)

아시아에서 문화연구가 탈식민주의 연구와 어느 정도 내적인 친화성을 갖고 있는지는 탈식민주의를 정의하는 시각에 따라 다를 수 있지만, 대체로 시기적으로 탈식민주의 혹은 신식민주의의 문제는 아시아 문화연구에 있어 담론적, 실천적 중심 의제인 것은 분명하다. 글로벌화가 국지적인 장소로 본격적으로 이행하는 1980년대 말에서 1990년대 초반에 탈식민의 문제는 반신자유주의 운동과 함께, 비판적 전지구화 담론의 중심 주제 중의 하나였다. 이 시기에 문화연구가 '지역연구'(regional studies)로 확산되면서 다너 해러웨이의 지적대로 "재현의 전통적인 정치학을 버리고 집합적인 접합의 전략을 위한 국지적 투쟁을 채택"30)했다. 이 점을 고려한다면, 아시아에서 문화연구와 탈식민주의는 내적인 연관성을 가지고 있다고 말할 수 있다. 특히 영미권 국가로 유학을 간 아시아 문화연구자들에게 탈식민의 문제는 가장 절실하고 흥미로운 발화위치를 가지고 있었다. 물론 탈식민주의에 관

---

대한 관심으로 확장하고 있다는 점, 그리고 대학의 제도권 아카데미즘에서 선호하는 비교문학연구와 다르게 사회의 권력관계를 다룬다는 점을 지적하고 있다.

28) 천광신, 「탈식민과 문화연구」, 『제국의 눈』, 창작과비평사, 2003, 159쪽.

29) John Nguyet Erni, "Like a Postcolonial Culture: Hong Kong Re-Imagined," *Cultural Studies*, 15(3/4), 2001, p. 393 참고 에르니는 탈식민시대 문화연구가 갖는 특징으로 (1) 국지적 지식들과 공공 논쟁들을 활성화 (2) 탈식민지 시대에 홍콩의 위치와 재정립하는 데 다양한 담론적 입장들을 정당화 (3) 새로운 정치적 연대의 형성 (4) 국지적 대학에서 처음으로 문화연구에 아카데믹한 수준의 프로그램을 만드는 것으로 언급한다.

30) Donna Haraway, "The Promises of Monster: A Regenerative Politics for Inappropriate," in L. Grossberg, C. Nelson, et al., eds., op. cit.

해서 근대 제국주의를 형성했던 일본이나, 신민족주의 담론의 구성요소로 환원하려는 중국의 위치에서 탈식민의 문제가 실천적 문화연구의 핵심적인 동력이 되기에는 애매한 점이 있지만, 적어도 전지구화 과정에서 국지적 투쟁을 통해 자신의 정체성을 끊임없이 질문하고자 했던 타이완이나 홍콩, 싱가폴의 위치에서는 절실한 문제가 아닐 수 없다.[31)]

둘째, 아시아에서 문화연구는 1980년대 말 현실사회주의의 붕괴에 따른 새로운 형태의 담론의 구성과 연관되어 있다. 중국의 영화연구자 다이진화(戴錦華)가 언급하고 있듯이 중국에서 당대 문화연구의 등장은 다른 아시아 국가들과는 다르게 영국 좌파 문화연구에 직접적인 영향을 받았다기보다는 1992년 개혁개방 이후 복잡한 중국내부의 지식체계와 문화현실에 대한 이론적 반응에 더 큰 영향을 받은 것으로 읽을 수 있다.[32)] 이는 중국에서 문화연구가 1980년대의 다양한 문화담론들을 생산했던 '문화열'(culture fever) 논쟁의 연장이면서 동시에 현실을 바꾸는 새로운 문화구성체에 대한 열망을 담은 지적 산파의 역할을 담당하고 있음을 의미한다.[33)] 중국의 현실과는 다른 상황이긴 하지만, 1980년대 홍콩의 아카데믹한 영역에서 문화연구는 사회적 실천의 장을 확장하는 일련의 노력에서 비롯되었다. 문화연구는 한편으로는 사회복지, 빈곤, 소비, 노동격차, 사회문화 자원의 분배와 할당이라는 문제의식과 다른 한편으로는 교육적 쟁점(중국어 중심의 커리큘럼, 영어 중심의 커리큘럼, 복잡한 하이브리드적인 커리큘럼)이라는 문제의식을 강조하였다.[34)]

---

31) 이에 대한 논의로는 Ping-Hui Liao, "Postcolonial studies in Taiwan: issues in critical dabates," *Postcolonial Studies*, Vol. 2, No. 2, 1999; Kelly Chien-Hui Kuo, "A euphoria of transcultural hybridity: is multiculturalism possible?" *Postcolonial Studies*, Vol. 6, No. 2, 2003; Allen Chun, "Discourses of Identity in the Changing Spaces of Public Culture in Taiwan, Hongkong and Singapore," *Theory, Culture & Society*, Vol. 9, 2002; Rey Chow, "The postcolonial difference: lessons in cultural legitimation," *Postcolonial Studies*, Vol. 1, No. 2, 1998을 참고하길 바란다.

32) 戴錦華, 『隱形書寫: 九十年代中國文化研究』, 江蘇人民出版社, 1999, 7쪽.

33) 중국문화연구의 지리적 특성에 대해서는 박자영, 「1990년대 이후 중국에서의 문화연구」, 『중국현대문학』 29호, 2004를 참고하기 바란다.

한국에서 1990년대 문화연구의 등장 역시 여러 갈래[35]가 있긴 하지만, 그 중에 새로운 형태의 문화운동과 진보적 문화담론의 재구성, 맑스주의 사회구성체에 대한 문화적 재해석이라는 관점이 주된 관심사 중의 하나였다. 한국에서 문화연구는 여러 한계에도 불구하고 80년대 문화운동의 유산을 전화시키는 탈근대적 문화정치의 실험을 전개하고 있고, "이데올로기와 권력 등을 주요 테제로 설정해 계급투쟁뿐 아니라 권력투쟁, 일상투쟁의 새 정치영역을 마련"하였다.[36] 물론 한국에서 문화연구가 (신)좌파적 유산으로 간주될 수 있는 근거들이 많고, 사회운동에 개입하는 담론들을 생산해왔지만, 양적인 성장을 이룬 것은 다른 맥락에서였다. 오히려 한국 문화연구는 문화연구를 순수한 이론으로 탈정치화하는 식민지적 아카데미즘[37]과 이데올로기적 생산관계보다는 대중의 소비와 쾌락의 의미를 강조하는 포퓰리즘의 전통[38]에서 담론적인 팽창을 가속화했다.

마지막으로 아시아에서 문화연구의 제도적 팽창은 역설적으로 문화연구 본래의 실천적 지위를 해소시킬 수 있는 정체성의 위기와 맞물려 있다. 요시미 순야는 1990년대 후반 일본에서 문화연구가 붐을 이룬 것에 대해 아카데미 담론이 문화적 상품으로 흡수당하는 과정으로 기술하고 있다.[39] 1999년

---

34) John Nguyet Erni, "Like a Postcolonial Culture: Hong Kong Re-Imagined," p. 400.

35) 학술적 영역에서 문화연구의 갈래는 대체로 경전주의, 문학주의를 비판하면서 등장한 인문학적 영역과 비판커뮤니케이션 전통에 속하면서 맑스주의에 대한 수정주의 형태로 등장한 커뮤니케이션 영역과, 문화사회학의 연장선에서 대중주의를 연구하는 사회학 영역으로 구분할 수 있다.

36) 이와 관련한 작업은 주로 좌파문화연구자들 그룹인『문화/과학』에서 주도하고 있다. 관련 글로는 이동연,「문화운동의 대안모색을 위한 인식적 지도그리기」,『대중문화연구와 문화비평』, 문화과학사, 2002; 심광현,「근대화/탈근대화의 이중과제와 사회운동의 새로운 전망」,『문화사회와 문화정치』; 원용진,「한국의 문화연구 지형」,『문화/과학』38호, 2004년 여름을 참고하기 바란다.

37) 식민지적 아카데미즘으로서 문화연구는 대체로 서양 최신 이론주의를 선호하는 영문학연구자들에게서 발견된다. 이들은 대체로 영미권에서 출간하는 책들을 번역하고 이론을 단순 소개하는 역할에서 벗어나지 못한다.

38) 주창윤, 앞의 글.

39) Yoshimi Shunya, "The Condition of Cultural Studies in Japan," p. 65.

홍콩의 영남대학교(Lingnam University)에서 개설한 문화연구 전공 박사과정에 3,000명의 학생들이 지원하여 문화연구 붐이 최고조에 달하기도 했다. 특히 문화연구가 대학 교육체계의 개편과정에서 문학, 미디어연구, 인류학, 심리학 등과 같은 분과학문을 통합하는 중요한 공간으로 활용되었다. 한국에서 문화연구의 제도화 역시 분과학문 전통이 강한 학문풍토에서 많은 어려움을 겪고 있는 상황이다. 현재 대학에서 문화연구 전공은 연세대학교 대학원에 협동과정과 중앙대학교 대학원 문화연구학과 등에 개설되어 있으나 문화연구가 본격적으로 고등교육 안으로 진입했다고 보긴 어렵다. 흥미로운 점은 '비판적 문화연구'에 걸맞는 교육을 실천하는 학부와 대학원 과정은 극소수인 데 비해, 소위 '문화'라는 이름으로 개설된 학과들은 2000년대 들어 무수히 개설되었다는 점이다. 한국에서 문화연구의 제도화는 인문학의 분과학문 위기를 모면하는 포장술로 사용되거나, 학생들을 유치하기 위한 대학의 상업적 전략으로 선택되고 있다.[40] 1990년대 말부터 가시화되기 시작한 문화연구의 탈정치 현상을 극복하는 대안으로 1980년대의 전투적 비판커뮤니케이션에 대한 재고를 주장[41]하는 것도 터무니없는 것은 아니다.

한국의 문화연구가 영미권 문화연구 방법론에 매몰되지 않고, 아시아 문화연구의 지형에서 일정한 역할을 지속적으로 담당하는 일은 중요한 일이다. 그러나 최근의 아시아 문화연구는 아시아 문화가 마치 어떤 실체가 있는 것처럼 본질화한다거나, 아시아 내 존재하는 다양한 문화적 모순과 억압에 대한 고민 없이 서로 유사한 관심 분야에 있는 연구자들 간의 지적 사교 공간으로 활용하고자 하는 욕망이 더 우세한 듯하다. 한국의 문화연구가 아시아적 토픽에 관심을 기울이기 이전에 얼마나 비판적이고 실천적인 입장을 견지하고 있는가에 대한 반성적 성찰이 더 필요한 시점이다.

---

40) 이에 대해서는 권경우, 「문화연구의 제도화의 한계」, 『문화사회』 창간호, 2005를 참고하기 바란다.
41) 강명구, 「문화연구 메타비평에 대한 몇 가지 문제제기」, 『프로그램/텍스트』 11호, 2004 참고

# 6. 맺는 말

지금까지 한국 문화연구의 역사를 검토하는 데 있어 눈여겨보아야 할 토픽들을 점검해 보았다. 짧은 역사에 불과하지만, 한국 문화연구의 역사기술학은 앞으로 많은 연구 과제들을 남겨놓고 있다. 우선 이 글에서 언급된 다섯 가지의 토픽들—문화연구의 메타담론, 문화연구의 시기 구분, 문화연구의 발생 맥락, 문화연구의 전화, 문화연구에서 아시아문화—도 독립된 주제로 연구할 수 있는 영역이다. 이밖에 한국 문화운동의 역사, 한국 문화비평의 특이성, 한국 문화연구와 대학교육, 한국문화사에 대한 문화연구 방법론의 문제 등도 한국 문화연구의 역사기술학을 풍부하게 할 수 있는 주제들이다.

한국 문화연구의 역사기술학은 한국에서 연구된 문화연구의 담론들을 체계적으로 분석하고 그 의미를 평가하는 지적인 작업에서 그치지 않는다. 그것은 한국 문화연구 담론을 새롭게 구성하는 과정을 통해서 문화연구가 현실 문화운동과 문화실천에 어떻게 개입하고, 논쟁을 만들어내는가 하는 문제와도 연관되어 있다. 동시대 문화현상을 체계적으로 분석 비평하는 작업 못지 않게 한국 문화연구의 담론, 비평, 제도, 교육, 운동 자체에 대한 역사기술학도 중요하게 정리되어야 할 시점이다. 한국 문화연구도 이제 15년 정도의 역사를 축적하고 있는 만큼 이에 대한 분야별 정리 작업도 꼼꼼히 이루어져야 할 것이다. 이는 아마도 개인의 작업에서 그칠 것이 아니라 문화연구 관련 대학원 교육과정에서 공동으로 발전시켜야 할 사안이다.

한국적 문화연구라는 것이 어떤 실체가 있는 것은 아니겠지만, 한국의 문화적 궤적과 한국의 문화일상의 유산들에서 비롯된 다양한 토픽들을 연구하는 구체적인 과제들은 여전히 실체적 성격을 갖고 있다. 이는 문화운동의 영역뿐 아니라 문화담론과 비평, 그리고 문화의 공공성을 높이기 위한 문화정책의 영역에서도 동일하게 적용될 수 있는 문제이다. 한국적 문화연구가 현재진행형인 이유는 바로 이 때문이다.

# 한국대중문화사 연구의 토픽들

김성일(문화사회연구소 연구원)

## 1. 대중문화사 연구의 기본 성격

맑스에 대한 상이한 수용태도를 갖고 한국사회에서 진행된 진보담론의 계보학을 작성할 수 있다. 80년대의 진보가 맑스에 대한 '적극적 수용'이었다면, 90년대의 진보는 맑스에 대한 '비판적 거부'로 요약된다. 한국사회에서 문화연구의 전통은 90년대 진보담론의 계보학에 위치한다.[1] 이른바 '신수정주의'로 일컬어지는 문화연구(Cultural Studies) 전통은 비(非)맑스주의적 전통에서 새로운 문제의식을 찾고, 맑스주의적 전통에서 숨겨진 공백을 찾고자 하는 이론적 우회의 전략이었다. 여전히 문화연구의 전통 속에서 대중문화사를 연구한다고 할 때, 그 작업은 앞서 진행된 이론적 우회의 전략을 지속시키는 동시에 그것을 새롭게 재구성하는 일이 될 것이다.

그런 의미에서 대중문화사 연구는 사료에 대한 편집증적 수집에 기초해

---

[1] 80년대 진보담론이 계급, 민족, 민중, 국가라고 하는 거대담론에 기초해 있었다면, 90년대 진보담론은 개인, 일상, 세대, 성, 공간과 같은 개념을 통해 생활세계에서 전개되는 주관적이고 미시적인 권력관계에 주목했다. 이러한 인식의 변화는 사회주의권의 붕괴라고 하는 외적 요인과 대중소비사회로의 진입이라고 하는 내적 요인이 복합적으로 작용한 결과이다.

연대기 순으로 단순히 연표를 만드는 일이 되어서는 안 된다. 그 작업은 사회조직과 관계의 변화, 새로운 주체의 등장, 권력의 형성과 행사방식을 문화적으로 읽어낼 수 있는 사회동학의 규명이어야 한다. 이는 곧 대중문화사 연구가 그 자체로서 이론적 실천이 되어야 함을 의미한다. 이론적 실천이란 대중문화의 사회성과 정치성을 다루는 것뿐만 아니라, 사회성과 정치성을 가진 글쓰기 전략을 포괄해야 한다는 말이다. 그렇다고 대중문화사 연구가 하나의 입장을 배타적으로 고수해야 한다는 것은 아니다. 오히려 대중문화사 연구는 역사적이고 정치적인 맥락을 포괄하는 개방적이고 구성적인 태도 속에서 진행되어야 한다.

대중문화의 사회성과 정치성을 다루기 위해서는 대중문화가 갖는 중층적 성격을 이해하는 일이 중요하다. 대중문화는 그 자체로서 독립적인 상대적 자율성을 갖고 있는 사회구성체의 심급이지만, 정치와 경제 그리고 사회라고 하는 다른 심급의 실천들과 다층적으로 연결된 절합효과를 지닌다. 즉, 대중문화는 몇몇 인기있는 고정된 텍스트가 아니라 대중의 사회적 삶을 특정한 방식으로 주조하고 재현하는 실천이면서 헤게모니 과정을 통해 동원과 개입이 전개되는 장인 것이다. 한편 대중문화사 연구가 사회성과 정치성을 지닌 글쓰기가 되기 위해서는 스스로를 끊임없이 재구성하면서 대중문화 현실에 개입할 수 있어야 한다. 즉, 대중문화에 대한 사료수집과 텍스트 비평이 아니라 그것을 배타적으로 독점하려는 문화권력과 제도를 비판하고 개입할 수 있어야 한다.

문화연구의 전통에서 볼 수 있었던 이론의 우회 전략은 명시적으로 맑스를 비판했지만, 실질적으로 맑스의 강력한 후계자가 되었다. 이론의 우회 전략의 핵심은 단순히 맑스의 이론을 문화연구에 차용했던 것이 아니라, 당대의 관행화되었던 문화에 대한 각종 선입견들을 비판하고 전화하려는 적극적 개입과 실천의 모색에 있었다. 그런 의미에서 대중문화사 연구는 단순히 과거에 있었던 사료를 찾고 연표를 만들거나 그 속에 담겨진 본질론적인 미학을 찾는 것이 아니라, 대중이 사회적 실천으로서의 문화적 경험을 어떻게 드러내고 있는가를 밝히면서 그 내부에 동인으로 작동하고 있는 이데올로기와 욕망의 복합체인 감정구조를 규명하는 지적 작업이 되어야 한다.[2]

## 2. 한국대중문화사 연구의 현황과 쟁점

맑스의 동상은 구소련과 동유럽에서만 쓰러진 게 아니다. 맑스에 대한 비판이 새로운 진보담론으로 채택되면서 한국의 지식사회도 맑스의 동상을 즉각 철거했다. 진중한 모색으로 혹은 발 빠른 트렌드로서 문화담론이 휩쓸고 지나간 진보담론의 광장이 허전한 이유는 무엇인가? 문화의 위상이 사회적으로 급부상한 상황에서 당연히 문화담론은 그러한 정세를 읽고 해석할 수 있는 내적 발전을 꾀했어야 했다. 하지만 문화담론의 진화는 그렇게 빠르게 진척되지 못했다. 그 원인이야 다양하게 찾을 수 있겠지만, 무엇보다도 주요 연구대상인 대중문화의 진화사를 쓰지 못함으로써 야기된 빈곤함을 지적할 수 있다. '역사란 무엇인가'라는 고차원적 질문을 던질 필요도 없이, 당대(현재의 대중문화)가 과거의 미래로서 처절한 도전과 응전의 결과인 바에야 과거의 흔적을 되짚어보는 일은 당연한 과제였다. 하지만 여전히 문화담론은 한국대중문화사라고 하는 자신의 출생보고서를 기술하지 못하고 있다.

그렇다고 한국대중문화사 연구가 전혀 이루어지지 않은 것은 아니다. 90년대 중반부터 본격적으로 진행되었던 동아시아 담론(탈식민주의론)과 아시아적 근대 찾기는 문화연구에 있어 한국대중문화의 뿌리를 찾기 위한 모색으로 구체화되었다.[3] 김진송의 『서울에 딴스홀을 허하라』는 이러한

---

2) 김성일, 「대중문화사 총론 연구―대상과 방법」, 『문화사회』 창간호, 2005, 208-209쪽.
3) 김창남과 이성욱은 본격적인 연구라기보다는 시론의 성격으로서 한국대중문화사를 정리하고

작업을 대중적으로 알린 의미있는 저작이다. 대중문화가 대중의 사회적 삶을 구성하고 재현하는 유의미한 실천이라 할 때, 김진송의 글은 이러한 대중문화의 특징을 제대로 파악하면서 기술하고 있기 때문이다. 기존의 대중문화사 연구(차라리 일반 문화사라고 하는 것이 더 적절하겠지만)가 장르라고 하는 구획된 영역에서 계보와 미학을 추적했다면, 김진송의 그것은 근대라고 하는 맥락과 그것을 구성하는 일상의 대중문화로서의 성격 그리고 당대를 인식하는 주체의 태도(주체구성)를 제시하고 있다.

한국대중문화사 연구에서 김진송의 저작이 차지하는 중요성을 인정한다 하더라도, 그의 저작은 연이어 출간된 다른 연구자들의 연구와 함께 시급히 개선해야 할 과제들을 전형화하는문제를 낳았다. 김진송 자신도 언급했듯이4)(그래서 본인의 의도와는 다르게), 대중문화사 연구가 연구자의 관심대상에 한정되어 논의됨으로써 '소재주의'의 한계를 노정시켰다. 물론 연구자가 모든 대상을 연구할 수 없기 때문에 다른 대상이나 변수들에 대한 통제 혹은 판단중지는 이론적 논의에서 필수적이다. 하지만 그것이 글쓰기를 위한 편의주의적 발상에서 비롯된 것이라면 문제는 심각하다. 물론 연구자 자신이 의식하거나 의도하지는 않았겠지만, 현재 출간된 대중문화사 연구의 많은 저작들이 다루고 있는 대상들은 대중문화라고 부를 수 있는 소재들일 뿐 그것들이 대중문화로서 의미를 갖게 된 과정을 다루지 못하고 있다.

---

있다. 살림 출판사에서 문고판으로 나온 연구서들은 근대여성, 근대매체, 근대소비, 근대도시 등을 주제로 하고 있으나, 한국대중문화의 근대성을 총체적으로 다루기보다는 극히 제한적인 범위에서 다루고 있다. 현실문화연구에서 나온 연구서들은 근대의 대중문화를 다양한 주제와 소재로 나눠 맥락에 따른 분석을 시도함으로써 본격적인 대중문화사 연구를 이끌고 있으나 소재주의의 한계를 갖고 있다.

4) 김진송은 자신의 저작을 한국의 근현대미술사를 연구하기 위한 지적작업으로 규정하면서, 애초부터 한국의 현대성(근대성)과 근대문화 자체를 살펴보려는 것은 아니었음을 밝힌다. 하지만 근대미술에 대한 이해는 근대에서 출발해야 하며 미술행위의 결과로서 나타나는 근대성이 현재의 미술과 어떠한 연관을 갖고 있는가를 규명하는 것은 필수적인 작업임을 주장한다. 하지만 자신의 저작이 근대성을 개괄하거나 망라하는 내용은 아니라는 점을 밝히고 있다. 김진송, 『서울에 딴스홀을 허하라』, 현실문화연구, 2002, 6-7쪽.

그런 의미에서 여전히 한국대중문화사 연구는 본격적으로 기술되지 못하고 있다.

우리는 흔히 영화를 보러 갈 때 '극장에 간다'라는 말을 하는데, 바로 이 말이 대중문화사 연구의 본질을 근본적으로 함축하고 있다. 영화의 제작연도, 감독과 주연배우, 줄거리를 기술하는 것은 대중문화사 연구가 아니라 영화사 연구이다. '극장에 간다'라고 말하는 의미, 즉, 대중문화이게 만든 대중의 사회문화적 실천을 발견하고 기술하는 것이 대중문화사 연구의 핵심이다. 그런 의미에서 영화는 원래부터 대중문화가 아니라 대중문화로서 구성된 것이다. 기존의 연구방식들은 왜 그것이 대중문화가 되었는가를 분석하기 전에 대중문화라는 것을 선험적으로 가정하고 논의하는 논리적 모순을 노정시켰다. 영화, 스포츠, 만화, 유행가, 잡지, 다방, 패션, 라디오, TV, 신문 등은 원래부터 일상적이고 평범하고 시시껄렁했기 때문에 대중문화가 된 것이 아니라, 일상적이고 평범한 삶으로 주조되는 사회문화적 실천 과정을 거치면서 형성된 살아있는 경험의 흔적들이라는 점을 명심해야 할 것이다.

## 3. 한국대중문화사 연구의 토픽 설정

헤겔의 총체성 개념과 구별되는 개념으로서 맑스는 '사회적 전체'라는 용어를 사용했다. 사회적 전체란 모든 사회가 사회적 제관계의 특정한 유형에 의해 특징지어진다는, 즉 대중의 사회적 활동인 생산과 정치 그리고 지적 활동 속에서 야기되는 독특한 형태의 연관과 상호작용이다.[5] 맑스는 사회적 전체를 경제적 구조이자 생산관계의 총체인 토대와 이데올로기적인 제반 관념 및 국가장치로 구성되는 상부구조와의 복합체로 보았다. 알튀세르(L.

---

5) K. 마르크스, 『자본론 I(上)』, 김수행 역, 비봉출판사, 1990, 16-18쪽.

Althusser)는 이것을 '토픽'(topique)이라고 하는 공간적 은유로서 독해한다. 토픽이란 한정된 공간 속에서 이러저러한 현실들이 장악하고 있는 위치들을 표현한다.[6] 토픽 개념의 유용성은 전체를 보면서도 구성요소들의 상대적 자율성 및 각각의 다양한 결합관계가 야기한 구조적 효과를 동시에 고려할 수 있다는 점이다.

한국대중문화사 연구의 토픽을 설정하는 것도 같은 맥락에서 진행될 수 있다. 즉, 소재주의적 접근을 피하면서 각각의 대상들이 갖고 있는 의미를 구조적 효과 속에서 파악할 수 있어야 한다는 말이다. 본 논문이 이후에 논의하고 있는 다양한 토픽들은 단지 서술의 편의성 때문에 나눈 것일 뿐, 본격적인 대중문화사 연구에 들어가서는 통합적으로 기술이 될 것이다. 즉, 표상과 이데올로기, 대중과 참여, 육체와 욕망, 도시화와 공간이라고 하는 토픽들은 별개로 논의될 수 있는 독립된 대상이 아니다. 이들 토픽들은 언제나 중층적으로 관계를 맺고 있는 개념들이기에, 실제 연구에 있어서는 복합적이고 총체적인 방식으로 논의될 수밖에 없다.

표상과 이데올로기는 대중문화가 특정한 형태로서 드러나고 일정한 의미로서 해석되는 재현과 의미화과정을 다룬다. 대중문화는 장르적 구별뿐만 아니라 장르를 가로지르는 스타일을 통해 다양한 형태로서 정형화된다. 이렇게 형성된 대중문화의 다양한 표상들은 언제나 의미화과정을 거치면서 일정한 의미의 생산 및 독해를 유도한다. 대중과 참여는 대중문화가 헤게모니의 장임을 규명하는 토픽이다. 대중문화 수용자는 공모, 타협, 동의, 견제, 비판, 저항을 하는 과정에서 '우둔한' 혹은 '영리한' 대중으로 주체화된다. 육체와 욕망은 생각과 행동하는 것 사이에서 발생하는 주체의 분열을 이해할 수 있는 토픽이다. 이성적 판단과 감성적 행동 사이에 발생하게 되는 이러한 균열은 대중문화의 정치성을 이해하도록 만든다. 도시화와 공간은

---

6) 루이 알튀세르 외, 서관모 엮음, 『역사적 맑스주의』, 새길, 1993, 53-54쪽.

대중문화가 생산되고 유통되는 공간적 맥락을 이해할 수 있는 토픽이다.
무엇보다도 대중문화는 근대 도시화의 산물이다. 도시공간의 생산과 분화는
자본의 이윤획득을 위한 공간적 이해관계를 대변하며, 사회적 권력관계가
분배되는 과정이면서 대중문화의 성격, 형태, 생산·소비과정을 규정한다.

## 4. 토픽 1: 표상과 이데올로기

'표상'이란 어떤 대상을 떠올리도록 해주는 개념이나 상징 혹은 기호로
서, 언제나 의미화과정을 통해 사회적 상호작용을 매개한다. 기호학과 정신
분석학의 이론적 성과로 발전된 표상 개념은 지시대상에 대한 재현과 의미
화과정에서 주체가 대상세계와 맺는 특정한 관계(상상적 관계와 이에 대한
오인과 승인)를 설명하는데 중요한 역할을 한다.[7] 표상은 구조화의 과정을
통해 의미를 생산하고 판단의 일정한 형식을 제공하는 하나의 체계, 즉
표상체계(system of representation)를 갖춘다. 표상체계는 집단적으로 유사한
구조를 가지며 그 작동방식은 무의식적인데, 알튀세르는 이 과정을 이데올
로기론을 통해 분석한다. 이데올로기는 허위의식을 갖고 생산관계들을 보
게 하는 것이 아니라, 생산관계와 그로부터 파생되는 관계들에 대한 개인들
의 상상적 관계를 표상한다. 문제는 실제 관계들과 맺는 개인들의 상상적
관계가 자신은 의식하지 못하는 무의식적 오인의 구조 속에서 전개된다는
점이다.

요컨대, 표상은 표상체계라고 하는 의미화 구조 속에서 취사선택된 결과
물이며 이데올로기의 작동을 통해 그 의미에 대한 일정한 해석과 판단형식

---

7) 표상과 관련하여 제기되는 것은 주체가 무의식적으로 행하는 방위 메커니즘(defence mechanism)
　이다. 방위란 의식으로서는 용납하기 어려운 감정이나 충동 또는 본능적인 욕구 등이 앞에
　나타나려고 할 때 일어나는 불안을 피하고자 주체가 취하는 태도이다. 이를 구체화시키는
　주요 개념들은 승화, 전치, 압축, 역압, 감정전이, 반동형성, 대리형성, 상징화, 퇴행, 동일시,
　도피 등이 있다. 프로이트, 『정신분석학 입문』, 서석연 역, 범우사, 1994, 79-80쪽.

이 규정된다. 이 과정을 통해 개인은 혹은 대중은 주체화된다. '주체'(Subject)
란 인식과 판단의 자율적 존재가 아니라, 표상체계의 효과, 즉 신화, 이미지,
상징, 아이콘, 텍스트 등을 통해 사후적으로 구성된다. 이데올로기는 이러한
주체구성이 단순히 기호학 패러다임 안에서 논의될 수 없음을 상기시킨다.
무엇보다도 이데올로기는 자명하지 않는 것을 자명하게 만드는 권력의 문
제를 제기함으로써, 주체구성에 있어 실제적인 사회관계의 동학을 분석할
수 있도록 한다.

표상과 이데올로기라는 토픽은 당대의 시선을 규명하는 작업이라 할 수
있다. 흔히 '본다'는 행위는 중립적이고 생리적인 시지각 작용으로 인식되어
왔다. 하지만 그것은 사회의 문화적 내용들에 의해 매개되는 사회적 경험이
다. 즉, 본다는 행위는 개인의 주관적 경험을 넘어 역사적으로 형성되고
사회적으로 공유되며 타인과의 관계 속에서 학습되는 것이다.[8] 이제 보는
행위는 시각체계라고 하는 구조 및 그 효과로서 규정되는데, '시각체계'란
영화를 관람하는 행위가 영화관이라는 물질적이고 제도적인 배치에 의해
구조화되는 것과 같이, 시각경험이 개인 바깥의 힘과 배치에 의해 구조화됨
을 의미한다.[9]

개인의 주체성이 삶의 조건을 구성하는 다양한 현실적 관계들 속에서
규정된다고 할 때, 시각체계 속에서 본다는 행위는 개인을 일정한 방식으로
주체화하는 사회적 과정이라 할 수 있다. 왜냐하면 사람은 누구나 가시적
세계 속에서 보이는 대상들과 특정한 방식으로 관계를 맺기 때문이다. 가시
적 세계 속에서의 주체 위치, 즉 주체가 대상을 바라보는 위치는 지위와
역할 속에서 개인에게 할당되며 그 속에서 보는 주체(시선의 주체)로서 구성
된다. 보는 방식이 일정한 방식으로 주체를 구성한다는 의미에서 특정한
시대 혹은 특정한 사회의 지배적이고 당연시되는 보는 방식은 그 시대의

---

8) 김영훈, 『문화와 영상』, 일조각, 2002, 15-19쪽.
9) 주은우, 『시각과 현대성』, 한나래, 2003, 23-25쪽.

지배적인 이데올로기와 밀접한 관계를 맺고 있다고 볼 수 있다. 즉, 한 사회에서 당연시되고 자연스러운 것으로 보이는 것은 당대의 권력관계와 지배관계를 반영한다.[10] 요컨대, 표상과 이데올로기 토픽은 한국대중문화사 연구에 있어 당대의 시선을 규명하는 작업이며, 볼 수 있는 것과 볼 수 없는 것을 규정하는 권력과 이데올로기가 어떻게 볼거리의 대상으로서 대중문화를 정형화하는가를 규명하도록 만든다.

## 5. 토픽 2: 대중과 참여

아도르노(Th. W. Adorno)와 호르크하이머(M. Horkheimer)는『계몽의 변증법』에서 서구근대사회의 출현 속에서 나타난 비(非)계몽 혹은 반(反)계몽의 역설(계몽의 신화화)을 날카롭게 지적했다. 이들은 계몽이 중세의 어둠 속에서 이성의 빛을 방사하여 근대라는 새로운 시대를 열어놓았지만, 계몽주의적 인식 혹은 지식이 권력과 동의어가 되어 인간을 노예화하고 지배자에게 순종하도록 만들었다고 비판했다. 계몽의 역습이라 할만한 이러한 상황에 대해 아도르노와 호르크하이머는 호머의 작품을 분석하면서 근대인의 초상과 도구적 이성의 문제점을 뛰어난 문학적 상상력을 동원하여 분석한다. 신화의 주인공인 오디세우스가 이성의 힘으로 논리적인 신화(계몽의 신화)를 만듦으로서 과거 신화가 갖고 있던 주술적 특성을 파괴했다는 것이다.[11]

---

10) 가령, 원근법은 근대적 시각문화에서 지배적인 시각양식이다. 원근법은 15세기 르네상스 이탈리아에서 창안된 시각체계로서 2차원적인 평면에 3차원적인 공간의 깊이를 정확하게 묘사하기 위해 고안되었다. 근대적 진리관인 수학적 모델을 따라 기하학적 비례에 입각하여 대상을 재현함으로써 공간을 합리화했다.

11) 아도르노와 호르크하이머는『계몽의 변증법』에서 계몽이 중세의 주술적 공포를 몰아내고 인간을 주인으로 세운 근대화 과정을 논의한다. 이들은 세계에 대한 수학적 진리관과 그로부터 연유된 사물의 추상화가 주체와 객체 사이의 거리를 지배자가 피지배자를 통해 얻는 사물에 대한 거리로 바꾸었다고 본다. 즉, 개념영역에서의 지배는 실제적인 지배가 되고, 개념적인 추상성과 통일성에 의해 주술적인 과거시대의 산만한 사유는 해체됨과 동시에 합리성과

근대인의 표상으로서의 오디세우스에 대한 논의는 한국대중문화사 연구에 있어 대중과 참여라는 토픽을 설정하는 데 도움을 준다. 왜냐하면 한국대중문화사 역시 한국사회의 근대화를 통해 형성되고 발전했기 때문이다. 물론 한국의 근대는 자연사적 이행이라고 하는 서구의 그것과는 매우 다르다. 즉, 자생적인 전통문화의 근대적 이행이 아니라 식민지 근대라고 하는 폭력적이고 수탈적인 이행이 전개되었다. 따라서 한국의 근대는 그 자체로서 특이성을 갖고 있기에 한국대중문화사 연구 역시 이 점을 우선적으로 고려해야 한다. 대중과 참여 토픽은 헤게모니가 전개되는 장으로서의 대중문화를 규명하는 데 유용하다. 문화를 고급·저급으로 나누어 논의하는 리비스주의의 견지에서 본다면, 대중문화는 싸구려 저질문화이며 그 수용자 역시 문화적 교양을 갖추지 못한 우매한 대중이다. 하지만, 헤게모니라는 문제의식에서 보면, 대중문화는 피지배계급이라 할 수 있는 대중이 자신의 정치·경제·문화적 이해관계를 관철시키는 효과적인 소통공간이다.[12]

대중과 참여라는 토픽은 대중문화가 헤게모니의 각축장이라는 전제 위에서 그 의미의 중요성을 찾을 수 있다. 이러한 문제의식은 '대중은 영리한가?'라는 간명한 질문으로 요약된다. 즉, 최소의 비용으로 최대의 이익을 얻으려는 합리적인 근대인의 현현이라 할만한 대중문화의 수용자들이 결코 손해보는 일은 하지 않는다는 것이다. 대중은 나름대로의 눈높이, 즉 취향과 선호체계를 갖고 대중문화를 향유하고 소비하면서 지불한 비용과 등가로서 교환될 수 있는 가치들을 얻어간다. 따라서 한국대중문화사 연구는 영리한 대중이 어떻게 대중문화를 수용하고 있는가를 규명할 수 있어야 한다. 흔히

---

연산을 통해 통제되고 자기중심적 사유와 진리 일반을 동일시하게 되었다는 것이다. 더불어 이러한 과정은 인간의 사물화와 도구적 이성의 출현을 의미하는데, 이는 인간이 기계적으로 기대되는 인습적 반응과 기능들이 모이는 지점으로 축소됨을 뜻한다. 이에 대해 아도르노와 호르크하이머는 과거 애니미즘이 사물을 정령화했다면, 계몽의 유산인 산업주의는 영혼을 물화했다고 지적한다.

12) 존 스토리 엮음, 『문화연구란 무엇인가?』, 백선기 역, 커뮤니케이션북스, 2000, 108-113쪽.

한국대중문화사는 억압적 정치체제의 통제와 관리의 희생양으로 인식되어 왔다. 아무리 억압적 정치체제가 감시와 통제의 수위를 높인다 하더라도, 대중문화는 (일정하게 그 안으로 포섭되기도 하기만) 가벼운 조롱과 냉소 혹은 진지한 도전과 저항을 통해 다른 곳으로 미끄러져 나간다(탈주한다). 즉, 정치적 외상(식민지지배, 분단, 한국전쟁, 독재체제, 민주화운동)이 아무리 크다 하더라도 즐기고 놀려는 욕망 자체를 거세할 수는 없다.

대중문화는 교양수준이나 취향에 따라 상이하게 향유되고 소비되는 목록의 단순 총합이 아니다. 대중문화는 다양한 형식과 장르에 관계없이 대중에게 수용되고 이해되는 일정한 방식을 통해 문화로서 의미를 갖게 된다. 그런 의미에서 대중과 참여라는 토픽은 대중문화이게 만드는 대중의 수용태도가 어떻게 시대별로 형성되고 변화했는가를 규명하는 데 지적 상상력을 제공할 수 있다. 그것이 한국의 정치사적 비극으로 왜곡되고 억압되어 왔지만, 그로부터 탈주하고자 하는 욕망이 만들어낸 강제와 동의, 지배와 저항의 참여를 견인한 동력이었다는 점을 인지할 필요가 있다.

## 6. 토픽 3: 육체와 욕망

욕망이라는 개념은 사회변혁과 관련된 새로운 문제설정으로서 생산(노동) 패러다임에 기초했던 전통적 맑스주의의에 대한 비판과 극복으로 제기되었다. 특히 68운동 이후 제기된 욕망 패러다임의 수용은 생산양식과 프롤레타리아 독재 테제를 중심으로 한 고전적 변혁전략의 전면적 수정이었다.[13] 라깡(J. Lacan), 알튀세르, 푸코(M. Foucault), 들뢰즈(G. Deleuze)는 니체(F. Nietzsche), 소쉬르(F. Saussure), 맑스, 프로이트(S. Freud) 중 어느 하나의 선택 혹은 둘 이상의 결합을 통해 저마다의 욕망이론을 구축하였다. 욕망

---

13) 강내희, 『문화론의 문제설정』, 문화과학사, 1996, 164-165쪽.

패러다임의 또 다른 수용맥락은 자본의 포섭전략과 영역이 점차 경제적인 범주를 넘어 인간생활 전반으로 확산되면서 야기된 생산과 소비간의 탈분화 현상에 기인한다.

이는 곧 대중소비사회의 도래로서 요약될 수 있는데, 그 속에서 소비는 새로운 지위를 부여받는다. 즉, 소비는 단순히 구매자에게 있어 사용가치가 아닌 상품에게 부여된 의미와 가치 때문에 발생한다. 이제 소비는 결핍을 충족시키는 것이 아니라, 하나의 사회적 위계나 차이를 드러내는 과시적 행위가 된다. 이렇게 상품에 부여된 차별적 가치는 하나의 모델 혹은 기호로서 나타나는데, 여기서 소비행위는 기호의 소비가 된다.[14] 대중소비사회는 스스로 유지되기 위해서, 즉 생산과 소비주체를 생산하기 위해서 욕망이라 부를 수 있는 새로운 욕구들을 만들어낸다. 여기서 '욕망'이란 생물학적 충동이 아니라 욕망을 생산하는 사회적 메커니즘을 통해 만들어지는 사회문화적 구성물이다. 욕망과 관련하여 대중소비사회는 욕망을 육체에 각인시킨다. 즉, 욕망의 대상으로서 육체를 소비하게끔 만드는데, 이때의 육체소비는 '날씬함'이라고 하는 관리된 기호에 대한 소비이다. 이로부터 육체는 수익을 낼 수 있는 자본의 투자대상으로 바뀌며 물신숭배의 대상으로 신비화된다.[15]

육체와 욕망이라는 토픽은 육체 위에 각인되는 욕망이 대중문화를 통해 어떻게 드러나고 있는가와 관련된다. 대중문화를 향유하거나 소비하는 것은 강요가 아닌 대중의 자발적 선택에 의해 행해진다. 즉, 재미있고 맛있고 멋있다고 하는 본인의 자율적 판단을 통해 소비된다. 대중문화에 대한 취향과 선호에 따른 대중의 자발적 선택은 바로 그런 것들을 욕망하고 있기

---

14) 장 보드리야르, 『기호의 정치경제학 비판』, 이규현 역, 문학과지성사, 1995, 89-95쪽.
15) 아름다움과 날씬함은 그 어떠한 자연적 친화성도 가지고 있지 않다. 음식물이 과도하게 소비되는 사회에서 날씬함은 그 자체로서 차이표시기호이다. 날씬함과 뚱뚱함이라는 대립된 기호들은 차이표시기호로서, 차이표시용구를 갱신하기 위해 서로 교대하는 일은 있어도 한쪽이 다른 한쪽을 결정적으로 배척하는 일은 없다.

때문이다.[16] 이러한 대중의 자발적 선택을 욕망이라는 이름으로 육성·관리하는 방식의 규명이 육체와 욕망 토픽의 핵심이라 할 수 있다. 따라서 한국대중문화사 연구는 육체를 전시하고 관리하는 대중문화의 재현방식을 규명해야 하며, 기호로서의 육체에 대한 소유 혹은 소비욕망이 어떻게 생겨나는가를 밝혀야 한다.

육체와 욕망이라는 토픽은 육체를 욕망하고 소비하게 만드는 데 지식과 권력이 대중문화 속에서 어떻게 작동하고 있는가를 규명하도록 이끈다. 육체 혹은 성(sexuality)이 대중문화라고 하는 문화적 과정을 통해 욕망의 대상이 된다면, 그것은 육체와 성에 관한 대중문화의 담론이 특정한 방식으로 만들어냄을 의미한다. 따라서 그러한 담론적 실천을 가능하게 하는 발화주체와 대상간의 사회적 권력관계, 담론효과로서 구성되는 육체 혹은 성적 주체를 각 시대별로 분석할 수 있어야 한다. 프로이트와 같이 육체와 욕망은 문명의 이름으로 억압되어온 것이 아니라, 대중문화 속에서 관리·육성·보호되어온 것임을 상기할 필요가 있다.[17]

## 7. 토픽 4: 도시화와 공간

공간은 단순히 하천이나 구릉과 같은 자연적 경계를 통해 생산되는 것이 아니라, 정치적이고 경제적인 혹은 사회적이고 문화적인 과정을 통해 만들

---

16) 대중소비사회는 개인주의에 대한 끊임없는 예찬을 통해 대중을 주체화한다. 즉, 자신의 행동에 대한 결단과 선택이 스스로의 자유의지로 이루어졌음을 대중들에게 인식시키는 과정 속에서, 대중은 자신의 욕망을 통제할 수 있다는 믿음을 자본주의는 심어준다. 자신의 욕망충족이 타인과의 관계 속에서가 아니라, 항상 자기 혼자의 힘으로 성취할 수 있다는 환상을 심어주어 대중을 개별화시키는 것이다.

17) 욕망이론은 크게 욕망의 억압과 생산이라는 두 가지 논의로 나누어진다. 욕망의 억압이론은 프로이트를 중심으로 프랑크푸르트학파와 라깡으로 이어진다. 이들은 현대사회 혹은 문명의 발전이 주체의 욕망을 억압하는 가운데 이루어졌음을 주장한다. 반면 욕망의 생산(생성)이론은 스피노자를 시발점으로 하여 니체, 푸코, 들뢰즈로 이어진다. 이들은 욕망 자체가 이미 생산적인 활동임을 주장한다.

어진다. 데이비드 하비(D. Harvey)는 자본주의사회 속에서 사회적 권력관계
가 형성되고 분배되는 과정을 통해 공간을 분석한다. 즉, 공간을 이용하고
정의하는 방식들을 통제하고 관리하는 것이 이윤추구의 기초가 된다는 것
이다. 공간은 두 가지 방식으로 생산되는데, 하나는 기존 공간의 장벽을
철폐하여 공간이동의 효율성을 극대화하는 것이고, 다른 하나는 일정 범위
에서의 끊임없는 공간분화를 통해 이동거리의 단축을 극대화하는 것이다.
이같은 과정을 통해 공간은 통합되면 될수록 분화의 경향을 심화시키는데,
이로부터 사회적 정체성에 관한 의미부여가 새로운 문제로 대두된다. 즉,
국지화된 경쟁전략과 장소를 전문화하고 그것에 경제적 이익을 주는 방식
으로 장소 특유의 기호(지역성)를 만드는 문제이다.[18]

　　위와 같은 과정에서 공간은 볼거리의 대상, 즉 스펙터클에 휩싸인다. 스펙
터클과 관련하여 중요한 것은 그것이 얼마나 오래 지속했느냐 하는 것보다
얼마나 자주 출현하느냐의 여부이다. 그 가치는 공간이 가지는 물리적 내구
성보다 이미지를 통한 강렬함에 있다. 이미지를 통해 공간은 자본회전에서
다양한 역할을 담당하게 되는데, 특히 도시 내의 분절화는 소비주체의 다양
한 이합집산을 강제한다. 가령, 압구정동, 강남역, 홍대, 영등포, 돈암동, 신
촌, 대학로 등은 행정적 지역구분이 아닌 이들 공간이 발산하는 의미를 통해
실질적인 차이를 보인다. 압구정동은 지배계급을, 영등포는 노동자를, 신촌
과 대학로는 청년층을, 돈암동은 청소년층을 자신의 구성인자로 만들면서
계급·세대·성과 관련하여 다양한 소비 공간을 창출한다.

　　도시화와 공간이라는 토픽은 한국대중문화사 연구에 있어 대중문화의
형성조건이자 발전 동인인 도시를 문화적으로 규명한다는 차원에서 의미가
있다. 기본적으로 대중문화는 도시문화이다. 즉, 집단적 거주와 대규모 노동
조직으로의 편입 그리고 대량소비의 근거지인 도시는 대규모 소비자, 이해

---

18) 데이비드 하비, 『포스트모더니티의 조건』, 구동회 외 역, 한울, 1995, 279-292쪽.

관계의 공유, 명시적인 집합적 행동, 다양하고 촘촘한 정보유통을 가능케 함으로써 대중문화의 숙주로서 기능했다. 이 속에서 도시는 대중의 욕망을 오감을 통해 실질적으로 충족시키는 무대가 되었고, 점차 도시의 욕망은 대중의 욕망과 등치되어 갔다. 도시라는 무대는 주거형태(단독주택, 아파트), 도시화 정도(도시형, 도농복합형), 도시역사(신도시, 구도시), 경제적 구분(부촌과 빈촌), 세대적 구분(노인, 성인, 청소년 밀집지역), 문화적 구분(문화행정도시, 전통문화도시, 문화소외도시) 등으로 다양하게 분류된다.

공간의 이러한 유형은 저마다의 독특한 분위기를 방사한다. 때로는 어둡고 칙칙하게, 때로는 밝고 명랑하게, 때로는 일상적이고 권태롭게, 때로는 이례적이고 생동감 있게 자신을 채색한다. 한국대중문화사 연구는 이러한 의미목록이 생겨나게 된 도시문화를 분석함으로써 공간을 둘러싼 토지 및 건물의 점유, 도로와 거리의 규모, 상가와 인테리어, 보행자들의 시선과 동선이 결합하면서 만들어낸 도시의 욕망을 역사적으로 규명해야 한다. 또한 이러한 작업은 도시가 점차 소비의 대상으로, 즉 사적 소유의 성격이 강화되고 있다는 점에서 공간을 둘러싼 소유권 싸움이라는 점을 상기시킨다.

## 8. 한국대중문화사 연구의 시작을 위하여

대중문화는 장르적 구분과 같이 명백히 구획되고 고정된 응집물이 아니라, '대중'으로 주체화되는 사회적 삶이 '문화'적 과정을 통해 실천되는 무정형의 리좀(rhizome)이다. 그것은 끊임없는 변이과정을 통해 새로운 형식과 내용을 보충해가는 비어있는 광장이다. 따라서 대중문화를 연구한다는 것 또한 하나의 관점이나 방법론을 가지고 진행될 수 없다. 이론과 방법론을 통해 포착한 대중문화는 단지 순간적으로 동결되어 있을 뿐 변이 자체를 막을 수는 없다. 즉, 이론으로 완전 동결된 대중문화는 단지 인식론적 차원에서 문자로 고정될 뿐, 여전히 그리고 언제나 삶을 지속시켜온 생명력을 통해 또 다시 생성되고 변화한다.

대중문화의 이러한 특성 때문에 대중문화를 연구한다는 것은 언제나 변이유발변수들을 통제해야 했다. 대중문화에 대한 연구와 관련하여 실재대상과 지식대상간의 본질적 화해가 불가능해진 상황은 대중문화사 연구에서도 똑같이 적용된다. 공시적 차원에서조차 변화의 추이를 발견하기 어려운 상황에서 통시적으로 그 흔적들을 추적해 간다는 것은 처음부터 불가능한 작업일지 모른다. 따라서 본 논문이 다루고 있는 대중문화사 연구방법론 모색은 그 자체가 모순이며 초라할 수밖에 없다. 즉, 대중문화사 연구를 위한 방법론 자체가 처음부터 불가능하다는 것이다.

기존의 한국대중문화사 연구는 모두 단편적으로 진행되었지만, 위와 같은 상황을 고려한다면 충분히 면죄부를 줄 만하다. 하지만 대중문화가 바로 위와 같은 성격을 지녔기 때문에 기존의 작업들은 문제가 있다. 이 말은 모든 연구자가 발본적으로 사료를 수집하고 꼼꼼히 연보를 작성하거나 대중문화라 할 수 있는 모든 것들을 다루어야 한다는 뜻이 아니다. 적어도 대중문화사 연구는 대중문화의 흐름과 변이를 포착할 수 있는 기록이 무엇인가에 대해 고민하는 일로부터 시작해야 한다.

# 문화정책

# 다시 개발주의로! 민선4기 서울시 문화정책 평가와 과제

최준영(문화연대 문화개혁센터 ptrevo@jinbo.net)

민선4기 서울시를 '민선3+1기'의 숙명을 타고났다고 평가할 수 있을까. 비만 오면 오수가 흘러넘치는 청계천과 은평뉴타운의 분양가 논란은, 민선4기 서울시의 주요한 과제 중의 하나가 전임 이명박 시장 시절의 사업에 대한 뒷수습에 있음을 말해주고 있다. 그리고 이런 의미에서 우리는, 얼마 전 TV토론에 나온 오세훈 시장이 "(대권에 대한 욕심보다는) 서울시장을 한 번 더 했으면 한다"고 한 발언을 이해할 수 있다. 오세훈 시장의 발언은 어쩌면, 민선3기의 그림자가 짙게 드리운 민선4기 서울시의 태생적 한계에 대한 아쉬움(?)의 표현일 수 있는 것이다.

민선4기 서울시 문화정책에 대한 평가는, 그렇기 때문에 민선3기에 대한 평가와 함께 이루어져야 한다. "길고 짧은 것은 대봐야 아는 것"이라 말할 수도 혹은 오세훈 시장의 경력을 들며 "그래도 환경시장인데"라고도 말할 수 있겠지만, 기본적으로 민선4기 서울시는 민선3기의 연장선상에 있다. 이는 얼마 전 서울시가 발표한 「시정운영 4개년 계획 2006-2010, 맑고 매력있는 세계도시 서울」(이하 「4개년 계획」)을 보면 더욱 명확해진다. 이번 「4개년 계획」은 서울시 문화정책의 새로운 철학과 관점을 제시한다기보다는,

민선3기 서울시의 정체성이라 할 수 있는 '경제주의·개발주의'의 틀을 그대로 계승하면서 이를 "세부적으로 조각하는" 계획인 것이다.

따라서 이 글에서는 민선4기 서울시 문화정책에 대한 평가를, 민선3기에 대한 평가에서부터 출발하여 진행하고자 한다. 다만 그 동안 이명박 시장의 문화정책에 대해서는 많은 평가가 이루어졌고 또한 이번 평가의 주된 목적은 아니기 때문에 한양주택 등 주요 사업을 중심으로 민선3기 개발정책의 문제점을 짚어보고, 이어서 '민선3+1기' 서울시 문화정책의 문제점을 「4개년 계획」을 중심으로 살펴보도록 하겠다. 그리고 글의 결론으로는 '문화도시 서울'을 위한 철학과 관점을 점검하고, 이를 위한 정책과제를 제시하도록 하겠다.

## 민선3기 서울시 문화정책 평가: 신개발주의 비판

이명박 전 서울시장이 불과 4년 만에, 돈 한푼 받지 않고(아시다시피 그는 월급 전액을 기부했다) 해치운 일들을 생각하면 그저 경이로울 따름이다. 지난 지방선거 시기 전국적으로 '히트'했던 하천 복원과 뉴타운 사업을 포함하여 시청 앞 광장 조성, 남대문 광장 조성, 버스중앙차로 도입, 서울문화재단 설립, 하이서울 페스티발 개최 등의 굵직굵직한 프로젝트가 민선3기 서울시에서 진행되었다. 또한 2006년 월드컵 시기에는 이른바 'SKT 컨소시엄'에 새로 조성된 시청 앞 광장의 독점적인 사용권을 주는 계약을 성사시킴으로써 시정 운영의 측면에서도 '이전과는 다른 모습'을 보여주기도 했다. 공공공간에 대한 자본의 전유라는.

'신개발주의'라는 개념은 이명박 시장 시기 시행된 서울시 문화정책의 흐름을 잘 설명해 준다. 조명래 교수는 논문[1]을 통해 신개발주의를 "신자유

---

1) 조명래, 「한국 개발주의의 역사와 현 주소」, 『환경과 생명』, 2003년 가을호

주의와 결합한 개발주의"로 정의하고, "겉으로는 환경을 배려하고 제도적 절차를 존중하는 듯하면서도 과거보다 더 철저하고 조직적으로 개발·성장 중심의 경제논리를 관철시키는 것"이라고 언급한 바 있다. 즉 '새로운 자유주의'로서 신자유주의가 겉으로는 세계적인 자유시장의 형성, 경쟁과 효율의 강화를 통한 경제성장 등의 외피를 쓰고 있지만 실제로는 사회복지 정책의 철회, 고용과 해고에 대한 기업의 자유 강화, 금융화로 인한 양극화의 심화라는 효과를 가져오고 있는 것처럼, '새로운 개발주의'로서 신개발주의는 표면적으로 도시개발에서의 생태·문화적 가치를 강조하는 것처럼 보이지만 실제로는 도시의 환경을 파괴하고, 무분별한 개발로 인한 사회문화적 네트워크의 파괴 등의 폐해를 가져오고 있는 것이다. 그리고 신자유주의와 신개발주의 양자는 모두 '자본의 자본에 의한 자본을 위한' 자유주의, 개발주의라는 측면에서 긴밀하게 연결되어 있다. 양자 모두 서민의 삶을 강탈한 자본의 수익성 보전 프로젝트의 성격을 지니고 있는 것이다.

## 한양주택, 자본의 논리 앞에 주민의 평화로운 삶이 무너지다

민선3기 서울시 문화정책의 주요한 흐름으로서 '신개발주의'의 문제를 단적으로 보여주는 것이 바로 한양주택의 사례이다. 한양주택은 은평구 진관내동 440번지 도심자락의 끝 통일로 입구, 북한의 탱크를 저지하기 위해 만들었다는 '방호벽'보다도 북쪽에 모여 있는 220여 가구의 단층 단독주택 단지를 말한다. 똑같은 모양으로 생긴 단층 양옥단지인 한양주택은 1978년 박정희 대통령의 지시로 만들어졌다고 한다. 1972년 7.4남북공동성명 이후 남북관계 속에서, 남한체제의 우월성을 보여주기 위해 북의 대표단이 차량으로 이동하는 경로에다 '보여주기식' 주택단지를 조성한 것이다. 정치적 목적으로 탄생하게 된 한양주택단지는 이후 이곳으로 강제이주된 주민들의 노력으로 '사람 사는 동네'로 변모하게 된다. 그리고 그 결과 1996년에는 서울시가 선정한 제1호 '아름다운 마을'로 선정되기도 하였다. 덩그러니 존재하던 시멘트 건물이 부족하나마 많은 사람들이 '생태주거단지'의 단초를 발견할 수 있을 정도의 공간으로 변모한 것이다.

그런데 2003년, 서울시와 SH공사가 한양주택 지역을 포함하는 은평뉴타운 개발계획을 발표하였다. '아름다운 마을'이 불과 6-7년 만에 '노후 주택단지'가 되어 철거당해야 하는 처지가 되어버린 것이다. 한양주택 주민들은 이후 서울시와 SH공사에 대한 진정과 항의, 100일이 넘게 지속한 시청 앞 1인 시위와 집회 등 '신개발주의'에 맞선 싸움을 계속하였지만 끝내 재개발 계획을 막을 수 없었다. 서울시와 SH공사의 계속된 회유와 압력, 보상가를 노린 주변 지역의 주민과 한양주택 내 일부 주민들의 반발 등으로 인해 어쩔 수 없이 도장을 찍고 만 것이다. 이렇듯 한양주택의 사례는 '신개발주의와 인권'의 상관관계를 보여준다. 자본주의 하 도시공간이 자본주의 생산관계의 모순을 반영하는 형태로 조직되는 현실로서의 '신개발주의'의 문제는, 인간의 기본적 권리로서의 주거권, 생존권, 문화권 등에 대한 인권침해로 구체화되고 있다. 또한 생태주거단지인 한양주택을 철거한 자리에 '생태전원아파트'를 표방하는 아파트 단지가 지어지게 된다는 역설은, 앞서 언급한대로, '신개발주의'의 본질이 무엇인지를 보여주고 있다.

## 오세훈의 서울시 문화정책: 「4개년 계획」 비판

그렇다면 '환경시장'을 표방한 오세훈 서울시장의 민선4기 서울시 문화정책은 어떠한가. 앞서 민선4기를 민선3기의 연장선상에서 파악할 수 있다고 했는데, 이를 「4개년 계획」을 살펴보면서 확인해 보자. 우선 표면적으로 볼 때, 이번 「4개년 계획」에서 찾을 수 있는 긍정적인 변화의 지점은 두 가지이다. 첫째, 문화적 소프트웨어에 대한 강조. 오세훈 시장은 「4개년 계획」의 머리말에서 "'창의서울'의 핵심은 소프트웨어의 힘을 불어 넣는 것입니다. 도시의 경쟁력은 하드웨어만으로 부족하기 때문입니다. 다양한 볼거리, 즐길거리 등 문화적 소프트웨어가 어우러져야 합니다"라고 말하고 있다. 민선3기 내내 지적되었던 하드웨어 중심의 개발사업에 대한 비판을 염두에 둔 이런 언급과 함께, 「4개년 계획」에서는 청계천 일대 무선인터넷 거리조성, 5대 궁궐 도보 관광코스 개발, 도시갤러리 프로젝트, 월요콘서트 '천원의 행복', 찾아가는 문화예술공연 확대 등의 계획이 수립되었다. 둘째, 환경적 가치에 대한 강조. '환경시장'이라는 모토에 걸맞게 생명녹지축 복원, 대기질 개선, 미세먼지 제거를 위한 도로 물청소 확대, 친환경적 교통수단 확대 등의 계획을 밝히고 있다.

하지만 이러한 몇몇 긍정적인 사업들이 존재한다고 해서 민선4기 서울시가 시민사회의 요구를 적극 반영하고 있다거나 민선3기의 '신개발주의'와

<표> 「4개년 계획」 15대 중점사업 및 5대 핵심프로젝트

| | |
|---|---|
| | 1. 동대문 일대를 세계 디자인 · 패션 중심지로 만들겠습니다 |
| | 2. 서울을 세계 5대 컨벤션도시로 만들겠습니다 |
| | 3. 마곡지구와 상암 DMC를 미래 첨단산업단지로 만들겠습니다 |
| | 4. 지식서비스 · 창의산업을 육성하여 새로운 일자리를 창출하겠습니다 |
| | 5. 서울의 역사와 전통복원을 통해 문화관광벨트를 조성하겠습니다 |
| | 6. 세계적인 축제를 만들어 서울을 세계에 알리겠습니다 |
| | 7. 문화예술 인프라를 확충하여 창작활동을 적극 지원하겠습니다 |
| 15대 중점사업 | 8. 주변에서 쉽게 문화를 즐길 수 있는 생활문화시대를 열어가겠습니다 |
| | 9. 치매노인 예방에서 치료와 보호까지 종합복지서비스를 제공하겠습니다 |
| | 10. 장애인이 사회적으로 자립할 수 있도록 적극 돕겠습니다 |
| | 11. 저출산 시대에 믿고 맡길 수 있는 보육환경을 만들겠습니다 |
| | 12. 단절된 생명녹지축을 복원해 나가겠습니다 |
| | 13. 자가용 이용을 줄일 수 있는 고품격 대중교통 서비스를 실현하겠습니다 |
| | 14. 시민이 편리하고 안전한 유비쿼터스 행정을 실현하겠습니다 |
| | 15. 시민으로부터 신뢰받는 열린시정을 펼쳐 가겠습니다 |

출처:서울시 홈페이지

| 5대 핵심프로젝트 목차 | | 주요 내용 |
|---|---|---|
| 경제문화 도시마케팅 | 1. 서울 도심을 경제, 관광의 중심지로 부활 | 첨단과 자연이 만나는 디지털 청계천, 도심재창조 남북 4대 중심축(경복궁~숭례문 역사문화거리, 명동~인사동 문화관광거리, 종묘~남산 녹지문화거리, 동대문일대 디자인패션 복합문화공간 조성) 조성 |
| | 2. 국제경쟁력을 갖춘 관광명소 조성 | 한강·남산을 서울대표 랜드마크로, 5대 궁궐을 도보 관광 코스로, 지역 특색에 맞는 관광상품 개발 |
| | 3. 주요 전략 시장별 차별화된 마케팅 전개 | 중화권, 일본, 구미주, 동남아 시장별 |
| | 4. 국제행사, 컨벤션마케팅 전개 | 문화마케팅, 스포츠마케팅, 컨벤션마케팅 |
| 도시 균형 발전 | 1. 4대 산업벨트 조성 | 도심 창의산업벨트, 서남 첨단산업벨트, 동북 NIT산업벨트, 동남 IT산업벨트 |
| | 2. 뉴타운사업 지속적으로 추진 | 33개 지구 2015년까지 완료 |
| | 3. 권역별 개발로 지역 균형발전 | 도심권, 동북권, 서북권, 서남권, 동남권 |
| | 4. 교육격차 해소, 우수인재 양성 | 강북지역 자립형 사립고 설립, 영재학교 설립, 영어체험마을 건립 |
| 한강 르네상스 | 1. 자연성 회복으로 살아나는 한강 | 한강 수변 콘크리트 인공호안을 녹지공간으로 조성, 생태공원 확충, 자연형 친수공간 조성 등 |
| | 2. 접근성 향상으로 가까워지는 한강 | 지상 보행 녹도를 통해 한강으로 진입, 한강교량 보행로 확장 및 대중교통 연계시스템 도입 등 |
| | 3. 문화가 있고 테마가 있어 가보고 싶은 한강 | 노들섬 문화콤플렉스 조성, 잠수교를 이용한 '강남북 시민 화합마당' 조성, 난지도 하늘다리 설치 등 |
| | 4. 체계적인 경관정비로 매력있는 한강 | 강 안팎을 아우르는 야간경관 조성, 한강변 경관관리 제도화, 공원시설물 미관 제고 등 |
| | 5. 수상이용 극대화로 역동적인 한강 | (수상관광 콜택시, 수륙양용버스 등)수상 교통수단의 도입, 수상이용 및 지원시설의 관광자원화 |
| | 6. 서해로 세계로 열리는 서울의 한강 | 서해개방에 대비한 한강주운 계획 |
| 시 민 행 복 업그레이드 | 1. 서민 주거안정 | 서민용 공공임대주택 건설 |
| | 2. 사회복지 인프라 선진화 | 저소득시민 보호 및 지원 확대, 행복나눔 네트워크, One-Stop 민원처리시스템 도입 |
| | 3. 어르신의 품격있는 생활 보장 | 노후 소득보장, 노인 건강증진, 노인여가활동 시설과 프로그램 확대 |
| | 4. 장애인의 안정적인 생활기반 조성 | 저소득 중증장애인 생활안정 지원 확대, 저소득장애인 전서 주택 공급, 장애인에 공동주택 특별공급 알선 |
| | 5. 사회적 보호가 필요한 여성의 복지향상 | 성매매, 가정폭력, 성폭력 피해여성 보호 및 자활지원, 무의탁 여성 복지 증진 |
| | 6. 아동·청소년 건전육성 | 초등학교 주변 CCTV 설치 등 |
| 맑고 푸른 서울만들기 | 1. 선진국 수준으로 대기질 개선 | 경유자동차 저공해화 추진, 교통량 줄여 대기오염 감소, 환경개선을 위한 기반 조성, 수도권 공동협력 추진 |
| | 2. 미세먼지 제거를 위한 도로 물청소 확대 | |
| | 3. 생활녹지 100만평 조성 | 용산 미군기지터를 민족공원으로 조성, 공원녹지 100만평 조성 |
| | 4. 자연이 살아 숨쉬는 생태공간 조성 | 도봉식물생태원 조성, 옛 신월정수장 부지에 생태공원 만들기, 생태마을 매년 1곳씩 지정 등 |

대별되는 특별한 도시운영의 철학과 비전을 갖고 있다고 여기는 것은 잘못된 판단이다. "세계적인 경쟁력을 가지는 경제문화도시를 만들겠다"는 이번 「4개년 계획」은, 궁극적으로 신자유주의적 도시공간의 재편과 도시운영원리 확립이라는 민선3기 시절의 '신개발주의'를 계승하고 있다. 소프트웨어나 환경적 가치를 강조한 것이 무색할 정도로 대규모 건설프로젝트와 개발계획이 곳곳에 배치되어 있고, 자신의 후보시절 공약을 어겨가면서까지 이명박 시장 시절의 대표적인 개발행정으로 지목되었던 사업들을 지속하려하고 있다.

## 민선3기와 4기를 잇는 개발사업들: 노들섬 문화콤플렉스, 신청사

노들섬 문화콤플렉스 건설 및 서울시 신청사 건립계획은, 민선3기와 4기를 이어주는 주요한 개발사업이다. 이명박 시장 시절 오페라하우스 건립계획으로 출발한 노들섬 문화콤플렉스 건설계획의 경우, 처음 계획이 발표된 이후 시민사회의 지속적인 반대에 부딪쳐왔다. 타당성 조사 및 기본계획 연구용역이 채 끝나기도 전에 부지 매입과 예산 수립이 이루어지고, 맹꽁이 서식지가 발견되는 등 생태적 보존가치가 증명되었음에도 사업이 추진되고 있으며, 입지조건(홍수 때 섬의 일부가 잠겨 대형건축물이 들어서기에 적합하지 않음) 및 교통조건이 열악하다는 점이 지적되었을 뿐 아니라, 각종 시민여론조사에서 대형공연장이 아닌 동네의 중소규모 문화시설이 필요하다는 결과가 나오자 결국 서울시는 공을 민선4기로 넘겼다. 하지만 오세훈 시장의 경우, 후보 시절 <문화연대>가 질의한 '문화정책분야 후보자 공개질의서'에 대한 답변을 통해 "노들섬 오페라하우스 건설은 이미 계획된 사안이지만, 교통접근성 등의 문제점이 있어 다른 장소를 찾는 게 바람직하고 이 지역은 자연생태지역으로 조성할 필요가 있다"라고 답한 바 있음에도 불구하고, 민간자본까지 유치하여 연면적 최대 12만평 규모의 초대형 문화콤플렉스 건설을 계획하고 있다. 노들섬을 자연생태지역으로 조성하겠다는 공약마저 어겨가면서 추진 중인 노들섬 문화콤플렉스 건설계획은 민선3기와 4기의 동질성을 보여주고 있다.

서울시 신청사 건립계획 또한 이명박 시장 임기 말에 논란에 휩싸이면서 민선4기로 넘어온 사업이다. 이 문제는 이미 문화재위원회에서 덕수궁과의 앙각규정과 관련하여 논란이 된 바 있다. 현재 문화재위원회는 2차례에 걸쳐 서울시의 신청사 건립계획을 반려한 상황인데, 지상 21층 규모(서울시는 두 번째 문화재위원회 심의에서 19층으로 규모를 축소하여 재설계하였다)의 신청사가 들어서게 되면 덕수궁 경관을 해칠 우려가 있다는 것이 이유이다. 게다가 최근에는 신청사 건립과정에서 '태평홀'을 철거할 것이라는 얘기가 나오면서 문화재 훼손의 우려(현 서울시 청사는 등록문화재)가 제기되고 있기도 하다. 결국 문제는 관점과 철학이다. 서울시의 업무공간 확보와 문화경관의 훼손이라는 문제가 충돌할 때, 어떤 관점과 철학을 기준으로 대안을 모색하느냐의 문제이다. 아직까지 오세훈 시장의 서울시는 문화경관보다는 업무공간을 선택하고 있으며, 문화재 훼손을 감수하면서까지 신청사를 건설하겠다는 입장이다. 신청사 건립 과정에서의 이와 같은 논란은, 신개발주의 도시정책에서 문화적 가치가 어떻게 다루어지는가를 잘 보여주고 있다.

## 이명박식 '신개발주의'의 재방송: 동대문 디자인콤플렉스, 한강르네상스

한편 「4개년 계획」에는 청계천 복원만큼은 아니더라도 몇몇 대규모 건설 프로젝트를 포함하고 있다. 가장 눈에 띄는 것은 동대문 디자인콤플렉스이다. 동대문 운동장을 철거하고 그 자리에 서울디자인콤플렉스를 만들고 나머지 부지는 공원화한다는 계획이다. 동대문 일대에 집중되어 있는 의류·패션 관련 시설을 연계시키고, 패션 상권을 활성화하기 위한 인프라를 구축

한다는 것이다. 하지만 패션상권을 살리기 위해 동대문 운동장을 철거한다는 계획은 너무나도 무모해 보인다. 동대문 운동장은 1926년 경성운동장으로 출발한, 그야말로 한국 체육의 역사를 고스란히 간직한 장소이면서 동시에 소중한 근대건축물이다. 따라서 서울시가 제시하고 있는 대체구장으로 동대문 운동장의 역사성까지는 대체할 수 없는 것이다.

또한 현재 축구장에 입주해 있는 풍물시장 노점상인의 생존권 문제도 고려해야 한다. 애초 청계천에서 장사하던 3천여 명의 노점상은, 청계천 복원과정에서 1천여 명만 남아 동대문 풍물시장으로 입주하였다. 만일 예정대로 동대문 운동장이 철거된다면, 이들은 두 번째로 쫓겨나게 되는 셈이다. "노점상에게는 법적 권리가 없다"는 오세훈 시장의 발언은 노점상들의 생존권 문제에 대한 안일한 인식을 반영하고 있다. 동대문 운동장은 문화적·역사적 보존가치가 충분하다. 철거가 아니라 동대문 운동장의 원형을 살리면서 한국 근대체육의 역사 보존과 시민들의 생활체육 시설로 활용하는 방안, 리모델링을 통해 풍물·노점과 관련한 문화콘텐츠를 활용할 수 있는 방안을 모색하고, 또한 패션센터가 아닌 소외계층을 위한 공공디자인·공공미술과 관련한 기능을 담당할 수 있는 시설로의 전환이 필요하다.

민선4기 서울시 문화정책의 또 다른 중요한 포인트는 바로 '한강'이다. 「4개년 계획」을 보면, 민선3기에서의 청계천만큼이나 한강르네상스 계획은 중요해 보인다. 생태, 문화, 여가, 관광 등 민선4기 서울시가 강조하고 있는 도시의 가치를 한강에 집중시킨 것이 바로 한강르네상스 계획이다. 한강 주변에 녹지공간 및 생태공원을 확충하고, 지천을 정비하여 수경생태망을 조성한다는 계획. 한강으로의 접근성 강화를 위해 한강교량의 보행로를 확장하고, 지하철역과 버스정류소에서 한강까지 무료자전거 이용이 가능토록 하는 계획. 그리고 노들섬 문화콤플렉스, 잠수교 보행전용화, 난지도 하늘다리 설치 등 다양한 문화·휴양시설을 확충하는 것 등이 한강르네상스의 주요 계획이다.

하지만 한강르네상스 계획에는 정작 중요한 것이 빠져있다. 그것은 "한강의 가장 중요한 가치는 바로 한강 그 자체"라는 말처럼, 한강이 고유하게 가지고 있는 문화적, 환경적 가치에 대한 고려이다. 한강르네상스 계획은 생태공간 조성, 보행로 확충 등 생태적이고 시민편의적인 계획으로 보이지만, 실제로는 노들섬 문화콤플렉스와 같은 이른바 '랜드마크형' 건축물을 짓거나 관광자원화할 수 있는 이벤트를 한강에 유치하는 것을 목표로 하는 등 하드웨어 중심의 개발계획이라고 할 수 있다. 반면에 이미 한강 양쪽으로 들어서버린 고층아파트로 인한 경관 문제나 한강의 생태복원 문제 등 정작 시급하게 개선되어야 할 과제들에 대해서는 대책을 내놓지 못하고 있다. 한강의 문화적, 환경적 가치에 근거한 계획 수립이 필요하다.

## 문화도시 서울, '신개발주의'를 넘어서야[2]

2005년 현재 한국의 도시화율은 80.8%이다. 프랑스 76.7%, 독일 88.5%, 영국 89.2%, 미국 80.8%, 일본 65.7% 등을 고려할 때 한국의 도시화율은 전세계적으로도 높은 수준이다. 인구의 80%가 도시에 사는 나라. 따라서 도시에 대한 정책이 중요해질 수밖에 없다. 최근 많은 지자체들이 '문화도시'를 표방하며 도시정책의 비전을 밝히고 있는 것도 이전에 비해 도시정책의 중요성이 커졌음을 반영한다. 하지만 문화도시를 표방한 지자체의 수가 급격히 증가한 반면, 문화도시의 담론과 내용에 대한 논의는 충분히 이루어지지 못한 것이 현실이다. 지자체들은 "문화도시란 무엇인가?" "왜 문화도시를 만들려고 하는가?" 등과 같은 질문에 대한 답을 찾기도 전에 문화시설

---

2) 이 부분은 최준영, 「문화도시의 철학과 관점에 대한 재구성이 필요하다」(월간 『인권』)를 참조하여 재구성하였다.

을 짓고, 지역축제를 만들고, 하천을 복원하는 등 정형화된 틀을 답습하고 있다.

이러한 문화도시 조성정책의 '관행'에서는 정작 중요한 것이 빠져있다. 바로 도시를 살아가는 시민에 대한 고민이 빠져있는 것이다. 도시를 발전시키고 또 도시의 비전을 만드는 것은, 결국 도시를 살아가는 시민들이 '살고 싶은 도시'를 만들기 위함이어야 한다. 문화시설의 건립, 문화이벤트의 유치 등은 시민의 삶을 행복하게 만들기 위한 과정과 방법의 하나일 뿐이다. 문화도시를 만들기 위해서는 가시적인 지표 이전에 시민들의 생활의 측면이 충실하게 반영될 필요가 있다. 문화연대에서는 문화도시의 궁극적인 목적을 다음의 다섯 가지로 정리한 바 있다.[3] '기본이 바로 선 도시', '고유한 자기정체성을 가진 도시', '공공성이 확장되고 보장되는 도시', '삶이 문화가 되는 도시', '문화도시를 위한 접근이 문화적인 도시'라고. 다시 말해 '(도시의 모든 것이) 문화(적인) 도시'가 바로 문화도시다. 그렇다면 '도시의 모든 것이 문화적인' 도시를 실현하기 위해 필요한 것은 무엇일까. 문화적인 도시를 만들기 위한 정책과제를 정리해보면 다음과 같다.

첫째, 민주적이고 문화적인 도시 운영이 필요하다. 도시의 운영과 행정 자체가 문화적이어야 한다. 밀실에서, 소수의 사람들이 결정하는 정책은 기본적으로 시민의 삶과 괴리될 수밖에 없다. 지자체 장의 치적사업으로 건설되는 대규모 전문체육시설이나 공연장, 무리한 국제대회 유치 등이 대표적이다. 이러한 사업들은 사후 활용도가 극히 낮을 뿐만 아니라, 지역 주민의 삶과는 동떨어져 외면받는 경우가 대부분이다. 시민의 의견이 반영되는, 아래로부터의 의사결정과정의 수립이 필요하다.

둘째, 시민의 문화적 권리 증진을 위한 문화정책의 실현이 필요하다. 시혜적 차원의 복지가 아닌 권리 차원의 접근이 필요하다. 특히 빈곤과 사회양극

---

3) 문화연대 공간환경위원회, 『문화도시 서울 어떻게 만들 것인가』, 시지락, 2002

화가 심화되는 상황에서, 기본권으로서 문화적 권리의 증진을 위해서는 문화공공성이 확대되어야 한다. 문화의 집, 문예회관, 도서관, 박물관, 미술관 등 공공문화기반시설을 통한 공공적 형태의 문화활동 활성화, 특수·소외 계층을 위한 문화정책 활성화 등의 과제가 요구된다.

셋째, 지역의 문화자원에 대한 조사에 기반한 정책의 수립이 필요하다. 문예회관 건설, 하천 복원, 지역축제 개최 등 천편일률적인 사업이 아닌 지역의 특색을 반영한 문화도시 사업이 필요하다. 이를 위해서는 지역의 인구구성, 직업분포 등 현황에 대한 조사와 아파트 놀이터나 학교시설, 사립 문화시설까지를 포함한 문화자원 지도 작성, 지역의 문화예술인·단체 및 지역주민의 문화활동에 대한 욕구 조사 등이 전제되어야 한다. 이를 통해 지역의 구체적인 현실에 맞는 문화정책 과제를 도출할 수 있을 것이다.

넷째, 하드웨어가 아닌 콘텐츠와 프로그램을 중심으로 한 문화정책이 필요하다. 수십 억, 수백 억을 들여 지은 문화시설이 운영예산의 부족, 프로그램 개발 예산의 부족 등으로 사후적으로 활용되지 못하는 경우가 많다. 실제로 지역의 현실을 고려할 때, 기존 시설을 리모델링하거나 재활용하고 여기에 적절한 프로그램을 배치하는 것만으로도 지역주민의 삶에 보다 직접적인 영향을 미칠 수 있는 가능성이 큰 경우가 많은 것이 현실이다. 또한 생활밀착형 프로그램의 실행을 통해 지역주민들 간의 사회문화적 네트워크 형성에 문화정책 역량을 집중할 필요가 있다.

한강르네상스, 노들섬 문화콤플렉스, 동대문 디자인콤플렉스, 신청사 건립 등 민선4기 서울시가 제시하고 있는 도시계획은, 이런 관점에서 볼 때, '문화도시 서울'을 위한 계획이 아닌 '신개발주의'에 근거한 개발계획이라고 할 수 있다. '문화도시 서울'은 '신개발주의'를 넘어서야만 달성 가능한 프로젝트이다. 현재 서울시는 뉴타운 개발로 대표되는, 개발자본과 관의 결탁을 통한 이윤창출의 메커니즘으로 인해 개발의 소용돌이에 휩싸여 있고, 이 과정에서 시민의 권리는 파괴되고 있다. 한양주택의 사례는 이러한 현실을 잘 보여주고 있다.

  따라서 '문화도시 서울'을 위해서는 '신개발주의'를 넘어서는 도시공간과 정책에 대한 철학과 관점의 재구성이 필요하다. 민선4기 서울시 문화정책에 대한 시민사회의 적극적인 비판과 개입이 요구된다.

# 지역 영상문화 활성화를 위하여

류형진(영화진흥위원회 연구원)

최근 영화진흥위원회에서는 지역 영상문화 활성화에 관한 프로젝트가 진행 중이다. '지역 영상문화 활성화 방안에 관한 연구'가 그것인데, 이는 영화를 비롯한 영상물의 생산 및 소비와 관련하여 서울과 지방간의 문화적 불균형, 각 지방의 대도시와 중소도시간의 격차 등에 대한 문제점을 지적하고 그에 대한 대안을 마련해보고자 하는 프로젝트이다. 기존의 지역 관련 연구가 경제적, 산업적 관점에서의 지역 개발, 혁신에 관한 연구였던 점과 차별화하여 지역의 문화, 좀더 구체적으로는 지역 영상문화의 생산 소비 구조를 활성화시킴으로써 지역 문화 소비 주체의 욕구를 충족시킬 수 있는 대안을 찾고자 하는 것에 초점을 맞추고 있다.

여기서 '지역'은 매우 현실적인 공간이다. 자본주의 세계화의 전략적 영토라거나, 국가 개발을 위한 혁신 단위라거나 하는 거창하고 추상적인 공간이 아니다. 우리가 문제 삼는 지역은 쉽게 말해 서울과 수도권을 제외한 나머지를 뜻한다. 이렇게 손쉽게 '지역'을 규정할 수 있는 것은 현재 서울과 지역이 정치, 경제, 사회, 문화적으로 너무도 확연하게 중심과 주변으로 구분되기 때문이다. 지금 우리나라는 5,000만 인구 중 2,500만이 모인 거대

<표 1>　지역별 스크린 현황

| 지역 | 인구수 | 스크린수 | 스크린당 인구수 | 좌석수 | 좌석당 인구수 | 멀티플렉스 스크린수 |
|---|---|---|---|---|---|---|
| 서울 | 10,167,344 | 360 | 28,243 | 75,540 | 135 | 277 |
| 경기 | 10,697,215 | 430 | 24,877 | 73,069 | 146 | 340 |
| 인천 | 2,600,495 | 90 | 28,894 | 17,716 | 147 | 74 |
| 부산 | 3,638,293 | 105 | 34,650 | 25,165 | 145 | 95 |
| 대구 | 2,511,306 | 70 | 35,876 | 14,486 | 173 | 68 |
| 광주 | 1,401,745 | 54 | 25,958 | 13,651 | 103 | 46 |
| 대전 | 1,454,638 | 60 | 24,244 | 11,413 | 127 | 44 |
| 울산 | 1,087,648 | 26 | 41,833 | 5,526 | 197 | 24 |
| 강원 | 1,513,110 | 33 | 45,852 | 7,948 | 190 | 13 |
| 충북 | 1,488,803 | 40 | 37,220 | 7,433 | 200 | 31 |
| 충남 | 1,962,646 | 61 | 32,175 | 10,139 | 194 | 31 |
| 전북 | 1,885,335 | 76 | 24,807 | 15,116 | 125 | 51 |
| 전남 | 1,967,205 | 57 | 34,512 | 11,180 | 176 | 32 |
| 경북 | 2,688,491 | 61 | 44,074 | 11,419 | 235 | 43 |
| 경남 | 3,160,431 | 94 | 33,622 | 17,504 | 181 | 72 |
| 제주 | 557,569 | 31 | 17,986 | 4,805 | 116 | 28 |
| 합계 | 48,782,274 | 1,648 | 29,601 | 322,110 | 151 | 1,269 |

도시 외에 나머지 지역은 거의 완벽하게 게토화되고 있다 해도 과언이 아니다. 지역의 문화적 소외는 이미 심각한 수준을 넘어서 있다. 특히 지역의 상권이나 유동 인구 등에 큰 영향을 받는 영화의 경우 다른 문화예술 분야에 비해 지역 간 편차가 더욱 두드러진다.

극장의 경우 2005년 기준, 전체 1,648개 스크린 중 수도권 지역에 880개의 스크린(53%)이 몰려있다. 서울에 360개, 경기 지역에 430개, 인천에 74개의 스크린이 몰려있는 것이다. 반면 전국에서 가장 열악한 강원 지역의 경우 고작 33개의 스크린밖에 없다. 극장 스크린 수가 영화에 관한 공급 부문을

<표 2>　지역 단위별 스크린 현황

| 구분 | 인구수 | 스크린수 | 좌석수 | 스크린당 인구수 | 좌석당 인구수 | 멀티플렉스 스크린수 |
|---|---|---|---|---|---|---|
| 수도권 | 23,465,054 | 880 | 166,325 | 82,014 | 428 | 691 |
| 지방대도시 | 10,093,630 | 315 | 70,241 | 162,561 | 745 | 277 |
| 지방중소도시 | 15,223,590 | 453 | 85,544 | 270,248 | 1,417 | 301 |

대표하는 지표라는 점을 감안할 때, 절대 공급량에서 서울, 경기 지역은 일반 광역단체의 10배 이상의 차이를 보이고 있다. 하지만 서울에는 그만큼 인구가 많지 않은가라고 반문할 수 있다. 하지만 인구대비로 따져 봐도, 서울의 1개 스크린당 인구수는 28,243명인 반면, 강원도의 1개 스크린당 인구수는 45,852명이다.

　전국을 서울, 경기, 인천의 수도권과 부산, 대구, 대전, 광주, 울산의 지방대도시, 그리고 나머지 지방 지방중소도시로 분류하여 극장 관련 현황을 살펴보면 지역 간 격차가 좀더 쉽게 드러난다. 수도권에는 지방에 비해 약 2배 가까이 많은 극장이 있고, 스크린당 인구수에서는 지방 대도시에 비해 2배, 지방 중소도시와는 3배 이상 차이를 보인다. 각 지역의 인구수를 잠재적인 관객 수요로 추정할 때 스크린당 인구수는 수요 대비 공급의 정도를 알려주는 척도가 된다. 따라서 수도권에 투여된 스크린의 수요 대비 공급량이 지역의 3배에 이른다는 것을 알 수 있다.

　스크린 수가 영화와 관련한 양적 측면을 보여주는 지표라면, 해당 지역에 위치한 극장이 어떤 유형인지, 즉 단관극장인지, 멀티플렉스인지(멀티플렉스는 4-6개 정도 스크린을 갖춘 미니플렉스, 7-9개 스크린 정도의 멀티플렉스, 10개 이상 스크린을 보유하는 메가플렉스로 다시 구분할 수 있다)가 영화소비와 관련된 질적 측면을 보여주는 척도가 된다. CGV를 시작으로 2000년 이후 급속하게 세워지기 시작한 멀티플렉스는 우리의 영화관람 문화를 뒤바꿔놓은 기념비적 산물이다. 물론 멀티플렉스가 영화관람 문화를

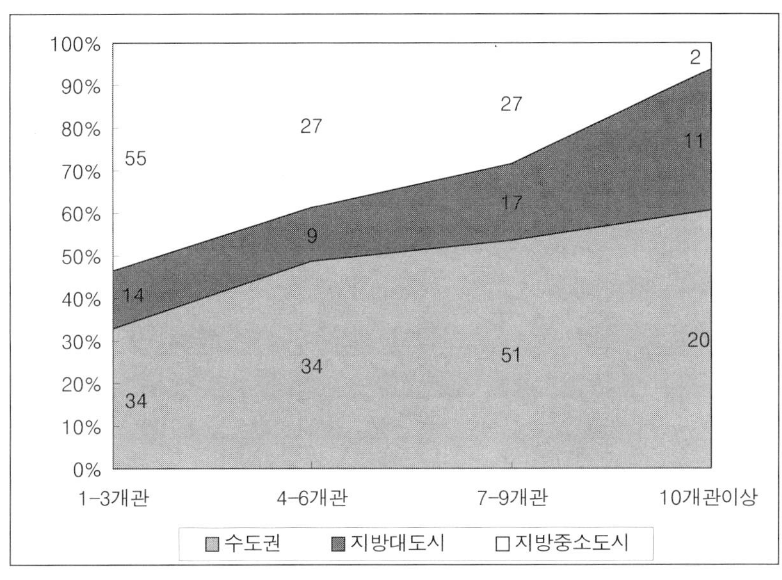


보다 상업적으로 바꿔놓은 것은 사실이지만, 그럼에도 멀티플렉스가 기존 극장의 낡은 이미지를 쇄신하고, 관객의 영화 소비 욕구를 증대시키고, 선택권을 증가시켰다는 점, 그리고 극장이라는 공간의 일상성을 부각시켰다는 점에서는 문화 소비의 발전적 척도로 기능하는 면이 있다. 현재 수도권에는 691개의 멀티플렉스 스크린이 집중되어 있다. 반면 지방대도시에는 277개, 지방 중소도시에는 301개의 멀티플렉스 스크린이 존재한다. 이를 좀더 자세하게 유형별로 살펴보면, 1-3개관의 단관극장의 경우에는 그 대다수가 지방에 위치해 있는 반면, 10개관 이상의 메가플렉스는 수도권 대도시에 집중되어 있다. 단관→미니플렉스→멀티플렉스→메가플렉스의 진행 방향이 현재 우리나라 극장의 시간적 발전 과정이라는 점을 감안할 때, 수도권과 지방대도시는 이에 일치하는 경향을 보이는 반면, 지방 중소도시의 경우에는 정반대의 경향을 띠고 있다. 지역의 경우 극장을 중심으로 한 영상문화는 퇴행하고 있는 것이다.

이번에는 관객현황을 좀 들여다보자. 극장이 영화 소비를 위한 인프라의

<표 3>　지역별 관객 현황

| 지역 | 인구수 | 관객수 | 관객점유율 | 1인당 관람횟수 |
|---|---|---|---|---|
| 서울 | 10,167,344 | 47,489,303 | 32.63% | 4.67 |
| 부산 | 3,638,293 | 13,787,799 | 9.47% | 3.79 |
| 대구 | 2,511,306 | 9,277,848 | 6.38% | 3.69 |
| 인천 | 2,600,495 | 7,253,969 | 4.98% | 2.79 |
| 광주 | 1,401,745 | 5,459,360 | 3.75% | 3.89 |
| 대전 | 1,454,638 | 6,011,994 | 4.13% | 4.13 |
| 울산 | 1,087,648 | 2,905,895 | 2.00% | 2.67 |
| 경기 | 10,697,215 | 28,028,912 | 19.26% | 2.62 |
| 강원 | 1,513,110 | 1,370,625 | 0.94% | 0.91 |
| 충북 | 1,488,803 | 2,874,859 | 1.98% | 1.93 |
| 충남 | 1,962,646 | 3,294,422 | 2.26% | 1.68 |
| 전북 | 1,885,335 | 4,196,741 | 2.88% | 2.23 |
| 전남 | 1,967,205 | 2,254,926 | 1.55% | 1.15 |
| 경북 | 2,688,491 | 3,573,242 | 2.46% | 1.33 |
| 경남 | 3,160,431 | 6,598,145 | 4.53% | 2.09 |
| 제주 | 557,569 | 1,146,136 | 0.79% | 2.06 |
| 합계 | 48,782,274 | 145,524,176 | 100.00% | 2.98 |

성격이 강한 반면, 현재 각 지역의 관객현황은 각 지역이 가진 문화소비량, 또는 문화적 욕구의 표출 결과라고 할 수 있다. 일단 전국에서 가장 관객이 많은 곳은 서울로, 2005년 기준으로 4,750만명의 관객이 영화관을 찾았다. 경기지역의 경우 서울보다 인구수도 많고, 스크린 수도 많지만, 정작 관객 수는 서울의 60% 정도에 해당하는 2,800만 명 수준이다. 그 다음으로 부산 이 1,380만 명으로 서울의 30%에 못 미치는 수준이지만, 전국에서는 세 번째로 많다. 이에 비해 관객수가 가장 적은 제주지역은 115만 명, 강원 지역은 137만 명, 전남 지역이 225만 명 수준이다. 모두 서울 관객수의 5% 미만이다.

각 지역의 인구수를 감안하여 관객수를 표준화한 지표가 1인당 관람회수인데, 서울의 1인당 관람회수가 4.67회인 반면, 강원 지역의 1인당 관람회수는 0.91회에 그치고 있다. 서울지역 사람들은 1년에 적어도 4-5편의 영화를 보지만, 강원지역 사람들은 1년에 1편을 볼까 말까한 것이다. 지역단위별로 보면 수도권과 지방 대도시의 경우 1인당 관람회수가 각각 3.4회, 3.6회로 비슷한 수준인 반면 나머지 지방중소도시의 경우에는 1.7회로 절반 수준에 불과하다. 지역의 문화적 욕구 자체가 서울이나 대도시에 비해 절반 수준인 것이다.

<표 4>　 지역 단위별 관객 현황

| 구분 | 인구수 | 관객수 | 관객점유율 | 1인당관람회수 |
|---|---|---|---|---|
| 수도권 | 23,465,054 | 82,772,184 | 57% | 3.4 |
| 지방대도시 | 10,093,630 | 37,442,896 | 34% | 3.6 |
| 지방중소도시 | 15,223,590 | 25,309,096 | 21% | 1.7 |

도대체 왜 이런 차이가 나는 것일까. 왜 지역에 사는 사람들은 서울사람들보다 영화를 덜 보는 것일까? 이와 관련하여 2005년 8월에 전국에서 멀티플렉스가 없는 지역의 시민 500명을 대상으로 설문조사를 한 결과를 보면, 경기 지역을 제외한 모든 지역에서 '주변에 극장이 없기 때문'이라는 응답이 50%를 넘었다. 이에 대해 극장주나 영화업자들은 관객이 없는 곳에 극장이 들어서겠느냐고 반문할 것이다. 마치 닭이 먼저냐 달걀이 먼저냐는 질문 같지만, 지역의 현실은 그 두 고리가 악순환하고 있는 것이다. 극장이 없으니 영화를 보러가지 않고, 영화 보러오는 이들이 없으니 극장이 사라지고, 그런 가운데 점차 지역에서 영화라는 대상은 사람들의 관심에서 멀어진다. 결국 영화보기란 멀리 대처에 있는 극장에 나가서 봐야 하는 귀찮은 일이거나 큰 행사가 되어버리는 것이다. 그러면서 영화란 우리 삶과 멀리 떨어진 것이 된다.

한편으로 보면, 이것이 뭐가 문제냐고 지적할 수도 있다. 사람들이 영화를 안 보러가고 관심을 가지지 않는 것이 왜 문제인가? 그건 이른바 영화로 벌어먹고 사는 업자들 문제 아닌가? 물론 일정 부분 맞는 말이다. 영화를 업으로 하는 이들에게는 관객이 영화를 보지 않는 것, 즉 소비자가 상품에 관심을 가지지 않는 것만큼 심각한 문제는 없기 때문이다. 하지만 그 관객 자신에게 정말 아무런 문제가 되지 않을까? 단언컨대 관객들에게는 그 업자들보다 심각한 문제가 발생한다. 그 문제는 그들의 영화에 대한 무관심이 구조화되는 가운데, 마찬가지 방식으로 모든 문화 예술 분야에 대한 무관심을 키워간다는 데에 있다.

예를 들어 대중음악의 경우를 보자. 서울에는 매주 방송국에서 음악관련 프로그램을 공개방영하고, 크고 작은 공연장에서 연중 콘서트가 열린다. 또 홍대나 강남 지역 바에서는 인디밴드나 재즈밴드 등의 크고 작은 비상설 공연이 계속된다. 거기에 음악 감상을 전문으로 하는 전문적인 카페들이 시내 전역에 퍼져 있어, 다양한 장르의 음악을 접할 수 있다. 이런 다양한 문화공간들을 통해 사람들은 다양한 음악적 경험을 할 수 있고, 이는 새로운 수요를 창출하게 된다. 결국 대중음악에 대한 경험의 양적 풍부함이 질적 성장으로까지 이어진다.

그러나 서울을 제외한 나머지 지역의 경우 어쩌다 한번 돌아오는 대중가수의 순회공연과 TV나 라디오 방송의 음악 프로그램이 대중음악을 접할 수 있는 거의 유일한 통로이다. 다양한 문화를 접하지 못한 사람들의 수요는 점차 단순화되어 가고, 사람들은 방송에서 틀어주는 대중가요 외의 음악에 대해 무지해지거나 관심을 잃어간다. 반면 보다 다양한 음악적 욕구를 가진 이들은 서울로 가거나 자기만의 방법을 찾아야 한다. 예술영화를 보려는 지역의 관객들이 서울로 올라오거나 부산 등의 국제영화제를 찾아다니거나 외국 DVD 사이트를 뒤지듯이 말이다. 이러나저러나 지역은 게토화된다.

가장 오락적이고 대중적인 영화에 대해서도 지역 내 소비공간이 줄어드는 상황이라면 그보다 대중성이 떨어지는 연극, 무용, 음악, 미술 등 기타 문화예술 분야에서는 더욱 심각한 상황이 발생한다. 지자체 산하 문예회관을 제외하고 지역에서 연극, 무용, 음악 등을 공연할 소극장이나 공연장을 발견하기란 거의 불가능하다. 마찬가지로 지역민들의 문화예술 분야에 대한 수요는 점차 줄어들고 무관심은 커져간다. 그리고 이러한 상황은 장르적 개념의 문화예술 너머로, 문화 전반으로 확대된다. 여가시간의 소비, 취미 등은 삶에 직접적인 연관이 없는 일들로 삶의 영역에서, 일상에서 밀려난다. 그 자리를 채우는 것은 삶이라기보다 생존과 연결되는 행위들이다. 살아남기 위한 임금노동, 상품소비 등이 문화가 사라진 자리에 남은 유일한 것이다. 때문에 지역에 서울과 유일하게 동일한 것이 있다면 전국적 체인망을 가진 백화점과 대형마트들인 것이다.

장황하게 늘어놓았지만 핵심은 지역간 불균형이 심각하다는 것, 그래서 이를 해소할 방법을 찾아야 한다는 것이다. 보다 정확하게 말하자면 서울과 지역의 균형을 맞추는 것이 아니라 지역의 절대적인 문화적 소외를 어떻게 극복할 것이냐가 중요한 과제이다. 문화적 인프라와 문화적 욕구가 동반 하락하는 악순환을 끊기 위한 방법을 찾기란 쉽지 않다. 교과서적인 대답은 이미 마련되어 있다. "지역의 문화적 욕구를 이끌어내기 위해 지역에 문화 행사를 늘려 지역민들이 문화 경험지수를 높이고, 극장이나 공연장 등을 건설해 문화인프라를 조성한다." 그래서 각 지자체에서는 문예회관이나 영화 제작세트 및 체험관 등의 시설을 앞다투어 지어대고, 거기에 각종 영화제나 문화예술 행사를 벌여놓는다. 지역의 문화사업은 대부분 이러한 시설투자 내지 행사 위주로 짜여 있다.

하지만 정작 그 지역의 시민들은 그러한 문화시설을 이용하지 않고, 문화 행사는 남의 잔치로 전락하기 마련이다. 덕분에 문예회관은 결혼식 대관 장소나 지자체 행사용 회관으로나 쓰이고, 각종 비엔날레나 국제영화제에는 그 주체를 둘러싼 잡음이 끊이지 않는다. 영화부문에서 그 대표적인 예가

부천 국제 판타스틱 영화제, 광주 국제영화제이다. 두 영화제 모두 일정한 성과를 거두었음에도 불구하고 최근 1-2년 사이에 지자체와의 갈등으로 인해 프로그래머가 사퇴하고 조직위가 해체되는 등의 진통을 겪으며 파행을 거듭하고 있다. 거기에 빠지지 않고 등장하는 것이 '시민을 위한 영화제'니, '서울 사람들의 잔치판'이라느니 하는 문구들이다. 파행의 직접적인 원인은 지자체의 무리한 간섭과 통제였으나 그 배경에는 그 행사가 지역의 문화적 욕구 내지 수요와는 단절된 채 지자체와 서울의 영화인사들이 만들어낸 그들만의 행사로만 여겨졌다는 문제가 숨어있다.

이를 해결하기 위한 단초는 지역의 문화 주체를 키우고, 확대하는 일에서부터 시작되어야 한다. 가장 중요한 문화 자원은 시설이나 행사가 아닌 문화적 욕구를 가지고 있는 '사람' 그 자체, 혹은 그런 사람들이 모인 단체나 조직, 그리고 그들의 활동이기 때문이다. 지자체의 각종 문화사업들이 실패를 거듭하는 이유는 문화적 인력 자원을 키우는 대신 실적 위주의 행사와 시설에만 공을 들였기 때문이다. 때문에 시설을 지어놓으면 운영할 사람이 없고, 행사를 하면 외부행사 내지 단발성 이벤트에 그치는 것이다.

영화 부문의 경우 주요 인적자원은 지역 시네마떼끄, 독립영화집단, 대학 영화과 혹은 동아리, 청소년 창작 모임, 미디어교육 단체 등이다. 이 중 시네마떼끄를 살펴보면, 현재 전국에는 한국 시네마떼끄협의회 소속의 15개 시네마떼끄 단체가 있다. 이 중 강릉시네마떼끄, 대구시네마떼끄, 대전시네마떼끄, 시네오딧세이(청주), 영화로세상보기(광주), 온고을영화터(전주), 제주 시네아일랜드, JIFF테크(전주), PIFAN테크(부천), 시네마테크부산의 10개 단체가 지역에 기반하고 있다. 또 이 중 강릉, 대구, 대전, 청주, 광주, 전주, 제주 시네마떼끄는 90년대부터 자발적인 소규모 비디오떼끄에서 출발하여 현재의 지역을 대표하는 시네마떼끄로 발전해온 경우이다.[1] 특히 대전 시네

---

1) 한편 JIFF테크, PIFAN테크, 시네마테크 부산은 지역의 국제 영화제를 기반으로 설립된 경우에 해당한다.

마떼끄의 경우에는 외부 지원 없이 단체의 자비를 털어 지역 극장을 대관하여 '예술영화 전용관'을 운영하는 경우로, 지역의 영상문화 주체의 가능성과 힘을 보여주는 사례이다. 또 강릉 시네마떼끄의 경우에는 정동진 독립영화제와 인권영화제를 정기적으로 개최하는 등 지역에 기반한 다양한 영상문화 활동을 펼치며 영상문화의 불모지라고 할 수 있는 강원 지역에 대한 선입견을 해소하고 있다.

그럼에도 이러한 지역 영화단체에 대한 지원은 거의 전무하다시피 하다. 영화진흥위원회가 시네마떼끄 협의회에 지원하는 예산은 매년 3-4억원 가량이며, 그나마도 상당 부분이 서울 지역의 시네마떼끄 운영에 쓰이고 있기에, 지역 시네마떼끄에 지원되는 예산은 그 중에서도 일부에 지나지 않는다. 예를 들어 2006년 현재까지 영진위가 지원한 2억원 가량의 예산 중에 지역에 투여된 예산은 4천만원 정도에 불과하다. 그 외에 지자체 등이 지역 시네마떼끄에 지원하는 예산은 거의 전무하다. 강릉시네마떼끄가 주최하는 '정동진독립영화제'의 경우 한독협의 인디영화제에 이어 확실한 독립영화제로 자리를 잡아가고 있음에도 총 예산 2천만원 중 정부 지원액은 영진위 500만원과 강릉시 270만원이 전부이다.

또 지역 시네마떼끄들은 영화상영을 하고 싶어도 필름을 상영할 시설이나 공간을 구하지 못해 아직까지도 비디오 상영만을 진행하고 있는 경우가 많다. 현재 지역 시네마떼끄 중 필름 상영이 가능한 곳은 예술영화 전용관을 운영하고 있는 대전시네마떼끄가 유일하다. (영화제 소속 시네마떼끄는 제외) 나머지 시네마떼끄는 공간을 빌려 비디오 영사용 프로젝터로 간이 상영을 하는 것이 최선인 상황이다. 일반 극장의 경우 대관료가 비싸고, 혹 대관료를 지불한다 해도 극장에서 상영을 거부하는 경우가 다반사이다. 지역 문예회관의 경우에는 상영시설을 제대로 갖추고 있지 않아 필름 상영이 불가능하다. 상영 시설이 마련되어 있다 해도 문예회관 사용 조례에 영화 부문이 포함되어있지 않아 공식적인 사용은 불가능하다. 대부분의 문예회관 사용 범위가 지자체 행사와 관련 문화예술 공연 등으로 한정되어 있기 때문이다. 여기서 영화는 그것이 비상업적 예술영화나 독립영화라고 해도 문화예술 공연에 포함되지 않는다. 때문에 영화 상영을 위해서는 일반 상업 행사들과 마찬가지로 온전히 대관료를 지불해야만 하는 경우가 대부분이다.

　지역의 영상문화를 활성화하기 위해서는 현재 각 지역에 존재하는 문화 주체들의 최소한의 활동을 보장해줄 수 있는 지원이 뒷받침되어야 한다. 그래야만 지역의 문화적 역량이 성숙되고 또 축적될 수 있다. 그리고 이들을 중심으로 지역의 랜드마크가 될 수 있는 문화행사들을 기획하고, 시민들의 문화적 경험을 증폭시킬 필요가 있다. 이를 위해 지자체가 운영하는 문화 조례의 재개정과 재정적 지원이 절실하다.

　이에 대한 모범사례가 부산의 경우라고 할 수 있다. 부산시는 부산국제 영화제의 출범과 함께 시네마테크 부산을 설립하였고, 그에 관한 조례를 제정함으로써 법적 기반까지 확보해놓고 있다. 덕분에 시네마테크부산은 부산시의 지원 하에 다양한 상영 프로그램을 기획 운영하고 있으며, 그 내용 은 양적인 측면에서나 질적인 측면에서나 서울 지역의 시네마떼끄와 다르 지 않다. 오히려 서울 지역의 아트시네마 등이 만성적인 사업비 부족에 시달 리는 것과 달리 조금 더 안정적인 재정을 바탕으로 사업을 운영해 나가고 있는 상황으로 부러움을 사고 있을 정도이다. 여기에 더해 부산시는 부산국 제영화제에 대한 전폭적인 지원을 통해 부산국제영화제를 부산의 확실한 랜드마크로 키워냈다. 부산국제영화제의 성공으로 매년 10월이면 전국에 서, 그리고 아시아 전역에서 올해의 아시아 영화를 확인하기 위해 관객과 감독, 평론가, 영화업자들이 모여든다. 이는 매우 특별한 경험이자 문화적 자산이다.

　그리고 부산국제 영화제에 참여하는 자원봉사자, 스텝들이 시네마떼끄부 산과 직간접적인 관련을 맺고 있고[2] 또 영화제 관객이 시네마떼끄 관객으 로, 시네마떼끄관객은 영화제 관객으로 전환되면서 선순환고리를 만들어내고 있다. 덕분에 부산 지역의 관객들은 서울과 마찬가지로 다양한 예술영화를 즐길 수 있고, 이는 부산 지역 관객들이 문화적 경험을 증대시키고 문화적 역량을 축적하는 데에 일조하고 있다.

이러한 문화적 자산을 바탕으로 부산시는 부산시 자체를 영상문화도시로 전환하는 혁신 프로그램을 가동중이다. 이미 부산영상위원회가 조직되어 영화제작에 필요한 로케이션서비스와 행정서비스를 제공하고 있기 때문에 부산지역에서의 영화촬영이 날로 증가하고 있다. 덕분에 부산은 최근 한국영화의 중요한 영화적 공간으로 등장하며, 다양한 지역의 모습을 드러내고 있다. 이렇게 제작이 활성화되다 보니 제작과 관련된 시설들이 필요하게 되고, 이는 결국 정부 차원의 영화제작 기지 건설이라는 거대 프로젝트를 추진하게 하고 있다. 그리고 또 한 가지 중요한 점은 부산시가 그러한 모든 사업들을 추진함에 있어 현재 사업을 진행하고 있는 이들의 자율성을 최대한 보장한다는 것이다. 그만큼 지역의 자발적인 문화적 욕구와 수요가 보다 철저하게 반영되는 것이다.

이러한 일련의 과정은 분명 다른 지역의 사례와는 다른 것이다. 타 지역이 시설부터 지어놓고 사람을 찾고 콘텐츠를 찾는 것과 달리, 부산은 영화제와 시네마떼끄라는 소프트웨어를 기초로 하여 부산 지역의 영화 문화를 일깨웠고, 이는 서서히 부산 시민들에게로 전파되면서 호응을 얻었다. 그리고 이러한 경험을 제작 부문으로까지 확대하며 문화를 산업화하는 성공적인 모델을 만들어가고 있다.

모든 지자체가 부산의 사례를 그대로 따라할 수는 없겠지만, 최소한 그러한 문화적 마인드와 접근방식은 본받았으면 하는 바램이다. 다시 한 번 말하지만 지역의 영상문화를 활성화시키기 위해 주목해야 할 점은 지역의 문화 주체와 이들의 문화적 역량을 어떻게 키워낼 것인가에 있다. 물론 문화란

---

2) 시네마테크부산의 대표가 부산국제영화제의 프로그래머를 맡고 있다.

다양하고 또 복잡해서 하나의 문화주체가 지역의 모든 문화를 대변할 수도, 책임질 수도 없다. 그렇기 때문에 더 더욱 많은 문화주체들을 다양하게 키워내고 그 경험이 중첩되고 축적되도록 해야 하는 것이다. 1차적인 목표는 문화에 대한 욕구들이 생겨나게끔 하는 것이다. 욕구를 어떻게 실현시켜 줄 것인가가 문제가 아니라 욕구 자체를 어떻게 만들어낼 것인가, 그것이 1차 과제인 것이다. 이는 지자체뿐만 아니라 지역의 문화주체들도 가장 적극적으로 풀어내야 할 숙제이다.

# 문화비평

시각 편향의 사회: 영상매체의 발달로 인한
시각 지배의 사례들 / 허민호

# 시각 편향의 사회: 영상매체 발달로 인한 시각 지배의 사례들

허민호(중앙대학교 문화학과 석사과정)

현대사회에서 가장 중요한 감각기관은 시각이다. 우리는 어디를 가든 만들어진 영상들과 대면한다. 거리에서는 만들어진 영상들이 나와 함께 걷고, 집과 사무실에서는 텔레비전과 인터넷이 쏟아내는 영상들의 폭격을 받는다. 필자는 현대사회의 주된 특징이 이러한 시각 편향성—그 중에서도 특히 영상매체에 의존한 시각 편향성—에 있다고 생각한다. 현대사회의 시각편향성은 다른 감각을 억압할 뿐 아니라 같은 시각에 의존한 매체인 활자매체마저 배제시킨 채 영상매체를 특권화시킨다. 영상매체가 특권화되는 과정에서 기술복제가 가능한 사진과 영화 그리고 텔레비전 등의 전자매체가 중요한 역할을 수행했다. 현대사회에서는 디지털 기술이 발달하면서 매체발달의 새로운 전환기를 맞게 된다. 매체의 변화는 필연적으로 대상을 재현하고 인식하는 방식의 변화를 수반한다.

이 글은 영상매체의 발달과정을 추적하고 그에 따른 인지방식의 변화(혹은 그 가능성)를 사례를 중심으로 살펴본다. 나아가 마지막 사례인 된장녀 논란이 발생하는 과정을 매체의 특성과 함께 분석함으로써 우리 사회가 머물고 있는 매체발달의 지형을 밝혀보도록 하겠다.

# 사례 1. Video killed the radio star

1981년 하나의 살해사건이 전세계를 뒤흔들었다. 범인은 video였고 피해자는 radio star였다. 1981년 개국한 MTV는 그들의 첫 뮤직비디오로 그룹 <Buggles>가 1979년 발표한 앨범에 수록된 'Video killed the radio star'를 내보냈다. 이 곡의 가사를 잠시 살펴보자.

> "…Video killed the radio star / Video killed the radio star / In my mind and in my car / We can't rewind / We've gone to far / Pictures came and broke your heart / Put the blame on VCR …" (비디오가 라디오 스타를 죽였어 / 내 마음, 내 차 속에 살아 있던 / 되돌릴 수는 없어 / 너무 멀리 와버렸거든 / 영상이 너의 맘을 짓이겼지 / VCR을 원망해라.)
>
> ─The Buggles의 'Video killed the Radio Star' 중

하지만 엄밀한 의미에서 이건 살해사건이 아니다. 이 사건은 라디오 스타의 청각 중심 음악이 시각성을 획득하는 것을 의미한다. 물론 청각중심의 음악에 시각성을 부여하는 데 실패한 몇몇 음악인들은 살해당하기도 했고, 크게 다치기도 했다. 안타깝지만 그것은 청각에만 의존하던 음악인들의 필연적인 퇴화였다. 살아남기 위해서는 두 가지 길만이 있을 뿐이다. 하나는 청각만으로 사람들을 만족시킬 수 있는 음악을 만드는 것이요, 다른 하나는 VCR을 원망할 것이 아니라 VCR을 활용하는 것이다.

# 사례 2. 전화와 카메라

멀리 있는 것을 소리를 통해 가까이 느낄 수 있게 해주는 것이 전화이다. 따라서 전화는 청각에 기반을 둔 매체이다. 핸드폰도 전화의 일종이고 당연히 청각에 기반을 둔 매체이다. 하지만 정말 그런가? 청각 장애인은 전화를

사용할 수 없지만 핸드폰은 사용할 수 있다. 2001년 방영된 드라마 <엄마야 누나야>에는 청각 장애인이 주인공으로 나왔으며 핸드폰은 타인과의 중요한 소통수단으로 쓰였다. 핸드폰에는 시각에 기반한 소통 수단인 문자 서비스 기능이 있다. 따라서 당연히 청각장애인도 사용 가능하다. 근래에 나오는 핸드폰에는 문자 서비스 외에 중요한 기능이 하나 더 있는데, 그것이 바로 '카메라' 기능이다. 요즘은 카메라 없는 핸드폰은 구하기도 힘들다. 카메라 없는 핸드폰은 잘 팔리지도 않는다니 핸드폰에 카메라는 필수적인 구성요소라 할 수 있다. 핸드폰 기능은 여기서 멈추지 않는다. 게임과 인터넷은 기본이고, 작년에는 핸드폰에 텔레비전마저 부착되었다. 이쯤 되면 핸드폰은 더 이상 전화가 아닌 듯하다. 하지만 어느 누구도 핸드폰이 전화라는 것을 부정할 수는 없다.

위의 두 가지 사례는 오늘날 시각과 청각이 어떻게 결합되고 있는지를 보여주는 대표적 사례이다. 마샬 맥루한(Marshall McLuhan)에 따르면 (알파벳의 발명과 함께) 인쇄술의 발달 이후 인간의 감각은 시각에 편향되어 왔다. 활자매체를 접하기 위해 인간은 시각을 사용해야 했다. 활자매체를 해독하기 위해 시각을 주된 정보 수용 감각으로 사용함으로써 인간의 경험은 단편적인 것이 되었다. 또한 선형적 문자에 따라 선형적 사고가 복합적인 비선형적(혹은 직물적) 사고를 가로막아 왔다.[1] 맥루한은 이를 시각이 다른 감각을 배제하고 스스로를 특권화시키는 일종의 왜곡이라고 본다. 그의 말처럼, "시각 기능을 강화하고 확장하는 알파벳은 어떤 문자문화에 있어서도 청각, 촉각, 미각과 같은 시각 이외의 감각의 역할을 줄여버린다."[2]

---

1) 선형적 사고에 대해 빌렘 플루서는 그의 글 '코드화된 세계'에서 다음과 같이 말한다. "하나의 텍스트를 해독하려면(읽으려면) 눈은 행을 따라 미끄러져야 한다. 행의 마지막에 가서 비로소 우리는 메시지를 수신해 그것을 요약하고 종합하도록 해야 한다. 선형의 코드는 그것의 통시성을 동시화할 것을 요구한다. 그것은 전진적인 수신을 요구한다. 그리고 그 결과 새로운 시간 체험이, 말하자면 선형의 시간, 철회할 수 없는 진보의 흐름, 반복 불가능성이라는 극적인 상황, 구상, 간단히 말해 역사라는 새로운 시간 체험이 생겨난다." 플루서의 이러한 관점은 뒤에서 다시 언급될 것이다.

맥루한은 활자매체 이후 전자매체에 분석의 초점을 맞추었다. 그가 보기에 전자매체는 활자매체의 시각편향적인 왜곡을 바로 잡을 수 있는 매체였다. 맥루한은 전자매체의 가장 대표적인 예로 텔레비전을 논의의 중심에 둔다. 텔레비전은 시각에 청각을 결합시킴으로써 활자매체에 의해 잠식된 청각을 복원시키는 매체이다. 즉 그에게 텔레비전은 단편적인 경험이 아닌 종합적인 경험을 가능하게 하는 매체이다. 텔레비전을 시각과 청각의 종합적인 매체로 본 것은 어느 정도 타당해 보인다.

하지만 맥루한이 텔레비전을 정세도(definition)가 낮고 참여도(participation)가 높은 쿨한 미디어로 본 것은 분명 시대착오적이다. 그의 미디어에 따른 지각방식의 변화에 관한 이론이 시대착오적이라고 말할 수 있는 것은 단순히 텔레비전에 대한 잘못된 분석 때문이 아니다. 현대사회가 시각 편향에서 벗어나고 있다는 판단 자체가 더 시대착오적이라 할 수 있다. 앞에서 제시한 두 가지 사례는 시각과 청각의 결합을 보여주고 있지만 그것은 텔레비전과 다른 결합이라 할 수 있다. 두 사례가 보여주고 있는 것은 순수하게 청각에 의존한 예술과 매체가 시각에 의해 '흡수'되어 버리는 현상이다.

먼저 가장 순수하게 청각에 의존하는 예술인 음악이 시각과 결합하였다. 그것은 청각이 사라질 수 없다는 점에서 보면 결합이지만, 현대의 음악 중 어떤 음악들은 시각에 의존하지 않고는 만들어질 수 없다는 점으로 보면 흡수이다. 얼굴과 몸으로 음악을 하는 댄스 가수들과 영화제작비와 맞먹는 물량을 투입해서 만든 화려한 뮤직비디오들을 생각해보라. 음악은 마치 영상의 배경(음악)일 뿐인 것처럼 보인다. 게다가 우리는 벨벳언더그라운드의 음악을 들으면 앤디워홀의 바나나가, 핑크플로이드의 음악을 들으면 베를린 장벽이, 야니의 음악을 들으면 자금성을 떠올리게 된다. 어울리는 패션을 생각하지 않고 글램록과 힙합을 들을 수도 없다. 음악은 더 이상 청각 하나

---

2) 맥루한, 『미디어의 이해: 인간의 확장』, 박정규 역, 커뮤니케이션북스, 2005, 97쪽

만으로는 과거의 영광을 재현할 수 없다.

핸드폰도 마찬가지이다. 통화 기능이 아무리 잘 갖추어져 있다고 해도 카메라가 없는 핸드폰은 더 이상 팔리지 않는다. 활자매체 시대를 지나 전자매체 시대에도 시각은 여전히 가장 중요한 감각 기관이다. 그렇다면 현재도 맥루한이 말한 시각편향의 구텐베르크 은하계에 속해 있는 것인가? 그렇지는 않다. 다만 지금 시대는 활자매체 시대와 다른 시각 편향을 보이고 있을 뿐이다. 활자매체 시대와 다른 지금 시대의 시각편향의 특징을 포착해 내기 위해서는 레이 초우(Ray Chow)를 따라 루쉰의 사례를 분석해볼 필요가 있다.

# 사례 3. 뉴스영화와 루쉰

루쉰은 의학공부를 하기 위해 일본에서 유학하던 중 2차 세계대전 당시 중국인이 처형당하는 영화(슬라이드)를 보고 충격을 받는다. 충격을 받은 루쉰은 사람들의 병든 몸보다 병든 마음을 개조하는 것이 더 시급한 일임을 인지하고 소설가가 되기로 결심한다. 영화 매체에 대한 흥미로운 분석을 담고 있는 레이 초우의 책『원시적 열정』은 이처럼 루쉰을 소설가가 되기로 결심하게 만든 (루쉰 자신이 서술한) 에피소드를 분석하면서 시작한다. 레이 초우는 루쉰의 에피소드를 다음과 같이 설명한다.

새롭게 출현하고 있던 '근대성'이, 특히 시각에 기초하고 있음을 이야기하는 것이지만, 이와 비슷한 에피소드는 세계 곳곳에서 많이 찾아볼 수 있다. 루쉰의 경험은 마르틴 하이데거와 발터 벤야민과 같은 유럽 지식인들이 근대에 대해 썼던 것을 선취했다. … 잔니 바티모는, 아주 상반된 내용의 하이데거와 벤야민의 두 논문이 같은 해인 1936년에 발표되었다는 사실을 환기시키면서 그들이 최소한 '방향감을 상실했다는 것에 대한 집착'이라는 한 가지 공통된 특징을 갖는다고 주장한다. … 루쉰이 충격 속에서 방향감각을 상실한 것이 '영화라는 미디어에 의한 확장과 증폭의 과정'이라는 것은 거의 지적된 바가 없다.[3]

루쉰의 에피소드는 영상이 근대인에게 가져온 충격과 그 영향력을 충분히 설명해주고 있다. 여기서 규명되어야 할 사실이 한 가지 있다. 그것은 루쉰은 영상매체에 충격을 받았는데 '왜 활자매체를 병든 맘을 치유하는 수단으로 선택하게 되었는가' 하는 것이다. 초우는 이를 '전향'—나아가 '물러남'과 '도피'라고 표현한다. "'신체'가 아닌 글쓰기를 통해서 중국의 '정신'을 치유하겠다는 루쉰의 결심은 일종의 '물러남'이라고 해도 좋을 것이다."4) 초우는 '루쉰의 물러남'을 통해 과거의 활자매체와 현대의 영상매체의 차이를 포착하고 있다.

> 루쉰이 택한 문학으로의 전향이라는 '해결책'은 말의 의의를 계속해서 특권화한다는 오래된 대책이었다. … 루쉰의 이야기에는 의학에서 문학으로의 근본적인 전향 말고도 또 하나의 다른 전향, 즉 '전통으로의 재전향'이 있다. … 루쉰이라고 하는 박학한 남성 지식인은 '문자텍스트로 도피'했는데, 그것은 초국적 제국주의의 한가운데서 학살당하는 중국인 남성이 야비하고 잔혹하게 전시되는 것을 은폐하는 것이 된다.5)

활자매체와 영상매체는 둘 다 시각 편향의 매체임에도 불구하고 영상매체와 활자매체 사이에는 초우가 문자텍스트를 '전통'적인 것으로 규정하는 것에서 볼 수 있는 분명한 차이를 가지고 있다. 그 차이는 초우가 루쉰에게 문자 텍스트로 도피함으로써 전시되는 것을 은폐하려 했다는 혐의를 씌우는 것에서 찾아볼 수 있다. 초우는 활자매체가 영상매체에게 가진 날것의 느낌과 그것이 보여주는 시선, 다시 말해 영상을 통한 재현의 충격적 사실성과 제3세계를 대상화하는 제국주의의 시선을 은폐시킨다고 보고 있다. 이러한 은폐는 활자매체의 전통이 영상매체의 새로움을 억압하는 방식이다. 하

---

3) 레이 초우, 『원시적 열정』, 정재서 역, 이산, 2004, 22-23쪽
4) 같은 책, 10쪽.
5) 같은 책, 33-34쪽.

지만 시각은 "억압되어도 반드시 돌아온다. 쓰기와 읽기 개념을 내부에서부터 변화시키기 위해서." 초우에 따르면 루쉰의 소설은 과거의 소설과 상당히 많은 차이를 가지고 있다. "과거 왕조의 전통적인 소설이 장광설이었던 데 비해, 짧은 문학형식은 압축적이고 정곡을 찌르는 촌철살인의 메시지를 전하는 언어텍스트이다." 초우는 근대의 소설쓰기 방식의 변화를 포착하여 영상문화가 어떻게 전통문화 속으로 침투해 들어가는지를 분석하고 있다. 초우가 보기에 "그것은 그림이 텍스트가 되는 문제가 아니라 언어텍스트가 그림으로 변화하는 문제이다."[6]

벤야민이 지적했듯이 전통과 구별되는 현대사회의 시각 편향은 사진과 영화로부터 출발한다. 벤야민은 사진과 영화를 찍는 기술적 도구인 카메라를 통해 인간의 지각방식이 변화할 것이라 예언했다. 카메라는 클로즈업과 고속촬영을 통해 시각의 무의식적 세계를 탐구할 수 있게 했고, 이는 시각의 변화와 함께 세계를 보는 새로운 시각을 제공했다.[7] 영상매체는 그 기술적 잠재성을 실현하여 활자매체와는 다른 시각 편향을 가져왔다. 카메라로 대표되는 영상매체의 기술적 가능성은 바로 그 새로움에 있다. 활자매체로 만들어진 텍스트는 생각이 고정되고 해석의 여지를 남겨두지 않는 자기완결성의 구조를 갖추게 된다. 그 자기완결성은 선형성의 외부를 사유할 수 없게 한다. 활자매체 안에서 우리는 활자매체로 설명할 수 없는 것에 대해서는 침묵해야 한다. 플루서(Vilém Flusser)는 다음과 같이 말했다.

언어는 '논리'라고 불리는 규율을 따르게 되었고, 그럼으로써 언어는 방언적 · 상상적 그리고 모든 비언어적인 사고를 비판하는 데 막강한 도구가 되었다. …문자언어는 탈신비화 및 탈마술화를 위한, 곧 계몽을 위한 도구가 되어버렸다고 말할 수 있다. 시간이 경과하면서 논리적 규율을 지키는 문자언어는 서양

---

6) 같은 책, 36쪽.
7) 벤야민, 「기술복제 시대의 예술작품」, 『발터 벤야민의 문예이론』, 반성완 편역, 민음사, 1983.

의 사고에서 강력한 우위를 차지한 나머지, 그 규칙, 곧 논리는 모든 사고규칙
과 동일해졌다. 사람들은 우리가 비언어적으로도 사고할 수 있다는 것을 망각
하기 시작했다.[8]

영상매체는 활자매체가 가진 이러한 한계를 넘어선다. 영상은 자기 완결
적 텍스트가 아니다. 우리는 영상을 통해 시각적 무의식을 탐구할 수 있으며,
그것을 다양한 방식으로 해석할 수 있다. 영상은 열린 텍스트이다. 그것은
언어적 사고 능력을 벗어나 새로운 사고를 할 수 있도록 만들어 준다. 영상
매체는 복제의 전면성과 전복성을 가지며, 비언어적 사고(선형성을 탈피한
직물적 사고)를 가능하게 한다.

하지만 기존의 시각체제를 동요시키는 영상매체의 기술적 잠재성은 완전
히 실현되지는 못했다. 영상매체의 기술적 잠재성이 실현되지 못한 이유는
"테크놀로지 일반이 그러하듯 정치·군사적, 산업적 논리에 의해 매개되어
제도화됨으로써 실현"되었기 때문이다.[9] 카메라의 기술적 잠재성이 정치경
제적 논리에 의해 제대로 실현되지 못했을지라도 우리는 그것으로부터 배
태된 영상의 범람 속에서 살고 있다. 주은우가 메츠의 말을 빌어 이야기하듯
"영화제도란 영화산업일 뿐만 아니라 영화에 친숙해진 관객이 역사적으로
내면화해 왔고 소비에 자신을 적응시키는 '정신적 기계'이기도 하다."[10]
주은우의 말에서 영화를 영상매체로 바꾼다 해도 아무런 어색함이 없다.

영상매체의 전면성과 전복성이 활자매체와 다른 현대사회 시각 편향의
내용이다. 우리는 루쉰처럼 영상을 통해 크게 충격을 받지는 않지만 엄청난
정보량을 자랑하는 영상을 '소비'하며 살아간다. 우리가 루쉰처럼 충격을
받지 않는 이유는 이미 영상을 소비하는 능력을 내면화했기 때문이다. 하지

---

8) 플루서, 「코드전환」, 『피상성 예찬: 매체 현상학을 위하여』, 김성재 역, 커뮤니케이션북스,
　　2004, 115-116쪽
9) 주은우, 『시각과 현대성』, 한나래, 2003, 371쪽.
10) 같은 책, 481쪽.

만 아직 영상매체의 또 다른 기술적 잠재성인 비언어적 사고는 실현되지 못했다. 그것이 가능하게 되기 위해서는 영상을 단지 소비하는 것이 아니라 생산할 수 있게 되어야 한다.

## # 사례 4. 핸드폰으로 찍은 영화

세계 최초로, 휴대폰 카메라로 촬영한 장편영화가 등장했다. <버라이어티>는 남아프리카 출신 감독 아리안 카가노프가 <SMS슈거맨>이라는 90여분짜리 장편영화를 100% 휴대폰 카메라로 찍어 완성했다고 보도했다. 카가노프 감독이 이 영화를 완성하는 데 걸린 시간은 11일, 들인 제작비는 약 16만5천달러다. 감독은 소니 에릭슨 W900i 기종의 휴대폰 8대를 동원해 영화를 찍고 극장 상영이 가능한 버전으로 블로업까지 마쳤다. 카가노프 감독은 "블로업 결과도 예상을 뛰어넘을 만큼 좋았다"며 "휴대폰 카메라가 35mm카메라의 독재로부터 영화감독을 해방시켰다. 나는 기술적인 제약 없이 정말 마음껏 내가 찍고 싶은 것을 찍었다고 말할 수 있다"고 흥분을 감추지 않고 있다.[11]

영상매체의 기술적 잠재성을 포괄적으로 실현할 가능성을 획득하기 시작한 것은 디지털 기술이 발달하면서부터이다. 디지털 기술의 발달은 영상매체의 일상화를 가져왔다. 영상을 소비하던 대중은 디지털 기술의 발달과 함께 영상을 '생산'할 수 있게 된다. 핸드폰에는 디지털 카메라가 달려 누구나 사진을 찍을 수 있다. (그들은 심지어 영화까지 찍는다.) 반드시 핸드폰이 아니더라도 휴대하기 쉽고 가격도 싼 디지털 카메라나 디지털 캠코더도 이미 널리 보급되었다. 만들 의지만 있다면 비전문가도 영상을 간편하게 찍어 컴퓨터로 편집하여 영화를 만들 수 있다. 위의 사례가 핸드폰으로 장편

---

11) 박혜영, "순도 100% 휴대폰 카메라 영화 등장", <시네21>, No. 545, 2006.

극영화를 만들었다는 점에서 가치를 가지지만 이미 몇 해 전부터 핸드폰이나 디지털 캠코더로 찍은 다큐멘터리나 간단한 영상물들이 영화제를 통해 소개되고 있다.

이처럼 디지털 기술의 발달로 우리는 영상을 소비만 하는 것이 아니라 생산도 할 수 있게 되었다. 이로써 영상 생산 과정의 비밀이 대중에게 베일을 벗고 드러난다. 대중은 영상을 생산할 수 있게 됨으로써 비로소 영상을 제대로 읽을 수 있는 가능성을 획득한다. 영상의 생산이 가능해지고 나서 비로소 대중들은 영상을 통해 비언어적(혹은 직물적) 사고를 할 수 있는 가능성을 가지게 된다.

직물적 사고란 창조하는 것이다. 선형적 사고가 우리를 미리 프로그램화된 해석의 울타리 안에 가두어 놓았다면 직물적 사고는 우리를 둘러싼 울타리를 제거하고 마음껏 활개치도록 만들어 준다. 선형적 사고에서는 현재의 원인이 되는 과거—즉 이미 있는 세계—를 인식하게 하는 데서 머무른다. 하지만 직물적 사고에서는 과거에 얽매이지 않고 대안적 세계를 창조할 수 있다. "우리는 더 이상 주어진 객관적인 세계의 주체가 아니라, 대안적인 세계들의 기획이다."12) 여기서 하나의 의문이 생긴다. 과연 우리는 직물적으로 사고하고 있는가?

디지털 기술의 발달과 함께 누구에게나 영상을 생산할 수 있는 능력이 부여되었다. 하지만 단순히 영상을 생산해내는 것이 대안적 삶을 만들어내는 상상력으로 연결되는 것은 아니다. 영상을 생산한다는 것은 단순히 그림을 그리거나 사진을 찍는 것을 의미하지는 않는다. 문자가 만들어지기 이전에 원시인들은 영상을 통해 자신들의 상상력을 펼쳤다. 그들이 영상을 통해 사유한 것은 문자와 같은 소통할 수 있는 매체가 만들어지지 않았기 때문이다. 원시시대의 상상력은 자연을 모방하거나 허구적 표상에 염원을 담아두

---

12) 플루서, 앞의 책, 301쪽.

는 "주술적 상상력"이다. 현대사회에서 영상은 문자가 있음에도 사람들이 필요로 하는 그 무엇이다. 오랜 기간 문자를 통한 사고와 소통이 이루어지면서, 사람들은 문자로 모든 것을 표현하고 소통할 수 없다는 것을 깨달았다. 현대인은 문자가 내포한 사고의 결핍을 채우기 위해 영상을 필요로 한다. 따라서 현대의 상상력은 문자를 버리는 것이 아니라 문자를 타고 넘는 "기술적 상상력"이다. "기술적 상상(technoimagination)은 그림들을 개념으로 만든 후 그러한 그림들을 개념의 상징으로 해독할 수 있는 능력이다."13)

## # 또 하나의 사례: '된장녀' 논란의 발생 과정

몇 해 전부터 여성을 'ㅇㅇ녀'라고 이름붙이는 것이 하나의 유행처럼 되어 버렸다. '개똥녀', '떨녀', '딸녀', '월드컵녀', '덮녀', '괴물녀', '귀족녀' 그리고 '된장녀' 등이 그것이다. 이 수많은 'ㅇㅇ녀'들의 탄생은 디지털 카메라와 인터넷이라는 매체가 있었기 때문에 가능했다. 카메라에 찍힌 여성들에게 누리꾼들이 관심을 보이며 나타나는 현상이 'ㅇㅇ녀'라는 이름으로 등장하는 것이다. 최근에 크게 논란이 되었던 '된장녀' 논란이 어떻게 발생하게 되었는지 살펴보자.

된장녀 논란은 일회적 사건이 아니다. 그것은 영상매체 발달의 현주소를 알려주는 하나의 징후로 포착되어야 한다. 2006년 여름 우리 사회는 '된장녀' 논란에 휩싸였다. 우리가 주목해야 하는 지점은 된장녀가 논란의 대상으로 등장하는 과정이다. 사치와 허영을 여성으로 표상하는 문제적 시선은 오래 전부터 있어왔다. 식민지 시기 '신여성'(모던걸)이나 영화 <자유부인>이 일으킨 논란이 대표적인 예이다. 따라서 된장녀 논란은 내용 자체로 보면 그리 새로울 것이 없다. 또한 '된장녀'라는 말도 이미 오래 전부터 쓰이고

---

13) 플루서, 『코무니콜로기: 코드를 통해 본 커뮤니케이션의 역사와 이론 및 철학』, 김성재 역, 커뮤니케이션북스, 2001, 226쪽.

있었다. "몇년 전부터 '된장들의 저녁식사'(cafe.daum.net/ihat-edwhenjang) 같은 인터넷 카페 등에서는 한국 여인들을 '된장'으로 표현, 서양 문화를 추종하고 서양 남자라면 맥을 못 추는 한국 여성들을 성토해왔다."14)

된장녀가 논란이 되기 시작한 시점은 디씨인사이드(www.dcinside.com)에 <된장녀와 사귈 때 해야 되는 9가지>라는 만화가 올라오면서부터이다. 몇몇 누리꾼들이 이 만화를 보고 된장녀에 관심을 보이며 널리 퍼져 나간 것이다. 특히 초기에 된장녀는 디지털 카메라에 찍힌—특히 스타벅스로 대표되는 외국 브랜드를 소비하는—여성들의 '사진'과 함께 공격의 대상이 되었다. 이후 된장녀는 여성주의 관점에서 쏟아진 분석과 언론의 과잉 보도로 하나의 주류 담론이 되었다.

된장녀가 사회적으로 크게 논란이 될 수 있었던 이유는 다음과 같은 과정을 거치면서이다. 첫째, 된장녀는 사치와 허영을 표상하는 (과거부터 있어왔던 문제적 시선의) 언표로서만 존재할 뿐 실체가 불분명하다. 둘째, 불분명한 대상이 만화나 사진 등의 영상을 통해서 '구체성을 획득'함으로써 명확한 (지배규범을 만들어내는 남성들의) 공격의 대상이 될 수 있었다. 영상은 대상을 확인 가능한 형태로 재현함으로써 구체성을 부여한다. 또한 영상은 충격적인 사실성과 구체성으로 사람들을 자극한다. 영상을 생산할 수 있게 됨으로써 영상을 통해 사유할 수 있는 가능성을 획득한 사람들은 그 가능성을 살해한다. 사람들은 영상의 일차적인 직접성에만 천착함으로써 문자를 타고 넘는 것이 아니라 문자의 프로그램 안으로 흡수된다. 여기서 세 번째 과정이 완성된다. 사람들은 프로그램화된 구조 속으로 그림을 투여함으로써 그림을 보기 '전에' 해석의 울타리 안으로 들어가버린다. 프로그램을 만드는 것이 아니라 프로그램화된 세계로 빨려들어 가는 것이다.

이처럼 된장녀 사례는 우리 사회가 머물러 있는 기술적 상상력의 단계를

---

14) 추주형, 「21세기 된장녀로 부활한 식민지 시대 모던걸」, 『월간 말』, No. 243, 2006, 226쪽.

명확하게 보여준다. 우리 사회에서 영상은 문자가 내포한 사고의 결핍을 극복하는 기제가 아니라 그 결핍을 강화시키는 보족물(補足物)로 사용되고 있다. 이로써 디지털 카메라와 인터넷이라는 최첨단 디지털 매체는 대상에 대한 믿음이나 표피적 재현만을 수행함으로써 '주술적 상상력'과 조우한다. 이를 퇴행으로 해석하는 것은 과도한 해석이며, 필자만의 착각일까?

표 지| 조 습
편 집| 박진영

펴낸 날/ 2006년 12월 15일(초판 1쇄)
펴낸 이/ 손자희
펴낸 곳/ 문화과학사
주소/ 120-831 서울시 서대문구 연희1동 421-43
전화/ 335-0461    팩스/ 3141-0466
이메일/ transics@chollian.net
홈페이지/ http://www.jinbo.net/~moonkwa
출판등록/ 제1-1902 (1995. 6. 12)

값/ 12,000원
ISBN 89-86598-78-7    03330